2025

제28회 시험대비 전면개정판

박문각 주택관리사

합격예상문제 2차
공동주택관리실무

김혁 외 박문각 주택관리연구소 편

합격까지 박문각
합격 노하우가 다르다!

박문각

박문각
주택관리사

합격예상문제

이 책의 머리말

공동주택관리실무는 공동주택관리와 연계된 법령 및 실무와 관련된 이론부분에서 출제가 되고 있기 때문에 암기가 아닌 이해 위주의 학습을 기본 토대로 하여 문제에 대한 응용력 및 변별력을 배양하는 학습이 되어야 좋은 결과를 얻을 수 있는 과목입니다.

이에 본서는 다음과 같은 사항에 중점을 두었습니다.

첫째 최근 개정된 법령 및 공동주택관리와 관련된 기준을 모두 반영하였습니다.

둘째 짧은 시간에 공부를 해야 하기 때문에 수험생이 꼭 알아야 하는 부분을 최대한 반영하였습니다.

셋째 기출문제 및 출제빈도가 높은 문제를 다양한 형태로 정리하여 문제에 대한 변별력과 응용력을 기를 수 있도록 하였습니다.

초심을 잃지 마시고 마지막까지 최선을 다하여 주택관리사 2차 시험 준비에 임하시길 바라며 본서가 여러분의 합격에 많은 도움이 되길 진심으로 기원합니다.

2025년 2월

편저자 김혁

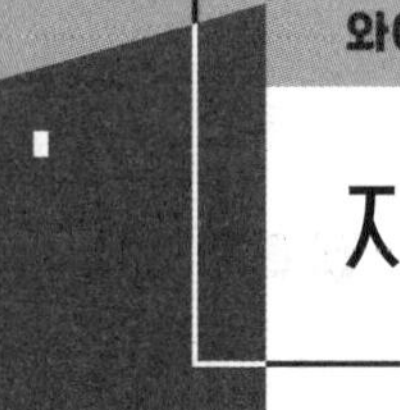

자격안내

자격개요

주택관리사보는 공동주택의 운영·관리·유지·보수 등을 실시하고 이에 필요한 경비를 관리하며, 공동주택의 공용부분과 공동소유인 부대시설 및 복리시설의 유지·관리 및 안전관리 업무를 수행하기 위해 주택관리사보 자격시험에 합격한 자를 말한다.

변천과정

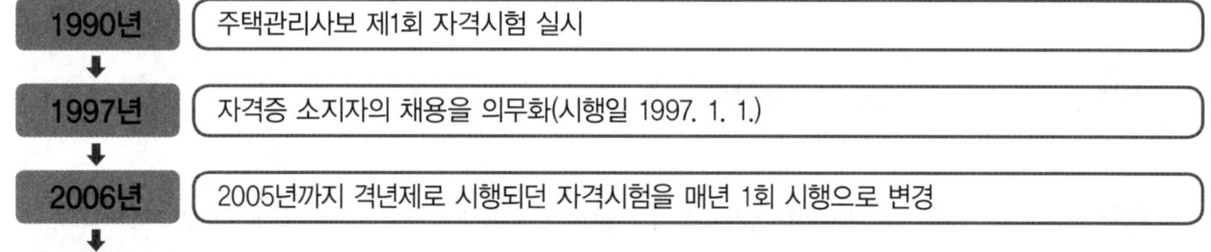

주택관리사제도

❶ 주택관리사 등의 자격

주택관리사보가 되려는 자는 국토교통부장관이 시행하는 자격시험에 합격한 후 시·도지사로부터 합격증서를 발급받아야 한다.

주택관리사

주택관리사는 주택관리사보 합격증서를 발급받고 대통령령으로 정하는 주택관련 실무경력이 있는 자로서 시·도지사로부터 주택관리사 자격증을 발급받은 자로 한다.

❷ 주택관리사 인정경력

시·도지사는 주택관리사보 자격시험에 합격하기 전이나 합격한 후 다음의 어느 하나에 해당하는 경력을 갖춘 자에 대하여 주택관리사 자격증을 발급한다.

- 사업계획승인을 받아 건설한 50세대 이상 500세대 미만의 공동주택의 관리사무소장으로 근무한 경력 3년 이상
- 사업계획승인을 받아 건설한 50세대 이상의 공동주택의 관리사무소의 직원(경비원, 청소원, 소독원 제외) 또는 주택관리업자의 직원으로 주택관리업무에 종사한 경력 5년 이상
- 한국토지주택공사 또는 지방공사의 직원으로 주택관리업무에 종사한 경력 5년 이상
- 공무원으로 주택관련 지도·감독 및 인·허가 업무 등에 종사한 경력 5년 이상
- 주택관리사단체와 국토교통부장관이 정하여 고시하는 공동주택관리와 관련된 단체의 임직원으로 주택관련 업무에 종사한 경력 5년 이상
- 위의 경력들을 합산한 기간 5년 이상

법적 배치근거

공동주택을 관리하는 주택관리업자·입주자대표회의(자치관리의 경우에 한함) 또는 임대사업자(「민간임대주택에 관한 특별법」에 의한 임대사업자를 말함) 등은 공동주택의 관리사무소장으로 주택관리사 또는 주택관리사보를 다음의 기준에 따라 배치하여야 한다.

- 500세대 미만의 공동주택: 주택관리사 또는 주택관리사보
- 500세대 이상의 공동주택: 주택관리사

주요업무

공동주택을 안전하고 효율적으로 관리하여 공동주택의 입주자 및 사용자의 권익을 보호하기 위하여 입주자대표회의에서 의결하는 공동주택의 운영·관리·유지·보수·교체·개량과 리모델링에 관한 업무 및 이와 같은 업무를 집행하기 위한 관리비·장기수선충당금이나 그 밖의 경비의 청구·수령·지출 업무, 장기수선계획의 조정, 시설물 안전관리계획의 수립 및 건축물의 안전점검에 관한 업무(단, 비용지출을 수반하는 사항에 대하여는 입주자대표회의의 의결을 거쳐야 함) 등 주택관리서비스를 수행한다.

진로 및 전망

주택관리사는 주택관리의 시장이 계속 확대되고 주택관리사의 지위가 제도적으로 발전하면서 공동주택의 효율적인 관리와 입주자의 편안한 주거생활을 위한 전문지식과 기술을 겸비한 전문가집단으로 자리매김하고 있다.

주택관리사의 업무는 주택관리서비스업으로서, 자격증 취득 후 아파트 단지나 빌딩의 관리소장, 공사 및 건설업체·전문용역업체, 공동주택의 운영·관리·유지·보수 책임자 등으로 취업이 가능하다. 과거 주택건설 및 공급 위주의 주택정책이 국가경제적인 측면에서 문제가 되었다는 점에서 지금은 공동주택의 수명연장 및 쾌적한 주거환경 조성을 우선으로 하는 주택관리의 시대가 되었다. 이러한 시대적 변화에 맞추어 전문자격자로서 주택관리사의 역할이 어느 때보다 중요해지고 있으며, 공동주택의 리모델링의 활성화로 주택관리사들이 전문기법을 연구·발전시켜 국가경제발전에도 크게 기여하게 될 것이다.

자격시험안내

시험기관

소관부처 국토교통부 주택건설공급과　　**실시기관** 한국산업인력공단(http://www.Q-net.or.kr)

응시자격

❶ **개관:** 응시자격에는 제한이 없으며 연령, 학력, 경력, 성별, 지역 등에 제한을 두지 않는다. 다만, 시험시행일 현재 주택관리사 등의 결격사유에 해당하는 자와 부정행위를 한 자로서 당해 시험시행일로부터 5년이 경과되지 아니한 자는 응시가 불가능하다.

❷ **주택관리사보 결격사유자(공동주택관리법 제67조 제4항)**

1. 피성년후견인 또는 피한정후견인
2. 파산선고를 받은 사람으로서 복권되지 아니한 사람
3. 금고 이상의 실형의 선고를 받고 그 집행이 끝나거나(집행이 끝난 것으로 보는 경우를 포함한다) 집행이 면제된 날부터 2년이 지나지 아니한 사람
4. 금고 이상의 형의 집행유예를 선고받고 그 집행유예기간 중에 있는 사람
5. 주택관리사 등의 자격이 취소된 후 3년이 지나지 아니한 사람(제1호 및 제2호에 해당하여 주택관리사 등의 자격이 취소된 경우는 제외한다)

❸ **시험 부정행위자에 대한 제재:** 주택관리사보 자격시험에 있어서 부정한 행위를 한 응시자에 대하여는 그 시험을 무효로 하고, 당해 시험시행일부터 5년간 시험응시자격을 정지한다.

시험방법

❶ 주택관리사보 자격시험은 제1차 시험 및 제2차 시험으로 구분하여 시행한다.

❷ 제1차 시험문제는 객관식 5지 선택형으로 하고 과목당 40문항을 출제한다.

❸ 제2차 시험문제는 객관식 5지 선택형을 원칙으로 하되, 과목별 16문항은 주관식(단답형 또는 기입형)을 가미하여 과목당 40문항을 출제한다.

❹ 객관식 및 주관식 문항의 배점은 동일하며, 주관식 문항은 부분점수가 있다.

문항수		주관식 16문항
배 점		각 2.5점(기존과 동일)
단답형 부분점수	3괄호	3개 정답(2.5점), 2개 정답(1.5점), 1개 정답(0.5점)
	2괄호	2개 정답(2.5점), 1개 정답(1점)
	1괄호	1개 정답(2.5점)

※ 법률 등을 적용하여 정답을 구하여야 하는 문제는 법에 명시된 정확한 용어를 사용하는 경우에만 정답으로 인정

❺ 제2차 시험은 제1차 시험에 합격한 자에 대하여 실시한다.

❻ 제1차 시험에 합격한 자에 대하여는 다음 회의 시험에 한하여 제1차 시험을 면제한다.

합격기준

❶ 1차 시험 절대평가, 2차 시험 상대평가

국토교통부장관은 선발예정인원의 범위에서 대통령령으로 정하는 합격자 결정 점수 이상을 얻은 사람으로서 전과목 총득점의 고득점자 순으로 주택관리사보 자격시험 합격자를 결정한다(공동주택관리법 제67조 제5항).

❷ 시험합격자의 결정(공동주택관리법 시행령 제75조)

1. **제1차 시험**
   과목당 100점을 만점으로 하여 모든 과목 40점 이상이고 전 과목 평균 60점 이상의 득점을 한 사람
2. **제2차 시험**
   ① 과목당 100점을 만점으로 하여 모든 과목 40점 이상이고 전 과목 평균 60점 이상의 득점을 한 사람. 다만, 모든 과목 40점 이상이고 전 과목 평균 60점 이상의 득점을 한 사람의 수가 법 제67조 제5항 전단에 따른 선발예정인원(이하 "선발예정인원"이라 한다)에 미달하는 경우에는 모든 과목 40점 이상을 득점한 사람을 말한다.
   ② 법 제67조 제5항 후단에 따라 제2차시험 합격자를 결정하는 경우 동점자로 인하여 선발예정인원을 초과하는 경우에는 그 동점자 모두를 합격자로 결정한다. 이 경우 동점자의 점수는 소수점 이하 둘째자리까지만 계산하며, 반올림은 하지 아니한다.

시험과목

(2024. 03. 29. 제27회 시험 시행계획 공고 기준)

시험구분		시험과목	시험범위	시험시간
제1차 (3과목)	1교시	회계원리	세부 과목 구분 없이 출제	100분
		공동주택 시설개론	• 목구조·특수구조를 제외한 일반건축구조와 철골구조 • 장기수선계획 수립 등을 위한 건축적산 • 홈네트워크를 포함한 건축설비개론	
	2교시	민 법	• 총칙 • 물권 • 채권 중 총칙·계약총칙·매매·임대차·도급·위임·부당이득·불법행위	50분
제2차 (2과목)		주택관리 관계법규	「주택법」·「공동주택관리법」·「민간임대주택에 관한 특별법」·「공공주택 특별법」·「건축법」·「소방기본법」·「화재의 예방 및 안전관리에 관한 법률」·「소방시설 설치 및 관리에 관한 법률」·「승강기 안전관리법」·「전기사업법」·「시설물의 안전 및 유지관리에 관한 특별법」·「도시 및 주거환경정비법」·「도시재정비 촉진을 위한 특별법」·「집합건물의 소유 및 관리에 관한 법률」 중 주택관리에 관련되는 규정	100분
		공동주택 관리실무	• 공동주거관리이론 • 공동주택회계관리·입주자관리, 대외업무, 사무·인사관리 • 시설관리, 환경관리, 안전·방재관리 및 리모델링, 공동주택 하자관리(보수공사 포함) 등	

※ 1. 시험과 관련하여 법률·회계처리기준 등을 적용하여 답을 구하여야 하는 문제는 시험시행일 현재 시행 중인 법령 등을 적용하여 정답을 구하여야 한다.
2. 회계처리 등과 관련된 시험문제는 「한국채택국제회계기준(K-IFRS)」을 적용하여 출제된다.
3. 기활용된 문제, 기출문제 등도 변형·활용되어 출제될 수 있다.

2024년 제27회 주택관리사(보) 2차 시험 과목별 총평

주택관리 관계법규

이번 제27회 주택관리관계법규 시험 출제에 대해 다음과 같이 평가를 하고자 합니다. 이번 시험은 상대평가로 전환된 네 번째 시험이었습니다. 선발예정인원은 1,600명 정도이며, 2차 과목인 관리실무가 쉽게 출제되었기 때문에 작년보다 합격평균점수가 작년보다 약간 상회할 것으로 예측됩니다.

주택관리관계법규는 예년과는 달리 최근 개정된 법률부분은 거의 출제 되지 않았고, 상대평가치고는 난이도 上에 해당되는 문제가 2~4문제 정도 출제되었습니다. 작년보다 오히려 고득점이 많이 나오겠다는 생각이 들 정도로 수업시간에 강조한 문제들이 거의 출제된 평이한 시험이었다고 판단됩니다. 그러나 내년에도 과연 올해처럼 평이하게 출제될 것인가에 대해서는 사견으로 비관적이라고 하겠습니다. 왜냐하면, 시험이 상대평가이기 때문에 시험이 너무 난이도가 없는 시험을 출제하면 오히려 공부를 많이 준비한 사람은 상대적으로 그렇지 못한 사람보다 평가받는 데 불리해질 수도 있기 때문입니다. 점수가 안정권에 들기 위해서는 적어도 75점을 넘어서야지 하는 강박관념이 수험생들에게 수험생활 내내 지배할 것으로 생각됩니다.

이번 시험후기를 보면 주택관리관계법규는 점수가 75점 이상 상회하는 분들도 다수 있지만, 선발예정인원이 작년과 동일하고 관리실무가 쉽게 출제된 것을 감안하면 평균점수 75점 이상 되어야 합격권에 들 수 있다는 예측입니다.

공동주택 관리실무

이번 제27회 시험은 평이하게 출제되는 문제도 있었지만 법령의 지엽적인 부분과 별표에서 출제되는 문제가 많았고 중상의 난이도로 출제되어 제26회 시험보다는 평균점수가 다소 낮아질 것으로 예상됩니다.

높은 출제빈도를 보인 공동주택관리의 개요에서 9문제가 출제되었고 난이도 조절을 하기 위해 출제해 왔던 사무관리(노무관리와 사회보험) 문제도 지엽적인 2문제를 포함하여 7문제가 출제되었으며, 앞으로도 난이도 조절을 위해서 출제 문항 수는 7문제에서 8문제 정도로 유지될 것으로 예상됩니다.

공동주택의 건축설비도 계산문제 1문제를 포함하여 10문제가 출제되었고, 환경관리와 안전관리는 5문제가 출제되어 꾸준하게 출제비중이 늘어나고 있기 때문에 이에 대한 철저한 준비가 필요합니다.

주택관리사(보) 자격시험 5개년 합격률

▷ 제1차 시험

(단위: 명)

구 분	접수자(A)	응시자(B)	합격자(C)	합격률(C/B)
제23회(2020)	17,277	13,876	1,529	11.02%
제24회(2021)	17,011	13,827	1,760	12.73%
제25회(2022)	18,084	14,410	3,137	21.76%
제26회(2023)	18,982	15,225	1,877	12.33%
제27회(2024)	20,809	17,023	2,017	11.84%

▷ 제2차 시험

(단위: 명)

구 분	접수자(A)	응시자(B)	합격자(C)	합격률(C/B)
제23회(2020)	2,305	2,238	1,710	76.4%
제24회(2021)	2,087	2,050	1,610	78.5%
제25회(2022)	3,494	3,408	1,632	47.88%
제26회(2023)	3,502	3,439	1,610	46.81%
제27회(2024)	2,992	2,913	1,612	55.33%

출제경향 분석 및 수험대책

출제경향 분석

분 야	구 분	제23회	제24회	제25회	제26회	제27회	총 계	비율(%)
행정실무	공동주택관리의 개요	6	8	8	6	9	37	18.5
	입주자관리	2	4	3	3	3	15	7.5
	사무관리	7	7	8	7	7	36	18.0
	대외업무 및 리모델링	2					2	1.0
	공동주택 회계관리		2	1	1	1	5	2.5
	소 계	17	21	20	17	20	95	47.5
기술실무	하자보수제도 등과 시설관리	4	4	6	7	5	26	13.0
	공동주택의 건축설비관리	18	14	10	11	10	63	31.5
	환경 및 안전관리	1	1	4	5	5	16	8.0
	소 계	23	19	20	23	20	105	52.5
총 계		40	40	40	40	40	200	100

시험총평

이번 제27회 시험은 평이하게 출제되는 문제도 있었지만 법령의 지엽적인 부분과 별표에서 출제되는 문제가 많았고 중상의 난이도로 출제되어 제26회 시험보다는 평균점수가 다소 낮아질 것으로 예상됩니다. 높은 출제빈도를 보인 공동주택관리의 개요에서 9문제가 출제되었고 난이도 조절을 하기 위해 출제해 왔던 사무관리(노무관리와 사회보험) 문제도 지엽적인 2문제를 포함하여 7문제가 출제되었습니다. 공동주택의 건축설비도 계산문제 1문제를 포함하여 10문제가 출제되었고, 환경관리와 안전관리는 5문제가 출제되어 꾸준하게 출제비중이 늘어나고 있기 때문에 이에 대한 철저한 준비가 필요합니다.
수험생 여러분 1년 동안 시험 준비하시느라 고생하셨습니다.

수험대책

제28회 시험을 대비하여 다음의 사항을 유념하여 수험준비를 해야 합니다.

첫 째 단계별 모든 과정을 빠짐없이 수강하고 이해 위주의 학습이 이루어져야 합니다.

둘 째 전 범위에 걸쳐 기출문제를 꼼꼼히 확인하여 이해력을 높임과 동시에 실제시험 유형에 접근하는 데 필요한 응용력을 길러야 합니다.

셋 째 노무관리와 사회보험도 출제비중이 지속적으로 높아지고 있기 때문에 소홀함 없이 충분한 준비를 하여야 합니다.

넷 째 시설개론의 건축설비의 설비와 관련된 이론지문을 정확히 정리해서 관리실무에서 다루기 어려운 지문을 보완 하여야 합니다.

다섯째 주관식 단답형 부분점수 제도에 따라 펜을 들고 직접 써보는 연습을 많이 하여야 합니다.

제1편 행정실무

▶ **제1장 공동주택관리의 개요:** 용어정의, 의무관리대상 전환 공동주택의 관리업무 이관절차, 의무관리대상 공동주택의 관리업무 이관절차, 주택관리사제도, 관리주체와 관리사무소장에 대한 종합유형의 문제와 주택관리업과 주택관리업자에 대한 문제가 꾸준히 출제되고 있으며, 이 부분은 기입형과 서술형으로 번갈아가며 매년 4~5문제가 출제되고 있으므로 정확한 정리가 필요합니다.

▶ **제2장 입주자관리:** 입주자대표회의에 관한 문제가 매년 2문제 정도 출제되고 있으며 특히 동별 대표자의 결격사유와 구성원에 대한 윤리교육 부분이 출제빈도가 높습니다. 층간소음에 관한 규정과 공동주택관리 분쟁조정에 관한 내용은 꼼꼼한 정리가 필요합니다.

▶ **제3장 사무관리:** 노무관리와 사회보험에 관한 부분이 6~7문제로 꾸준히 출제 문항수가 늘어나고 있으며 노무관리 규정 중에서는 「근로기준법」, 「최저임금법」, 「남녀고용평등과 일·가정 양립 지원에 관한 법률」, 「근로자퇴직급여 보장법」, 사회보험에서는 「산업재해보상보험법」과 「고용보험법」에 대한 철저한 대비가 필요합니다.

▶ **제4장 대외업무 및 리모델링:** 공동주택과 부대시설 및 복리시설에 대한 행위허가와 신고에 관한 문제가 출제되고 있으나 정리가 잘되지 않아 수험생들이 시험 직전까지 힘들어 하는 부분이기도 합니다. 따라서 기출문제를 토대로 출제유형을 습득해야 하며 리모델링은 개정부분이 많기 때문에 특히 주의하여 정리해야 합니다.

▶ **제5장 공동주택 회계관리:** 공동주택 회계관리에서는 관리비의 비목별 구성명세와 사용료 항목을 구분하는 출제유형이 많으며 난이도 조절을 위해 주관식 기입형의 출제가 예상되므로 이에 대한 대비가 필요합니다.

제2편 기술실무

▶ **제1장 하자보수제도 등과 시설관리:** 매년 2~3문제가 꾸준하게 출제되고 있는 장이므로 특정한 부분에 한정하지 않고 전체적으로 자세하게 정리를 하여야 합니다. 결로의 원인과 대책, 아스팔트 방수와 시멘트액체 방수의 비교규정을 잘 정리해야 하고, 진입도로의 폭에 관한 규정과 공동주택성능등급에 관한 규정을 포함하여 부대시설과 복리시설의 세부설치기준에 관해 객관식 문제와 주관식 기입형 문제까지 대비하여 꼼꼼하게 정리하여야 합니다.

▶ **제2장 공동주택의 건축설비관리:** 매년 14~15문제가 건축설비 이론과 관련 법령에서 출제되는 장으로 1차 공동주택시설개론과의 연계학습이 필요한 부분이기도 합니다. 건축설비 관련 법령지문은 공동주택관리실무에서 출제되고 있기 때문에 체계적으로 정리되어야 하며, 특히 주관식 기입형 문제도 자주 출제되기 때문에 꼼꼼하게 학습하여야 합니다.

▶ **제3장 환경 및 안전관리:** 환경관리는 매년 2문제 정도가 출제되는 장으로서 공동주택의 소독대상과 점검횟수, 소음관리, 신축공동주택의 실내공기질 관리규정을 특히 주의하여 정리하여야 합니다. 공동주택관리법령상 안전관리진단은 객관식 문제뿐만 아니라 주관식 기입형 문제를 대비해야 하는 중요한 부분이며, 어린이놀이시설 안전관리법령은 앞으로 출제문항이 늘어날 수 있기 때문에 관리적인 측면에 대한 정리가 반드시 필요합니다.

단계별 학습전략 Process 4

시험출제 수준 및 경향 파악

사전준비 없이 막연한 판단으로 공부를 시작하면 비효율적이고 시험에 실패할 위험도 크다. 따라서 기출문제의 꼼꼼한 분석을 통해 출제범위를 명확히 하고, 출제 빈도 및 경향을 정확히 가늠하여 효율적인 학습방법을 찾는 것이 합격을 위한 첫 걸음이다.

최적의 수험대책 수립 및 교재 선택

시험출제 수준 및 경향을 정확하게 파악하였다면, 수험생 본인에게 적합한 수험방법을 선택해야 한다. 본인에게 맞지 않는 수험방법은 동일한 결과를 얻기 위해 몇 배의 시간과 노력을 들여야 한다. 따라서 본인의 학습태도를 파악하여 자신에게 맞는 학습량과 시간 배분 및 학습 장소, 학원강의 등을 적절하게 선택해야 한다. 그리고 내용이 충실하고 본인에게 맞는 교재를 선택하는 것도 합격을 앞당기는 지름길이 된다.

과목별 학습시간의 적절한 배분

주택관리사보 자격시험을 단기간에 준비하기에는 내용도 방대하고 난도도 쉽지 않다. 따라서 과목별 학습목표량과 학습시간을 적절히 배분하는 것이 중요한데, 취약과목에는 시간을 좀 더 배분하도록 한다. 전체 일정은 기본서, 객관식 문제집, 모의고사 순으로 학습하여 빠른 시일 내에 시험 감각을 키우는 것을 우선으로 해야 한다.

전문 학원 강사의 강의 수강

학습량도 많고 난도도 높아 독학으로 주택관리사보 자격시험을 공략하기란 쉽지 않다. 더욱이 법률 과목은 기본개념을 파악하는 것 자체가 쉽지 않고, 해당 과목의 전체적인 흐름을 이해하고 핵심을 파악하기보다는 평면적·단순 암기식 학습에 치우칠 우려가 있어 학습의 효율성을 떨어뜨리고 시험기간을 장기화하는 원인이 될 수 있다. 이러한 독학의 결점이나 미비점을 보완하기 위한 방안으로 전문학원 강사의 강의를 적절히 활용하도록 한다.

수험생 스스로 사전 평가를 통하여 고득점을 목표로 집중학습할 전략과목을 정하도록 한다.
그러나 그보다 더 중요한 것은 취약과목을 어느 수준까지 끌어올리느냐 하는 것이다.

STEP 3

실력점검 단계

취약과목을 집중 공략

개인차가 있겠지만 어느 정도 공부를 하고 나면 전략과목과 취약과목의 구분이 생기기 마련이다. 고득점을 보장하는 전략과목 다지기와 함께 취약과목을 일정 수준까지 끌어올리려는 노력이 무엇보다 필요하다. 어느 한 과목의 점수라도 과락이 되면 전체 평균점수가 아무리 높다고 해도 합격할 수 없기 때문에 취약과목을 어느 수준까지 끌어올리느냐가 중요하다고 하겠다.

문제 해결력 기르기

각 과목별 특성을 파악하고 전체적인 흐름을 이해했다면 습득한 지식의 정확도를 높이고, 심화단계의 문제풀이를 통해 실력을 높일 필요가 있다. 지금까지 학습해 온 내용의 점검과 함께 자신의 실력으로 굳히는 과정을 어떻게 거치느냐에 따라 시험의 성패가 결정될 것이다.

STEP 4

최종 마무리 단계

합격을 좌우하는 마지막 1개월

시험 1개월 전은 수험생들이 스트레스를 가장 많이 받는 시점이자 수험생활에 있어 마지막 승부가 가늠되는 지점이다. 이 시기의 학습효과는 몇 개월 동안의 학습효과와 비견된다 할 수 있으므로 최대한 집중력을 발휘하고 혼신의 힘을 기울여야 한다. 이때부터는 그 동안 공부해 온 것을 시험장에서 충분히 발휘할 수 있도록 암기가 필요한 사항은 외우고 틀린 문제들은 점검하면서 마무리 교재를 이용하여 실전감각을 배양하도록 한다.

시험 당일 최고의 컨디션 유지

시험 당일 최고의 컨디션으로 실전에 임할 수 있어야 공부한 모든 것들을 제대로 쏟아 낼 수 있다. 특히 시험 전날의 충분한 수면은 시험 당일에 명석한 분석 및 판단력을 발휘하는 데 큰 도움이 됨을 잊지 말아야 한다.

이 책의 활용방법

01 실전에 강한 기출·예상문제

❶ 실전예상문제

철저한 최신출제경향 분석을 통해 출제가능성이 높은 문제를 수록함으로써 실전능력을 기를 수 있도록 하였다.

❷ 주관식문제

주관식문제가 출제되는 2차 과목의 특성상 실전감각을 기를 수 있도록 주관식 단답형문제를 수록하였다.

❸ 난이도 표시

난이도를 3단계로 표시하여 수험생 스스로 셀프테스트가 가능하도록 구성하였다.

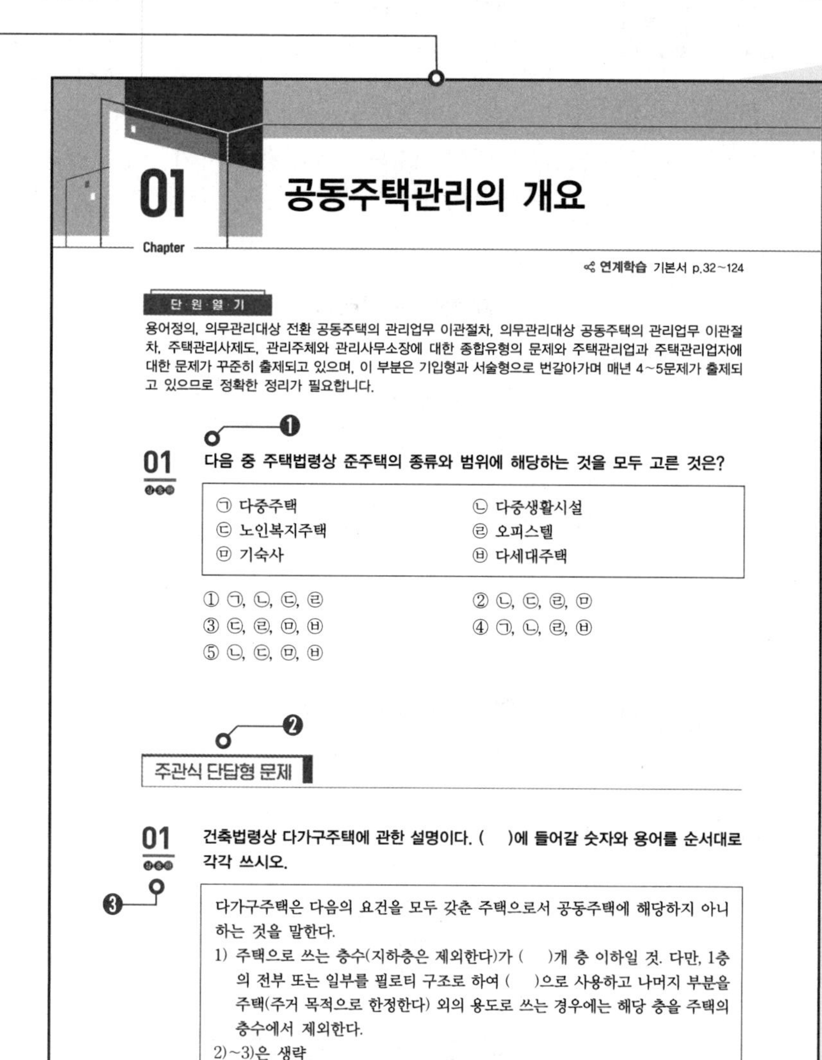

01 Chapter 공동주택관리의 개요

연계학습 기본서 p.32~124

단원열기

용어정의, 의무관리대상 전환 공동주택의 관리업무 이관절차, 의무관리대상 공동주택의 관리업무 이관절차, 주택관리사제도, 관리주체와 관리사무소장에 대한 종합유형의 문제와 주택관리업과 주택관리업자에 대한 문제가 꾸준히 출제되고 있으며, 이 부분은 기입형과 서술형으로 번갈아가며 매년 4~5문제가 출제되고 있으므로 정확한 정리가 필요합니다.

❶

01 다음 중 주택법령상 준주택의 종류와 범위에 해당하는 것을 모두 고른 것은?

㉠ 다중주택	㉡ 다중생활시설
㉢ 노인복지주택	㉣ 오피스텔
㉤ 기숙사	㉥ 다세대주택

① ㉠, ㉡, ㉢, ㉣
② ㉡, ㉢, ㉣, ㉤
③ ㉢, ㉣, ㉤, ㉥
④ ㉠, ㉡, ㉣, ㉥
⑤ ㉡, ㉢, ㉤, ㉥

❷

주관식 단답형 문제

01 건축법령상 다가구주택에 관한 설명이다. ( )에 들어갈 숫자와 용어를 순서대로 각각 쓰시오.

❸

다가구주택은 다음의 요건을 모두 갖춘 주택으로서 공동주택에 해당하지 아니하는 것을 말한다.
1) 주택으로 쓰는 층수(지하층은 제외한다)가 ( )개 층 이하일 것. 다만, 1층의 전부 또는 일부를 필로티 구조로 하여 ( )으로 사용하고 나머지 부분을 주택(주거 목적으로 한정한다) 외의 용도로 쓰는 경우에는 해당 층을 주택의 층수에서 제외한다.
2)~3)은 생략

20 공동주택관리실무

02 정확하고 명쾌한 정답 및 해설

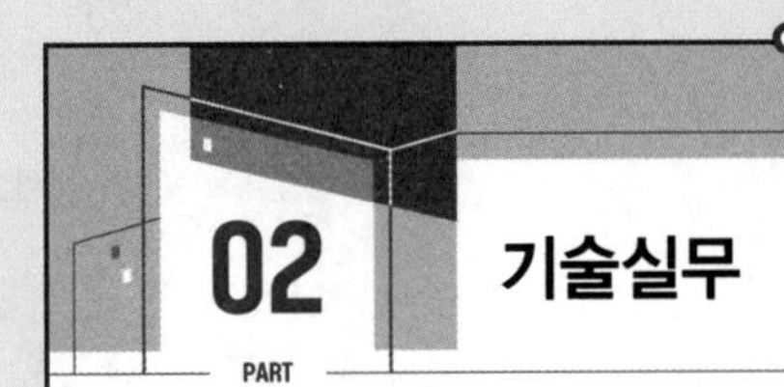

01 하자보수제도 등과 시설관리

Answer 객관식

01 ⑤	02 ③	03 ②	04 ④	05 ⑤	06 ④	07 ③	08 ①	09 ①	10 ⑤
11 ⑤	12 ①	13 ④	14 ②	15 ①	16 ①	17 ⑤	18 ⑤	19 ③	20 ④
21 ②	22 ②	23 ④	24 ⑤	25 ④	26 ②	27 ④	28 ②	29 ③	30 ②
31 ③	32 ①	33 ④	34 ④	35 ③	36 ④	37 ④	38 ⑤	39 ④	40 ⑤
41 ⑤	42 ①	43 ③	44 ⑤	45 ④	46 ④	47 ④	48 ⑤	49 ③	50 ④
51 ③	52 ⑤	53 ③	54 ④	55 ⑤	56 ⑤	57 ⑤	58 ⑤	59 ⑤	60 ③
61 ⑤	62 ①	63 ④	64 ⑤	65 ③	66 ④	67 ④	68 ②	69 ④	70 ②
71 ④	72 ②								

01 ⑤ 주방기구공사는 담보책임기간이 2년이다.

02 ③ 5년, ①·②·④·⑤ 3년

03 ② 가전제품의 담보책임기간은 2년이다.

04 ④ 5년, ①·②·③·⑤ 3년

05 ⑤ 경량철골공사의 담보책임기간은 5년이다.

06 ④ 인양기설비공사의 담보책임기간은 3년이다.

07 ③ ㉠·㉢: 3년, ㉡: 5년, ㉣: 5년

08 ① ㉠·㉡: 2년, ㉢: 3년, ㉣: 5년

❷

09 ① 사업주체(「건설산업기본법」에 따라 하자담보책임이 있는 자로서 사업주체로부터 건설공사를 일괄 도급받아 건설공사를 수행한 자가 따로 있는 경우에는 그 자를 말한다)는 담보책임기간에 하자가 발생한 경우에는 해당 공동주택의 제1호부터 제4호까지에 해당하는 자(이하 "입주자대표회의 등"이라 한다) 또는 제5호에 해당하는 자의 청구에 따라 그 하자를 보수하여야 한다.

제2편 기술실무 345

❶ 효율적 지면 구성

문제풀이에 방해되지 않도록 문제와 해설·정답을 분리하여 수록하였다.

❷ 상세한 해설

문제의 핵심을 찌르는 정확하고 명쾌한 해설은 물론, 문제와 관련하여 더 알아두어야 할 내용을 제시함으로써 문제풀이의 효과를 극대화하고자 하였다.

이 책의 차례

행정실무

PART 2

기술실무

정답 및 해설

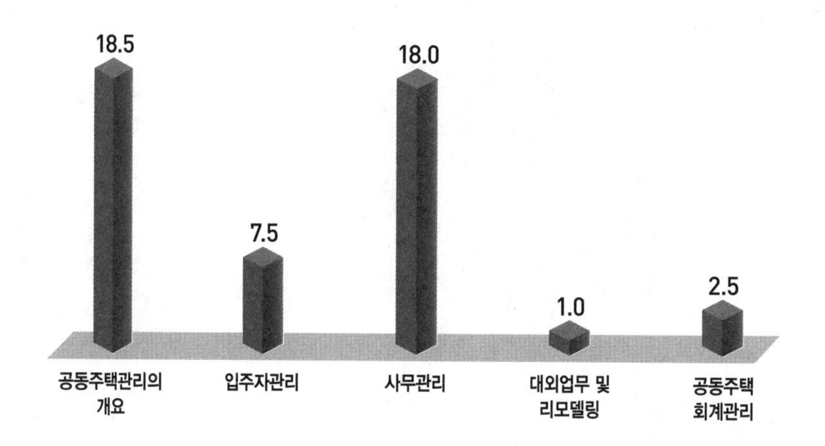

최근 5년간 기출문제 분석

공동주택관리 개요부분은 매년 꾸준히 높은 출제 비중을 보이고 있으며 노무관리와 사회보험은 제27회 시험에서도 7문제가 출제되었고 앞으로도 난도 조절을 위해서 출제문항 수는 유지될 것으로 예상됩니다.
출제 비중이 높은 곳을 집중적으로 공부하되, 나머지 부분도 놓치지 않도록 학습해야 합니다.

PART 01

행정실무

01 공동주택관리의 개요

Chapter

연계학습 기본서 p.32~124

단·원·열·기

용어정의, 의무관리대상 전환 공동주택의 관리업무 이관절차, 의무관리대상 공동주택의 관리업무 이관절차, 주택관리사제도, 관리주체와 관리사무소장에 대한 종합유형의 문제와 주택관리업과 주택관리업자에 대한 문제가 꾸준히 출제되고 있으며, 이 부분은 기입형과 서술형으로 번갈아가며 매년 4~5문제가 출제되고 있으므로 정확한 정리가 필요합니다.

01 상중하

다음 중 주택법령상 준주택의 종류와 범위에 해당하는 것을 모두 고른 것은?

㉠ 다중주택	㉡ 다중생활시설
㉢ 노인복지주택	㉣ 오피스텔
㉤ 기숙사	㉥ 다세대주택

① ㉠, ㉡, ㉢, ㉣
② ㉡, ㉢, ㉣, ㉤
③ ㉢, ㉣, ㉤, ㉥
④ ㉠, ㉡, ㉣, ㉥
⑤ ㉡, ㉢, ㉤, ㉥

02 상중하

주택법령상의 용어의 정의로 옳지 않은 것은?

① 토지임대부 분양주택은 토지의 소유권은 사업계획의 승인을 받아 토지임대부 분양주택 건설사업을 시행하는 자가 가지고, 건축물 및 복리시설 등에 대한 소유권은 주택을 분양받은 자가 가지는 주택을 말한다.
② 장수명 주택이란 구조적으로 오랫동안 유지·관리될 수 있는 내구성을 갖추고, 입주자의 필요에 따라 내부 구조를 쉽게 변경할 수 있는 가변성과 수리 용이성 등이 우수한 주택을 말한다.
③ 세대구분형 공동주택이란 공동주택의 주택 내부 공간의 일부를 세대별로 구분하여 생활이 가능한 구조로 하되, 그 구분된 공간 일부에 대하여 구분소유를 할 수 있는 주택을 말한다.
④ 도시형 생활주택이란 300세대 미만의 국민주택규모에 해당하는 주택으로서 대통령령으로 정하는 주택을 말한다.
⑤ 에너지절약형 친환경주택은 저에너지 건물 조성기술 등 대통령령으로 정하는 기술을 이용하여 에너지 사용량을 절감하거나 이산화탄소 배출량을 저감할 수 있도록 건설된 주택을 말한다.

03 상중하

민간임대주택에 관한 특별법령상 용어에 대한 설명으로 옳지 않은 것은? 제21회

① '민간임대주택'이란 임대 목적으로 제공하는 주택으로서 임대사업자가 민간임대주택에 관한 특별법 제5조에 따라 등록한 주택을 말하며, 민간건설임대주택과 민간매입임대주택으로 구분한다.

② '장기일반민간임대주택'이란 임대사업자가 공공지원민간임대주택이 아닌 주택을 8년 이상 임대할 목적으로 취득하여 임대하는 민간임대주택[아파트(주택법의 도시형 생활주택이 아닌 것을 말한다)를 임대하는 민간매입임대주택은 제외한다]을 말한다.

③ '자기관리형 주택임대관리업'이란 주택의 소유자로부터 주택을 임차하여 자기책임으로 전대하는 형태의 업을 말한다.

④ '임대사업자'란 공공주택 특별법에 따른 공공주택사업자가 아닌 자로서 1호(戶) 이상의 민간임대주택을 취득하여 임대하는 사업을 할 목적으로 민간임대주택에 관한 특별법 제5조에 따라 등록한 자를 말한다.

⑤ 임대사업자가 임대를 목적으로 건설하여 임대하는 민간임대주택은 민간건설임대주택에 해당된다.

04 상중하

공동주택관리법상 용어의 정의로서 옳은 것은? 제27회

① "혼합주택단지"란 분양을 목적으로 한 공동주택과 단독주택(임대주택은 제외한다)이 함께 있는 공동주택단지를 말한다.

② "입주자"란 공동주택의 소유자 또는 그 소유자를 대리하는 배우자 및 직계가족(직계비속은 제외한다)을 말한다.

③ "주택관리사 등"이란 주택관리사와 주택관리법인을 말한다.

④ "사용자"란 공동주택을 임차하여 사용하는 사람(임대주택의 임차인은 제외한다) 등을 말한다.

⑤ "임대주택"이란 「민간임대주택에 관한 특별법」에 따른 민간임대주택을 말하며, 「공공주택 특별법」에 따른 공공임대주택은 이에 포함되지 않는다.

05 상중하

건축법령상 주택의 종류에 관한 설명이다. 다음의 요건을 모두 갖춘 주택은?

> 1. 학생 또는 직장인 등 여러 사람이 장기간 거주할 수 있는 구조로 되어 있을 것
> 2. 독립된 주거의 형태를 갖추지 아니한 것(각 실별로 욕실은 설치할 수 있으나, 취사시설은 설치하지 아니한 것을 말한다)
> 3. 1개 동의 주택으로 쓰이는 바닥면적의 합계가 660제곱미터 이하이고 주택으로 쓰는 층수(지하층은 제외한다)가 3개 층 이하일 것. 다만, 1층의 전부 또는 일부를 필로티 구조로 하여 주차장으로 사용하고 나머지 부분을 주택(주거 목적으로 한정한다) 외의 용도로 쓰는 경우에는 해당 층을 주택의 층수에서 제외한다.
> 4. 적정한 주거환경을 조성하기 위하여 건축조례로 정하는 실별 최소 면적, 창문의 설치 및 크기 등의 기준에 적합할 것

① 다세대주택
② 국민주택
③ 다중주택
④ 원룸형 주택
⑤ 준주택

06 상중하

건축법령상 주택에 대한 설명으로 옳지 않은 것은?

① 다가구주택은 1층 바닥면적의 2분의 1 이상을 필로티 구조로 하여 부대시설 및 복리시설 등으로 사용하고 나머지 부분을 주택(주거 목적으로 한정한다) 외의 용도로 사용하는 경우에는 해당 층을 주택의 층수에서 제외한다.
② 연립주택은 주택으로 쓰는 1개 동의 바닥면적(2개 이상의 동을 지하주차장으로 연결하는 경우에는 각각의 동으로 본다) 합계가 660제곱미터를 초과하고, 층수가 4개 층 이하인 주택을 말한다.
③ 다세대주택은 주택으로 쓰는 1개 동의 바닥면적 합계가 660제곱미터 이하이고, 층수가 4개 층 이하인 주택(2개 이상의 동을 지하주차장으로 연결하는 경우에는 각각의 동으로 본다)을 말한다.
④ 기숙사 중 임대형기숙사는 「공공주택 특별법」에 따른 공공주택사업자 또는 「민간임대주택에 관한 특별법」에 따른 임대사업자가 임대사업에 사용하는 것으로서 임대 목적으로 제공하는 실이 20실 이상이고 해당 기숙사의 공동취사시설 이용 세대 수가 전체 세대 수의 50퍼센트 이상인 것을 말한다.
⑤ 아파트, 연립주택, 다세대주택, 기숙사의 층수를 산정할 때 지하층을 주택의 층수에서 제외한다.

07 상중하

주택법령상 도시형 생활주택에 관한 설명으로 옳지 않은 것은?

① 300세대 미만의 국민주택규모에 해당하는 주택으로서 「국토의 계획 및 이용에 관한 법률」에 따른 도시지역에 건설하는 단지형 연립주택, 단지형 다세대주택, 아파트형 주택을 말한다.
② 단지형 연립주택은 연립주택을 말하며 「건축법」에 따라 건축위원회의 심의를 받은 경우에는 주택으로 쓰는 층수를 5개 층까지 건축할 수 있다.
③ 아파트형 주택은 세대별로 독립된 주거가 가능하도록 욕실 및 부엌을 설치한다.
④ 도시형 생활주택과 주거전용면적이 85제곱미터를 초과하는 주택 1세대는 함께 건축할 수 있다.
⑤ 「국토의 계획 및 이용에 관한 법률 시행령」에 따른 준주거지역 또는 상업지역에서 아파트형 주택과 도시형 생활주택 외의 주택은 함께 건축할 수 없다.

08 상중하

주택법령상 사업계획승인을 받아 건설되는 세대구분형 공동주택에 관한 설명으로 옳지 않은 것을 모두 고른 것은? 제17회 수정

㉠ 세대구분형 공동주택의 건설과 관련하여 주택건설기준 등을 적용하는 경우 세대구분형 공동주택의 세대수는 2세대로 산정한다.
㉡ 세대수가 해당 주택단지 안의 공동주택 전체 세대수의 3분의 1을 넘지 않아야 한다.
㉢ 세대구분형 공동주택의 세대별로 구분된 각각의 공간마다 별도의 욕실, 부엌과 현관을 설치하여야 한다.
㉣ 하나의 세대가 통합하여 사용할 수 있도록 세대 간에 연결문 또는 경량구조의 경계벽 등을 설치하여야 한다.
㉤ 세대구분형 공동주택의 세대별로 구분된 각각의 공간의 주거전용면적 합계가 주택단지 전체 주거전용면적 합계의 3분의 1을 넘는 등 국토교통부장관이 정하는 주거전용면적의 비율에 관한 기준을 충족하여야 한다.

① ㉠, ㉡
② ㉠, ㉤
③ ㉡, ㉢
④ ㉢, ㉣
⑤ ㉣, ㉤

09 상중하

「공동주택관리법」 제35조에 따른 행위의 허가를 받거나 신고를 하고 설치하는 세대구분형 공동주택에 관한 설명으로 옳지 않은 것은?

① 구분된 공간의 세대수는 기존 세대를 포함하여 2세대 이하일 것
② 세대별로 구분된 각각의 공간마다 별도의 욕실, 부엌과 구분 출입문을 설치할 것
③ 세대구분형 공동주택의 세대수가 해당 주택단지 안의 공동주택 전체 세대수의 3분의 1과 해당 동의 전체 세대수의 3분의 1을 각각 넘지 않을 것. 다만, 시장·군수·구청장이 부대시설의 규모 등 해당 주택단지의 여건을 고려하여 인정하는 범위에서 세대수의 기준을 넘을 수 있다.
④ 구조, 화재, 소방 및 피난안전 등 관계 법령에서 정하는 안전 기준을 충족할 것
⑤ 주택건설기준 등을 적용하는 경우 세대구분형 공동주택의 세대수는 그 구분된 공간의 세대수에 관계없이 하나의 세대로 산정한다.

10 상중하

주택법령상 국민주택규모에 관한 설명이다. (   ) 안에 들어갈 내용을 순서대로 고르면?

> 주거의 용도로만 쓰이는 면적이 1호(戶) 또는 1세대당 (   )제곱미터 이하인 주택(「수도권정비계획법」에 따른 수도권을 제외한 (   )지역이 아닌 읍 또는 면 지역은 1호 또는 1세대당 주거전용면적이 (   )제곱미터 이하인 주택을 말한다)을 말한다.

① 85 - 준주거 - 100
② 85 - 상업 - 100
③ 85 - 도시 - 100
④ 100 - 준주거 - 85
⑤ 100 - 도시 - 85

11 상중하

주택법령상 공동주택에 해당하는 것을 모두 고른 것은?

> ㉠ 연립주택
> ㉡ 다중주택
> ㉢ 다세대주택
> ㉣ 다가구주택

① ㉠, ㉡
② ㉠, ㉢
③ ㉡, ㉢
④ ㉡, ㉣
⑤ ㉢, ㉣

12 다음 중 공동주택관리법령상 의무관리대상 공동주택에 해당하는 것을 모두 고른 것은?

상중하

> ㉠ 승강기가 설치되지 않고 중앙집중식 난방방식이 아닌 400세대인 공동주택
> ㉡ 승강기가 설치된 120세대인 공동주택
> ㉢ 중앙집중식 난방방식의 120세대인 공동주택
> ㉣ 「건축법」상 건축허가를 받아 주택 외의 시설과 주택을 동일건축물로 건축한 건축물로서 주택이 200세대인 건축물

① ㉠, ㉡
② ㉠, ㉢
③ ㉠, ㉣
④ ㉡, ㉢
⑤ ㉡, ㉣

13 공동주택관리법령상 의무관리대상 공동주택으로 옳지 않은 것은?

상중하

① 승강기가 설치된 150세대 연립주택
② 중앙집중식 난방방식인 300세대 다세대주택
③ 지역난방방식인 250세대 아파트
④ 승강기가 설치되어 있지 않고 지역난방방식을 포함하여 중앙집중식 난방방식이 아닌 250세대 아파트
⑤ 건축법에 따른 건축허가를 받아 주택 이외의 시설과 주택을 동일 건축물로 건축한 건축물로서 주택이 200세대인 건축물

14 상중하

공동주택관리법령상 관리사무소장의 손해배상책임에 관한 설명으로 옳지 않은 것은?

① 보증보험 또는 공제에 가입한 주택관리사 등으로서 보증기간이 만료되어 다시 보증설정을 하려는 자는 그 보증기간이 만료되기 전에 다시 보증설정을 하여야 한다.

② 주택관리사 등은 손해배상책임을 보장하기 위한 보증보험 또는 공제에 가입하거나 공탁을 한 후 해당 공동주택의 관리사무소장으로 배치된 날에 입주자대표회의의 회장에게 보증보험 등에 가입한 사실을 입증하는 서류를 제출하여야 한다.

③ 500세대 이상의 공동주택에 관리사무소장으로 배치된 주택관리사는 손해배상책임을 보장하기 위하여 5천만원에 해당하는 금액을 보장하는 보증보험 또는 공제에 가입하거나 공탁을 하여야 한다.

④ 공탁한 공탁금은 주택관리사 등이 해당 공동주택의 관리사무소장의 직을 사임하거나 그 직에서 해임된 날 또는 사망한 날부터 3년 이내에는 회수할 수 없다.

⑤ 주택관리사 등은 보증보험금・공제금 또는 공탁금으로 손해배상을 한 때에는 30일 이내에 보증보험 또는 공제에 다시 가입하거나 공탁금 중 부족하게 된 금액을 보전하여야 한다.

15 상중하

공동주택관리법령상 관리사무소장의 손해배상책임에 관한 설명으로 옳은 것을 모두 고른 것은? 제22회

㉠ 주택관리사 등은 관리사무소장의 업무를 집행하면서 고의 또는 과실로 입주자등에게 재산상의 손해를 입힌 경우에는 그 손해를 배상할 책임이 있다.
㉡ 임대주택의 경우 주택관리사 등은 손해배상책임을 보장하기 위한 보증보험 또는 공제에 가입하거나 공탁을 한 후 해당 공동주택의 관리사무소장으로 배치된 날에 임대사업자에게 보증보험 등에 가입한 사실을 입증하는 서류를 제출하여야 한다.
㉢ 주택관리사 등이 손해배상책임 보장을 위하여 공탁한 공탁금은 주택관리사 등이 해당 공동주택의 관리사무소장의 직을 사임하거나 그 직에서 해임된 날 또는 사망한 날부터 3년 이내에는 회수할 수 없다.
㉣ 주택관리사 등은 보증보험금・공제금 또는 공탁금으로 손해배상을 한 때에는 지체 없이 보증보험 또는 공제에 다시 가입하거나 공탁금 중 부족하게 된 금액을 보전하여야 한다.

① ㉠　② ㉠, ㉡　③ ㉠, ㉡, ㉢
④ ㉡, ㉢, ㉣　⑤ ㉠, ㉡, ㉢, ㉣

16 상중하

공동주택관리법령상 관리사무소장의 업무와 손해배상책임에 관한 설명으로 옳지 않은 것은? 제23회

① 관리사무소장은 하자의 발견 및 하자보수의 청구, 장기수선계획의 조정, 시설물 안전관리계획의 수립 및 안전점검업무가 비용지출을 수반하는 경우 입주자대표회의의 의결 없이 이를 집행할 수 있다.
② 관리사무소장은 안전관리계획의 조정을 3년마다 하되, 관리여건상 필요하여 입주자대표회의 구성원 과반수의 서면동의를 받은 경우에는 3년이 지나가기 전에 조정할 수 있다.
③ 주택관리사 등은 관리사무소장의 업무를 집행하면서 고의 또는 과실로 입주자 등에게 재산상의 손해를 입힌 경우에는 그 손해를 배상할 책임이 있다.
④ 관리사무소장은 관리비, 장기수선충당금의 관리업무에 관하여 입주자대표회의를 대리하여 재판상 또는 재판 외의 행위를 할 수 있다.
⑤ 관리사무소장은 입주자대표회의에서 의결하는 공동주택의 운영・관리・유지・보수・교체・개량에 대한 업무를 집행한다.

17 상중하

공동주택관리법령상 관리사무소장의 배치 및 변경신고에 관한 설명으로 옳지 않은 것은?

① 배치 내용과 업무의 집행에 사용할 직인을 신고하려는 공동주택의 관리사무소장은 배치된 날부터 15일 이내에 관리사무소장 배치 및 직인신고서에 일정서류를 첨부하여 접수업무를 위탁받은 주택관리사단체에 제출하여야 한다.
② 신고한 배치 내용과 업무의 집행에 사용하는 직인을 변경하려는 공동주택의 관리사무소장은 변경사유가 발생한 날부터 15일 이내에 변경내용을 증명하는 서류를 첨부하여 주택관리사단체에 제출하여야 한다.
③ 주택관리사 등의 손해배상책임을 보장하기 위한 보증설정을 입증하는 서류 1부는 배치신고 시 첨부되는 서류에 포함된다.
④ 신고 또는 변경신고를 접수한 주택관리사단체는 관리사무소장의 배치 내용 및 직인신고(변경신고하는 경우를 포함한다) 접수 현황을 반기마다 시장・군수・구청장에게 보고하여야 한다.
⑤ 주택관리사단체는 관리사무소장이 신고 또는 변경신고에 대한 증명서 발급을 요청하면 즉시 증명서를 발급하여야 한다.

18 상중하

공동주택관리법령상 관리사무소장의 업무 등에 관한 설명으로 옳지 않은 것은?

① 관리사무소 업무의 지휘·총괄업무
② 입주자대표회의에서 의결하는 공동주택의 운영·관리·유지·보수·교체·개량업무
③ 장기수선계획의 조정, 시설물 안전관리계획의 수립 및 건축물의 안전점검에 관한 업무
④ 선거관리위원회의 운영에 필요한 업무 지원 및 사무처리업무
⑤ 안전관리계획은 5년마다 조정하되, 입주자대표회의 구성원 과반수의 서면동의를 얻은 경우에는 5년이 지나기 전에 조정하는 업무

19 상중하

공동주택관리법령상 공동주택 관리사무소장에 관한 설명으로 옳지 않은 것은?

제18회 수정

① 500세대 미만의 공동주택에는 주택관리사를 갈음하여 주택관리사보를 해당 공동주택의 관리사무소장으로 배치할 수 있다.
② 관리사무소장은 공동주택의 운영·관리·유지·보수·교체·개량 및 리모델링에 관한 업무와 관련하여 입주자대표회의를 대리하여 재판상 또는 재판 외의 행위를 할 수 없다.
③ 주택관리사 등은 관리사무소장의 업무를 집행하면서 고의 또는 과실로 입주자에게 재산상의 손해를 입힌 경우에는 그 손해를 배상할 책임이 있다.
④ 관리사무소장은 선량한 관리자의 주의로 그 직무를 수행하여야 한다.
⑤ 손해배상책임을 보장하기 위하여 공탁한 공탁금은 주택관리사 등이 해당 공동주택의 관리사무소장의 직책을 사임하거나 그 직에서 해임된 날 또는 사망한 날부터 3년 이내에는 회수할 수 없다.

20 공동주택관리법령상 관리사무소장의 교육에 관한 설명으로 옳지 않은 것은?

상중하

① 관리사무소장은 배치된 날부터 3개월 이내에 시·도지사로부터 공동주택관리에 관한 교육과 윤리교육을 받아야 한다.
② 관리사무소장으로 배치받으려는 주택관리사 등이 배치예정일부터 직전 3년 이내에 관리사무소장·공동주택관리기구의 직원 또는 주택관리업자의 임직원으로서 종사한 경력이 없는 경우에는 시·도지사가 실시하는 공동주택관리에 관한 교육과 윤리교육을 이수하여야 관리사무소장으로 배치받을 수 있다.
③ 공동주택의 관리사무소장으로 배치받아 근무 중인 주택관리사 등은 ① 또는 ②에 따른 교육을 받은 후 3년마다 공동주택관리에 관한 교육과 윤리교육을 받아야 한다.
④ 공동주택관리에 관한 교육과 윤리교육에는 공동주택의 관리책임자로서 필요한 관계 법령, 소양 및 윤리에 관한 사항이 포함되어야 한다.
⑤ ①부터 ③까지의 규정에 따른 교육기간은 3일로 한다. 이 경우 교육은 교육과정의 성격, 교육여건 등을 고려하여 집합교육 또는 인터넷을 이용한 교육의 방법으로 실시할 수 있다.

21 공동주택관리법령상 관리주체에 관한 설명으로 옳지 않은 것은?

상중하

① 관리주체는 장기수선충당금의 징수·적립 및 관리업무를 한다.
② 의무관리대상 공동주택의 관리주체는 해당 공동주택의 시설물로 인한 안전사고를 예방하기 위하여 대통령령으로 정하는 바에 따라 안전관리계획을 수립하고, 이에 따라 시설물별로 안전관리자 및 안전관리책임자를 지정하여 이를 시행하여야 한다.
③ 전기안전관리를 위한 용역은 관리주체가 사업자를 선정하고 집행하여야 한다.
④ 관리주체는 장기수선계획을 검토하기 전에 해당 공동주택의 관리사무소장으로 하여금 국토교통부령으로 정하는 바에 따라 시·도지사가 실시하는 장기수선계획의 비용산출 및 공사방법 등에 관한 교육을 받게 할 수 있다.
⑤ 의무관리대상 공동주택의 관리주체는 그 공동주택의 기능 유지와 안전성 확보로 입주자 등을 재해 및 재난 등으로부터 보호하기 위하여 「시설물의 안전 및 유지관리에 관한 특별법」에 따른 지침에서 정하는 안전점검의 실시 방법 및 절차 등에 따라 공동주택의 안전점검을 실시하여야 한다.

22 상중하

공동주택관리법령상 관리사무소장에 관한 설명으로 옳지 않은 것은?

① 입주자대표회의가 관리사무소장의 업무에 부당하게 간섭하여 입주자 등에게 손해를 초래하거나 초래할 우려가 있는 경우 관리사무소장은 시·도지사에게 이를 보고하고, 사실 조사를 의뢰할 수 있다.

② 관리사무소장의 손해배상책임을 보장하기 위한 보증보험 또는 공제에 가입하거나 공탁을 한 조치를 이행한 주택관리사 등은 그 보증설정을 다른 보증설정으로 변경하려는 경우에는 해당 보증설정의 효력이 있는 기간 중에 다른 보증설정을 하여야 한다.

③ 안전관리계획을 관리여건상 필요하여 당해 공동주택의 관리사무소장이 입주자대표회의 구성원 과반수의 서면동의를 얻은 경우에는 3년이 지나기 전에 조정할 수 있다.

④ 주택관리사보로서 관리사무소장이던 자가 주택관리사의 자격을 취득한 경우에는 그 자격취득일부터 3개월 이내에 주택관리에 관한 교육업무를 위탁받은 기관 또는 단체로부터 교육을 받아야 한다.

⑤ 관리사무소장은 그 배치 내용과 업무의 집행에 사용할 직인을 국토교통부령으로 정하는 바에 따라 시장·군수·구청장에게 신고하여야 한다.

23 상중하

공동주택관리법령상 공동주택 관리에 관한 내용으로 옳은 것은?

① 입주자대표회의 구성원은 자치관리기구의 직원을 겸할 수 있다.

② 입주자대표회의는 관리방법을 결정한 후 그 내용을 시·도지사에게 신고하고 사업주체에게 통지해야 한다.

③ 입주자대표회의는 공동주택을 공동관리할 것을 결정한 때에는 10일 이내에 그 내용을 시·도지사에게 신고해야 한다.

④ 공동주택 관리방법의 결정은 입주자대표회의의 10분의 1 이상이 제안하고 전체 입주자 등의 3분의 1 이상의 서면동의가 있어야 한다.

⑤ 입주자 등이 관리방법을 위탁관리로 결정하여 주택관리업자를 선정하는 경우에는 그 계약기간은 장기수선계획의 조정주기를 고려하여 정하여야 한다.

24 상중하

공동주택관리법령상 공동주택의 관리방법에 관한 설명으로 옳은 것은? 제27회

① 의무관리대상 공동주택은 입주자 등이 자치관리할 수 없다.
② 의무관리대상 공동주택의 관리방법은 전체 입주자 등의 5분의 1 이상이 서면으로 제안하고 전체 입주자 등의 3분의 1 이상이 찬성하는 방법으로 결정할 수 있다.
③ 입주자대표회의는 해당 공동주택의 관리에 필요하다고 인정하는 경우 공동주택을 300세대 이상의 단위로 나누어 관리하게 할 수 있다.
④ 의무관리대상 공동주택 전환 신고를 하려는 자는 입주자 등의 동의를 받은 날부터 15일 이내에 관할 시·도지사에게 신고하여야 한다.
⑤ 의무관리대상 전환 공동주택의 입주자 등은 관리규약의 제정 신고가 수리된 날부터 3개월 이내에 입주자대표회의를 구성하여야 한다.

25 상중하

공동주택관리법령상 공동주택의 관리에 관한 설명으로 옳지 않은 것은?

① 관리주체는 해당 공동주택의 공용부분의 관리 및 운영 등에 필요한 경비를 공동주택의 소유자로부터 징수할 수 있다.
② 주택관리업자를 선정하는 경우에는 그 계약기간은 장기수선계획의 조정주기를 고려하여 정하여야 한다.
③ 의무관리대상 공동주택의 관리주체는 관리비 등의 징수·보관·예치·집행 등 모든 거래행위에 관하여 장부를 월별로 작성하여 그 증빙서류와 함께 해당 회계연도 종료일부터 3년간 보관하여야 한다.
④ 의무관리대상 공동주택의 관리주체는 공동주택의 체계적인 유지관리를 위하여 공동주택의 설계도서 등을 보관하고, 공동주택 시설의 교체·보수 등의 내용을 기록·보관·유지하여야 한다.
⑤ 사업주체 또는 의무관리대상 전환 공동주택의 관리인은 자치관리기구가 구성된 경우 1개월 이내에 해당 관리주체에게 공동주택의 관리업무를 인계하여야 한다.

26 상중하

공동주택관리법령상 의무관리대상 공동주택의 관리사무소장의 업무 등에 관한 설명으로 옳지 않은 것은? 제25회

① 관리사무소장은 업무의 집행에 사용하기 위해 신고한 직인을 변경한 경우 변경신고를 하여야 한다.

② 관리사무소장은 비용지출을 수반하는 건축물의 안전점검에 관한 업무에 대하여는 입주자대표회의의 의결을 거쳐 집행하여야 한다.

③ 관리사무소장은 입주자대표회의에서 의결하는 공동주택의 유지 업무와 관련하여 입주자대표회의를 대리하여 재판상의 행위를 할 수 없다.

④ 300세대의 공동주택에는 주택관리사를 갈음하여 주택관리사보를 해당 공동주택의 관리사무소장으로 배치할 수 있다.

⑤ 주택관리사는 관리사무소장의 업무를 집행하면서 고의 또는 과실로 입주자 등에게 재산상의 손해를 입힌 경우에는 그 손해를 배상할 책임이 있다.

27 상중하

공동주택관리법령상 자치관리에 관한 설명으로 옳지 않은 것은?

① 자치관리기구는 입주자대표회의의 감독을 받지 않는다.

② 주택관리업자에게 위탁관리하다가 자치관리로 관리방법을 변경할 경우에는 그 위탁관리의 종료일까지 자치관리기구를 구성하여야 한다.

③ 관리주체가 입주자대표회의의 동의를 받아 관리업무의 일부를 해당 법령에서 인정하는 전문용역업체에 용역하는 경우에는 해당 기술인력을 갖추지 않을 수 있다.

④ 입주자대표회의는 선임된 관리사무소장이 해임된 날로부터 20일째 되는 날에 구성원 과반수의 찬성으로 새로운 관리사무소장을 선임하였다.

⑤ 입주자대표회의 구성원 과반수의 찬성으로 해당 법령에서 국가기술자격을 취득하지 않아도 선임할 수 있는 기술인력 상호 간의 겸직은 가능하다.

28

상중하

공동주택관리법령상 의무관리대상 공동주택의 관리에 관한 설명으로 옳지 않은 것은?

제19회 수정

① 공동주택의 입주자 및 사용자는 그 공동주택의 유지관리를 위하여 필요한 관리비를 관리주체에게 내야 한다.

② 관리주체는 공동주택의 소유권을 상실한 소유자가 관리비・사용료 및 장기수선충당금 등을 미납한 때에는 관리비예치금에서 정산한 후 그 잔액을 반환할 수 있다.

③ 300세대 이상인 공동주택의 관리주체는 해당 공동주택 입주자 등의 3분의 1 이상이 회계감사를 받지 아니하는 데 서면 동의한 연도에는 회계감사를 받지 아니할 수 있다.

④ 관리주체는 다음 회계연도에 관한 관리비 등의 사업계획 및 예산안을 매 회계연도 개시 1개월 전까지 입주자대표회의에 제출하여 승인을 받아야 한다.

⑤ 관리주체는 관리비 등을 입주자대표회의가 지정하는 금융기관에 예치하여 관리하되, 장기수선충당금은 별도의 계좌로 예치・관리하여야 한다.

29

상중하

공동주택관리법령상 공동주택의 관리에 관한 설명으로 옳지 않은 것은?

제17회 수정

① 하나의 공동주택단지를 여러 개의 공구로 구분하여 순차적으로 건설하는 경우(임대주택은 분양전환된 경우를 말한다) 먼저 입주한 공구의 입주자 등은 입주자대표회의를 구성할 수 있다. 다만, 다음 공구의 입주예정자의 과반수가 입주한 때에는 다시 입주자대표회의를 구성하여야 한다.

② 공동주택 분양 후 최초의 관리규약은 사업주체가 제안한 내용을 해당 입주예정자의 과반수가 서면으로 동의하는 방법으로 결정한다.

③ 하자보수보증금을 사용하여 직접 보수하는 공사는 관리주체가 사업자를 선정하고 집행하는 사항이다.

④ 관리주체는 보수가 필요한 시설(누수(漏水)되는 시설을 포함한다)이 2세대 이상의 공동사용에 제공되는 것인 경우에는 직접 보수하고 해당 입주자 등에게 그 비용을 따로 부과할 수 있다.

⑤ 관리규약의 준칙에는 혼합주택단지의 관리에 관한 사항이 포함되어야 한다.

30 상중하

공동주택관리법령상 공동주택의 관리주체에 대한 회계감사 등에 관한 설명으로 옳은 것을 모두 고른 것은? 제25회

> ㉠ 재무제표를 작성하는 회계처리기준은 기획재정부장관이 정하여 고시한다.
> ㉡ 회계감사는 공동주택 회계의 특수성을 고려하여 제정된 회계감사기준에 따라 실시되어야 한다.
> ㉢ 감사인은 관리주체가 회계감사를 받은 날부터 3개월 이내에 관리주체에게 감사보고서를 제출하여야 한다.
> ㉣ 회계감사를 받아야 하는 공동주택의 관리주체는 매 회계연도 종료 후 6개월 이내에 회계감사를 받아야 한다.

① ㉡
② ㉠, ㉡
③ ㉢, ㉣
④ ㉠, ㉡, ㉣
⑤ ㉠, ㉢, ㉣

31 상중하

공동주택관리법령상 의무관리대상 공동주택의 관리주체에 대한 회계감사 등에 관한 설명으로 옳지 않은 것은? 제27회

① 회계감사는 공동주택 회계의 특수성을 고려하여 제정된 회계감사기준에 따라 실시되어야 한다.
② 입주자대표회의는 입주자 등의 10분의 1 이상이 연서하여 감사인의 추천을 요구하는 경우 감사인의 추천을 의뢰한 후 추천을 받은 자 중에서 감사인을 선정하여야 한다.
③ 관리주체는 회계감사를 받은 경우에는 감사보고서 등 회계감사의 결과를 제출받은 날부터 1개월 이내에 입주자대표회의에 보고하고 해당 공동주택 단지의 인터넷 홈페이지 및 동별 게시판에 공개하여야 한다.
④ 300세대 이상인 공동주택으로서 해당 연도에 회계감사를 받지 아니하기로 입주자 등의 과반수의 서면동의를 받은 경우, 그 연도에는 회계감사를 받지 않아도 된다.
⑤ 회계감사의 감사인은 회계감사 완료일부터 1개월 이내에 회계감사 결과를 해당 공동주택을 관할하는 시장・군수・구청장에게 제출하고 공동주택관리정보시스템에 공개하여야 한다.

32 공동주택관리법령상 관리주체에 관한 설명으로 옳지 않은 것은?

상중하

① 공동주택의 공용부분의 유지·보수 및 안전관리는 관리주체의 업무에 속한다.

② 관리주체는 관리비 등을 통합하여 부과하는 때에는 그 수입 및 집행세부내용을 쉽게 알 수 있도록 정리하여 입주자 등에게 알려주어야 한다.

③ 입주자대표회의 또는 관리주체는 공동주택을 공동관리하거나 구분관리하는 경우에는 공동관리 또는 구분관리 단위별로 공동주택관리기구를 구성하여야 한다.

④ 사업주체로부터 공동주택의 관리업무를 인계받은 관리주체는 지체 없이 다음 회계연도가 시작되기 전까지의 기간에 대한 사업계획 및 예산안을 수립하여 입주자대표회의의 승인을 받아야 한다. 다만, 다음 회계연도가 시작되기 전까지의 기간이 6개월 미만인 경우로서 입주자대표회의 의결이 있는 경우에는 생략할 수 있다.

⑤ 관리주체는 하자의 원인이 사업주체 외의 자에게 있는 경우, 안전진단 실시비용을 관리비와 구분하여 징수하여야 한다.

33 공동주택관리법령상 입주자 등이 관리주체의 동의를 얻어 할 수 있는 행위는 몇 개인가?

상중하

> ㉠ 공동주택의 대수선행위
> ㉡ 「환경친화적 자동차의 개발 및 보급 촉진에 관한 법률」에 따른 전기자동차의 이동형 충전기를 이용하기 위한 차량무선인식장치[전자태그(RFID tag)를 말한다]를 콘센트 주위에 부착하는 행위
> ㉢ 장기수선계획에 따른 공동주택의 공용부분의 보수·교체 및 개량행위
> ㉣ 가축(장애인 보조견을 제외한다)을 사육하거나 방송시설 등을 사용함으로써 공동주거생활에 피해를 미치는 행위
> ㉤ 「소방시설 설치 및 관리에 관한 법률」 제16조 제1항에 위배되지 아니하는 범위에서 공용부분에 물건을 적재하여 통행·피난 및 소방을 방해하는 행위

① 1개
② 2개
③ 3개
④ 4개
⑤ 5개

34 상중하

공동주택관리법령상 공동주택의 입주자 등이 관리주체의 동의를 받아 할 수 있는 행위에 해당하지 않는 것은? 제25회 수정

① 「소방시설 설치 및 관리에 관한 법률」 제16조 제1항에 위배되지 아니하는 범위에서 공용부분에 물건을 적재하여 통행·피난 및 소방을 방해하는 행위
② 「주택건설기준 등에 관한 규정」에 따라 세대 안에 냉방설비의 배기장치를 설치할 수 있는 공간이 마련된 공동주택에서 입주자 등이 냉방설비의 배기장치를 설치하기 위하여 공동주택의 발코니 난간에 돌출물을 설치하는 행위
③ 「환경친화적 자동차의 개발 및 보급 촉진에 관한 법률」 제2조 제3호에 따른 전기자동차의 이동형 충전기를 이용하기 위한 차량무선인식장치[전자태그(RFID tag)를 말한다]를 콘센트 주위에 부착하는 행위
④ 공동주택에 표지를 부착하는 행위
⑤ 전기실·기계실·정화조시설 등에 출입하는 행위

35 상중하

공동주택관리법령상 공동주택의 관리주체에 관한 설명으로 옳은 것은? 제27회

① 임대사업자는 관리주체가 될 수 없다.
② 100세대 이상인 공동주택의 관리주체는 관리규약으로 정하는 바에 따라 입주자대표회의의 회의록을 입주자 등에게 공개하여야 한다.
③ 주택내부의 구조물을 교체하는 행위로서 입주자가 창틀을 교체하는 행위는 관리주체의 동의를 받아야 한다.
④ 관리주체는 전체 입주자 3분의 1 이상의 서면동의를 받은 경우에는 3년이 지나기 전에 장기수선계획을 조정할 수 있다.
⑤ 의무관리대상 공동주택의 관리주체는 회계연도마다 사업실적서 및 결산서를 작성하여 회계연도 종료 후 1개월 이내에 입주자대표회의에 제출하여야 한다.

36 상중하

공동주택관리법령상 관리비 등의 집행을 위한 사업자 선정과 사업계획 및 예산안 수립에 관한 설명으로 옳은 것은? 제23회

① 의무관리대상 공동주택의 관리주체는 회계연도마다 사업실적서 및 결산서를 작성하여 회계연도 종료 후 3개월 이내에 입주자대표회의에 제출하여야 한다.

② 의무관리대상 공동주택의 관리주체는 다음 회계연도에 관한 관리비 등의 사업계획 및 예산안을 매 회계연도 개시 2개월 전까지 입주자대표회의에 제출하여 승인을 받아야 하며, 승인사항에 변경이 있는 때에는 변경승인을 받아야 한다.

③ 의무관리대상 공동주택의 관리주체는 관리비, 장기수선충당금을 은행, 상호저축은행, 보험회사 중 입주자대표회의가 지정하는 동일한 계좌로 예치・관리하여야 한다.

④ 입주자대표회의는 주민공동시설의 위탁, 물품의 구입과 매각, 잡수입의 취득(어린이집, 다함께돌봄센터, 공동육아나눔터 시설의 임대에 따른 잡수입의 취득은 제외한다)에 대한 사업자를 선정하고, 관리주체가 이를 집행하여야 한다.

⑤ 입주자대표회의는 하자보수보증금을 사용하여 보수하는 공사에 대한 사업자를 선정하고 집행하여야 한다.

37 상중하

공동주택관리법령상 입주자대표회의가 사업자를 선정하고 집행하는 사항은? 제19회 수정

㉠ 청소, 경비, 소독, 승강기유지, 지능형 홈네트워크 등을 위한 용역 및 공사 ㉡ 주민공동시설의 위탁, 물품의 구입과 매각 ㉢ 하자보수보증금을 사용하여 직접 보수하는 공사 ㉣ 장기수선충당금을 사용하는 공사

① ㉠　　② ㉢　　③ ㉣
④ ㉠, ㉡　　⑤ ㉢, ㉣

38 상중하

공동주택관리법령상 공동주택 관리에 관한 설명으로 옳지 않은 것은?

① 입주자대표회의의 회장은 관리규약이 제정·개정되거나 입주자대표회의가 구성·변경된 날부터 30일 이내에 신고서를 시장·군수·구청장에게 제출하여야 한다.

② 주택관리업자에게 위탁관리하다가 자치관리로 관리방법을 변경할 경우에는 그 위탁관리의 종료일로부터 6개월 이내에 자치관리기구를 구성하여야 한다.

③ 입주자대표회의의 회장은 공동주택 관리방법의 결정(위탁관리하는 방법을 선택한 경우에는 그 주택관리업자의 선정을 포함한다) 또는 변경결정에 관한 신고를 하려는 경우에는 그 결정일 또는 변경결정일부터 30일 이내에 신고서를 시장·군수·구청장에게 제출하여야 한다.

④ 입주자대표회의는 공동주택을 공동관리하거나 구분관리할 것을 결정한 때에는 지체없이 그 내용을 시장·군수 또는 구청장에게 통보하여야 한다.

⑤ 입주자대표회의 또는 관리주체는 공동주택 공용부분의 유지·보수 및 관리 등을 위하여 공동주택관리기구(자치관리기구를 포함한다)를 구성하여야 한다.

39 상중하

공동주택관리법령상 공동주택 관리주체의 회계감사 및 회계서류에 관한 설명으로 옳지 않은 것은? 제23회

① 의무관리대상 공동주택의 관리주체는 대통령령으로 정하는 바에 따라 「주식회사 등의 외부감사에 관한 법률」에 따른 감사인의 회계감사를 매년 1회 이상 받아야 한다.

② 500세대인 공동주택의 관리주체는 해당 공동주택 입주자 등의 2분의 1이 회계감사를 받지 아니하기로 서면동의를 한 연도에는 회계감사를 받지 않을 수 있다.

③ 관리주체는 회계감사를 받은 경우에는 회계감사의 결과를 제출 받은 날부터 1개월 이내에 입주자대표회의에 보고하여야 한다.

④ 감사인은 관리주체가 회계감사를 받은 날부터 1개월 이내에 관리주체에게 감사보고서를 제출하여야 한다.

⑤ 의무관리대상 공동주택의 관리주체는 관리비 등의 징수 등 모든 거래행위에 관하여 장부를 월별로 작성하여 그 증빙서류와 함께 해당 회계연도 종료일부터 5년간 보관하여야 한다.

40 상중하

공동주택관리법령상 공동주택의 관리주체 및 관리사무소장의 업무에 관한 설명으로 옳지 않은 것은? 제24회

① 의무관리대상 공동주택의 관리주체는 관리비 등의 징수·보관·예치·집행 등 모든 거래 행위에 관하여 장부를 월별로 작성하여 그 증빙서류와 함께 해당 회계연도 종료일부터 5년간 보관하여야 한다.

② 관리주체는 장기수선충당금을 해당 주택의 소유자로부터 징수하여 적립하여야 한다.

③ 관리사무소장은 입주자대표회의에서 의결하는 공동주택의 운영·관리업무와 관련하여 입주자대표회의를 대리하여 재판상 행위를 할 수 있다.

④ 관리사무소장은 배치 내용과 업무의 집행에 사용할 직인을 시장·군수·구청장에게 신고하여야 하며, 배치된 날부터 30일 이내에 '관리사무소장 배치 및 직인 신고서'를 시장·군수·구청장에게 제출하여야 한다.

⑤ 의무관리대상 공동주택에 취업한 주택관리사 등이 다른 공동주택 및 상가·오피스텔 등 주택 외의 시설에 취업한 경우, 주택관리사 등의 자격취소 사유에 해당한다.

41 상중하

공동주택관리법령상 관리사무소장 및 경비원의 업무에 관한 설명으로 옳지 않은 것은? 제26회

① 관리사무소장이 집행하는 업무에는 공동주택단지 안에서 발생한 도난사고에 대한 대응조치의 지휘·총괄이 포함된다.

② 관리사무소장의 업무에 대하여 입주자 등이 관계 법령에 위반되는 지시를 하는 등 부당하게 간섭하는 행위를 한 경우 관리사무소장은 시장·군수·구청장에게 이를 보고하고, 사실 조사를 의뢰할 수 있다.

③ 경비원은 입주자 등에게 수준 높은 근로 서비스를 제공하여야 한다.

④ 주택관리사 등이 관리사무소장의 업무를 집행하면서 입주자 등에게 재산상의 손해를 입힌 경우에 그 손해를 배상할 책임을 지는 것은 고의 또는 중대한 과실이 있는 경우에 한한다.

⑤ 공동주택에 경비원을 배치한 경비업자는 청소와 이에 준하는 미화의 보조 업무에 경비원을 종사하게 할 수 있다.

42 상중하

공동주택관리법령상 다음의 경력을 갖춘 주택관리사보 중 주택관리사 자격증을 교부받을 수 있는 경우를 모두 고른 것은? (단, 아래의 경력은 주택관리사보 자격시험에 합격하기 전이나 합격한 후의 경력을 말함) **제15회 수정**

㉠ 공동주택 관리사무소의 소독원으로 5년간 종사한 자 ㉡ 법령에 따라 등록한 주택관리업자의 임직원으로서 주택관리업무에 5년간 종사한 자 ㉢ 지방공사의 직원으로서 주택관리업무에 3년간 종사한 자 ㉣ 국토교통부장관이 정하여 고시하는 공동주택관리와 관련된 단체의 임직원으로서 주택 관련 업무에 3년간 종사한 자 ㉤ 법령에 따라 등록한 주택관리업자의 직원으로서 주택관리업무에 3년간 종사한 후 지방공사의 직원으로서 주택관리업무에 2년간 종사한 자

① ㉠, ㉢
② ㉠, ㉤
③ ㉡, ㉣
④ ㉡, ㉤
⑤ ㉢, ㉣

43 상중하

공동주택관리법령상 주택관리사 자격증을 발급받을 수 있는 주택 관련 실무경력 기준을 충족시키지 못하는 자는? 제22회

① 주택관리사보 시험에 합격하기 전에 한국토지주택공사의 직원으로 주택관리업무에 종사한 경력이 5년인 자
② 주택관리사보 시험에 합격하기 전에 공무원으로 주택 관련 인·허가 업무 등에 종사한 경력이 3년인 자
③ 주택관리사보 시험에 합격하기 전에 「공동주택관리법」에 따른 주택관리사단체의 직원으로 주택 관련 업무에 종사한 경력이 2년이고, 주택관리사보 시험에 합격한 후에 지방공사의 직원으로 주택관리업무에 종사한 경력이 3년인 자
④ 주택관리사보 시험에 합격한 후에 「주택법」에 따른 사업계획승인을 받아 건설한 100세대인 공동주택의 관리사무소장으로 근무한 경력이 3년인 자
⑤ 주택관리사보 시험에 합격한 후에 「공동주택관리법」에 따른 주택관리사단체 직원으로 주택 관련 업무에 종사한 경력이 5년인 자

44 상중하

공동주택관리법령상 관리사무소장의 교육에 관한 설명으로 옳지 않은 것은?

① 관리사무소장은 배치된 날부터 3개월 이내에 시・도지사로부터 공동주택관리에 관한 교육과 윤리교육을 받아야 한다.

② 관리사무소장으로 배치받으려는 주택관리사 등이 배치예정일부터 직전 5년 이내에 관리사무소장・공동주택관리기구의 직원 또는 주택관리업자의 임직원으로서 종사한 경력이 없는 경우에는 시・도지사가 실시하는 공동주택관리에 관한 교육과 윤리교육을 이수하여야 관리사무소장으로 배치받을 수 있다.

③ 공동주택의 관리사무소장으로 배치받아 근무 중인 주택관리사 등은 ① 또는 ②에 따른 교육을 받은 후 2년마다 공동주택관리에 관한 교육과 윤리교육을 받아야 한다.

④ 공동주택 관리에 관한 교육과 윤리교육에는 공동주택의 관리 책임자로서 필요한 관계 법령, 소양 및 윤리에 관한 사항이 포함되어야 한다.

⑤ ①부터 ③까지의 규정에 따른 교육기간은 3일로 한다.

45 상중하

공동주택관리법령상 주택관리사 등에 관한 설명으로 옳은 것은? 제26회

① 400세대의 의무관리대상 공동주택에는 주택관리사보를 해당 공동주택의 관리사무소장으로 배치할 수 없다.

② 주택관리사보가 공무원으로 주택관련 인・허가 업무에 3년 9개월 종사한 경력이 있다면 주택관리사 자격을 취득할 수 있다.

③ 금고 이상의 형의 집행유예를 선고받고 그 유예기간이 끝난 날부터 1년 6개월이 지난 사람은 주택관리사가 될 수 없다.

④ 주택관리사로서 공동주택의 관리사무소장으로 12년 근무한 사람은 하자분쟁조정위원회의 위원으로 위촉될 수 없다.

⑤ 임원 또는 사원의 3분의 1 이상이 주택관리사인 상사법인은 주택관리업의 등록을 신청할 수 있다.

46 상중하

공동주택관리법령상 주택관리업자에 대한 과징금의 부과 및 납부에 관한 설명으로 옳지 않은 것은?

① 주택관리업자에게 부과되는 과징금은 영업정지기간 1일당 3만원을 부과하되, 영업정지 1개월은 30일을 기준으로 한다.
② ①에 따른 과징금은 2천만원을 초과할 수 없다.
③ 시장·군수·구청장은 과징금을 부과하려는 때에는 그 위반행위의 종류와 과징금의 금액을 명시하여 이를 납부할 것을 서면으로 통지하여야 한다.
④ ③에 따라 과징금의 통지를 받은 자는 통지를 받은 날부터 15일 이내에 과징금을 시장·군수 또는 구청장이 정하는 수납기관에 납부해야 한다.
⑤ 과징금 수납기관은 과징금을 수납한 때에는 지체 없이 그 사실을 시장·군수·구청장에게 통보하여야 한다.

47 상중하

공동주택관리법령상 주택관리업자에 관한 설명으로 옳지 않은 것은?

① 주택관리업자는 등록이 말소된 후 2년이 지나지 아니한 때에는 다시 등록할 수 없다.
② 주택관리업등록의 말소 또는 영업의 정지를 하고자 하는 때에는 처분일 1개월 전까지 당해 주택관리업자가 관리하는 공동주택의 입주자대표회의에 그 사실을 통보하여야 한다.
③ 주택관리업자는 공동주택을 관리함에 있어 배치된 주택관리사 등이 해임 그 밖의 사유로 결원이 생긴 때는 사유가 발생한 날부터 15일 이내에 새로운 주택관리사 등을 배치해야 한다.
④ 주택관리업자의 지위에 관하여 「공동주택관리법」에 규정이 있는 것 외에는 「민법」 중 위임에 관한 규정을 준용한다.
⑤ 주택관리업자가 부정하게 재물 또는 재산상의 이익을 취득하거나 제공한 경우에는 1년 이내의 기간을 정하여 영업의 전부 또는 일부의 정지를 명할 수 있다.

48 상중하

공동주택관리법령상 의무관리대상 공동주택의 입주자 등이 공동주택을 위탁관리할 것을 정한 경우 입주자대표회의가 주택관리업자를 선정하는 기준 및 방식에 관한 설명으로 옳은 것을 모두 고른 것은? 제24회

> ㉠ 입주자 등은 기존 주택관리사업자의 관리 서비스가 만족스럽지 못한 경우에는 대통령령으로 정하는 바에 따라 새로운 주택관리업자 선정을 위한 입찰에서 기존 주택관리업자의 참가를 제한하도록 입주자대표회의에 요구할 수 있다.
> ㉡ 입주자대표회의는 입주자대표회의의 감사가 입찰과정 참관을 원하는 경우에는 참관할 수 있도록 하여야 한다.
> ㉢ 입주자 등이 새로운 주택관리업자 선정을 위한 입찰에서 기존 주택관리업자의 참가를 제한하도록 입주자대표회의에 요구하려면 전체 입주자 등 3분의 2 이상의 서면동의가 있어야 한다.

① ㉠
② ㉢
③ ㉠, ㉡
④ ㉡, ㉢
⑤ ㉠, ㉡, ㉢

49 상중하

공동주택관리법령상 주택관리사 등의 자격을 반드시 취소해야 하는 사유에 해당하지 않는 것은?

① 거짓이나 그 밖의 부정한 방법으로 자격을 취득한 경우
② 의무관리대상 공동주택에 취업한 주택관리사 등이 다른 공동주택 및 상가·오피스텔 등 주택 외의 시설에 취업한 경우
③ 공동주택의 관리업무와 관련하여 금고 이상의 형을 선고받은 경우
④ 주택관리사 등이 업무와 관련하여 금품수수 등 부당이득을 취한 경우
⑤ 다른 사람에게 자기의 명의를 사용하여 공동주택관리법에서 정한 업무를 수행하게 하거나 자격증을 대여한 경우

50 상중하

공동주택관리법령상 주택관리사 등의 행정처분기준 중 일반기준에 관한 설명으로 옳지 않은 것은?

① 같은 주택관리사 등이 둘 이상의 위반행위를 한 경우로서 각 위반행위에 대한 처분기준이 자격정지인 경우에는 가장 중한 처분의 2분의 1까지 가중할 수 있되, 각 처분기준을 합산한 기간을 초과할 수 없다.

② ①에 따라 그 합산한 자격정지기간이 1년을 초과하는 때에는 1년으로 한다.

③ 시·도지사는 가중사유 및 감경사유를 고려하여 그 처분이 자격정지인 경우에는 그 처분기준의 3분의 1의 범위에서 가중(가중한 자격정지기간은 1년을 초과할 수 없다)하거나 감경할 수 있다.

④ 시·도지사는 감경사유를 고려하여 그 처분이 자격취소인 경우(필요적 자격취소인 경우는 제외한다)에는 6개월 이상의 자격정지처분으로 감경할 수 있다.

⑤ 시·도지사는 중대한 과실로 자격정지처분을 하려는 경우로서 위반행위자가 손해배상책임을 보장하는 금액을 2배 이상 보장하는 보증보험가입·공제가입 또는 공탁을 한 경우 감경사유로 인정한다.

51 상중하

공동주택관리법령상 주택관리사 등의 결격사유가 아닌 것은?

① 피성년후견인 또는 피한정후견인

② 파산선고를 받은 사람으로서 복권되지 아니한 사람

③ 금고 이상의 실형을 선고받고 그 집행이 끝나거나(집행이 끝난 것으로 보는 경우를 포함한다) 집행이 면제된 날부터 2년이 지난 사람

④ 금고 이상의 형의 집행유예를 선고받고 그 유예기간 중에 있는 사람

⑤ 주택관리사 등의 자격이 취소된 후 3년이 지나지 아니한 사람

52 상중하 공동주택관리법령상 행정처분기준 중 주택관리사 등이 2차 위반 시 자격정지 1년에 해당하는 사유로만 짝지어진 것은?

> ㉠ 감사를 거부·방해 또는 기피한 경우
> ㉡ 주택관리사 등이 업무와 관련하여 금품수수 등 부당이득을 취한 경우
> ㉢ 중대한 과실로 공동주택을 잘못 관리하여 소유자 및 사용자에게 재산상의 손해를 입힌 경우
> ㉣ 의무관리대상 공동주택에 취업한 주택관리사 등이 다른 공동주택 및 상가·오피스텔 등 주택 외의 시설에 취업한 경우
> ㉤ 고의로 주택을 잘못 관리하여 입주자 및 사용자에게 재산상의 손해를 입힌 경우

① ㉠, ㉡
② ㉡, ㉢
③ ㉢, ㉣
④ ㉡, ㉤
⑤ ㉢, ㉤

53 상중하 공동주택관리법령상 주택관리사 등에 대한 행정처분기준 중 개별기준에 관한 규정의 일부이다. ㉠~㉢에 들어갈 내용으로 옳은 것은? 제20회

위반행위	행정처분기준		
	1차 위반	2차 위반	3차 위반
중대한 과실로 공동주택을 잘못 관리하여 소유자 및 사용자에게 재산상의 손해를 입힌 경우	㉠	㉡	㉢

① ㉠: 자격정지 3개월, ㉡: 자격정지 3개월, ㉢: 자격정지 6개월
② ㉠: 자격정지 3개월, ㉡: 자격정지 3개월, ㉢: 자격취소
③ ㉠: 자격정지 3개월, ㉡: 자격정지 6개월, ㉢: 자격정지 6개월
④ ㉠: 자격정지 3개월, ㉡: 자격정지 6개월, ㉢: 자격취소
⑤ ㉠: 자격정지 6개월, ㉡: 자격정지 6개월, ㉢: 자격취소

54 상중하

공동주택관리법령상 주택관리사 등에 대한 행정처분기준 중 개별기준의 일부이다. ( )에 들어갈 내용을 옳게 나열한 것은? 제25회

위반행위	근거법조문	행정처분기준		
		1차 위반	2차 위반	3차 위반
고의로 공동주택을 잘못 관리하여 소유자 및 사용자에게 재산상의 손해를 입힌 경우	법 제69조 제1항 제5호	(㉠)	(㉡)	

① ㉠: 자격정지 2개월, ㉡: 자격정지 3개월
② ㉠: 자격정지 3개월, ㉡: 자격정지 6개월
③ ㉠: 자격정지 6개월, ㉡: 자격정지 1년
④ ㉠: 자격정지 6개월, ㉡: 자격취소
⑤ ㉠: 자격정지 1년, ㉡: 자격취소

55 상중하

공동주택관리법령상 의무관리대상 전환 공동주택에 관한 설명으로 옳지 않은 것은?

① 의무관리대상 공동주택으로 전환되는 공동주택의 관리인은 대통령령으로 정하는 바에 따라 관할 특별자치시장・특별자치도지사・시장・군수・구청장에게 의무관리대상 공동주택 전환 신고를 하여야 한다.
② ①에 따른 관리인이 신고하지 않는 경우에는 입주자 등의 10분의 3 이상이 연서하여 신고할 수 있다.
③ 의무관리대상 전환 공동주택의 입주자 등은 관리규약의 제정 신고가 수리된 날부터 3개월 이내에 입주자대표회의를 구성하여야 하며, 입주자대표회의의 구성 신고가 수리된 날부터 3개월 이내에 자치관리 또는 위탁관리방법을 결정하여야 한다.
④ 의무관리대상 전환 공동주택의 입주자 등이 공동주택을 위탁관리할 것을 결정한 경우 입주자대표회의는 입주자대표회의의 구성 신고가 수리된 날부터 6개월 이내에 주택관리업자를 선정하여야 한다.
⑤ 의무관리대상 전환 공동주택의 입주자 등은 해당 공동주택을 의무관리대상에서 제외할 것을 정할 수 있으며, 이 경우 입주자대표회의의 회장은 대통령령으로 정하는 바에 따라 시장・군수・구청장에게 의무관리대상 공동주택 제외 신고를 하여야 한다.

56 상중하

공동주택관리법령상 사업주체가 관리업무를 주택관리업자에게 인계하는 때에는 인수 · 인계서를 작성하여야 한다. 이 경우 인계할 서류로 옳게 짝지어지지 않은 것은? (단, 「공동주택관리법 시행령」 제10조 제4항 제6호 '관리규약 그 밖에 관리업무에 필요한 사항'은 고려하지 않음)

① 설계도서 · 장비의 명세 – 안전관리계획
② 관리비의 부과 · 징수현황 – 장기수선계획
③ 장기수선충당금의 적립현황 – 사용료의 부과 · 징수현황
④ 장기수선충당금의 사용내역 – 하자보수충당금의 적립현황
⑤ 관리비예치금의 명세 – 장기수선계획

57 상중하

공동주택관리법령상 공동관리와 구분관리에 관한 설명으로 옳지 않은 것은?

① 공동관리의 경우에 총 세대수는 1,500세대 이하이어야 한다. 다만, 의무관리대상 공동주택과 인접한 300세대 미만의 공동주택단지를 공동으로 관리하는 경우를 제외한다.
② 입주자대표회의는 해당 공동주택의 관리에 필요하다고 인정하는 경우에는 국토교통부령으로 정하는 바에 따라 인접한 공동주택단지(임대주택단지를 포함한다)와 공동으로 관리하거나 500세대 이상의 단위로 나누어 관리하게 할 수 있다.
③ 구분관리 시에는 구분관리 단위별 입주자 등 과반수의 서면동의가 필요하다. 다만, 관리규약으로 달리 정한 경우에는 그에 따른다.
④ 입주자대표회의는 공동주택을 공동관리하거나 구분관리할 것을 결정한 때에는 지체 없이 그 내용을 시장 · 군수 · 구청장에게 통보하여야 한다.
⑤ 임대주택단지가 공동관리되는 경우에는 임차인 및 임차인대표회의의 서면동의를 필요로 한다.

58 상중하

공동주택관리법령상 입주자대표회의와 임대사업자가 혼합주택단지의 관리에 관해 공동으로 결정하여야 하는 사항으로 옳지 않은 것은?

① 관리방법의 결정 및 변경
② 주택관리업자의 선정
③ 안전관리계획의 조정
④ 장기수선충당금 및 「민간임대주택에 관한 특별법」 또는 「공공주택 특별법」에 따른 특별수선충당금을 사용하는 주요 시설의 교체 및 보수에 관한 사항
⑤ 관리비 등을 사용하여 시행하는 각종 공사 및 용역에 관한 사항

59 상중하

공동주택관리법령상 혼합주택단지의 관리에 관한 설명으로 옳지 않은 것은?

① 입주자대표회의와 임대사업자는 혼합주택단지의 관리에 관한 사항을 공동으로 결정하여야 한다.

② 주택관리업자의 선정에 대하여 합의가 이루어지지 아니하는 경우에는 해당 혼합주택단지 공급면적의 2분의 1을 초과하는 면적을 관리하는 입주자대표회의 또는 임대사업자가 결정한다.

③ 관리방법의 결정 및 변경에 대하여 합의가 이루어지지 아니하는 경우에는 해당 혼합주택단지 공급면적의 3분의 2 이상을 관리하는 입주자대표회의 또는 임대사업자가 결정한다.

④ 관리비 등을 사용하여 시행하는 각종 공사 및 용역에 관한 사항에 대하여 합의가 이루어지지 아니하는 경우에는 해당 혼합주택단지 공급면적의 3분의 2 이상을 관리하는 입주자대표회의 또는 임대사업자가 결정한다.

⑤ 입주자대표회의 또는 임대사업자는 혼합주택단지의 관리에 관한 사항에 대한 결정이 이루어지지 아니하는 경우에는 공동주택관리 분쟁조정위원회에 분쟁의 조정을 신청할 수 있다.

60 상중하

공동주택관리법령상 다음의 요건을 모두 갖춘 혼합주택단지에서 입주자대표회의와 임대사업자가 공동으로 결정하지 않고 각자 결정할 수 있는 사항은? 제22회

- 분양을 목적으로 한 공동주택과 임대주택이 별개의 동(棟)으로 배치되는 등의 사유로 구분하여 관리가 가능할 것
- 입주자대표회의와 임대사업자가 공동으로 결정하지 아니하고 각자 결정하기로 합의하였을 것

① 공동주택관리방법의 결정

② 공동주택관리방법의 변경

③ 장기수선계획의 조정

④ 주택관리업자의 선정

⑤ 장기수선충당금을 사용하는 주요시설의 교체

61 상중하

민간임대주택에 관한 특별법령상 민간임대주택의 관리 및 주택임대관리업 등에 관한 설명으로 옳은 것은? 제20회

① 임대사업자는 민간임대주택이 300세대 이상의 공동주택의 경우에는 「공동주택관리법」에 따른 주택관리업자에게 관리를 위탁하여야 하며, 자체관리할 수 없다.

② 주택임대관리업은 주택의 소유자로부터 주택을 임차하여 자기책임으로 전대하는 형태의 위탁관리형 주택임대관리업과 주택의 소유자로부터 수수료를 받고 임대료 부과·징수 및 시설물 유지·관리 등을 대행하는 형태의 자기관리형 주택임대관리업으로 구분한다.

③ 「지방공기업법」에 따라 설립된 지방공사가 주택임대관리업을 하려는 경우 신청서에 대통령령으로 정하는 서류를 첨부하여 시장·군수·구청장에게 제출하여야 한다.

④ 「민간임대주택에 관한 특별법」에 위반하여 주택임대관리업의 등록이 말소된 후 2년이 지나지 아니한 자는 주택임대관리업의 등록을 할 수 없다.

⑤ 주택임대관리업자는 주택임대관리업자의 현황 중 전문인력의 경우 1개월마다 시장·군수·구청장에게 신고하여야 한다.

62 상중하

민간임대주택에 관한 특별법령상 주택임대관리업에 관한 설명으로 옳지 않은 것은?

① 자기관리형 주택임대관리업은 주택의 소유자로부터 주택을 임차하여 자기책임으로 전대(轉貸)하는 형태의 업을 말한다.

② 주택임대관리업을 폐업하려면 폐업일 15일 이전에 시장·군수·구청장에게 말소신고를 하여야 한다.

③ 시장·군수·구청장은 주택임대관리업 등록의 말소 또는 영업정지처분을 하려면 처분 예정일 1개월 전까지 해당 주택임대관리업자가 관리하는 주택의 임대인 및 임차인에게 그 사실을 통보하여야 한다.

④ 주택임대관리업자는 업무를 위탁받은 경우 위·수탁계약서를 작성하여 주택의 소유자에게 교부하고 그 사본을 보관하여야 한다.

⑤ 영업정지기간 중에 주택임대관리업을 영위한 경우 또는 최근 3년간 2회 이상의 영업정지처분을 받은 자로서 그 정지처분을 받은 기간이 합산하여 12개월을 초과한 경우에는 그 등록을 말소하여야 한다.

63 상중하

민간임대주택에 관한 특별법령상 주택임대관리업의 등록에 관한 설명으로 옳지 않은 것은? 제25회

① 자기관리형 주택임대관리업을 등록한 경우에는 위탁관리형 주택임대관리업도 등록한 것으로 본다.

② 위탁관리형 주택임대관리업의 등록기준 중에서 자본금은 1억원 이상이어야 한다.

③ 주택임대관리업 등록을 한 자는 등록한 사항 중 자본금이 증가한 경우 시장 · 군수 · 구청장에게 변경신고를 하여야 한다.

④ 「공동주택관리법」을 위반하여 형의 집행유예를 선고받고 그 유예기간 중에 있는 사람은 주택임대관리업의 등록을 할 수 없다.

⑤ 시장 · 군수 · 구청장은 주택임대관리업자가 거짓이나 그 밖의 부정한 방법으로 등록을 한 경우에는 그 등록을 말소하여야 한다.

64 상중하

민간임대주택에 관한 특별법령상 주택임대관리업에 관한 설명으로 옳지 않은 것은? 제23회

① 「민간임대주택에 관한 특별법」을 위반하여 금고 이상의 실형을 선고받고 그 집행이 종료된 날부터 3년이 지나지 아니한 사람은 주택임대관리업을 등록할 수 없다.

② 주택임대관리업의 등록이 말소된 후 3년이 지난 자는 주택임대관리업을 등록할 수 있다.

③ 주택임대관리업자는 임대를 목적으로 하는 주택에 대하여 임대차계약의 체결에 관한 업무를 수행한다.

④ 위탁관리형 주택임대관리업자는 보증보험 가입사항을 시장 · 군수 · 구청장에게 신고하여야 한다.

⑤ 자기관리형 주택임대관리업자는 전대료 및 전대보증금을 포함한 위 · 수탁 계약서를 작성하여 주택의 소유자에게 교부하여야 한다.

65 상중하

민간임대주택에 관한 특별법상 주택임대관리업에 관한 설명으로 옳지 않은 것은? 제27회

① 주택임대관리업의 등록기관은 시장 · 군수 · 구청장이다.
② 주택임대관리업의 등록기관은 등록 사항의 변경 신고를 받은 때에는 신고를 받은 날부터 10일 이내에 신고수리 여부를 신고인에게 통지하여야 한다.
③ 주택임대관리업의 등록이 말소된 후 2년이 지나지 아니한 자는 주택임대관리업의 등록을 할 수 없다.
④ 거짓으로 주택임대관리업의 등록을 한 경우 주택임대관리업의 등록기관은 그 등록을 말소하여야 한다.
⑤ 임대 목적 주택에 대한 임대차계약의 갱신 및 갱신거절은 주택임대관리업자의 업무범위에 해당한다.

66 상중하

민간임대주택에 관한 특별법령상 임대주택의 관리에 관한 설명으로 옳은 것은? 제18회 수정

① 임대사업자가 민간임대주택을 양도하는 경우에는 특별수선충당금을 「공동주택관리법」에 따라 최초로 구성되는 입주자대표회의에 넘겨주어야 한다.
② 임차인대표회의는 필수적으로 회장 1명, 부회장 1명, 이사 1명 및 감사 1명을 동별 대표자 중에서 선출하여야 한다.
③ 임대사업자가 임대주택을 자체관리하려면 기술인력 및 장비를 갖추고 국토교통부장관에게 신고해야 한다.
④ 임차인대표회의를 소집하려는 경우에는 소집일 3일 전까지 회의의 목적 · 일시 및 장소 등을 임차인에게 알리거나 공시하여야 한다.
⑤ 임대사업자는 임차인으로부터 임대주택을 관리하는 데에 필요한 경비를 받을 수 없다.

67 상중하

민간임대주택에 관한 특별법령에 관한 설명으로 옳지 않은 것은?

① 임대사업자가 민간임대주택을 자체관리하려면 대통령령으로 정하는 기술인력 및 장비를 갖추고 국토교통부령으로 정하는 바에 따라 시장·군수·구청장의 인가를 받아야 한다.

② 주택임대관리업을 하려는 자는 시장·군수·구청장에게 등록할 수 있다.

③ 주택임대관리업자는 등록한 사항이 변경된 경우에는 변경사유가 발생한 날부터 15일 이내에 시장·군수·구청장에게 신고하여야 한다.

④ 동별 대표자가 될 수 있는 사람은 해당 민간임대주택단지에서 6개월 이상 계속 거주하고 있는 임차인으로 한다. 다만, 최초로 임차인대표회의를 구성하는 경우에는 그러하지 아니하다.

⑤ 임대사업자는 특별수선충당금을 사용하려면 미리 해당 민간임대주택의 소재지를 관할하는 시·도지사와 협의하여야 한다.

68 상중하

민간임대주택에 관한 특별법령에 관한 설명으로 옳지 않은 것은?

① 민간매입임대주택은 임대사업자가 매매 등으로 소유권을 취득하여 임대하는 민간임대주택을 말한다.

② 장기일반민간임대주택은 임대사업자가 공공지원민간임대주택이 아닌 주택을 8년 이상 임대할 목적으로 취득하여 임대하는 민간임대주택[아파트(「주택법」 제2조 제20호의 도시형 생활주택이 아닌 것을 말한다)를 임대하는 민간매입임대주택은 제외한다]을 말한다.

③ 자기관리형 주택임대관리업은 주택의 소유자로부터 주택을 임차하여 자기책임으로 전대(轉貸)하는 형태의 업을 말한다.

④ 민간임대주택의 임대사업자는 주요 시설을 교체하고 보수하는 데에 필요한 특별수선충당금을 적립하여야 한다.

⑤ 임대사업자(둘 이상의 임대사업자를 포함한다)가 동일한 시(특별시·광역시·특별자치시·특별자치도를 포함한다)·군 지역에서 민간임대주택을 관리하는 경우에는 공동으로 관리할 수 있다.

69 상중하

민간임대주택에 관한 특별법령상 주택임대관리업의 결격사유에 해당하지 않는 것은? 제21회

① 피성년후견인
② 파산선고를 받고 복권되지 아니한 자
③ 「민간임대주택에 관한 특별법」을 위반하여 형의 집행유예를 선고받고 그 유예기간 중에 있는 사람
④ 「민간임대주택에 관한 특별법」에 따라 주택임대관리업의 등록이 말소된 후 2년이 지나지 아니한 자. 이 경우 등록이 말소된 자가 법인인 경우에는 말소 당시의 원인이 된 행위를 한 사람과 대표자를 포함한다.
⑤ 「민간임대주택에 관한 특별법」을 위반하여 금고 이상의 실형을 선고받고 집행이 종료(집행이 종료된 것으로 보는 경우를 포함한다)되거나 그 집행이 면제된 날부터 3년이 지난 사람

70 상중하

민간임대주택에 관한 특별법령상 주택임대관리업자가 납부하는 과징금에 관한 내용으로 옳지 않은 것은?

① 과징금은 영업정지기간 1일당 3만원을 부과하되, 영업정지 1개월은 30일을 기준으로 한다.
② 과징금은 2천만원을 초과할 수 없다.
③ 과징금 통지를 받은 자는 통지를 받은 날부터 30일 이내에 과징금을 시장·군수·구청장이 정하는 수납기관에 납부해야 한다.
④ 과징금 수납기관은 과징금을 납부한 자에게 영수증을 교부하여야 한다.
⑤ 과징금 수납기관은 과징금을 수납한 때에는 지체 없이 그 사실을 시장·군수·구청장에게 통보하여야 한다.

71 상중하

민간임대주택에 관한 특별법령상 주택임대관리업에 관한 설명으로 옳지 않은 것은? 제22회

① 주택임대관리업을 하려는 자가 자기관리형 주택임대관리업을 등록한 경우에는 위탁관리형 주택임대관리업도 등록한 것으로 본다.
② 주택임대관리업에 등록한 자는 자본금이 증가된 경우 이를 시장・군수・구청장에게 신고하여야 한다.
③ 「공동주택관리법」을 위반하여 형의 집행유예를 선고받고 그 유예기간 중에 있는 사람은 주택임대관리업의 등록을 할 수 없다.
④ 시장・군수・구청장은 주택임대관리업자가 정당한 사유 없이 최종 위탁계약종료일의 다음 날부터 1년 이상 위탁계약 실적이 없어 영업정지처분을 하여야 할 경우에는 이에 갈음하여 1천만원 이하의 과징금을 부과할 수 있다.
⑤ 시장・군수・구청장은 주택임대관리업자가 거짓이나 그 밖의 부정한 방법으로 주택임대관리업 등록을 한 경우에는 그 등록을 말소하여야 한다.

72 상중하

민간임대주택에 관한 특별법령상 임대를 목적으로 하는 주택에 대한 주택임대관리업자의 업무(부수적인 업무 포함) 범위에 해당하는 것을 모두 고른 것은? 제24회

㉠ 시설물 유지・보수・개량
㉡ 임대차계약의 체결・해제・해지・갱신
㉢ 임대료의 부과・징수
㉣ 「공인중개사법」에 따른 중개업
㉤ 임차인의 안전 확보에 필요한 업무

① ㉠, ㉡, ㉣
② ㉠, ㉣, ㉤
③ ㉠, ㉡, ㉢, ㉤
④ ㉡, ㉢, ㉣, ㉤
⑤ ㉠, ㉡, ㉢, ㉣, ㉤

73 상중하

민간임대주택에 관한 특별법령상 임대를 목적으로 하는 주택에 대하여 자기관리형 주택임대관리업자가 업무를 위탁받은 경우 작성하는 위·수탁계약서에 포함되어야 하는 사항이 아닌 것은? 제26회

① 임대료
② 계약기간
③ 관리수수료
④ 전대료(轉貸料) 및 전대보증금
⑤ 주택임대관리업자 및 임대인의 권리·의무에 관한 사항

74 상중하

민간임대주택에 관한 특별법령상 주택임대관리업자가 분기마다 그 분기가 끝나는 달의 다음 달 말일까지 자본금, 전문인력, 관리 호수 등 시장·군수·구청장에게 신고하는 정보에 관한 설명으로 옳지 않은 것은?

① 자본금
② 전문인력
③ 사무실 소재지
④ 위탁받아 관리하는 주택의 호수·세대수 및 소재지
⑤ 보증보험 가입사항(위탁관리형 주택임대관리업자만 해당한다)

75 상중하

공동주택관리법령상 과태료 부과금액이 가장 높은 경우는? (단, 가중·감경사유는 고려하지 않음) 제19회

① 입주자대표회의의 대표자가 장기수선계획에 따라 주요시설을 교체하거나 보수하지 않은 경우
② 입주자대표회의 등이 하자보수보증금을 법원의 재판 결과에 따른 하자보수 비용 외의 목적으로 사용한 경우
③ 관리주체가 장기수선계획에 따라 장기수선충당금을 적립하지 않은 경우
④ 관리사무소장으로 배치받은 주택관리사가 시·도지사로부터 주택관리의 교육을 받지 않은 경우
⑤ 의무관리대상 공동주택의 관리주체가 주택관리업자 또는 사업자와 계약을 체결한 후 1개월 이내에 그 계약서를 공개하지 아니하거나 거짓으로 공개한 경우

76 상중하

공동주택관리법령상 벌칙규정이 다른 것은?

① 의무관리대상 공동주택에 주택관리사 등을 배치하지 아니한 자
② 주택관리업의 영업정지기간에 영업을 한 자나 주택관리업의 등록이 말소된 후 영업을 한 자
③ 주택관리사 등의 자격을 취득하지 아니하고 관리사무소장의 업무를 수행한 자 또는 해당 자격이 없는 자에게 이를 수행하게 한 자
④ 용도 외 사용 등 행위 허가기준을 위반한 자
⑤ 등록증 또는 자격증의 대여 등을 한 자

77 상중하

공동주택관리법령상 협회의 공제사업에 관한 설명으로 옳은 것은? 제15회 수정

① 협회는 공제사업을 하려면 공제규정을 제정하여 시·도지사의 승인을 받아야 한다.
② 협회는 공제사업을 다른 회계와 구분하지 않고 동일한 회계로 관리하여야 한다.
③ 「금융위원회의 설치 등에 관한 법률」에 따른 금융감독원 원장은 시장·군수 또는 구청장이 요청한 경우에는 협회의 공제사업에 관하여 검사를 할 수 있다.
④ 공제규정에는 공제사고 발생률 및 공제금 지급액 등을 종합적으로 고려하여 정한 공제료 수입액의 100분의 5에 해당하는 책임준비금의 적립비율을 포함하여야 한다.
⑤ 공제규정에는 공제사업을 손해배상기금과 복지기금으로 구분하여 각 기금별 목적 및 회계원칙에 부합되는 세부기준을 마련한 회계기준을 포함하여야 한다.

78 상중하

공동주택관리법령상 협회의 공제규정에 포함되어야 할 사항이 아닌 것은?

① 주택관리사단체의 공제책임
② 공제금, 공제료(공제사고 발생률 및 보증보험료 등을 종합적으로 고려하여 정한다) 및 공제기간
③ 회계기준
④ 책임준비금의 적립비율
⑤ 주택관리사단체의 정관

79 상중하

공동주택관리법령상 협회의 설립 등에 관한 설명으로 옳지 않은 것은?

① 주택관리사 등은 공동주택관리에 관한 기술·행정 및 법률 문제에 관한 연구와 그 업무를 효율적으로 수행하기 위하여 주택관리사단체를 설립할 수 있다.
② 협회는 그 주된 사무소의 소재지에서 설립등기를 함으로써 성립한다.
③ 「공동주택관리법」에 따라 시·도지사로부터 자격의 정지처분을 받은 협회 회원의 권리·의무는 그 자격의 정지기간 중에는 정지되며, 주택관리사 등의 자격이 취소된 때에는 협회의 회원자격을 상실한다.
④ 단체가 협회를 설립하려면 공동주택의 관리사무소장으로 배치된 자의 5분의 3 이상의 인원수를 발기인으로 하여 정관을 마련한 후 창립총회의 의결을 거쳐 국토교통부장관의 인가를 받아야 한다.
⑤ 국토교통부장관은 ④에 따라 인가를 하였을 때에는 이를 지체 없이 공고하여야 한다.

80 상중하

공동주택관리법령상 공동주택관리 분쟁조정위원회에 관한 설명으로 옳은 것은?

제22회

① 중앙분쟁조정위원회를 구성할 때에는 성별을 고려하여야 한다.
② 공동주택의 층간소음에 관한 사항은 공동주택관리 분쟁조정위원회의 심의사항에 해당하지 않는다.
③ 국토교통부에 중앙분쟁조정위원회를 두고, 시·도에 지방분쟁조정위원회를 둔다.
④ 300세대인 공동주택단지에서 발생한 분쟁은 중앙분쟁조정위원회에서 관할한다.
⑤ 중앙분쟁조정위원회는 위원장 1명을 제외한 15명 이내의 위원으로 구성한다.

81 상중하

공동주택관리법령상 공동주택관리 분쟁조정위원회의 심의 · 조정사항이 아닌 것은?

① 입주자대표회의의 구성 · 운영 및 동별 대표자의 자격 · 선임 · 해임 · 임기에 관한 사항
② 관리비 · 사용료 및 장기수선충당금 등의 징수 · 사용 등에 관한 사항
③ 공동주택(전유부분만 해당한다)의 유지 · 보수 · 개량 등에 관한 사항
④ 공동주택의 층간소음에 관한 사항
⑤ 혼합주택단지에서의 분쟁에 관한 사항

82 상중하

공동주택관리법령상 중앙 공동주택관리 분쟁조정위원회(이하 '중앙분쟁조정위원회'라 한다)**에 관한 설명으로 옳지 않은 것은?**

① 공동주택관리 분쟁(공동주택의 하자담보책임 및 하자보수 등과 관련한 분쟁을 제외한다)을 조정하기 위하여 시 · 군 · 구에 중앙분쟁조정위원회를 둔다.
② 중앙분쟁조정위원회의 회의는 재적위원 과반수의 출석으로 개의하고 출석위원 과반수의 찬성으로 의결한다.
③ 중앙분쟁조정위원회는 조정절차를 개시한 날부터 30일 이내에 그 절차를 완료한 후 조정안을 작성하여 지체 없이 이를 각 당사자에게 제시하여야 한다. 다만, 부득이한 사정으로 30일 이내에 조정절차를 완료할 수 없는 경우 중앙분쟁조정위원회는 그 기간을 연장할 수 있다.
④ 당사자가 조정안을 수락하거나 수락한 것으로 보는 때에는 그 조정서의 내용은 재판상 화해와 동일한 효력을 갖는다.
⑤ 중앙분쟁조정위원회는 신청된 사건의 처리 절차가 진행되는 도중에 한쪽 당사자가 소를 제기한 경우에는 조정의 처리를 중지하고 이를 당사자에게 알려야 한다.

83 상중하

공동주택관리법령상 공동주택관리의 분쟁조정에 관한 설명으로 옳지 않은 것은? 제21회

① 관리비·사용료 및 장기수선충당금 등의 징수·사용 등에 관한 사항은 공동주택관리 분쟁조정위원회의 심의·조정사항에 해당된다.
② 분쟁당사자 쌍방이 합의하여 중앙 공동주택관리 분쟁조정위원회에 조정을 신청하는 분쟁은 중앙 공동주택관리 분쟁조정위원회의 심의·조정사항에 해당된다.
③ 지방 공동주택관리 분쟁조정위원회는 해당 특별자치시·특별자치도·시·군·자치구의 관할 구역에서 발생한 분쟁 중 중앙 공동주택관리 분쟁조정위원회의 심의·조정 대상인 분쟁 외의 분쟁을 심의·조정한다.
④ 조정안을 제시받은 당사자는 그 제시를 받은 날부터 60일 이내에 그 수락 여부를 중앙 공동주택관리 분쟁조정위원회에 서면으로 통보하여야 하며, 60일 이내에 의사표시가 없는 때에는 수락한 것으로 본다.
⑤ 공동주택관리 분쟁(공동주택의 하자담보책임 및 하자보수 등과 관련한 분쟁을 제외한다)을 조정하기 위하여 국토교통부에 중앙 공동주택관리 분쟁조정위원회를 두고, 특별자치시·특별자치도·시·군·자치구에 지방 공동주택관리 분쟁조정위원회를 둔다. 다만, 공동주택 비율이 낮은 특별자치시·특별자치도·시·군·자치구로서 국토교통부장관이 인정하는 특별자치시·특별자치도·시·군·자치구의 경우에는 지방 공동주택관리 분쟁조정위원회를 두지 아니할 수 있다.

84 상중하

공동주택관리법령상 공동주택관리 분쟁조정에 관한 설명으로 옳지 않은 것은? 제25회

① 분쟁당사자가 지방분쟁조정위원회의 조정결과를 수락한 경우에는 당사자 간에 조정조서와 같은 내용의 합의가 성립된 것으로 본다.
② 중앙분쟁조정위원회는 조정을 효율적으로 하기 위하여 필요하다고 인정하면 해당 사건들을 분리하거나 병합할 수 있다.
③ 공동주택관리 분쟁조정위원회는 공동주택의 리모델링에 관한 사항을 심의·조정한다.
④ 둘 이상의 시·군·구의 관할 구역에 걸친 분쟁으로서 300세대의 공동주택단지에서 발생한 분쟁은 지방분쟁조정위원회에서 관할한다.
⑤ 중앙분쟁조정위원회로부터 분쟁조정 신청에 관한 통지를 받은 입주자대표회의와 관리주체는 분쟁조정에 응하여야 한다.

85
상 중 하

공동주택관리법령상 중앙 공동주택관리 분쟁조정위원회(이하 '중앙분쟁조정위원회'라 한다)**에 관한 사항으로 옳지 않은 것은?**

① 중앙분쟁조정위원회는 위원장 1명을 포함한 10명 이내의 위원으로 구성한다.
② 판사·검사 또는 변호사의 직에 6년 이상 재직한 사람은 3명 이상 포함되어야 한다.
③ 국토교통부장관은 주택관리사로서 공동주택의 관리사무소장으로 10년 이상 근무한 사람을 위원으로 임명 또는 위촉한다.
④ 중앙분쟁조정위원회의 회의는 재적위원 과반수의 출석으로 개의하고 출석위원 과반수의 찬성으로 의결한다.
⑤ 국토교통부장관은 중앙분쟁조정위원회의 운영 및 사무처리를 고시로 정하는 기관 또는 단체에 위탁할 수 있다.

86
상 중 하

공동주택관리법령상 중앙 공동주택관리 분쟁조정위원회(이하 '중앙분쟁조정위원회'라 한다)**에 관한 설명으로 옳지 않은 것은?**

① 중앙분쟁조정위원회의 위원장은 위원회의 회의를 소집하려면 특별한 사정이 있는 경우를 제외하고는 회의 개최 3일 전까지 회의의 일시·장소 및 심의안건을 각 위원에게 서면(전자우편을 포함한다)으로 알려야 한다.
② 중앙분쟁조정위원회는 조정절차를 개시한 날부터 30일 이내에 그 절차를 완료한 후 조정안을 작성하여 지체 없이 이를 각 당사자에게 제시하여야 한다.
③ 조정안을 제시받은 당사자는 그 제시를 받은 날부터 15일 이내에 그 수락 여부를 중앙분쟁조정위원회에 서면으로 통보하여야 한다.
④ 중앙분쟁조정위원회는 당사자나 이해관계인을 중앙분쟁조정위원회에 출석시켜 의견을 들으려면 회의 개최 5일 전까지 서면(전자우편을 포함한다)으로 출석을 요청하여야 한다.
⑤ 당사자가 조정안을 수락하거나 수락한 것으로 보는 때에는 그 조정서의 내용은 재판상 화해와 동일한 효력을 갖는다.

87 상중하

공동주택관리법령상 지방 공동주택관리 분쟁조정위원회(이하 '지방분쟁조정위원회'라 한다)**에 관한 설명으로 옳지 않은 것은?**

① 지방분쟁조정위원회는 위원장 1명을 포함하여 10명 이내의 위원으로 구성하되, 성별을 고려하여야 한다.

② 시장·군수·구청장은 공동주택 관리사무소장으로 3년 이상 근무한 경력이 있는 주택관리사를 위원으로 위촉하거나 임명한다.

③ 지방분쟁조정위원회의 위원장은 위원 중에서 해당 지방자치단체의 장이 지명하는 사람이 된다.

④ 공무원이 아닌 위원의 임기는 2년으로 한다. 다만, 보궐위원의 임기는 전임자의 남은 임기로 한다.

⑤ 분쟁당사자가 지방분쟁조정위원회의 조정결과를 수락한 경우에는 당사자 간에 조정조서(調停調書)와 같은 내용의 합의가 성립된 것으로 본다.

88 상중하

공동주택관리법령상 지방자치단체의 장의 감사에 관한 설명으로 옳지 않은 것은?

제26회 수정

① 감사 대상이 되는 업무는 입주자대표회의나 그 구성원, 관리주체, 관리사무소장 또는 선거관리위원회나 그 위원 등의 업무이다.

② 공동주택단지 내 분쟁의 조정이 필요한 경우 공동주택의 입주자 등은 지방자치단체의 장에게 감사를 요청할 수 있다.

③ 공동주택의 입주자 등이 감사를 요청하려면 전체 입주자 등의 과반수의 동의를 받아야 한다.

④ 지방자치단체의 장은 공동주택의 입주자 등의 감사 요청이 없더라도 공동주택관리의 효율화와 입주자 등의 보호를 위하여 필요하다고 인정하는 경우에는 감사를 실시할 수 있다.

⑤ 지방자치단체의 장은 감사 요청이 이유가 있다고 인정하는 경우에는 감사를 실시한 후 감사를 요청한 입주자 등에게 그 결과를 통보하여야 한다.

주관식 단답형 문제

01 상중하

건축법령상 다가구주택에 관한 설명이다. (　　)에 들어갈 숫자와 용어를 순서대로 각각 쓰시오.

> 다가구주택은 다음의 요건을 모두 갖춘 주택으로서 공동주택에 해당하지 아니하는 것을 말한다.
> 1) 주택으로 쓰는 층수(지하층은 제외한다)가 (　　)개 층 이하일 것. 다만, 1층의 전부 또는 일부를 필로티 구조로 하여 (　　)으로 사용하고 나머지 부분을 주택(주거 목적으로 한정한다) 외의 용도로 쓰는 경우에는 해당 층을 주택의 층수에서 제외한다.
> 2)~3)은 생략

02 상중하

주택법령상 아파트형 주택에 관한 설명이다. (　　) 안에 들어갈 용어를 쓰시오.

> 아파트형 주택은 다음 각 목의 요건을 모두 갖춘 아파트
> 가. 세대별로 독립된 주거가 가능하도록 (　　) 및 부엌을 설치할 것
> 나. 지하층에는 세대를 설치하지 않을 것

03 상중하

「주택법 시행령」 제9조 세대구분형 공동주택에 관한 설명이다. (　　)에 들어갈 숫자를 순서대로 쓰시오.

> 「공동주택관리법」 제35조에 따른 행위의 허가를 받거나 신고를 하고 설치하는 공동주택의 경우: 다음 각 목의 요건을 모두 충족할 것
> 가.~나. 생략
> 다. 세대구분형 공동주택의 세대수가 해당 주택단지 안의 공동주택 전체 세대수의 (　　)분의 1과 해당 동의 전체 세대수의 (　　)분의 1을 각각 넘지 않을 것. 다만, 시장·군수·구청장이 부대시설의 규모 등 해당 주택단지의 여건을 고려하여 인정하는 범위에서 세대수의 기준을 넘을 수 있다.
> 라. 생략

04 상중하 **공동주택관리법령상 의무관리대상 공동주택에 관한 설명이다. ( ) 안에 들어갈 숫자를 쓰시오.**

> 「건축법」 제11조에 따른 건축허가를 받아 주택 외의 시설과 주택을 동일건축물로 건축한 건축물로서 주택이 ( )세대 이상인 건축물은 공동주택관리법령에 따른 의무관리대상 공동주택에 해당된다.

05 상중하 **공동주택관리법령상 의무관리대상 공동주택의 관리사무소장에 관한 내용이다. ( )에 들어갈 아라비아 숫자를 쓰시오.** 제27회

> - (㉠)세대 미만의 공동주택에는 주택관리사를 갈음하여 주택관리사보를 해당 공동주택의 관리사무소장으로 배치할 수 있다.
> - 관리사무소장은 공동주택의 안전관리계획을 (㉡)년마다 조정하되, 관리여건상 필요하여 관리사무소장이 입주자대표회의 구성원 과반수의 서면동의를 받은 경우에는 (㉡)년이 지나기 전에 조정할 수 있다.
> - 입주자대표회의는 선임된 자치관리기구 관리사무소장이 해임되거나 그 밖의 사유로 결원이 되었을 때에는 그 사유가 발생한 날부터 (㉢)일 이내에 새로운 관리사무소장을 선임하여야 한다.

06 상중하 **공동주택관리법령상 관리사무소장의 변경신고에 관한 설명이다. ( ) 안에 들어갈 숫자와 용어를 순서대로 각각 쓰시오.**

> 신고한 배치 내용과 업무의 집행에 사용하는 직인을 변경하려는 공동주택의 관리사무소장은 변경사유가 발생한 날부터 ( )일 이내에 관리사무소장 배치 및 직인(변경)신고서에 변경내용을 증명하는 서류를 첨부하여 ( )에 제출하여야 한다.

07 상중하 **공동주택관리법령에 관한 설명이다. ( ) 안에 들어갈 용어를 순서대로 각각 쓰시오.**

> ( )은(는) 3년마다 조정하되, 관리여건상 필요하여 당해 공동주택의 ( )(가)이 입주자대표회의 구성원 과반수의 서면동의를 얻은 경우에는 3년이 지나기 전에 조정할 수 있다.

08 상중하

공동주택관리법령상 주택관리업자와 관리사무소장의 교육에 관한 설명이다. ( ) 안에 들어갈 숫자를 쓰시오.

> 관리사무소장으로 배치받으려는 주택관리사 등이 배치예정일부터 직전 ( ) 년 이내에 관리사무소장·공동주택관리기구의 직원 또는 주택관리업자의 임직원으로서 종사한 경력이 없는 경우에는 국토교통부령으로 정하는 바에 따라 공동주택관리에 관한 교육과 윤리교육을 이수하여야 관리사무소장으로 배치받을 수 있다.

09 상중하

공동주택관리법상 주택관리업자 등의 교육 및 벌칙에 관한 내용이다. ( )에 들어갈 아라비아 숫자를 쓰시오. 제24회

> 공동주택의 관리사무소장으로 배치받아 근무 중인 주택관리사는 공동주택관리법 제70조 제1항 또는 제2항에 따른 교육을 받은 후 (㉠)년마다 국토교통부령으로 정하는 바에 따라 공동주택관리에 관한 교육과 윤리교육을 받아야 하며, 이 교육을 받지 아니한 자에게는 (㉡)만원 이하의 과태료를 부과한다.

10 상중하

공동주택관리법령상 주택관리사협회에 관한 설명이다. ( ) 안에 들어갈 숫자와 용어를 쓰시오.

> 주택관리사 등은 주택관리에 관한 기술·행정 및 법률 문제에 관한 연구와 그 업무를 효율적으로 수행하기 위하여 공동주택의 관리사무소장으로 배치된 자의 ( )분의 1 이상의 인원수를 발기인으로 하여 정관을 마련한 후 창립총회의 의결을 거쳐 ( )의 인가를 받아 주택관리사단체를 설립할 수 있다.

11 상중하

공동주택관리법령상 의무관리대상 공동주택의 관리업무 이관절차에 관한 설명이다. (　) 안에 들어갈 숫자를 순서대로 각각 쓰시오.

- 입주자 등은 사업주체로부터 공동주택 관리요구를 받았을 때에는 그 요구를 받은 날부터 (　)개월 이내에 입주자대표회의를 구성하여야 한다.
- 공동주택의 입주자 등이 공동주택을 자치관리할 것을 정한 경우에는 입주자대표회의는 사업주체로부터 관리요구가 있은 날부터 (　)개월 이내에 공동주택의 관리사무소장을 자치관리기구의 대표자로 선임하고, 대통령령으로 정하는 기술인력 및 장비를 갖춘 자치관리기구를 구성하여야 한다.

12 상중하

공동주택관리법령상 의무관리대상 공동주택의 전환 등에 관한 설명이다. (　) 안에 들어갈 숫자를 쓰시오.

의무관리대상 공동주택으로 전환되는 공동주택의 관리인은 대통령령으로 정하는 바에 따라 관할 특별자치시장·특별자치도지사·시장·군수·구청장에게 의무관리대상 공동주택 전환 신고를 하여야 한다. 다만, 관리인이 신고하지 않는 경우에는 입주자 등의 (　)분의 1 이상이 연서하여 신고할 수 있다.

13 상중하

공동주택관리법령상 의무관리대상 공동주택의 전환 등에 관한 설명이다. (　) 안에 들어갈 숫자를 순서대로 쓰시오.

1. 의무관리대상 전환 공동주택의 입주자 등은 관리규약의 제정 신고가 수리된 날부터 (　)개월 이내에 입주자대표회의를 구성하여야 하며, 입주자대표회의의 구성 신고가 수리된 날부터 (　)개월 이내에 공동주택의 관리 방법을 결정하여야 한다.
2. 의무관리대상 전환 공동주택의 입주자 등이 공동주택을 위탁관리할 것을 결정한 경우 입주자대표회의는 입주자대표회의의 구성 신고가 수리된 날부터 (　)개월 이내에 주택관리업자를 선정하여야 한다.

14 상중하

공동주택관리법령상 공동주택관리에 관한 감독에 대한 내용이다. (　　)에 들어갈 아라비아 숫자를 쓰시오.

> 공동주택의 입주자 등은 입주자대표회의 등이 공동주택 관리규약을 위반한 경우 전체 입주자 등의 10분의 (　　) 이상의 동의를 받아 지방자치단체의 장에게 입주자대표회의 등의 업무에 대하여 감사를 요청할 수 있다.

15 상중하

공동주택관리법령상 주택관리업자의 행정처분 중 감경사유에 관한 설명이다. (　　) 안에 들어갈 숫자와 용어를 순서대로 각각 쓰시오.

> • 위반행위자가 처음 위반행위를 한 경우로서 (　　)년 이상 해당 사업을 모범적으로 해 온 사실이 인정되는 경우
> • 위반행위자가 해당 위반행위로 검사로부터 기소유예 처분을 받거나 법원으로부터 (　　)의 판결을 받은 경우

16 상중하

공동주택관리법령상 (　　) 안에 들어갈 내용을 순서대로 각각 쓰시오. 제16회 수정

> 「공동주택관리법 시행령」 별표 8에 의거한 주택관리사 등의 공동주택관리법령 위반행위에 대한 행정처분기준은 다음과 같다.
> • 공동주택관리의 효율화와 입주자 및 사용자의 보호를 위해 대통령령으로 정하는 업무에 관한 사항에 대한 보고명령을 이행하지 아니한 경우의 3차 행정처분기준 : (　　　)
> • 중대한 과실로 주택을 잘못 관리하여 입주자 및 사용자에게 재산상의 손해를 입힌 경우의 2차 행정처분기준 : (　　　)

17 상중하

공동주택관리법령상 관리주체가 주민공동시설을 위탁하기 위한 절차에 관한 내용이다. (　)에 들어갈 용어를 쓰시오. 제27회

> 「주택법」 제15조에 따른 사업계획승인을 받아 건설한 건설임대주택의 경우에는 다음 어느 하나를 해당하는 방법으로 제안하고 임차인 과반수의 동의를 받아야 한다.
> 가. (㉠)의 요청
> 나. 임차인 10분의 1 이상의 요청

18 상중하

공동주택관리법령상 관리주체에 대한 회계감사에 관한 내용이다. (　)에 들어갈 용어를 쓰시오. 제24회

> 공동주택관리법에 따라 회계감사를 받아야 하는 공동주택의 관리주체는 매 회계연도 종료 후 9개월 이내에 다음의 재무제표에 대하여 회계감사를 받아야 한다.
> • 재무상태표
> • 운영성과표
> • 이익잉여금처분계산서(또는 결손금처리계산서)
> • (㉠)

19 상중하

공동주택관리법령상 주택관리업의 등록말소절차 등에 관한 설명이다. (　) 안에 들어갈 용어를 순서대로 각각 쓰시오.

> 특별자치시장・특별자치도지사・시장・군수・구청장은 주택관리업등록의 말소 또는 영업의 정지를 하고자 하는 때에는 처분일 (　)개월 전까지 당해 주택관리업자가 관리하는 공동주택의 (　　)에 그 사실을 통보하여야 한다

20 상중하

공동주택관리법령상 공동주택의 공동관리에 관한 설명이다. ( ) 안에 들어갈 숫자를 순서대로 각각 쓰시오.

> 공동관리하는 총세대수가 ( )세대 이하일 것. 다만, 의무관리대상 공동주택단지와 인접한 ( )세대 미만의 공동주택단지를 공동으로 관리하는 경우는 제외한다.

21 상중하

「공동주택관리법」상 공동관리와 구분관리에 관한 내용이다. ( )에 들어갈 숫자를 쓰시오. 제22회

> 입주자대표회의는 해당 공동주택의 관리에 필요하다고 인정하는 경우에는 국토교통부령으로 정하는 바에 따라 인접한 공동주택단지(임대주택단지를 포함한다)와 공동으로 관리하거나 ( )세대 이상의 단위로 나누어 관리하게 할 수 있다.

22 상중하

공동주택관리법령상 주택관리사 경력에 관한 설명이다. ( ) 안에 들어갈 용어와 숫자를 순서대로 각각 쓰시오.

> 사업계획승인을 받아 건설한 50세대 이상의 공동주택(「건축법」 제11조에 따른 건축허가를 받아 주택과 주택 외의 시설을 동일 건축물로 건축한 건축물 중 주택이 50세대 이상 300세대 미만인 건축물을 포함한다)의 관리사무소의 직원[경비원, 청소원, ( )은 제외한다] 또는 주택관리업자의 임직원으로서 주택관리업무에의 종사경력 ( )년 이상

23 상중하

공동주택관리법령상 관리사무소장으로 배치받은 주택관리사 등의 교육에 관한 내용이다. ( )에 들어갈 용어를 쓰시오. 제26회

관리사무소장으로 배치받은 주택관리사 등은 국토교통부령으로 정하는 바에 따라 관리사무소장으로 배치된 날부터 3개월 이내에 공동주택관리에 관한 교육과 (㉠)교육을 받아야 한다.

24 상중하

공동주택관리법령상 주택관리업자의 입찰참가 제한에 관한 설명이다. ( ) 안에 들어갈 용어를 쓰시오.

입주자 등이 새로운 주택관리업자 선정을 위한 입찰에서 기존 주택관리업자의 참가를 제한하도록 ( )에 요구하려면 전체 입주자 등 과반수의 서면동의가 있어야 한다.

25 상중하

공동주택관리법령상 주택관리업자의 관리상 의무에 관한 내용이다. ( )에 들어갈 숫자를 쓰시오. 제22회

주택관리업자는 관리하는 공동주택에 배치된 주택관리사 등이 해임 그 밖의 사유로 결원이 된 때에는 그 사유가 발생한 날로부터 ( )일 이내에 새로운 주택관리사 등을 배치하여야 한다.

26 상중하

공동주택관리법령상 주택관리업에 관한 설명이다. ( ) 안에 들어갈 용어를 쓰시오.

주택관리업이란 공동주택을 안전하고 효율적으로 관리하기 위하여 입주자 등으로부터 ( ) 공동주택의 관리를 위탁받아 관리하는 업(業)을 말한다.

27 상중하

공동주택관리법령에 따를 때 1,000세대의 공동주택에 관리사무소장으로 배치된 주택관리사가 관리사무소장의 업무를 집행하면서 고의 또는 과실로 입주자 등에게 재산상 손해를 입히는 경우의 손해배상책임을 보장하기 위하여 얼마의 금액을 보장하는 보증보험 또는 공제에 가입하거나 공탁하여야 하는가? 제20회

28 상중하

공동주택관리법령상 주택관리업에 관한 규정이다. ( ) 안에 들어갈 내용을 순서대로 각각 쓰시오. 제16회 수정

> 시장·군수 또는 구청장이 주택관리업등록의 말소 또는 영업의 정지를 하고자 하는 때에는 처분일 1개월 전까지 당해 주택관리업자가 관리하는 공동주택의 ( )에 그 사실을 통보하여야 하고, 영업정지에 갈음하여 과징금을 부과하고자 하는 경우에는 영업정지기간 1일당 ( )만원을 부과한다.

29 상중하

공동주택관리법령상 중앙 공동주택관리 분쟁조정위원회(이하 "중앙분쟁조정위원회"라 한다) **( ) 안에 들어갈 숫자를 순서대로 각각 쓰시오.**

> • 중앙분쟁조정위원회는 위원장 1명을 포함한 ( )명 이내의 위원으로 구성한다.
> • 판사·검사 또는 변호사의 직에 6년 이상 재직한 사람이 ( )명 이상 포함되어야 한다.

30 상중하

공동주택관리법령상 중앙 공동주택관리 분쟁조정위원회(이하 "중앙분쟁조정위원회"라 한다) **( ) 안에 들어갈 숫자를 순서대로 각각 쓰시오.**

> • 중앙분쟁조정위원회는 조정절차를 개시한 날부터 ( )일 이내에 그 절차를 완료한 후 조정안을 작성하여 지체 없이 이를 각 당사자에게 제시하여야 한다.
> • 조정안을 제시받은 당사자는 그 제시를 받은 날부터 ( )일 이내에 그 수락 여부를 중앙분쟁조정위원회에 서면으로 통보하여야 한다.

31 상중하

공동주택관리법령상 지방 공동주택관리 분쟁조정위원회에 관한 설명이다. (   ) 안에 들어갈 숫자를 순서대로 각각 쓰시오.

- 위원장 1명을 포함하여 (   )명 이내의 위원으로 구성하되, 성별을 고려하여야 한다.
- 공동주택 관리사무소장으로 (   )년 이상 근무한 경력이 있는 주택관리사를 해당 시장 · 군수 · 구청장이 위촉하거나 임명한다.
- 공무원이 아닌 위원의 임기는 (   )년으로 한다. 다만, 보궐위원의 임기는 전임자의 남은 임기로 한다.

32 상중하

주택임대관리업자에 관한 설명이다. (㉠), (㉡)에 들어갈 용어를 순서대로 쓰시오. 제21회

「민간임대주택에 관한 특별법」에 따르면 주택임대관리업자의 현황 신고에 관하여 주택임대관리업자는 (㉠)마다 그 (㉠)(이)가 끝나는 달의 다음 날 말일까지 자본금, 전문인력, 관리 호수 등 대통령령으로 정하는 정보를 (㉡)에게 신고하여야 한다.

33 상중하

민간임대주택에 관한 특별법령상 주택임대관리업의 등록에 관한 내용이다. (   )에 들어갈 아라비아 숫자를 쓰시오. 제26회

다음 각 호의 구분에 따른 규모 이상으로 주택임대관리업을 하려는 자는 시장 · 군수 · 구청장에게 등록하여야 한다.

1. 자기관리형 주택임대관리업의 경우
   가. 단독주택 : (㉠)호
   나. 공동주택 : (㉠)세대
2. 위탁관리형 주택임대관리업의 경우
   가. 단독주택 : (㉡)호
   나. 공동주택 : (㉡)세대

34 상중하

공동주택관리법령상 주택관리사단체가 제정하는 공제규정에 관한 내용이다. (   )에 들어갈 용어와 아라비아 숫자를 쓰시오. 제25회

> 시행령 제89조 【공제규정】 법 제82조 제2항에 따른 공제규정에는 다음 각 호의 사항이 포함되어야 한다.
> 1. <생략>
> 2. 회계기준: 공제사업을 손해배상기금과 (㉠)(으)로 구분하여 각 기금별 목적 및 회계원칙에 부합되는 기준
> 3. 책임준비금의 적립비율: 공제료 수입액의 100분의 (㉡) 이상(공제사고 발생률 및 공제금 지급액 등을 종합적으로 고려하여 정한다)

35 상중하

「민간임대주택에 관한 특별법」상 용어정의에 관한 내용이다. (   )에 들어갈 숫자를 쓰시오. 제22회

> 장기일반민간임대주택이란 임대사업자가 공공지원민간임대주택이 아닌 주택을 (   )년 이상 임대할 목적으로 취득하여 임대하는 민간임대주택[아파트(「주택법」 제2조 제20호의 도시형 생활주택이 아닌 것을 말한다)를 임대하는 민간매입임대주택은 제외한다]을 말한다.

36 상중하

민간임대주택에 관한 특별법상 민간임대주택에 관한 내용이다. (   )에 들어갈 용어와 아라비아 숫자를 쓰시오. 제24회

> • 민간임대주택이란 임대 목적으로 제공하는 주택(토지를 임차하여 건설된 주택 및 오피스텔 등 대통령령으로 정하는 (㉠) 및 대통령령으로 정하는 일부만을 임대하는 주택을 포함한다)으로서 임대사업자가 제5조에 따라 등록한 주택을 말하며, 민간(㉡)임대주택과 민간매입임대주택으로 구분한다.
> • 장기일반민간임대주택이란 임대사업자가 공공지원민간임대주택이 아닌 주택을 (㉢)년 이상 임대한 목적으로 취득하여 임대하는 민간임대주택[아파트(「주택법」 제2조 제20호의 도시형 생활주택이 아닌 것을 말한다)를 임대하는 민간매입임대주택은 제외한다]을 말한다.

37 상중하

민간임대주택에 관한 특별법령상 주택임대관리업자에 대한 행정처분에 관한 사항이다. ( ) 안에 들어갈 내용을 순서대로 각각 쓰시오.

> 「민간임대주택에 관한 특별법 시행령」 별표 2에 의거한 주택임대관리업자의 위반행위에 대한 행정처분기준은 다음과 같다.
> • 중대한 과실로 인해 임대를 목적으로 하는 주택을 잘못 관리하여 임대인 및 임차인에게 재산상의 손해를 입힌 경우의 3차 행정처분기준: (　　)
> • 등록기준을 갖추지 못하게 된 날부터 1개월이 지날 때까지 이를 보완하지 않은 경우의 2차 행정처분기준: (　　)

38 상중하

민간임대주택에 관한 특별법령상 주택임대관리업자에 대한 행정처분의 내용이다. ( )에 들어갈 용어를 쓰시오. 제23회

> 시장 · 군수 · 구청장은 주택임대관리업자가 고의 또는 중대한 과실로 임대를 목적으로 하는 주택을 잘못 관리하여 임대인 및 임차인에게 재산상의 손해를 입힌 경우에는 (㉠)(을)를 갈음하여 1천만원 이하의 (㉡)(을)를 부과할 수 있다.

39 상중하

민간임대주택에 관한 특별법령상 주택임대관리업의 등록기준에 관한 설명이다. (㉠)과 (㉡)에 들어갈 숫자를 각각 쓰시오.

<table>
<tr><th colspan="2">구 분</th><th>자기관리형 주택임대 관리업</th><th>위탁관리형 주택임대 관리업</th></tr>
<tr><td colspan="2">1. 자본금</td><td>2억원 이상</td><td>(㉡)억원 이상</td></tr>
<tr><td rowspan="3">2. 전문인력</td><td>가. 변호사, 법무사, 공인회계사, 세무사, 감정평가사, 건축사, 공인중개사, 주택관리사로서 해당 분야에 (㉠)년 이상 종사한 사람</td><td rowspan="3">2명 이상</td><td rowspan="3">(㉡)명 이상</td></tr>
<tr><td>나. 부동산 관련 분야의 석사 이상의 학위를 취득한 후 부동산 관련 업무에 3년 이상 종사한 사람</td></tr>
<tr><td>다. 부동산 관련 회사에서 5년 이상 근무한 사람으로서 부동산 관련 업무에 3년 이상 종사한 사람</td></tr>
<tr><td colspan="2">3. 시설</td><td colspan="2">사무실</td></tr>
</table>

40 상 중 하

민간임대주택에 관한 특별법령상 시장 · 군수 · 구청장이 주택임대관리업자에게 영업정지를 갈음하여 부과하는 과징금에 관한 내용이다. (   )에 들어갈 아라비아 숫자를 쓰시오. 제27회

> 과징금은 영업정지기간 1일당 (㉠)만원을 부과하되, 영업정지 1개월은 30일을 기준으로 한다. 이 경우 과징금은 (㉡)천만원을 초과할 수 없다.

41 상 중 하

민간임대주택에 관한 특별법령상 주택임대관리업자에 관한 설명이다. (   ) 안에 들어갈 숫자와 용어를 순서대로 각각 쓰시오.

> 주택임대관리업자는 등록한 사항이 변경된 경우에는 변경사유가 발생한 날부터 (   )일 이내에 시장 · 군수 · 구청장에게 신고하여야 하며, 주택임대관리업을 폐업하려면 폐업일 30일 이전에 시장 · 군수 · 구청장에게 (   )를 하여야 한다.

42 상 중 하

민간임대주택에 관한 특별법령상 주택임대관리업자의 보증상품 가입에 관한 내용이다. (   )에 들어갈 아라비아 숫자를 쓰시오. 제25회

> 시행령 제13조 【주택임대관리업자의 보증상품 가입】 ① 법 제14조 제1항에 따라 자기관리형 주택임대관리업자는 다음 각 호의 보증을 할 수 있는 보증상품에 가입하여야 한다.
>
> 1. 임대인의 권리보호를 위한 보증: 자기관리형 주택임대관리업자가 약정한 임대료를 지급하지 아니하는 경우 약정한 임대료의 (㉠)개월 분 이상의 지급을 책임지는 보증

02 입주자관리

Chapter

연계학습 기본서 p.126~176

단·원·열·기

입주자대표회의에 관한 문제가 매년 2문제 정도 출제되고 있으며 특히 동별 대표자의 결격사유와 구성원에 대한 윤리교육 부분이 출제빈도가 높습니다. 층간소음에 관한 규정과 공동주택관리 분쟁조정에 관한 내용은 꼼꼼한 정리가 필요합니다.

01 상중하

공동주택관리법령상 시장 · 군수 · 구청장의 업무에 해당되는 내용으로만 짝지어진 것은?

> ㉠ 입주자대표회의의 구성원 교육
> ㉡ 행위허가 및 신고
> ㉢ 관리규약준칙의 제정
> ㉣ 공동관리와 구분관리 결정 시 통보
> ㉤ 장기수선계획의 검토 전 조정교육

① ㉠, ㉡ ② ㉠, ㉤ ③ ㉢, ㉣
④ ㉢, ㉤ ⑤ ㉣, ㉤

02 상중하

공동주택관리법령상 입주자대표회의에 관한 설명으로 옳지 않은 것은? 제20회

① 입주자대표회의는 4명 이상으로 구성하되, 동별 세대수에 비례하여 시장 · 군수 · 구청장이 정한 선거구에 따라 선출된 대표자로 구성한다.
② 입주자대표회의에는 회장 1명, 감사 2명 이상, 이사 1명 이상의 임원을 두어야 한다.
③ 입주자대표회의의 구성원 중 사용자인 동별 대표자가 과반수인 경우에는 대통령령으로 그 의결방법 및 의결사항을 달리 정할 수 있다.
④ 입주자대표회의의 의결사항은 관리규약, 관리비, 시설의 운영에 관한 사항 등으로 한다.
⑤ 의무관리대상 공동주택에 해당하는 하나의 공동주택단지를 여러 개의 공구로 구분하여 순차적으로 건설하는 경우 먼저 입주한 공구의 입주자 등은 입주자대표회의를 구성할 수 있다. 다만, 다음 공구의 입주예정자의 과반수가 입주한 때에는 다시 입주자대표회의를 구성하여야 한다.

03 상중하

공동주택관리법령상 입주자대표회의의 구성원 교육의 내용으로 옳지 않은 것은?

① 공동주택의 관리에 관한 관계 법령 및 관리규약의 준칙에 관한 사항
② 공동주택단지 공동체의 활성화에 관한 사항
③ 층간소음 예방 및 입주민 간 분쟁의 조정에 관한 사항
④ 장기수선계획의 수립에 관한 사항
⑤ 하자보수에 관한 사항

04 상중하

공동주택관리법령상 입주자대표회의의 구성 등에 관한 설명으로 옳지 않은 것은?

제15회 수정

① 입주자대표회의는 4명 이상으로 구성하되, 동별 세대수에 비례하여 관리규약으로 정한 선거구에 따라 선출된 대표자로 구성한다.
② 동별 대표자의 후보자가 1명인 경우에는 해당 선거구 전체 입주자 등의 10분의 1 이상이 투표하고 투표자의 과반수 찬성으로 선출한다.
③ 동별 대표자의 임기나 그 제한에 관한 사항, 동별 대표자 또는 입주자대표회의 임원의 선출이나 해임방법 등 입주자대표회의의 구성 및 운영에 필요한 사항과 입주자대표회의의 의결방법은 대통령령으로 정한다.
④ 「공동주택관리법」 또는 「주택법」, 「민간임대주택에 관한 특별법」, 「공공주택 특별법」, 「건축법」, 「집합건물의 소유 및 관리에 관한 법률」을 위반한 범죄로 벌금형을 선고받은 후 2년이 지나지 아니한 사람은 동별 대표자가 될 수 없으며 그 자격을 상실한다.
⑤ 동별 대표자는 동별 대표자 선출공고에서 정한 각종 서류 제출 마감일을 기준으로 입주자(입주자가 법인인 경우에는 그 대표자를 말한다) 중에서 선거구 입주자 등의 보통·평등·직접·비밀선거를 통하여 선출한다.

05 상중하

공동주택관리법령상 입주자대표회의의 구성과 임원의 업무범위 등에 관한 설명으로 옳지 않은 것은? 제23회

① 감사는 감사를 한 경우에는 감사보고서를 작성하여 입주자대표회의와 관리주체에게 제출하고 인터넷 홈페이지 및 동별 게시판 등에 공개하여야 한다.

② 동별 대표자가 임기 중에 동별 대표자의 결격사유에 해당하게 된 경우에는 당연히 퇴임한다.

③ 입주자대표회의는 의결사항을 의결할 때 입주자 등이 아닌 자로서 해당 공동주택의 관리에 이해관계를 가진 자의 권리를 침해해서는 안 된다.

④ 사용자인 동별 대표자는 회장이 될 수 없으나, 입주자인 동별 대표자 중에서 회장 후보자가 없는 경우로서 선출 전에 전체 입주자 등의 과반수의 동의를 얻은 경우에는 회장이 될 수 있다.

⑤ 300세대 미만인 공동주택의 관리주체는 관리규약으로 정하는 바에 따라 회의록을 공개할 수 있다. 이 경우 관리주체는 입주자 등이 회의록의 열람을 청구하거나 자기의 비용으로 복사를 요구하는 때에는 관리규약으로 정하는 바에 따라 이에 응하여야 한다.

06 상중하

공동주택관리법령상 입주자대표회의의 구성원 교육에 관한 설명으로 옳지 않은 것은?

① 시장・군수・구청장은 입주자대표회의의 구성원에게 입주자대표회의의 운영과 관련하여 필요한 교육 및 윤리교육을 실시하여야 한다.

② 시장・군수・구청장은 입주자대표회의 구성원 또는 입주자 등에 대하여 입주자대표회의의 운영과 관련하여 필요한 교육 및 윤리교육(이하 "운영・윤리교육"이라 한다)을 하려면 교육 5일 전까지 공고하거나 교육대상자에게 알려야 한다.

③ 입주자대표회의 구성원은 매년 4시간의 운영・윤리교육을 이수하여야 한다.

④ 운영・윤리교육은 집합교육의 방법으로 한다. 다만, 교육 참여현황의 관리가 가능한 경우에는 그 전부 또는 일부를 온라인교육으로 할 수 있다.

⑤ 운영・윤리교육의 수강비용은 입주자대표회의 운영경비에서 부담하며, 입주자 등에 대한 운영・윤리교육의 수강비용은 수강생 본인이 부담한다. 다만, 시장・군수・구청장은 필요하다고 인정하는 경우에는 그 비용의 전부 또는 일부를 지원할 수 있다.

07 상중하

다음 사례 중 공동주택관리법령을 위반한 것은? 제16회 수정

① 하나의 공동주택단지를 여러 개의 공구로 구분하여 순차적으로 건설한 단지에서, 먼저 입주한 공구의 입주자 등이 입주자대표회의를 구성하였다가 다음 공구의 입주 예정자의 과반수가 입주한 때에 다시 입주자대표회의를 구성하였다.
② 입주자대표회의 구성원 10명 중 6명의 찬성으로 자치관리기구의 관리사무소장을 선임하였다.
③ 자치관리를 하는 공동주택의 입주자대표회의가 구성원 과반수의 찬성으로 자치관리기구 직원의 임면을 의결하였다.
④ 300세대 전체가 입주한 공동주택에서 2013년 8월 10일에 35세대의 입주자가 요청하여 회장이 2013년 9월 9일에 입주자대표회의를 소집하였다.
⑤ 입주자대표회의 구성원 10명 중 6명의 찬성으로 해당 공동주택에 대한 리모델링의 제안을 의결하였다.

08 상중하

공동주택관리법령상 동별 대표자 선출공고에서 정한 각종 서류제출 마감일을 기준으로 동별 대표자가 될 수 없는 자에 해당되지 않는 사람은? 제20회

① 해당 공동주택 관리주체의 소속 임직원
② 관리비를 최근 3개월 이상 연속하여 체납한 사람
③ 공동주택의 소유자가 서면으로 위임한 대리권이 없는 소유자의 배우자
④ 「주택법」을 위반한 범죄로 징역 6개월의 집행유예 1년의 선고를 받고 그 유예기간이 종료한 때로부터 2년이 지난 사람
⑤ 동별 대표자를 선출하기 위해 입주자 등에 의해 구성된 선거관리위원회 위원이었으나 1개월 전에 사퇴하였고 그 남은 임기 중에 있는 사람

09 상중하

공동주택관리법령상 입주자대표회의의 구성에 관한 설명으로 옳지 않은 것은?

제27회

① 입주자대표회의는 4명 이상으로 구성한다.
② 하나의 공동주택단지를 여러 개의 공구로 구분하여 순차적으로 건설하는 경우, 먼저 입주하여 이미 입주자대표회의를 구성한 공구의 입주자들은 다음 공구의 입주예정자의 과반수가 입주한 때에는 다시 입주자대표회의를 구성하여야 한다.
③ 동별 대표자 선출공고에서 정한 각종 서류 제출 마감일을 기준으로, 해당 동별 대표자에서 해임된 날부터 2년이 지나지 아니한 사람은 동별 대표자가 될 수 없으며 그 자격을 상실한다.
④ 동별 대표자는 선거구별로 1명씩 선출하되, 후보자가 1명인 경우 해당 선거구 전체 입주자 등의 과반수가 투표하고 투표자 과반수의 찬성으로 선출한다.
⑤ 최초의 입주자대표회의를 구성하기 위하여 동별 대표자를 선출하는 경우, 동별 대표자는 동별 대표자 선출공고에서 정한 각종 서류 제출 마감일을 기준으로 해당 공동주택단지 안에서 주민등록을 마친 후 계속하여 3개월 이상 거주하고 있어야 한다.

10 상중하

공동주택관리법령상 입주자대표회의의 구성 및 운영에 관한 설명으로 옳지 않은 것은?

제24회 수정

① 입주자대표회의는 4명 이상으로 구성하되, 동별 세대수에 비례하여 관리규약으로 정한 선거구에 따라 선출된 대표자로 구성한다.
② 사용자는 입주자인 동별 대표자 후보자가 있는 선거구라도 해당 공동주택단지 안에서 주민등록을 마친 후 계속하여 3개월 이상 거주하고 있으면 동별 대표자로 선출될 수 있다.
③ 사용자인 동별 대표자는 입주자인 동별 대표자 중에서 회장 후보자가 없는 경우로서 선출 전에 전체 입주자 과반수의 서면동의를 얻은 경우에는 회장이 될 수 있다.
④ 공동체 생활의 활성화 및 질서유지에 관한 사항은 입주자대표회의의 구성원 과반수의 찬성으로 의결한다.
⑤ 입주자대표회의는 주택관리업자가 공동주택을 관리하는 경우에는 주택관리업자의 직원인사·노무관리 등의 업무수행에 부당하게 간섭해서는 아니 된다.

11 상중하

공동주택관리법령상 동별 대표자 등의 선거관리에 관한 설명으로 옳은 것은?

제17회 수정

① 동별 대표자 또는 선거관리위원회 위원을 사퇴하거나 그 지위에서 해임 또는 해촉된 사람으로서 그 남은 임기 중에 있는 사람은 선거관리위원회 위원이 될 수 있다.
② 300세대인 공동주택은 「선거관리위원회법」에 따른 선거관리위원회 소속 직원 1명을 위원으로 위촉하여야 한다.
③ 선거관리위원회의 구성 · 운영 · 업무 · 경비, 위원의 선임 · 해임 및 임기 등에 관한 사항은 국토교통부령으로 정한다.
④ 선거관리위원회는 그 구성원(관리규약으로 정한 정원을 말한다) 과반수의 찬성으로 그 의사를 결정한다.
⑤ 동별 대표자 또는 그 후보자는 선거관리위원회 위원이 될 수 없으나, 그 배우자나 직계존비속은 선거관리위원회 위원이 될 수 있다.

12 상중하

공동주택관리법령상 선거관리위원회의 위원이 될 수 없는 사람을 모두 고른 것은?

제27회

㉠ 피성년후견인 또는 피한정후견인
㉡ 동별 대표자 후보자의 직계존비속
㉢ 임기 중에 결격사유에 해당하여 동별 대표자에서 퇴임한 사람으로서 그 남은 임기 중에 있는 사람
㉣ 선거관리위원회 위원에서 해임된 사람으로서 그 남은 임기 중에 있는 사람

① ㉠　② ㉠, ㉡　③ ㉠, ㉡, ㉢
④ ㉡, ㉢, ㉣　⑤ ㉠, ㉡, ㉢, ㉣

13 상중하

공동주택관리법령상 선거관리위원회에 관한 설명으로 옳지 않은 것은? 제22회

① 500세대 이상인 공동주택의 선거관리위원회는 입주자 등 중에서 위원장을 포함하여 5명 이상, 9명 이하의 위원으로 구성한다.
② 선거관리위원회 위원장은 위원 중에서 호선한다.
③ 500세대 미만인 공동주택은 「선거관리위원회법」에 따른 선거관리위원회 소속 직원 1명을 관리규약으로 정하는 바에 따라 위원으로 위촉한다.
④ 선거관리위원회 위원장은 동별 대표자 후보자에 대하여 동별 대표자의 자격요건 충족 여부와 결격사유 해당 여부를 확인하여야 한다.
⑤ 선거관리위원회의 위원장은 동별 대표자가 결격사유 확인에 관한 사무를 수행하기 위하여 불가피한 경우 「개인정보 보호법 시행령」에 따른 주민등록번호가 포함된 자료를 처리할 수 있다.

14 상중하

공동주택관리법령상 입주자대표회의에 관한 설명으로 옳지 않은 것은? 제25회

① 입주자대표회의의 구성원인 동별 대표자의 선거구는 2개 동 이상으로 묶거나 통로나 층별로 구획하여 관리규약으로 정할 수 있다.
② 동별 대표자를 선출할 때 후보자가 1명인 경우에는 해당 선거구 전체 입주자 등의 과반수가 투표하고 투표자 과반수의 찬성으로 선출한다.
③ 감사는 입주자대표회의에서 의결한 안건이 관계 법령 및 관리규약에 위반된다고 판단되는 경우에는 입주자대표회의에 재심의를 요청할 수 있다.
④ 입주자대표회의는 입주자대표회의 구성원 3분의 2의 찬성으로 의결한다.
⑤ 입주자대표회의는 입주자 등의 소통 및 화합의 증진을 위하여 그 이사 중 공동체 생활의 활성화에 관한 업무를 담당하는 이사를 선임할 수 있다.

15 공동주택관리법령상 입주자대표회의에 관한 설명으로 옳은 것은? 제26회

상중하

① 입주자대표회의에는 회장 1명, 감사 3명 이상, 이사 2명 이상의 임원을 두어야 한다.
② 서류 제출 마감일을 기준으로 「공동주택관리법」을 위반한 범죄로 금고 8월의 실형선고를 받고 그 집행이 끝난 날부터 16개월이 지난 사람은 동별 대표자로 선출될 수 있다.
③ 입주자대표회의는 그 회의를 개최한 때에는 회의록을 작성하여 입주자대표회의 회장에게 보관하게 하여야 한다.
④ 입주자대표회의 회장은 입주자 등의 10분의 1 이상이 요청하는 때에는 해당일부터 7일 이내에 입주자대표회의를 소집해야 한다.
⑤ 입주자대표회의의 회장 후보자가 2명 이상인 경우에는 전체 입주자 등의 10분의 1 이상이 투표하고 후보자 중 최다득표자를 선출한다.

16 민간임대주택에 관한 특별법령상 임차인대표회의에 관한 설명으로 옳지 않은 것은?

상중하

① 임대사업자가 20세대 이상의 민간임대주택을 공급하는 공동주택단지에 입주하는 임차인은 임차인대표회의를 구성할 수 있다.
② 150세대 이상의 공동주택으로서 중앙집중식 난방방식 또는 지역난방방식인 공동주택에 입주하는 임차인은 임차인대표회의를 구성하여야 한다.
③ 임대사업자는 입주예정자의 과반수가 입주한 때에는 과반수가 입주한 날부터 15일 이내에 입주현황과 임차인대표회의를 구성할 수 있다는 사실 또는 구성하여야 한다는 사실을 입주한 임차인에게 통지하여야 한다.
④ 임차인대표회의를 소집하려는 경우에는 소집일 5일 전까지 회의의 목적·일시 및 장소 등을 임차인에게 알리거나 공고하여야 한다.
⑤ 임차인대표회의는 회의를 개최하였을 때에는 회의록을 작성하여 보관하고, 임차인이 회의록의 열람을 청구하거나 자기의 비용으로 복사를 요구할 경우에는 그에 따라야 한다.

17 상중하

민간임대주택에 관한 특별법령상 임대주택분쟁조정위원회(이하 '조정위원회'라 한다) **에 관한 설명으로 옳지 않은 것은?**

① 조정위원회는 위원장 1명을 포함하여 15명 이내로 구성한다.
② 위원장은 해당 지방자치단체의 장이 된다.
③ 공무원이 아닌 위원의 임기는 2년으로 하되, 두 차례만 연임할 수 있다.
④ 「공동주택관리법」에 따른 주택관리사가 된 후 관련 업무에 3년 이상 근무한 사람 1명 이상을 시장 · 군수 · 구청장은 성별을 고려하여 임명하거나 위촉한다.
⑤ 임대사업자와 임차인대표회의가 조정위원회의 조정안을 받아들이면 당사자 간에 조정조서와 같은 내용의 합의가 성립된 것으로 본다.

18 상중하

민간임대주택에 관한 특별법령상 임대주택분쟁조정위원회(이하 '조정위원회'라 한다) **의 회의에 관한 사항으로 옳지 않은 것은?**

① 조정위원회의 회의는 위원장이 소집한다.
② 위원장은 회의 개최일 5일 전까지 회의와 관련된 사항을 위원에게 알려야 한다.
③ 조정위원회의 회의는 재적위원 과반수의 출석으로 개의(開議)하고, 출석위원 과반수의 찬성으로 의결한다.
④ 조정위원회의 회의에 참석한 위원에게는 예산의 범위에서 수당과 여비 등을 지급할 수 있다.
⑤ 위원장은 조정위원회의 사무를 처리하도록 하기 위하여 해당 지방자치단체에서 민간임대주택 또는 공공임대주택 관련 업무를 하는 직원 중 1명을 간사로 임명하여야 한다.

19 상중하

민간임대주택에 관한 특별법상 임대주택분쟁조정위원회(이하 "조정위원회"라 한다) **에 관한 설명으로 옳은 것은?** 제24회

① 임대료의 증액에 대한 분쟁에 관해서는 조정위원회가 직권으로 조정을 하여야 한다.

② 임차인대표회의는 이 법에 따른 민간임대주택의 관리에 대한 분쟁에 관하여 조정위원회에 조정을 신청할 수 없다.

③ 공무원이 아닌 위원의 임기는 1년으로 하며 연임할 수 있다.

④ 공공주택사업자 또는 임차인대표회의는 공공임대주택의 분양전환승인에 관한 사항의 분쟁에 관하여 조정위원회에 조정을 신청할 수 없다.

⑤ 임차인은 「공공주택 특별법」 제50조의3에 따른 우선 분양전환 자격에 대한 분쟁에 관하여 조정위원회에 조정을 신청할 수 없다.

20 상중하

공동주택관리법상 공동주택의 입주자 등을 보호하고 주거생활의 질서를 유지하기 위하여 대통령령으로 정하는 바에 따라 공동주택의 관리 또는 사용에 관하여 준거가 되는 관리규약의 준칙을 정하여야 하는 주체로 옳지 않은 것은? 제24회

① 서울특별시장
② 부산광역시장
③ 세종특별자치시장
④ 충청남도지사
⑤ 경상북도 경주시장

21 상중하

공동주택관리법령상 공동주택관리규약에 관한 설명으로 옳지 않은 것은?

① 공동주택의 관리주체는 관리규약을 보관하여 입주자 등이 열람을 청구하거나 자기의 비용으로 복사를 요구하는 때에는 이에 응하여야 한다.

② 공동주택 분양 후 최초의 관리규약은 사업주체가 제안한 내용을 해당 입주예정자의 과반수가 서면으로 동의하는 방법으로 결정하고, 사업주체는 해당 공동주택단지의 인터넷 홈페이지에 제안내용을 공고하거나 입주예정자에게 개별 통지해야 한다.

③ 관리규약을 개정하는 방법은 입주자대표회의의 의결로 제안하고 전체 입주자 등의 과반수가 찬성하는 방법 또는 전체 입주자 등의 10분의 1 이상이 제안하고 전체 입주자 등의 과반수가 찬성하는 방법에 따른다.

④ 입주자 등은 관리규약의 준칙을 참조하여 관리규약을 정한다.

⑤ 관리규약은 입주자 등의 지위를 승계한 사람에 대하여도 그 효력이 있다.

22 상중하

공동주택관리법령상 시 · 도지사가 정하는 관리규약 준칙의 포함사항으로 옳지 않은 것은?

① 주민공동시설의 위탁에 따른 방법 또는 절차에 관한 사항
② 전자투표의 본인확인 방법에 관한 사항
③ 공동주택의 층간소음에 관한 사항
④ 혼합주택단지의 관리에 관한 사항
⑤ 공동주택 공용부분의 담보책임 종료 확인에 관한 사항

23 상중하

공동주택관리법령상 관리규약에 관한 설명으로 옳지 않은 것은? 제22회

① 공동체생활의 활성화에 필요한 경비의 일부를 공동주택을 관리하면서 부수적으로 발생하는 수입에서 지원하는 경우, 그 경비의 지원은 관리규약으로 정하거나 관리규약에 위배되지 아니하는 범위에서 입주자대표회의의 의결로 정한다.
② 공동생활의 질서를 문란하게 한 자에 대한 조치는 관리규약준칙에 포함되어야 한다.
③ 관리규약준칙에는 입주자 등이 아닌 자의 기본적인 권리를 침해하는 사항이 포함되어서는 아니 된다.
④ 관리규약의 개정은 전체 입주자 등의 10분의 1 이상이 제안하고 투표자의 과반수가 찬성하는 방법에 따른다.
⑤ 사업주체는 시장 · 군수 · 구청장에게 관리규약의 제정을 신고하는 경우 관리규약의 제정제안서 및 그에 대한 입주자 등의 동의서를 첨부하여야 한다.

24 상중하

공동주택관리법령상 공동주택의 관리규약준칙에 포함되어야 할 공동주택의 어린이집 임대계약에 대한 임차인 선정기준에 해당하지 않는 것은? (단, 그 선정기준은 영유아보육법에 따른 국공립어린이집 위탁체 선정관리기준에 따라야 함) 제22회

① 임차인의 신청자격
② 임대기간
③ 임차인 선정을 위한 심사기준
④ 어린이집을 이용하는 입주자 등 중 어린이집 임대에 동의하여야 하는 비율
⑤ 시장 · 군수 · 구청장이 입주자대표회의가 구성되기 전에 어린이집 임대계약을 체결하려 할 때 입주예정자가 동의하여야 하는 비율

25 상중하

공동주택관리법령상 시 · 도지사가 정하는 관리규약준칙에 포함사항은 모두 몇 개인가?

> ㉠ 관리비 등의 집행을 위한 사업계획 및 예산의 승인(변경승인을 포함한다)
> ㉡ 단지 안의 전기 · 도로 · 상하수도 · 주차장 · 가스설비 · 냉난방설비 및 승강기 등의 유지 · 운영 기준
> ㉢ 공동주택의 층간소음에 관한 사항
> ㉣ 공동주택 공용부분의 담보책임 종료 확인
> ㉤ 선거관리위원회의 구성 · 운영 · 업무 · 경비, 위원의 선임 · 해임 및 임기 등에 관한 사항
> ㉥ 공용시설물의 사용료 부과기준의 결정
> ㉦ 경비원 등 근로자에 대한 괴롭힘의 금지 및 발생 시 조치에 관한 사항
> ㉧ 자치관리를 하는 경우 자치관리기구 직원의 임면에 관한 사항
> ㉨ 장기수선계획 및 안전관리계획의 수립 또는 조정(비용지출을 수반하는 경우로 한정)
> ㉩ 전자투표의 본인확인 방법에 관한 사항

① 2개 ② 3개 ③ 4개
④ 5개 ⑤ 6개

26 상중하

공동주거자산관리에 관한 설명으로 옳지 않은 것은?

① 공동주거자산관리란 공동주택 소유자의 자산적 목표가 달성되도록 대상 공동주택의 관리기능을 수행하는 것을 말한다.
② 공동주거자산관리자는 타인의 자산을 책임지고 맡아서 관리해야 하므로 윤리적 의식이 투철하여야 한다.
③ 공동주거자산관리에 있어 시설관리(Facility Management)의 업무에는 설비운전 및 보수, 외주관리, 에너지관리, 환경안전관리 등이 있다.
④ 공동주거자산관리에 있어 입주자관리(Tenant Management)의 업무에는 인력관리, 회계관리, 임대료 책정을 위한 적절한 기준과 계획, 보험 및 세금에 대한 업무 등이 있다.
⑤ 최근 주거용 부동산이 자산으로서 차지하는 부분이 점차 커짐에 따라 주택의 임대와 같은 이용활동을 통하여 그 유용성을 증대시키며, 개량활동을 통하여 주택의 물리적 · 경제적 가치를 향상시키는 주거자산관리의 필요성이 부각되고 있다.

27 상중하

공동주거관리의 필요성에 관한 다음의 설명에 부합하는 것은? 제20회

> 지속가능한 주거환경의 정착을 위하여 재건축으로 인한 단절보다는 주택의 수명을 연장시키고 오랫동안 이용하고 거주할 수 있는 관리방식이 요구되고 있다. 특히 공동주택은 건설 시에 대량의 자원과 에너지를 소비하게 되고 제거 시에도 대량의 폐기물이 발생되므로 주택의 수명연장이 필수적이다.

① 양질의 사회적 자산형성
② 자원낭비로부터의 환경보호
③ 자연재해로부터의 안전성
④ 공동주거를 통한 자산가치의 향상
⑤ 지속적인 커뮤니티로부터의 주거문화 계승

28 상중하

공동주거관리에 관한 설명으로 옳지 않은 것은? 제18회

① 공동주거관리는 주택의 수명을 연장시켜 오랫동안 이용하고 거주할 수 있게 함으로써 자원낭비를 방지하고 환경을 보호하기 위해 필요하다.
② 공동주거관리자는 주거문화향상을 위하여 주민, 관리회사, 지방자치단체와 상호 협력체제가 원만하게 이루어지도록 하는 휴먼웨어의 네트워크 관리가 필요하다.
③ 공동주거관리자는 민간 또는 동대표 간 분쟁이 발생하였을 때 무엇보다도 법적분쟁절차에 의해 해결하는 것을 최우선으로 하여야 한다.
④ 공동주거관리는 주민들의 삶에 대한 사고전환을 기반으로 관리주체, 민간기업, 지방자치단체, 정부와의 네트워크를 체계적으로 활용하는 관리이다.
⑤ 공동주거관리는 공동주택을 거주자들의 다양한 생활변화와 요구에 대응하는 공간으로 개선하고, 주민의 삶의 질을 향상시키는 적극적인 관리를 포함한다.

29 상중하

공동주거관리의 의의와 내용에 관한 설명으로 옳지 않은 것은? 제21회

① 지속적인 커뮤니티로부터의 주거문화 계승 측면에서 공동주거관리행위가 바람직하게 지속적으로 이루어져야 된다.

② 자연재해로부터의 안전성 확보 측면에서 주민들이 생활변화에 대응하면서 쾌적하게 오랫동안 살 수 있는 주택 스톡(stock) 대책으로 공동주택이 적절히 유지관리되어야 한다.

③ 공동주거관리 시스템은 물리적 지원 시스템의 구축, 주민의 자율적 참여유도를 위한 인프라의 구축, 관리주체의 전문성 체계의 구축 측면으로 전개되어야 한다.

④ 자원낭비로부터의 환경보호 측면에서 지속가능한 주거환경을 정착시키기 위해서는 재건축으로 인한 단절보다는 주택의 수명을 연장시키고 오랫동안 이용하고 거주할 수 있는 관리의 모색이 요구되고 있다.

⑤ 공동주거관리는 주민들의 다양한 삶을 담고 있는 공동체를 위하여 휴먼웨어 관리, 하드웨어 관리, 소프트웨어 관리라는 메커니즘 안에서 거주자가 중심이 되어 관리주체와의 상호 신뢰와 협조를 바탕으로 관리해 나가는 능동적 관리이다.

30 상중하

층간소음에 관한 설명이다. (   ) 안에 들어갈 숫자로 바르게 짝지어진 것은?

층간소음의 구분		층간소음의 기준[단위 : dB(A)]	
		주간(06:00~22:00)	야간(22:00~06:00)
직접충격소음	1분간 등가소음도(Leq)	( )	34
	최고소음도(Lmax)	57	( )

① 39, 40 ② 39, 52 ③ 43, 40
④ 43, 52 ⑤ 50, 52

31 상중하

공동주택관리법령상 층간소음에 관한 설명으로 옳지 않은 것은? 제20회 수정

① 공동주택 층간소음의 범위와 기준은 국토교통부와 환경부의 공동부령으로 정한다.

② 층간소음으로 피해를 입은 입주자 등은 관리주체에게 층간소음 발생사실을 알리고, 관리주체가 층간소음 피해를 끼친 해당 입주자 등에게 층간소음 발생을 중단하거나 차음조치를 권고하도록 요청할 수 있다.

③ 관리주체는 필요한 경우 입주자 등을 대상으로 층간소음의 예방, 분쟁의 조정 등을 위한 교육을 실시할 수 있다.

④ 욕실에서 급수·배수로 인하여 발생하는 소음의 경우 공동주택 층간소음의 범위에 포함되지 않는다.

⑤ 층간소음 피해를 입은 입주자 등은 관리주체 또는 층간소음관리위원회의 조치에도 불구하고 층간소음 발생이 계속될 경우 공동주택관리 분쟁조정위원회가 아니라 「환경분쟁 조정법」에 따른 환경분쟁조정위원회에 조정을 신청할 수 있다.

32 상중하

공동주택 층간소음의 범위와 기준에 관한 규칙상 층간소음의 기준으로 옳은 것은? 제24회

① 직접충격소음의 1분간 등가소음도는 주간 47dB(A), 야간 43dB(A)이다.

② 직접충격소음의 최고소음도는 주간 59dB(A), 야간 54dB(A)이다.

③ 공기전달소음의 5분간 등가소음도는 주간 45dB(A), 야간 40dB(A)이다.

④ 1분간 등가소음도 및 5분간 등가소음도는 측정한 값 중 가장 낮은 값으로 한다.

⑤ 최고소음도는 1시간에 5회 이상 초과할 경우 그 기준을 초과한 것으로 본다.

주관식 단답형 문제

01 상중하

공동주택관리법령상 동별 대표자 결격사유에 관한 설명이다. (　) 안에 들어갈 숫자를 순서대로 각각 쓰시오.

- 「공동주택관리법」 또는 「주택법」, 「민간임대주택에 관한 특별법」, 「공공주택 특별법」, 「건축법」, 「집합건물의 소유 및 관리에 관한 법률」을 위반한 범죄로 벌금형을 선고받은 후 (　)년이 지나지 아니한 사람
- 해당 공동주택의 동별 대표자를 사퇴한 날부터 1년(해당 동별 대표자에 대한 해임이 요구된 후 사퇴한 경우에는 2년을 말한다)이 지나지 아니하거나 해임된 날부터 (　)년이 지나지 아니한 사람

02 상중하

공동주택관리법령상 입주자대표회의 임원 선출에 관한 내용이다. (　) 안에 들어갈 숫자를 쓰시오. 제21회

1. 회장 선출방법
   가. 입주자 등의 보통·평등·직접·비밀선거를 통하여 선출
   나. 후보자가 2명 이상인 경우: 전체 입주자 등의 (　)분의 1 이상이 투표하고 후보자 중 최다득표자를 선출
   다.~라. 〈생략〉

03 상중하

공동주택관리법령상 입주자대표회의의 회의록에 관한 설명이다. (　) 안에 들어갈 용어를 순서대로 각각 쓰시오.

- 입주자대표회의는 그 회의를 개최한 때에는 회의록을 작성하여 (　)에게 보관하게 하여야 한다. 이 경우 입주자대표회의는 관리규약으로 정하는 바에 따라 입주자 등에게 회의를 실시간 또는 녹화·녹음 등의 방식으로 중계하거나 방청하게 할 수 있다.
- (　)세대 이상인 공동주택의 관리주체는 관리규약으로 정하는 범위·방법 및 절차 등에 따라 회의록을 입주자 등에게 공개하여야 한다.

04 상중하

공동주택관리법령상 (   ) 안에 들어갈 숫자를 순서대로 각각 쓰시오. 제16회 수정

> 공동주택관리법령상 500세대의 공동주택에서 입주자대표회의의 임원과 동별 대표자를 선출하기 위해 선거관리위원회를 구성하는 경우 선거관리위원회의 위원은 위원장을 포함하여 (   )명 이상 (   )명 이하로 구성한다.

05 상중하

공동주택관리법령상 선거관리위원회 구성원 수에 관한 내용이다. (   )에 들어갈 아라비아 숫자를 쓰시오. 제26회

> 500세대 이상인 공동주택의 동별 대표자 선출을 위한 선거관리위원회는 입주자 등(서면으로 위임된 대리권이 없는 공동주택 소유자의 배우자 및 직계존비속이 그 소유자를 대리하는 경우를 포함한다) 중에서 위원장을 포함하여 (㉠)명 이상 (㉡)명 이하의 위원으로 구성한다.

06 상중하

공동주택관리법령상 입주자대표회의의 구성원 교육에 관한 설명이다. (   ) 안에 들어갈 숫자와 용어를 순서대로 각각 쓰시오.

> - 시장·군수·구청장은 입주자대표회의의 구성원 또는 입주자 등에 대하여 입주자대표회의의 운영과 관련하여 필요한 교육 및 윤리교육(이하 "운영·윤리교육"이라 한다)을 하려면 교육 (   )일 전까지 공고하거나 교육대상자에게 알려야 한다.
> - 입주자대표회의의 구성원은 매년 (   )시간의 운영·윤리교육을 이수하여야 한다.
> - 운영·윤리교육의 수강비용은 입주자대표회의의 (   )에서 부담한다.

07 상중하

공동주택관리법령상 동별 대표자의 임기 등에 관한 설명이다. (   )에 들어갈 숫자를 순서대로 쓰시오.

> 동별 대표자의 임기는 (   )년으로 한다. 다만, 보궐선거 또는 재선거로 선출된 동별 대표자의 임기는 다음 각 호의 구분에 따른다.
> 1. 모든 동별 대표자의 임기가 동시에 시작하는 경우: (   )년
> 2. 그 밖의 경우: 전임자 임기(재선거의 경우 재선거 전에 실시한 선거에서 선출된 동별 대표자의 임기를 말한다)의 남은 기간

08 상중하

공동주택관리법령상 입주자대표회의의 의결을 위한 소집에 관한 설명이다. (   )에 들어갈 아라비아 숫자와 용어를 쓰시오. 제27회

> 입주자 등의 10분의 1 이상이 요청하는 때에는 입주자대표회의의 회장은 해당일부터 (㉠)일 이내에 입주자대표회의를 소집해야 하며, 회장이 회의를 소집하지 않는 경우에는 (㉡)(으)로 정하는 이사가 그 회의를 소집하고 회장의 직무를 대행한다.

09 상중하

공동주택관리법령상 관리규약 개정에 관한 설명이다. (   ) 안에 들어갈 숫자를 쓰시오.

> 공동주택 관리규약의 개정은 다음의 어느 하나에 해당하는 방법으로 한다.
> 1. 입주자대표회의의 의결로 제안하고 전체 입주자 등의 과반수가 찬성
> 2. 전체 입주자 등의 (   )분의 1 이상이 제안하고 전체 입주자 등의 과반수가 찬성

10 상중하

공동주택관리법령상 선거관리위원회 구성에 관한 내용이다. (   )에 들어갈 숫자를 순서대로 쓰시오. 제20회

> 500세대 미만인 의무관리대상 공동주택의 경우 선거관리위원회는 입주자 등 중에서 위원장을 포함하여 (   )명 이상 (   )명 이하의 위원으로 구성한다.

11 상중하

공동주택관리법령상 공동주택 층간소음의 방지 등에 관한 내용이다. (㉠), (㉡)에 알맞은 용어를 쓰시오. 제19회 수정

> 층간소음 피해를 입은 입주자 등은 (㉠) 또는 층간소음관리위원회의 조치에도 불구하고 층간소음 발생이 계속될 경우 공동주택관리 분쟁조정위원회나 (㉡)에 조정을 신청할 수 있다.

12 상중하

「공동주택관리법」상 층간소음의 방지 등에 관한 내용이다. (　　)에 들어갈 용어를 각각 쓰시오. 제22회

> 공동주택 층간소음의 범위와 기준은 (　　)와(과) (　　)의 공동부령으로 정한다.

13 상중하

민간임대주택에 관한 특별법령상 임차인대표회의에 관한 규정이다. (　　)에 들어갈 숫자와 용어를 순서대로 쓰시오. 제20회

> 「민간임대주택에 관한 특별법」 제52조
> ① 임대사업자가 (　　)세대 이상의 범위에서 대통령령으로 정하는 세대 이상의 민간임대주택을 공급하는 공동주택단지에 입주하는 임차인은 임차인대표회의를 구성할 수 있다.
> ② 임대사업자는 입주예정자의 과반수가 입주한 때에는 과반수가 입주한 날부터 30일 이내에 (　　)와(과) 임차인대표회의를 구성할 수 있다는 사실 또는 구성하여야 한다는 사실을 입주한 임차인에게 통지하여야 한다.

14 상중하

민간임대주택에 관한 특별법령상 임차인대표회의의 소집에 관한 설명이다. (　　)에 들어갈 숫자를 쓰시오.

> 임차인대표회의를 소집하려는 경우에는 소집일 (　　)일 전까지 회의의 목적·일시 및 장소 등을 임차인에게 알리거나 공고하여야 한다.

03 사무관리

Chapter

연계학습 기본서 p.178~304

단·원·열·기

노무관리와 사회보험에 관한 부분이 6~7문제로 꾸준히 출제 문항수가 늘어나고 있으며 노무관리 규정 중에서는 「근로기준법」, 「최저임금법」, 「남녀고용평등과 일·가정 양립 지원에 관한 법률」, 「근로자퇴직급여 보장법」, 사회보험에서는 「산업재해보상보험법」과 「고용보험법」에 대한 철저한 대비가 필요합니다.

01 상중하

공동주택관리와 관련한 문서나 서류 또는 자료의 보존(보관)기간에 관한 설명으로 옳은 것을 모두 고른 것은? 제20회

> ㉠ 「공동주택관리법」에 의하면 의무관리대상 공동주택의 관리주체는 관리비 등의 징수·보관·예치·집행 등 모든 거래행위에 관하여 장부를 월별로 작성하여 그 증빙서류와 함께 해당 회계연도 종료일부터 5년간 보관하여야 한다.
> ㉡ 「남녀고용평등과 일·가정 양립 지원에 관한 법률」에 의하면 직장 내 성희롱 예방 교육을 실시해야 하는 사업주는 직장 내 성희롱 예방 교육을 실시하였음을 확인할 수 있는 서류를 1년간 보관하여야 한다.
> ㉢ 「근로기준법」에 의하면 동법의 적용을 받는 사용자는 근로자 명부와 근로계약서의 경우 3년간 보존하여야 한다.
> ㉣ 「공동주택관리법 시행규칙」에 의하면 공동주택단지에 설치된 영상정보처리기기의 촬영된 자료는 20일 이상 보관하여야 한다.

① ㉠, ㉢　② ㉠, ㉣　③ ㉡, ㉢
④ ㉡, ㉣　⑤ ㉢, ㉣

02 상중하

보존대상 문서와 그 법정 보존기간이 잘못 짝지어진 것은? 제16회 수정

① 수도법령상 저수조의 수질검사결과기록 – 2년
② 노동조합 및 노동관계조정법령상 재정에 관한 장부와 서류 – 3년
③ 어린이놀이시설 안전관리법령상 어린이놀이시설의 안전점검실시대장 – 최종 기재일부터 3년
④ 남녀고용평등과 일·가정 양립 지원에 관한 법령상 직장 내 성희롱 예방교육을 하였음을 확인할 수 있는 서류 – 2년
⑤ 근로기준법령상 근로계약서 – 근로관계가 끝난 날부터 3년

03 공동주택관리와 관련하여 문서의 보존(보관)기간 기준으로 옳게 연결된 것은?

상중하

제18회 수정

① 공동주택관리법령상 의무관리대상 공동주택의 관리비 등의 징수·보관·예치·집행 등 모든 거래행위에 관한 장부 및 그 증빙서류 – 해당 회계연도 종료일부터 3년

② 소방시설 설치 및 관리에 관한 법률상 소방시설 등 자체점검실시 결과 – 1년

③ 근로기준법령상 근로자 명부 – 해고되거나 퇴직 또는 사망한 날부터 2년

④ 수도법령상 저수조의 청소기록 – 1년

⑤ 어린이놀이시설 안전관리법령상 어린이놀이시설의 안전점검실시대장 – 최종 기재일부터 3년

04 문서의 열람 등에 관한 설명으로 옳지 않은 것은?

상중하

① 공동주택의 관리주체는 관리규약을 보관하여 입주자 등이 열람을 청구하거나 자기의 비용으로 복사를 요구하는 때에는 이에 응하여야 한다.

② 300세대 미만인 공동주택의 관리주체는 관리규약으로 정하는 바에 따라 회의록을 공개할 수 있다. 이 경우 관리주체는 입주자 등이 회의록의 열람을 청구하거나 자기의 비용으로 복사를 요구하는 때에는 관리규약으로 정하는 바에 따라 이에 응하여야 한다.

③ 관리주체는 사업실적서 및 결산서에 대해 입주자 및 사용자가 열람을 요구하거나 자기의 비용으로 복사를 요구하는 때에는 관리규약으로 정하는 바에 따라 이에 응하여야 한다.

④ 임차인대표회의는 회의를 개최하였을 때에는 회의록을 작성하여 보관하고, 임차인이 회의록의 열람을 청구하거나 자기의 비용으로 복사를 요구할 경우에는 그에 따라야 한다.

⑤ 관리주체는 다음 회계연도에 관한 관리비 등의 사업계획 및 예산안을 매 회계연도 개시 2개월 전까지 입주자대표회의에 제출하여 승인을 받아야 하고, 매 회계연도마다 사업실적서 및 결산서를 작성하여 회계연도 종료 후 1개월 이내에 입주자대표회의에 제출하여야 한다.

05 상중하

근로기준법령상 용어에 관한 설명으로 옳지 않은 것은?

① 임금이란 사용자가 근로의 대가로 근로자에게 임금, 봉급, 그 밖에 어떠한 명칭으로든지 지급하는 일체의 금품을 말한다.
② 평균임금이란 이를 산정하여야 할 사유가 발생한 날 이전 2개월 동안에 그 근로자에게 지급된 임금의 총액을 그 기간의 총일수로 나눈 금액을 말한다. 근로자가 취업한 후 2개월 미만인 경우도 이에 준한다.
③ 1주란 휴일을 포함한 7일을 말한다.
④ 소정(所定)근로시간이란 근로시간의 범위에서 근로자와 사용자 사이에 정한 근로시간을 말한다.
⑤ 단시간근로자란 1주 동안의 소정근로시간이 그 사업장에서 같은 종류의 업무에 종사하는 통상 근로자의 1주 동안의 소정근로시간에 비하여 짧은 근로자를 말한다.

06 상중하

근로기준법령상 부당해고 등의 구제절차에 관한 설명으로 옳은 것은? 제27회

① 사용자가 근로자에게 부당해고를 하면 노동조합은 부당해고가 있었던 날부터 3개월 이내에 노동위원회에 구제를 신청할 수 있다.
② 노동위원회가 사용자에게 구제명령을 하는 경우 이행기간을 정하여야 하며, 그 이행기한은 사용자가 구제명령을 서면으로 통지받은 날부터 30일 이내로 한다.
③ 중앙노동위원회의 재심판정에 대하여 근로자는 재심판정서를 송달받은 날부터 20일 이내에 행정소송을 제기할 수 있다.
④ 중앙노동위원회의 재심판정은 행정소송 제기에 의하여 그 효력이 정지된다.
⑤ 노동위원회는 최초의 구제명령을 한 날을 기준으로 매년 3회의 범위에서 구제명령이 이행될 때까지 반복하여 이행강제금을 부과·징수할 수 있다.

07 상중하

「근로기준법」상 이행강제금에 관한 설명으로 옳지 않은 것은?

① 노동위원회는 구제명령(구제명령을 내용으로 하는 재심판정을 포함한다)을 받은 후 이행기한까지 구제명령을 이행하지 아니한 사용자에게 3천만원 이하의 이행강제금을 부과한다.
② 노동위원회는 ①에 따른 이행강제금을 부과하기 30일 전까지 이행강제금을 부과・징수한다는 뜻을 사용자에게 미리 문서로써 알려 주어야 한다.
③ 노동위원회는 최초의 구제명령을 한 날을 기준으로 매년 2회의 범위에서 구제명령이 이행될 때까지 반복하여 이행강제금을 부과・징수할 수 있다. 이 경우 이행강제금은 3년을 초과하여 부과・징수하지 못한다.
④ 노동위원회는 구제명령을 받은 자가 구제명령을 이행하면 새로운 이행강제금을 부과하지 아니하되, 구제명령을 이행하기 전에 이미 부과된 이행강제금은 징수하여야 한다.
⑤ 근로자는 구제명령을 받은 사용자가 이행기한까지 구제명령을 이행하지 아니하면 이행기한이 지난 때부터 15일 이내에 그 사실을 노동위원회에 알려줄 수 있다.

08 상중하

근로기준법상 구제명령과 이행강제금에 관한 설명으로 옳지 않은 것은? 제25회

① 노동위원회는 부당해고가 성립한다고 판정하면 정년의 도래로 근로자가 원직복직이 불가능한 경우에도 사용자에게 구제명령을 하여야 한다.
② 지방노동위원회의 구제명령에 불복하는 사용자는 구제명령서를 통지받은 날부터 10일 이내에 중앙노동위원회에 재심을 신청할 수 있다.
③ 노동위원회의 구제명령은 중앙노동위원회에 대한 재심 신청에 의하여 그 효력이 정지되지 아니한다.
④ 노동위원회는 구제명령을 받은 자가 구제명령을 이행하면 구제명령을 이행하기 전에 이미 부과된 이행강제금을 징수할 수 없다.
⑤ 근로자는 구제명령을 받은 사용자가 이행기한까지 구제명령을 이행하지 아니하면 이행기한이 지난 때부터 15일 이내에 그 사실을 노동위원회에 알려줄 수 있다.

09 「근로기준법」상 근로시간과 휴식에 관한 설명으로 옳지 않은 것은?

상중하

① 1주간의 근로시간은 휴게시간을 제외하고 40시간, 1일의 근로시간은 휴게시간을 제외하고 8시간을 초과할 수 없다.
② ①에 따른 근로시간을 산정함에 있어 작업을 위하여 근로자가 사용자의 지휘·감독 아래에 있는 대기시간 등은 근로시간으로 본다.
③ 사용자는 8시간을 초과한 휴일근로에 대하여 통상임금의 100분의 100 이상을 가산하여 근로자에게 지급하여야 한다.
④ 사용자는 야간근로(오후 10시부터 다음 날 오전 6시 사이의 근로를 말한다)에 대하여는 통상임금의 100분의 70 이상을 가산하여 근로자에게 지급하여야 한다.
⑤ 사용자는 근로시간이 4시간인 경우에는 30분 이상, 8시간인 경우에는 1시간 이상의 휴게시간을 근로시간 도중에 주어야 한다.

10 「근로기준법」상 연차유급휴가에 관한 설명으로 옳지 않은 것은?

상중하

① 사용자는 1년간 80퍼센트 이상 출근한 근로자에게 15일의 유급휴가를 주어야 한다.
② 사용자는 3년 이상 계속하여 근로한 근로자에게는 ①에 따른 휴가에 최초 1년을 초과하는 계속근로연수 매 2년에 대하여 1일을 가산한 유급휴가를 주어야 한다. 이 경우 가산휴가를 포함한 총 휴가일수는 25일을 한도로 한다.
③ 사용자는 휴가를 근로자가 청구한 시기에 주어야 하고, 그 기간에 대하여는 취업규칙 등에서 정하는 통상임금 또는 평균임금을 지급하여야 한다.
④ 연차유급휴가는 3년간 행사하지 아니하면 원칙적으로 소멸된다.
⑤ 사용자는 휴가기간이 끝나기 6개월 전을 기준으로 10일 이내에 사용자가 근로자별로 사용하지 아니한 휴가일수를 알려주고, 근로자가 그 사용 시기를 정하여 사용자에게 통보하도록 서면으로 촉구하여야 한다.

11 상중하

「근로기준법」상 관리사무소장이 직원에게 다음과 같이 휴가에 대하여 설명하고 있다. (　) 안에 들어갈 내용을 고르면?

> 3년 이상 계속 근로한 근로자로서 (㉠)간 80퍼센트 이상 출근한 자에 대하여, 사용자는 15일의 유급휴가에 최초 1년을 초과하는 계속근로연수 매 (㉡)에 대하여 1일을 가산한 유급휴가를 주어야 한다. 이 경우 가산휴가를 포함한 총휴가일수는 (㉢)을 한도로 한다.

① ㉠: 1년, ㉡: 2년, ㉢: 25일
② ㉠: 1년, ㉡: 2년, ㉢: 30일
③ ㉠: 2년, ㉡: 3년, ㉢: 25일
④ ㉠: 3년, ㉡: 3년, ㉢: 30일
⑤ ㉠: 3년, ㉡: 1년, ㉢: 45일

12 상중하

근로기준법령상 3개월 이내의 탄력적 근로시간제에 관한 설명으로 옳지 않은 것은?

① 사용자는 취업규칙에서 정하는 바에 따라 2주 이내의 일정한 단위기간을 평균하여 1주간의 근로시간이 40시간의 근로시간을 초과하지 아니하는 범위에서 특정한 주에 40시간을, 특정한 날에 12시간을 초과하여 근로하게 할 수 있다. 다만, 특정한 주의 근로시간은 50시간을 초과할 수 없다.
② 사용자는 근로자대표와의 서면 합의에 따라 ③의 사항을 정하면 3개월 이내의 단위기간을 평균하여 1주간의 근로시간이 40시간을 초과하지 아니하는 범위에서 특정한 주에 40시간을, 특정한 날에 12시간의 근로시간을 초과하여 근로하게 할 수 있다. 다만, 특정한 주의 근로시간은 52시간을, 특정한 날의 근로시간은 12시간을 초과할 수 없다.
③ 대상 근로자의 범위, 단위기간(3개월 이내의 일정한 기간으로 정하여야 한다), 단위기간의 근로일과 그 근로일별 근로시간, 그 밖에 대통령령으로 정하는 사항
④ ①과 ②는 15세 이상 18세 미만의 근로자와 임신 중인 여성 근로자에 대하여는 적용하지 아니한다.
⑤ 사용자는 ①과 ②에 따라 근로자를 근로시킬 경우에는 기존의 임금 수준이 낮아지지 아니하도록 임금보전방안(賃金補塡方案)을 강구하여야 한다.

13 상중하

「근로기준법」상 부당해고 등의 구제절차에 관한 설명이다. ( ) 안에 들어갈 숫자로 바르게 짝지어진 것은?

> ㉠ 부당해고 등의 구제신청은 부당해고 등이 있었던 날부터 ( )개월 이내에 하여야 한다.
> ㉡ 지방노동위원회의 구제명령이나 기각결정에 불복하는 사용자나 근로자는 구제명령서나 기각결정서를 통지받은 날부터 ( )일 이내에 중앙노동위원회에 재심을 신청할 수 있다.
> ㉢ 중앙노동위원회의 재심판정에 대하여 사용자나 근로자는 재심판정서를 송달받은 날부터 ( )일 이내에 「행정소송법」의 규정에 따라 소(訴)를 제기할 수 있다.

① 1 － 10 － 15
② 1 － 15 － 30
③ 2 － 10 － 15
④ 3 － 10 － 15
⑤ 3 － 15 － 30

14 상중하

근로기준법령상 부당해고 등의 구제절차에 관한 설명으로 옳은 것은? 제21회

① 사용자가 근로자에게 부당해고 등을 하면 근로자 및 노동조합은 노동위원회에 구제를 신청할 수 있다.
② 부당해고 등에 대한 구제신청은 부당해고 등이 있었던 날부터 6개월 이내에 하여야 한다.
③ 노동위원회의 구제명령, 기각결정 또는 재심판정은 중앙노동위원회에 대한 재심신청이나 행정소송 제기에 의하여 그 효력이 정지되지 아니한다.
④ 노동위원회는 이행강제금을 부과하기 40일 전까지 이행강제금을 부과·징수한다는 뜻을 사용자에게 미리 문서로써 알려주어야 한다.
⑤ 노동위원회는 구제명령을 받은 자가 구제명령을 이행하면 새로운 이행강제금을 부과하지 아니하되, 구제명령을 이행하기 전에 이미 부과된 이행강제금은 징수하지 아니한다.

15 「근로기준법」상 해고에 관한 설명으로 옳지 않은 것은? 제22회

상중하

① 사용자가 경영상 이유에 의하여 근로자를 해고하려면 긴박한 경영상의 필요가 있어야 한다.

② 정부는 경영상 이유에 의해 해고된 근로자에 대하여 생계안정, 재취업, 직업훈련 등 필요한 조치를 우선적으로 취하여야 한다.

③ 사용자는 근로자를 해고하려면 해고사유와 해고시기를 서면으로 통지하여야 한다.

④ 사용자는 계속 근로한 기간이 3개월 미만인 근로자를 경영상의 이유에 의해 해고하려면 적어도 15일 전에 예고를 하여야 한다.

⑤ 부당해고의 구제신청은 부당해고가 있었던 날부터 3개월 이내에 하여야 한다.

16 「근로기준법」상 재해보상에 관한 설명으로 옳지 않은 것은?

상중하

① 사용자는 요양 중에 있는 근로자에게 그 근로자의 요양 중 평균임금의 100분의 60의 휴업보상을 하여야 한다.

② 근로자가 업무상 부상 또는 질병에 걸리고, 완치된 후 신체에 장해가 있으면 사용자는 그 장해 정도에 따라 평균임금에 별표에서 정한 일수를 곱한 금액의 장해보상을 하여야 한다.

③ 근로자가 업무상 사망한 경우에는 사용자는 근로자가 사망한 후 지체 없이 그 유족에게 평균임금 1,000일분의 유족보상을 하여야 한다.

④ 근로자가 업무상 사망한 경우에는 사용자는 근로자가 사망한 후 지체 없이 평균임금 90일분의 장례비를 지급하여야 한다.

⑤ 사용자는 지급 능력이 있는 것을 증명하고 보상을 받는 자의 동의를 받으면 유족보상, 장해보상, 휴업보상에 따른 보상금을 1년에 걸쳐 분할보상을 할 수 있다.

17 근로기준법상 해고에 관한 설명으로 옳은 것은? 제24회

상중하

① 사용자는 근로자를 해고 하려면 적어도 20일 전에 예고를 하여야 한다.
② 근로자에 대한 해고는 해고사유와 해고시기를 밝히면 서면이 아닌 유선으로 통지하여도 효력이 있다.
③ 노동위원회는 부당해고 구제신청에 대한 심문을 할 때에 직권으로 증인을 출석하게 하여 필요한 사항을 질문할 수는 없다.
④ 지방노동위원회의 해고에 대한 구제명령은 행정소송 제기가 있으면 그 효력이 정지된다.
⑤ 노동위원회는 이행강제금을 부과하기 30일 전까지 이행강제금을 부과·징수한다는 뜻을 사용자에게 미리 문서로써 알려 주어야 한다.

18 근로기준법령상 근로계약에 관한 설명으로 옳은 것은? 제26회

상중하

① 사용자는 전차금(前借金)이나 그 밖에 근로할 것을 조건으로 하는 전대(前貸)채권과 임금을 상계할 수 있다.
② 「근로기준법」에서 정하는 기준에 미치지 못하는 근로조건을 정한 근로계약은 그 계약 전부를 무효로 한다.
③ 사용자는 근로자 명부와 임금대장을 5년간 보존하여야 한다.
④ 노동위원회는 구제명령을 받은 후 이행기한까지 구제명령을 이행하지 아니한 사용자에게 3천만원 이하의 이행강제금을 부과한다.
⑤ 노동위원회의 구제명령, 기각결정 또는 재심판정은 행정소송 제기에 의하여 그 효력이 정지된다.

19 상중하

근로자퇴직급여 보장법령에 관한 설명으로 옳지 않은 것은?

① 동거하는 친족만을 사용하는 사업 및 가구 내 고용활동에도 이 법은 적용된다.
② 사용자는 퇴직하는 근로자에게 급여를 지급하기 위하여 퇴직급여제도 중 하나 이상의 제도를 설정하여야 한다. 다만, 계속근로기간이 1년 미만인 근로자, 4주간을 평균하여 1주간의 소정근로시간이 15시간 미만인 근로자에 대하여는 그러하지 아니하다.
③ 설정되거나 변경된 퇴직급여제도의 내용을 변경하려는 경우에는 근로자대표의 의견을 들어야 한다. 다만, 근로자에게 불리하게 변경하려는 경우에는 근로자대표의 동의를 받아야 한다.
④ 사용자가 퇴직급여제도나 개인형퇴직연금제도를 설정하지 아니한 경우에는 퇴직금제도를 설정한 것으로 본다.
⑤ 사용자는 퇴직금을 미리 정산하여 지급한 경우 근로자가 퇴직한 후 5년이 되는 날까지 관련 증명서류를 보존하여야 한다.

20 상중하

근로자퇴직급여 보장법령상 퇴직급여제도에 관한 설명으로 옳지 않은 것은?

제16회

① 퇴직금제도를 설정하려는 사용자는 계속근로기간 1년에 대하여 30일분 이상의 평균임금을 퇴직금으로 퇴직 근로자에게 지급할 수 있는 제도를 설정하여야 한다.
② 퇴직금을 받을 권리는 3년간 행사하지 않으면 시효로 인하여 소멸한다.
③ 사용자가 퇴직금을 미리 정산하여 지급한 경우에는 근로자의 퇴직금 청구권의 소멸시효가 완성되는 날까지 관련 증명서류를 보존하여야 한다.
④ 최종 3년간의 퇴직금은 사용자의 총재산에 대한 질권 또는 저당권에 의하여 담보된 채권, 조세, 공과금 및 다른 채권에 우선하여 변제되어야 한다.
⑤ 퇴직급여 중 확정급여형퇴직연금제도의 급여는 계속근로기간 1년에 대하여 30일분 이상의 평균임금으로 계산한 금액으로 한다.

21 상중하

근로자퇴직급여 보장법령상 퇴직급여제도에 관한 설명으로 옳은 것은? 제21회

① 사용자는 근로자가 퇴직한 경우에는 그 지급사유가 발생한 날부터 14일 이내에 퇴직금을 지급하여야 하며, 특별한 사정이 있는 경우에도 당사자 간의 합의로 그 지급기일을 연장할 수 없다.

② 확정급여형퇴직연금제도의 설정 전에 해당 사업에서 제공한 근로기간에 대하여도 퇴직금을 미리 정산한 기간을 포함하여 가입기간으로 할 수 있다.

③ 확정급여형퇴직연금제도의 가입자는 적립금의 운용방법을 스스로 선정할 수 있고, 반기마다 1회 이상 적립금의 운용방법을 변경할 수 있다.

④ 확정기여형퇴직연금제도에 가입한 근로자는 중도인출을 신청한 날부터 거꾸로 계산하여 5년 이내에 「채무자 회생 및 파산에 관한 법률」에 따라 파산선고를 받은 경우 적립금을 중도인출할 수 있다.

⑤ 퇴직급여제도의 일시금을 수령한 사람은 개인형 퇴직연금제도를 설정할 수 없다.

22 상중하

근로자퇴직급여 보장법상 확정급여형퇴직연금제도에 관한 설명으로 옳지 않은 것은? 제25회

① 확정급여형퇴직연금제도를 설정하려는 사용자는 근로자대표의 동의를 얻어 확정급여형퇴직연금규약을 작성하여 고용노동부장관의 허가를 받아야 한다.

② 확정급여형퇴직연금규약에는 퇴직연금사업자 선정에 관한 사항이 포함되어야 한다.

③ 급여 수준은 가입자의 퇴직일을 기준으로 산정한 일시금이 계속근로기간 1년에 대하여 30일분 이상의 평균임금이 되도록 하여야 한다.

④ 급여 종류를 연금으로 하는 경우 연금의 지급기간은 5년 이상이어야 한다.

⑤ 퇴직연금사업자는 매년 1회 이상 적립금액 및 운용수익률 등을 고용노동부령으로 정하는 바에 따라 가입자에게 알려야 한다.

23 상중하

근로자퇴직급여 보장법령상 확정기여형퇴직연금제도의 중도인출사유로 옳지 않은 것은?

① 무주택자인 가입자가 본인 명의로 주택을 구입하는 경우
② 무주택자인 가입자가 주거를 목적으로 「민법」에 따른 전세금 또는 「주택임대차보호법」에 따른 보증금을 부담하는 경우. 이 경우 가입자가 하나의 사업 또는 사업장에 근로하는 동안 1회로 한정한다.
③ 중도인출을 신청한 날부터 거꾸로 계산하여 5년 이내에 가입자가 「채무자 회생 및 파산에 관한 법률」에 따라 파산선고를 받은 경우
④ 중도인출을 신청한 날부터 거꾸로 계산하여 10년 이내에 가입자가 「채무자 회생 및 파산에 관한 법률」에 따라 개인회생절차개시결정을 받은 경우
⑤ 퇴직연금제도의 급여를 받을 권리를 담보로 제공하고 대출을 받은 가입자가 그 대출 원리금을 상환하기 위한 경우로서 고용노동부장관이 정하여 고시하는 사유에 해당하는 경우

24 상중하

근로자퇴직급여 보장법령상 확정기여형퇴직연금제도에 관한 설명으로 옳지 않은 것은?

① 확정기여형퇴직연금제도를 설정한 사용자는 가입자의 연간 임금총액의 12분의 1 이상에 해당하는 부담금을 현금으로 가입자의 확정기여형퇴직연금제도 계정에 납입하여야 한다.
② 퇴직연금사업자는 매년 1회 이상 위험과 수익구조가 서로 다른 세 가지 이상의 적립금 운용방법을 제시하여야 한다.
③ 확정기여형퇴직연금제도에 가입한 근로자는 주택구입 등 대통령령으로 정하는 사유가 발생하면 적립금을 중도인출할 수 있다.
④ 퇴직연금사업자가 둘 이상의 사용자를 대상으로 하나의 확정기여형퇴직연금제도 설정을 제안하려는 경우에는 고용노동부장관의 승인을 받아야 한다.
⑤ 확정기여형퇴직연금제도의 가입자는 적립금의 운용방법을 스스로 선정할 수 있고, 반기마다 1회 이상 적립금의 운용방법을 변경할 수 있다.

25 근로자퇴직급여 보장법령상 퇴직급여제도에 관한 설명으로 옳지 않은 것은? 제17회

상 중 하

① 확정급여형퇴직연금제도의 가입자는 적립금의 운용방법을 스스로 선정할 수 있고, 반기마다 1회 이상 적립금의 운용방법을 변경할 수 있다.
② 사용자가 설정된 퇴직급여제도를 다른 종류의 퇴직급여제도로 변경하려면 근로자의 과반수가 가입한 노동조합이 있는 경우에는 그 노동조합의 동의를 받아야 한다.
③ 퇴직연금제도의 급여를 받을 권리는 무주택자인 가입자가 본인 명의로 주택을 구입하는 경우에 대통령령으로 정하는 한도에서 담보로 제공할 수 있다.
④ 상시 10명 미만의 근로자를 사용하는 사업의 경우 사용자가 개별 근로자의 동의를 받거나 근로자의 요구에 따라 개인형퇴직연금제도를 설정하는 경우에는 해당 근로자에 대하여 퇴직급여제도를 설정한 것으로 본다.
⑤ 사용자는 근로자가 퇴직한 경우에는 그 지급사유가 발생한 날부터 14일 이내에 퇴직금을 지급하여야 한다. 다만, 특별한 사정이 있는 경우에는 당사자 간의 합의에 따라 지급기일을 연장할 수 있다.

26 「남녀고용평등과 일 · 가정 양립 지원에 관한 법률」에 관한 설명으로 옳지 않은 것은? 제19회 수정

상 중 하

① 사업주는 근로자가 배우자의 출산을 이유로 휴가를 고지하는 경우에 20일의 휴가를 주어야 한다. 이 경우 사용한 휴가기간은 유급으로 한다.
② 가족돌봄휴직 기간은 연간 최장 180일로 하며, 이를 나누어 사용할 수 있다.
③ 사업주는 성희롱 예방 교육을 고용노동부장관이 지정하는 기관에 위탁하여 실시할 수 있다.
④ 사업주는 사업을 계속할 수 없는 경우를 제외하고 육아휴직을 이유로 해고나 그 밖의 불리한 처우를 하여서는 아니 되며, 육아휴직 기간에는 그 근로자를 해고하지 못한다.
⑤ 사업주는 임금 외에 근로자의 생활을 보조하기 위한 금품의 지급 또는 자금의 융자 등 복리후생에서 남녀를 차별하여서는 아니 된다.

27 상중하

「남녀고용평등과 일 · 가정 양립 지원에 관한 법률」상 모성 보호에 관한 설명으로 옳지 않은 것은?

① 국가는 「근로기준법」에 따른 출산전후휴가 또는 유산 · 사산휴가를 사용한 근로자 중 일정한 요건에 해당하는 자에게 그 휴가기간에 대하여 평균임금에 상당하는 금액을 지급할 수 있다.

② ①에 따라 지급된 출산전후휴가급여 등은 그 금액의 한도에서 「근로기준법」에 따라 사업주가 지급한 것으로 본다.

③ 여성 근로자가 출산전후휴가급여 등을 받으려는 경우 사업주는 관계 서류의 작성 · 확인 등 모든 절차에 적극 협력하여야 한다.

④ 배우자 출산휴가는 근로자의 배우자가 출산한 날부터 120일이 지나면 사용할 수 없다.

⑤ 배우자 출산휴가는 3회에 한정하여 나누어 사용할 수 있다.

28 상중하

남녀고용평등과 일 · 가정 양립 지원에 관한 법령상 일 · 가정의 양립 지원에 관한 설명으로 옳은 것은? 제25회

① 사업주는 육아휴직을 시작하려는 날의 전날까지 해당 사업에서 계속 근로한 기간이 5개월인 근로자가 육아휴직을 신청한 경우에 이를 허용하여야 한다.

② 가족돌봄휴가 기간은 근속기간에 포함하지만, 「근로기준법」에 따른 평균임금 산정기간에서는 제외한다.

③ 사업주가 근로자에게 육아기 근로시간 단축을 허용하는 경우 단축 후 근로시간은 주당 15시간 이상이어야 하고 30시간을 넘어서는 아니 된다.

④ 가족돌봄휴직 기간은 연간 최장 120일로 하며, 이를 나누어 사용할 경우 그 1회의 기간은 30일 이상이 되어야 한다.

⑤ 사업주는 육아기 근로시간 단축을 하고 있는 근로자가 단축된 근로시간 외에 연장근로를 명시적으로 청구하는 경우 주 15시간 이내에서 연장근로를 시킬 수 있다.

29 상중하

「남녀고용평등과 일 · 가정 양립 지원에 관한 법률」상 육아휴직에 관한 설명으로 옳지 않은 것은? 제16회 수정

① 사업주는 임신 중인 여성 근로자가 모성을 보호하거나 근로자가 만 8세 이하 또는 초등학교 2학년 이하의 자녀(입양한 자녀를 포함한다)를 양육하기 위하여 휴직(이하 "육아휴직"이라 한다)을 신청하는 경우에 이를 허용하여야 한다.

② 육아휴직의 기간은 1년 이내로 한다.

③ 사업주는 사업을 계속할 수 없는 경우를 제외하고 육아휴직을 이유로 해고나 그 밖의 불리한 처우를 하여서는 아니 된다.

④ 사업주는 육아휴직을 마친 후에는 휴직 전과 같은 업무 또는 같은 수준의 임금을 지급하는 직무에 복귀시켜야 한다.

⑤ 기간제근로자 또는 파견근로자의 육아휴직기간은 「기간제 및 단시간근로자 보호 등에 관한 법률」에 따른 사용기간 또는 「파견근로자보호 등에 관한 법률」에 따른 근로자파견기간에 산입한다.

30 상중하

「남녀고용평등과 일 · 가정 양립 지원에 관한 법률」상 육아기 근로시간 단축에 관한 설명으로 옳지 않은 것은?

① 사업주는 근로자가 만 12세 이하 또는 초등학교 6학년 이하의 자녀를 양육하기 위하여 근로시간의 단축을 신청하는 경우에 이를 허용하여야 한다. 다만, 대체인력 채용이 불가능한 경우, 정상적인 사업 운영에 중대한 지장을 초래하는 경우 등 대통령령으로 정하는 경우에는 그러하지 아니하다.

② 해당 근로자에게 육아기 근로시간 단축을 허용하는 경우 단축 후 근로시간은 주당 15시간 이상이어야 하고 30시간을 넘어서는 아니 된다.

③ 육아기 근로시간 단축의 기간은 1년 이내로 한다. 다만, 근로자가 육아휴직 기간 중 사용하지 아니한 기간이 있으면 그 기간의 두 배를 가산한 기간 이내로 한다.

④ 사업주는 육아기 근로시간 단축을 하고 있는 근로자에게 단축된 근로시간 외에 연장근로를 요구할 수 없다. 다만, 그 근로자가 명시적으로 청구하는 경우에는 사업주는 주 12시간 이내에서 연장근로를 시킬 수 있다.

⑤ 육아기 근로시간 단축을 한 근로자에 대하여 「근로기준법」에 따른 평균임금을 산정하는 경우에는 그 근로자의 육아기 근로시간 단축기간을 평균임금 산정기간에서 제외한다.

31 상중하

남녀고용평등과 일 · 가정 양립 지원에 관한 법령상 직장 내 성희롱의 예방 및 벌칙에 관한 설명으로 옳지 않은 것은? 제20회 수정

① 직장 내 성희롱 예방 교육을 실시해야 하는 사업주는 그 교육을 연 1회 이상 하여야 한다.

② 성희롱 예방 교육기관은 고용노동부령으로 정하는 기관 중에서 지정하되, 고용노동부령으로 정하는 강사를 1명 이상 두어야 한다.

③ 고용노동부장관은 성희롱 예방 교육기관이 정당한 사유 없이 고용노동부령으로 정하는 강사를 6개월 이상 계속하여 두지 아니한 경우 그 지정을 취소하여야 한다.

④ 직장 내 성희롱 발생 사실을 신고한 근로자 및 피해근로자 등에게 불리한 처우를 한 경우에는 3년 이하의 징역 또는 3천만원 이하의 벌금에 처한다.

⑤ 근로자가 배우자의 출산을 이유로 휴가를 청구하였는데도 휴가를 주지 아니하거나 근로자가 사용한 휴가를 유급으로 하지 아니한 경우에는 500만원 이하의 과태료를 부과한다.

32 상중하

「남녀고용평등과 일 · 가정 양립 지원에 관한 법률」상 근로자의 가족돌봄 등을 위한 지원에 관한 설명으로 옳지 않은 것은?

① 사업주는 근로자가 조부모, 부모, 배우자, 배우자의 부모, 자녀 또는 손자녀의 질병, 사고, 노령으로 인하여 그 가족을 돌보기 위한 휴직(이하 "가족돌봄휴직"이라 한다)을 신청하는 경우 이를 허용하여야 한다. 다만, 대체인력 채용이 불가능한 경우, 정상적인 사업 운영에 중대한 지장을 초래하는 경우, 본인 외에도 조부모의 직계비속 또는 손자녀의 직계존속이 있는 경우 등 대통령령으로 정하는 경우에는 그러하지 아니하다.

② 사업주는 근로자가 가족(조부모 또는 손자녀의 경우 근로자 본인 외에도 직계비속 또는 직계존속이 있는 등 대통령령으로 정하는 경우는 제외한다)의 질병, 사고, 노령 또는 자녀의 양육으로 인하여 긴급하게 그 가족을 돌보기 위한 휴가(이하 "가족돌봄휴가"라 한다)를 신청하는 경우 이를 허용하여야 한다. 다만, 근로자가 청구한 시기에 가족돌봄휴가를 주는 것이 정상적인 사업 운영에 중대한 지장을 초래하는 경우에는 근로자와 협의하여 그 시기를 변경할 수 있다.

③ 가족돌봄휴직 기간은 연간 최장 90일로 하며, 이를 나누어 사용할 수 있을 것. 이 경우 나누어 사용하는 1회의 기간은 30일 이상이 되어야 한다.

④ 가족돌봄휴가 기간은 연간 최장 15일로 하며, 일 단위로 사용할 수 있다. 다만, 가족돌봄휴가 기간은 가족돌봄휴직 기간에 포함된다.

⑤ 가족돌봄휴직 및 가족돌봄휴가 기간은 근속기간에 포함한다. 다만, 「근로기준법」에 따른 평균임금 산정기간에서는 제외한다.

33 상중하

남녀고용평등과 일·가정 양립 지원에 관한 법령상 직장 내 성희롱의 금지 및 예방에 관한 설명으로 옳지 않은 것은? 제24회

① 사업주는 직장 내 성희롱 예방을 위한 교육을 연 1회 이상 하여야 한다.
② 사업주는 성희롱 예방 교육의 내용을 근로자가 자유롭게 열람할 수 있는 장소에 항상 게시하거나 갖추어 두어 근로자에게 널리 알려야 한다.
③ 사업주가 마련해야 하는 성희롱 예방지침에는 직장 내 성희롱 조사절차가 포함되어야 한다.
④ 직장 내 성희롱 발생 사실을 조사한 사람은 해당 조사와 관련된 내용을 사업주에게 보고해서는 아니된다.
⑤ 사업주가 해야 하는 직장 내 성희롱 예방을 위한 교육에는 직장 내 성희롱에 관한 법령이 포함되어야 한다.

34 상중하

최저임금법령상 최저임금의 적용과 효력에 관한 설명으로 옳지 않은 것은? 제20회

① 신체장애로 근로능력이 현저히 낮은 자에 대해서는 사용자가 고용노동부장관의 인가를 받은 경우 최저임금의 효력을 적용하지 아니한다.
② 임금이 도급제나 그 밖에 이와 비슷한 형태로 정해진 경우에 근로시간을 파악하기 어렵다고 인정되면 해당 근로자의 생산고(生産高) 또는 업적의 일정단위에 의하여 최저임금액을 정한다.
③ 최저임금의 적용을 받는 근로자와 사용자 사이의 근로계약 중 최저임금액에 미치지 못하는 금액을 임금으로 정한 부분은 무효로 하며, 이 경우 무효로 된 부분은 「최저임금법」으로 정한 최저임금액과 동일한 임금을 지급하기로 한 것으로 본다.
④ 도급으로 사업을 행하는 경우 도급인이 책임져야 할 사유로 수급인이 근로자에게 최저임금액에 미치지 못하는 임금을 지급한 경우 도급인은 해당 수급인과 연대(連帶)하여 책임을 진다.
⑤ 최저임금의 적용을 받는 근로자가 자기의 사정으로 소정의 근로일의 근로를 하지 아니한 경우 근로하지 아니한 일에 대하여 사용자는 최저임금액의 2분의 1에 해당하는 임금을 지급하여야 한다.

35 상중하

최저임금법령에 관한 설명으로 옳은 것은? 제15회

① 최저임금으로 정한 금액은 시간 · 일 · 주 또는 월을 단위로 하여 정한다. 이 경우 일 · 주 또는 월을 단위로 하여 최저임금액을 정할 때에는 시간급으로도 표시하여야 한다.
② 최저임금에 관한 심의와 그 밖에 최저임금에 관한 중요 사항을 심의하기 위하여 고용노동부에 근로감독위원회를 둔다.
③ 고용노동부장관이 고시한 최저임금은 당해 연도 1월 1일부터 효력이 발생한다. 다만, 고용노동부장관은 사업의 종류별로 임금교섭시기 등을 고려하여 필요하다고 인정하면 효력발생 시기를 따로 정할 수 있다.
④ 도급으로 사업을 행하는 경우로서 도급인이 책임져야 할 사유로 수급인이 근로자에게 최저임금액에 미치지 못하는 임금을 지급한 경우 도급인이 책임을 져야 하며 수급인에게 책임을 물을 수 없다.
⑤ 최저임금의 적용을 받는 사용자는 대통령령으로 정하는 바에 따라 해당 최저임금을 그 사업의 근로자가 쉽게 볼 수 있는 장소에 게시하거나 그 외의 적당한 방법으로 근로자에게 널리 알려야 한다. 이 규정을 위반할 경우에는 500만원의 과태료에 처한다.

36 상중하

최저임금법령에 관한 설명으로 옳지 않은 것은?

① 이 법은 「선원법」의 적용을 받는 선원과 선원을 사용하는 선박의 소유자에게는 적용하지 아니한다.
② 최저임금은 근로자의 생계비, 유사 근로자의 임금, 노동생산성 및 소득분배율 등을 고려하여 정한다. 이 경우 사업의 종류별로 구분하여 정할 수 있다.
③ 고용노동부장관은 매년 8월 5일까지 최저임금을 결정하여야 한다
④ 최저임금에 관한 심의와 그 밖에 최저임금에 관한 중요 사항을 심의하기 위하여 고용노동부에 최저임금위원회를 둔다.
⑤ 최저임금액보다 적은 임금을 지급하거나 최저임금을 이유로 종전의 임금을 낮춘 자는 2년 이하의 징역 또는 1천만원 이하의 벌금에 처한다. 이 경우 징역과 벌금은 병과(倂科)할 수 있다.

37 상중하

최저임금에 관한 설명으로 옳은 것은? 제22회

① 일·주 또는 월을 단위로 하여 최저임금액을 정할 때에는 시간급(時間給)으로도 표시하여야 한다.
② 사용자는 「최저임금법」에 따른 최저임금을 이유로 종전의 임금 수준을 낮출 수 있다.
③ 최저임금의 사업 종류별 구분은 최저임금위원회가 정한다.
④ 사용자를 대표하는 자는 고시된 최저임금안에 대하여 이의를 제기할 수 없다.
⑤ 고시된 최저임금은 다음 연도 3월 1일부터 효력이 발생하나, 고용노동부장관은 사업의 종류별로 임금교섭시기 등을 고려하여 필요하다고 인정하면 효력발생시기를 따로 정할 수 있다.

38 상중하

「노동조합 및 노동관계조정법」상 사용자의 부당노동행위에 관한 설명으로 옳지 않은 것은?

① 사용자의 부당노동행위로 인하여 그 권리를 침해당한 근로자는 부당노동행위가 있은 날(계속하는 행위는 그 종료일)부터 3월 이내에 노동위원회에 신청한다.
② ①에 따른 노동위원회는 심문을 종료하고 부당노동행위가 성립한다고 판정한 때에는 사용자에게 구제명령을 발하여야 하며, 부당노동행위가 성립되지 아니한다고 판정한 때에는 그 구제신청을 기각하는 결정을 하여야 한다.
③ 근로자가 어느 노동조합에 가입하지 아니할 것 또는 탈퇴할 것을 고용조건으로 하거나 특정한 노동조합의 조합원이 될 것을 고용조건으로 하는 행위는 할 수 없다.
④ 부당노동행위를 위반한 자는 1년 이하의 징역 또는 1천만원 이하의 벌금에 처한다.
⑤ 중앙노동위원회의 재심판정에 대하여 관계 당사자는 그 재심판정서의 송달을 받은 날부터 15일 이내에 「행정소송법」이 정하는 바에 의하여 소를 제기할 수 있다.

39 노동조합 및 노동관계조정법령에 관한 설명으로 옳지 않은 것은?

상중하

① 고용노동부장관, 특별시장 · 광역시장 · 특별자치시장 · 도지사 · 특별자치도지사 또는 시장 · 군수 · 구청장은 설립신고서를 접수한 때에는 3일 이내에 신고증을 교부하여야 한다.

② 노동조합이 신고증을 교부받은 경우에는 설립신고서가 접수된 때에 설립된 것으로 본다.

③ 노동조합은 설립신고 된 사항 중 변경이 있는 때에는 그날부터 30일 이내에 행정관청에게 변경신고를 하여야 한다.

④ 노동조합의 회의록과 재정에 관한 장부와 서류는 3년간 보존하여야 한다.

⑤ 근로자는 취업규칙으로 정하거나 사용자의 동의가 있는 경우에는 사용자 또는 노동조합으로부터 급여를 지급받으면서 근로계약 소정의 근로를 제공하지 아니하고 노동조합의 업무에 종사할 수 있다.

40 노동조합 및 노동관계조정법령상 설립신고 및 신고증 교부에 관한 설명으로 옳지 않은 것은?

상중하

① 노동조합을 설립하고자 하는 자는 신고서에 규약을 첨부하여 연합단체인 노동조합과 2 이상의 특별시 · 광역시 · 특별자치시 · 도 · 특별자치도에 걸치는 단위노동조합은 고용노동부장관에게, 2 이상의 시 · 군 · 구(자치구를 말한다)에 걸치는 단위노동조합은 특별시장 · 광역시장 · 도지사에게 제출하여야 한다.

② 연합단체인 노동조합은 동종산업의 단위노동조합을 구성원으로 하는 산업별 연합단체와 산업별 연합단체 또는 전국 규모의 산업별 단위노동조합을 구성원으로 하는 총연합단체를 말한다.

③ 고용노동부장관, 특별시장 · 광역시장 · 특별자치시장 · 도지사 · 특별자치도지사 또는 시장 · 군수 · 구청장(이하 “행정관청”이라 한다)은 설립신고서를 접수한 때에는 ④의 전단 및 ⑤의 경우를 제외하고는 3일 이내에 신고증을 교부하여야 한다.

④ 행정관청은 설립신고서 또는 규약이 기재사항의 누락 등으로 보완이 필요한 경우에는 대통령령이 정하는 바에 따라 30일 이내의 기간을 정하여 보완을 요구하여야 한다. 이 경우 보완된 설립신고서 또는 규약을 접수한 때에는 3일 이내에 신고증을 교부하여야 한다.

⑤ 행정관청은 설립하고자 하는 노동조합이 ④의 규정에 의하여 보완을 요구하였음에도 불구하고 그 기간 내에 보완을 하지 아니하는 경우에는 설립신고서를 반려하여야 한다.

41 상중하

노동조합 및 노동관계조정법령상 단체협약에 관한 내용으로 옳지 않은 것은?

제18회

① 행정관청은 단체협약 중 위법한 내용이 있는 경우에는 노동위원회의 의결을 얻어 그 시정을 명할 수 있다.

② 단체협약의 당사자는 단체협약의 체결일부터 30일 이내에 이를 행정관청에게 신고하여야 한다.

③ 단체협약의 유효기간은 3년을 초과하지 않는 범위에서 노사가 합의하여 정할 수 있다.

④ 단체협약에 정한 근로조건 기타 근로자의 대우에 관한 기준에 위반하는 근로계약의 부분은 무효로 한다.

⑤ 하나의 사업 또는 사업장에 상시 사용되는 동종의 근로자 반수 이상이 하나의 단체협약의 적용을 받게 된 때에는 당해 사업 또는 사업장에 사용되는 다른 동종의 근로자에 대하여도 당해 단체협약이 적용된다.

42 상중하

「고용보험 및 산업재해보상보험의 보험료징수 등에 관한 법률」상 보험관계의 성립 및 소멸에 관한 설명으로 옳지 않은 것은?

① 「산업재해보상보험법」의 적용을 받는 사업의 사업주는 당연히 산업재해보상보험의 보험가입자가 된다.

② 「산업재해보상보험법」의 적용을 받지 아니하는 사업의 사업주는 근로복지공단의 승인을 얻어 산업재해보상보험에 가입할 수 있다.

③ 산업재해보상보험에 가입한 사업주가 보험계약을 해지하고자 할 때에는 근로복지공단의 승인을 얻어야 한다.

④ ③의 경우 보험계약 해지는 그 보험계약이 성립한 보험연도가 종료된 이후에 하여야 한다.

⑤ 근로복지공단은 사업의 실체가 없는 등의 사유로 계속하여 보험관계를 유지할 수 없다고 인정하는 경우에도 그 보험관계를 소멸시킬 수 없다.

43 상중하

「고용보험 및 산업재해보상보험의 보험료징수 등에 대한 법률」에 관한 설명으로 옳지 않은 것은?

① 「고용보험법」을 적용하지 아니하는 사업의 경우에는 공단이 그 사업의 사업주로부터 보험가입승인신청서를 접수한 날에 성립한다.

② 사업 실체가 없는 등의 사유로 계속하여 보험관계를 유지할 수 없다고 인정하여 공단이 보험관계를 소멸시키는 경우에는 그 소멸을 결정・통지한 날의 다음 날에 소멸한다.

③ 사업주는 당연히 보험가입자가 된 경우에는 그 보험관계가 성립한 날부터 14일 이내에, 사업의 폐업・종료 등으로 인하여 보험관계가 소멸한 경우에는 그 보험관계가 소멸한 날부터 14일 이내에 공단에 보험관계의 성립 또는 소멸신고를 하여야 한다.

④ 보험에 가입한 사업주는 그 이름, 사업의 소재지 등 대통령령으로 정하는 사항이 변경된 경우에는 그날부터 14일 이내에 그 변경사항을 공단에 신고하여야 한다.

⑤ 보험료 등의 고지 및 수납, 보험료 등 체납관리에 해당하는 징수업무는 국민건강보험공단이 고용노동부장관으로부터 위탁을 받아 수행한다.

44 상중하

산업재해보상보험법령상 용어에 관한 설명으로 옳지 않은 것은?

① 유족이란 사망한 자의 배우자(사실상 혼인 관계에 있는 자를 포함한다)・자녀・부모・손자녀・조부모 또는 형제자매를 말한다.

② 진폐(塵肺)란 분진을 흡입하여 폐에 생기는 섬유증식성(纖維增殖性) 변화를 주된 증상으로 하는 질병을 말한다.

③ 장해란 부상 또는 질병이 완치되거나 치료의 효과를 더 이상 기대할 수 없고 그 증상이 고정된 상태에 이르게 된 것을 말한다.

④ 중증요양상태란 업무상의 부상 또는 질병에 따른 정신적 또는 육체적 훼손으로 노동능력이 상실되거나 감소된 상태로서 그 부상 또는 질병이 치유되지 아니한 상태를 말한다.

⑤ 출퇴근이란 취업과 관련하여 주거와 취업장소 사이의 이동 또는 한 취업장소에서 다른 취업장소로의 이동을 말한다.

45 상중하

「산업재해보상보험법」상 요양급여에 관한 설명으로 옳지 않은 것은? 제16회

① 근로자가 업무상의 사유로 부상을 당하거나 질병에 걸린 경우에는 현금으로 요양비를 지급하여야 한다. 다만, 부득이한 경우에는 요양비에 갈음하여 법령에서 정하는 산재보험 의료기관에서 요양을 하게 할 수 있다.

② 근로자가 업무상의 사유로 부상을 당하거나 질병에 걸린 경우 그 부상 또는 질병이 3일 이내의 요양으로 치유될 수 있으면 요양급여를 지급하지 아니한다.

③ 요양급여의 신청을 한 자는 근로복지공단이 요양급여에 관한 결정을 하기 전에는 「국민건강보험법」에 따른 요양급여 또는 「의료급여법」에 따른 의료급여를 받을 수 있다.

④ 간호 및 간병, 재활치료도 요양급여의 범위에 포함된다.

⑤ 근로자를 진료한 산재보험 의료기관은 그 근로자의 재해가 업무상의 재해로 판단되면 그 근로자의 동의를 받아 요양급여의 신청을 대행할 수 있다.

46 상중하

산업재해보상보험법령상 보험급여 결정 등에 대한 심사청구 및 재심사청구에 관한 설명으로 옳지 않은 것은? 제21회

① 근로복지공단의 보험급여 결정 등에 불복하는 자는 그 보험급여 결정 등을 한 근로복지공단의 소속 기관을 거쳐 산업재해보상보험심사위원회에 심사청구를 할 수 있다.

② 근로복지공단이 심사청구에 대한 결정을 연장할 때에는 최초의 결정기간이 끝나기 7일 전까지 심사청구인 및 보험급여 결정 등을 한 근로복지공단의 소속 기관에 알려야 한다.

③ 근로복지공단의 보험급여 결정에 대하여 심사청구기간이 지난 후에 제기된 심사청구는 산업재해보상보험심사위원회의 심의를 거치지 아니할 수 있다.

④ 산업재해보상보험심사위원회는 위원장 1명을 포함하여 150명 이내의 위원으로 구성하되, 위원 중 2명은 상임으로 한다.

⑤ 업무상 질병판정위원회의 심의를 거친 보험급여에 관한 결정에 불복하는 자는 심사청구를 하지 아니하고 재심사청구를 할 수 있다.

47 상중하

산업재해보상보험법상 보험급여에 관한 설명으로 옳지 않은 것은? 제27회

① 직업재활급여는 보험급여의 종류에 해당하지 아니한다.
② 업무상 사유로 인한 부상 또는 질병이 3일 이내의 요양으로 치유될 수 있으면 근로자에게 요양급여를 지급하지 아니한다.
③ 보험급여는 지급 결정일부터 14일 이내에 지급하여야 한다.
④ 유족보상연금 수급자격자인 유족이 사망한 근로자와의 친족 관계가 끝난 경우 그 자격을 잃는다.
⑤ 보험급여로서 지급된 금품에 대하여는 국가나 지방자치단체의 공과금을 부과하지 아니한다.

48 상중하

산업재해보상보험법상 보험급여에 관한 설명으로 옳지 않은 것은? 제26회

① 업무상 사유로 인한 부상 또는 질병이 3일 이내의 요양으로 치유될 수 있으면 근로자에게 요양급여를 지급하지 아니한다.
② 장해보상연금 또는 진폐보상연금의 수급권자가 사망한 경우 그 수급권이 소멸한다.
③ 장해보상연금의 수급권자가 재요양을 받는 경우에도 그 연금의 지급을 정지하지 아니한다.
④ 근로자가 사망할 당시 그 근로자의 생계를 같이 하고 있던 유족 중 25세 미만인 자녀는 유족보상연금 수급자격자에 해당한다.
⑤ 유족보상연금 수급자격자인 손자녀가 25세가 된 때에도 그 자격을 잃지 아니한다.

49 상 중 하

「고용보험법」에 의거 관리주체의 직원에 대한 피보험자격의 취득과 상실에 대한 행정처리 방법으로 옳지 않은 것은?

① 「고용보험법」이 적용되는 직원인 경우에는 그가 고용된 날에 피보험자격을 취득한 것으로 행정처리한다.

② 「고용보험법」에서 적용이 제외되던 직원이 적용을 받게 된 경우에는 그 적용을 받게 된 날에 피보험자격을 취득한 것으로 행정처리한다.

③ 「고용보험법」이 적용되던 직원이 적용이 제외되는 경우에는 그 적용 제외의 대상자가 된 날에 피보험자격을 상실한 것으로 행정처리한다.

④ 「고용산재보험료징수법」에 의하여 보험관계가 소멸한 경우에는 그 보험관계가 소멸한 날의 다음 날에 피보험자격을 상실한 것으로 행정처리한다.

⑤ 근로자인 피보험자가 이직한 경우에는 이직한 날의 다음 날에 피보험자격을 상실한 것으로 행정처리한다.

50 상 중 하

「국민건강보험법」상 건강보험의 자격취득시기에 관한 설명으로 옳지 않은 것은?

① 수급권자이었던 자는 그 대상자에서 제외된 날

② 직장가입자의 피부양자이었던 자가 그 자격을 잃은 날

③ 유공자 등 의료보호대상자이었던 자는 그 대상자에서 제외된 날

④ 유공자 등 의료보호대상자로서 건강보험의 적용을 보험자에 신청한 자는 그 신청한 날의 다음 날

⑤ 가입자는 국내에 거주하게 된 날에 직장가입자 또는 지역가입자의 자격을 얻는다.

51 상 중 하

「국민건강보험법」상 가입자가 그 건강보험자격을 상실하게 되는 시기에 관한 내용으로 옳은 것은?

① 사망한 날

② 국적을 잃은 날

③ 국내에 거주하지 아니하게 된 날

④ 직장가입자의 피부양자가 된 날

⑤ 수급권자가 된 날의 다음 날

52 상중하

「국민연금법」상 사업장가입자가 가입자격을 상실하는 시기가 다른 하나는?

① 국적을 상실하거나 국외로 이주한 때
② 사용관계가 끝난 때
③ 60세가 된 때
④ 공무원이 된 때
⑤ 사망한 때

53 상중하

국민연금법령상 용어정의에 관한 설명으로 옳은 것은?

① 기준소득월액이란 매년 사업장가입자 및 지역가입자 전원(全員)의 기준소득월액을 평균한 금액을 말한다.
② 평균소득월액이란 연금보험료와 급여를 산정하기 위하여 국민연금가입자의 소득월액을 기준으로 하여 정하는 금액을 말한다.
③ 기여금이란 사업장가입자의 사용자가 부담하는 금액을 말한다.
④ 부담금이란 사업장가입자가 부담하는 금액을 말한다.
⑤ 수급권이란 이 법에 따른 급여를 받을 권리를 말한다.

54 상중하

국민연금법령상 심사청구와 재심사청구에 관한 설명으로 옳지 않은 것은?

① 심사청구는 그 처분이 있음을 안 날부터 90일 이내에 문서로 하여야 하며, 처분이 있은 날부터 180일을 경과하면 이를 제기하지 못한다. 다만, 정당한 사유로 그 기간에 심사청구를 할 수 없었음을 증명하면 그 기간이 지난 후에도 심사청구를 할 수 있다.
② 심사청구 사항을 심사하기 위하여 공단에 국민연금심사위원회를 두고, 건강보험공단에 징수심사위원회를 둔다.
③ 심사청구에 대한 결정에 불복하는 자는 그 결정통지를 안 날부터 90일 이내에 대통령령으로 정하는 사항을 적은 재심사청구서에 따라 국민연금재심사위원회에 재심사를 청구할 수 있다.
④ 국민연금공단 또는 국민건강보험공단은 재심사청구서를 받은 날부터 10일 이내에 그 재심사청구서를 보건복지부장관에게 보내야 한다.
⑤ 보건복지부에 두는 국민연금재심사위원회는 위원장 1명을 포함한 20명 이내의 위원으로 구성한다. 이 경우 공무원이 아닌 위원이 전체 위원의 과반수가 되도록 하여야 한다.

55 상중하

「국민연금법」상 연금급여에 관한 설명으로 옳은 것은? 제22회

① 「국민연금법」상 급여의 종류는 노령연금, 장애연금, 유족연금의 3가지로 구분된다.

② 유족연금 등의 수급권자가 될 수 있는 자를 고의로 사망하게 한 유족에게는 사망에 따라 발생되는 유족연금 등의 일부를 지급하지 아니할 수 있다.

③ 수급권자의 청구가 없더라도 급여원인이 발생하면 공단은 급여를 지급한다.

④ 연금액은 지급사유에 따라 기본연금액과 부양가족연금액을 기초로 산정한다.

⑤ 장애연금의 수급권자가 정당한 사유 없이 「국민연금법」에 따른 공단의 진단요구에 응하지 아니한 때에는 급여의 전부의 지급을 정지한다.

56 상중하

국민연금법령에 관한 설명으로 옳지 않은 것은? 제15회

① 연금은 지급하여야 할 사유가 생긴 날이 속하는 달의 다음 달부터 수급권이 소멸한 날이 속하는 달까지 지급한다.

② 국민연금공단은 수급권이 소멸 또는 정지된 급여를 받은 자에 대하여 지급한 금액에 대통령령으로 정하는 이자를 가산하여 환수하여야 한다.

③ 가입기간이 10년 미만인 자가 60세가 된 때에 따른 반환일시금을 지급받을 권리는 10년간 행사하지 않으면 소멸시효가 완성된다.

④ 가입자 또는 가입자였던 자가 고의로 질병 · 부상 또는 그 원인이 되는 사고를 일으켜 그로 인하여 장애를 입은 경우에는 그 장애를 지급사유로 하는 장애연금을 지급하지 아니할 수 있다.

⑤ 심사청구에 대한 결정에 불복하는 자는 그 결정통지를 받은 날부터 90일 이내에 국민연금재심사위원회에 재심사를 청구할 수 있다.

57 상중하

「국민연금법」상 국민연금에 관한 설명으로 옳지 않은 것은?

① 사업장가입자의 연금보험료 중 기여금은 사업장가입자 본인이, 부담금은 사용자가 각각 부담한다.

② 연금보험료, 환수금, 그 밖의 이 법에 따른 징수금을 징수하거나 환수할 공단의 권리는 5년간, 급여(가입기간이 10년 미만인 자가 60세가 된 때에 따른 반환일시금은 제외한다)를 받거나 과오납금을 반환받을 수급권자 또는 가입자 등의 권리는 3년간 행사하지 아니하면 각각 소멸시효가 완성된다.

③ 가입자 또는 가입자였던 자가 사망한 때에 유족이 없으면 그 배우자 · 자녀 · 부모 · 손자녀 · 조부모 또는 형제자매에게 사망일시금을 지급한다. 다만, 가입자 또는 가입자였던 자가 사망한 때에 실종 등으로 인하여 행방을 알 수 없는 자에게는 사망일시금을 지급하지 아니한다.

④ 사용자는 해당 사업장의 근로자나 사용자 본인이 사업장가입자의 자격을 취득하거나 사업장가입자의 자격을 상실하면 그 사유가 발생한 날이 속하는 달의 다음 달 15일까지 서류를 공단에 제출하여야 한다.

⑤ 가입자 또는 가입자였던 자가 가입기간이 10년 미만이면서 60세가 된 때, 가입자 또는 가입자였던 자가 사망한 때, 국적을 상실하거나 국외로 이주한 때에는 본인이나 그 유족의 청구에 의하여 반환일시금을 지급받을 수 있다.

58 상중하

국민연금법령에 관한 설명으로 옳지 않은 것은?

① 부담금이란 사업장가입자의 사용자가 부담하는 금액을, 기여금이란 사업장가입자가 부담하는 금액을 말한다.

② 이 법을 적용할 때 배우자, 남편 또는 아내에는 사실상의 혼인관계에 있는 자는 제외한다.

③ 심사청구는 그 처분이 있음을 안 날부터 90일 이내에 문서로 하여야 하며, 처분이 있은 날부터 180일을 경과하면 이를 제기하지 못한다. 다만, 정당한 사유로 그 기간에 심사청구를 할 수 없었음을 증명하면 그 기간이 지난 후에도 심사청구를 할 수 있다.

④ 이 법에 따른 국민연금사업은 보건복지부장관이 맡아 주관한다.

⑤ 급여의 지급이나 과오납금 등의 반환청구에 관한 기간을 계산할 때 그 서류의 송달에 들어간 일수도 그 기간에 산입한다.

59

상 중 하

국민연금법령상 연금보험료의 부과 · 징수 등에 관한 설명으로 옳지 않은 것은?

① 고용노동부장관은 국민연금사업 중 연금보험료의 징수에 관하여 「국민연금법」에서 정하는 사항을 국민건강보험공단에 위탁한다.

② 국민연금공단은 국민연금사업에 드는 비용에 충당하기 위하여 가입자와 사용자에게 가입기간 동안 매월 연금보험료를 부과하고, 국민건강보험공단이 이를 징수한다.

③ 사업장가입자의 연금보험료 중 기여금은 사업장가입자 본인이, 부담금은 사용자가 각각 부담하되, 그 금액은 각각 기준소득월액의 1천분의 45에 해당하는 금액으로 한다.

④ 임의계속가입자의 연금보험료는 임의계속가입자 본인이 부담하되, 그 금액은 기준소득월액의 1천분의 90으로 한다.

⑤ 국민연금공단은 기준소득월액 정정 등의 사유로 당초 징수 결정한 금액을 다시 산정함으로써 연금보험료를 추가로 징수하여야 하는 경우 가입자 또는 사용자에게 그 추가되는 연금보험료를 나누어 내도록 할 수 있다.

60

상 중 하

「국민건강보험법」상 국민건강보험에 관한 설명으로 옳지 않은 것은?

① 고용노동부장관이 관장하며, 보험사업의 주체로서 보험을 인수한 자, 즉 보험자는 국민건강보험공단으로 한다.

② 피부양자는 직장가입자에게 주로 생계를 의존하는 사람으로서 소득 및 재산이 보건복지부령으로 정하는 기준 이하에 해당하는 사람을 말한다.

③ 보험료는 가입자의 자격을 취득한 날이 속하는 달의 다음 달부터 가입자의 자격을 잃은 날의 전날이 속하는 달까지 징수한다. 다만, 가입자의 자격을 매월 1일에 취득한 경우 또는 유공자 등 의료보호대상자 중 건강보험의 적용을 보험자에게 신청한 사람이 건강보험 적용 신청으로 가입자의 자격을 취득하는 경우에는 그 달부터 징수한다.

④ 사용자는 사업장이 휴업 · 폐업하는 경우에는 그 사유 발생일부터 14일 이내에 보건복지부령으로 정하는 바에 따라 보험자에게 신고하여야 한다.

⑤ 직장가입자의 보험료율은 1천분의 80의 범위 안에서 심의위원회의 의결을 거쳐 대통령령으로 정한다.

61 상중하

국민건강보험법령상 피부양자의 요건과 자격인정 기준을 충족하는 사람을 모두 고른 것은? 제23회

> ㉠ 직장가입자의 직계존속과 직계비속
> ㉡ 직장가입자의 배우자의 직계존속과 직계비속
> ㉢ 직장가입자의 형제·자매
> ㉣ 직장가입자의 형제·자매의 직계비속

① ㉠, ㉡
② ㉠, ㉢
③ ㉠, ㉡, ㉢
④ ㉠, ㉡, ㉣
⑤ ㉡, ㉢, ㉣

62 상중하

국민건강보험법령에 관한 설명으로 옳지 않은 것은?

① 이의신청에 대한 결정에 불복하는 자는 건강보험분쟁조정위원회에 심판청구를 할 수 있다.
② 보험료·연체금으로 과오납부한 금액을 환급받을 권리, 보험료·연체금을 징수할 권리는 5년 동안 행사하지 아니하면 소멸시효가 완성된다.
③ 보험급여를 받을 권리는 양도하거나 압류할 수 없다.
④ 직장가입자의 자격을 얻은 경우 그 직장가입자의 사용자는 그 명세를 보건복지부령으로 정하는 바에 따라 자격을 취득한 날부터 14일 이내에 보험자에게 신고하여야 한다.
⑤ 건강보험의 보험자는 국민건강보험공단으로 한다.

63 국민건강보험법령에 관한 설명으로 옳은 것은? 제21회

상중하

① 고용기간이 3개월 미만인 일용근로자나 「병역법」에 따른 현역병(지원에 의하지 아니하고 임용된 하사를 포함한다), 전환복무된 사람 및 군간부후보생은 직장가입자에서 제외된다.

② 가입자는 국적을 잃은 날, 직장가입자의 피부양자가 된 날, 수급권자가 된 날 건강보험자격을 상실한다.

③ 국내에 거주하는 피부양자가 있는 직장가입자가 국외에서 업무에 종사하고 있는 경우에는 보험료를 면제한다.

④ 국민건강보험료는 가입자의 자격을 취득한 날이 속하는 달의 다음 달부터 가입자의 자격을 잃은 날의 전날이 속하는 달까지 징수한다. 다만, 가입자의 자격을 매월 1일에 취득한 경우 또는 유공자등 의료보호대상자 중 건강보험의 적용을 보험자에게 신청한 사람이 건강보험 적용 신청으로 가입자의 자격을 취득하는 경우에는 그 달부터 징수한다.

⑤ 과다 납부된 본인일부부담금을 돌려받을 권리는 5년 동안 행사하지 아니하면 시효로 소멸한다.

64 국민건강보험법상 건강보험 가입자의 자격 상실 시기로 옳지 않은 것은? 제27회

상중하

① 국내에 거주하지 아니하게 된 날

② 사망한 날의 다음 날

③ 국적을 잃은 날의 다음 날

④ 직장가입자의 피부양자가 된 날

⑤ 건강보험을 적용받고 있던 사람이 유공자등 의료보호대상자가 되어 건강보험의 적용배제신청을 한 날

65 상중하

「고용보험법」상의 내용으로 옳지 않은 것은? 제17회

① 「고용보험 및 산업재해보상보험의 보험료징수 등에 관한 법률」에 따라 보험에 가입되거나 가입된 것으로 보는 근로자, 예술인 또는 노무제공자는 피보험자에 해당한다.
② 근로자인 피보험자가 이직하거나 사망한 경우 그 다음 날부터 피보험자격을 상실한다.
③ 근로자인 피보험자가 「고용보험 및 산업재해보상보험의 보험료징수 등에 관한 법률」에 따라 보험관계가 소멸한 경우에는 그 보험관계가 소멸한 날에 피보험자격을 상실한다.
④ 이직으로 피보험자격을 상실한 자는 실업급여의 수급자격의 인정신청을 위하여 종전의 사업주에게 이직확인서의 교부를 청구할 수 있다.
⑤ 근로자가 보험관계가 성립되어 있는 둘 이상의 사업에 동시에 고용되어 있는 경우에는 각 사업의 근로자로서의 피보험자격을 모두 취득한다.

66 상중하

고용보험법령에 관한 설명으로 옳지 않은 것은? 제15회

① 실업의 인정을 받으려는 수급자격자는 이 법에 따라 실업의 신고를 한 날부터 계산하기 시작하여 1주부터 4주의 범위에서 직업안정기관의 장이 지정한 날에 출석하여 재취업을 위한 노력을 하였음을 신고하여야 한다.
② 구직급여의 산정 기초가 되는 임금일액은 수급자격의 인정과 관련된 마지막 이직 당시 「근로기준법」에 따라 산정된 통상임금으로 한다.
③ 근로자인 피보험자가 이 법에 따른 적용 제외 근로자에 해당하게 된 경우에는 그 적용 제외 대상자가 된 날에, 「고용보험 및 산업재해보상보험의 보험료징수 등에 관한 법률」에 따라 보험관계가 소멸한 경우에는 그 보험관계가 소멸한 날에 피보험자격을 상실한다.
④ 수급자격자가 소정급여일수 내에 임신·출산·육아의 사유로 수급기간을 연장한 경우에는 그 기간만큼 구직급여를 유예하여 지급한다.
⑤ 직업안정기관의 장은 거짓으로 구직급여를 지급받은 자에게 지급받은 전체 구직급여의 전부 또는 일부의 반환을 명할 수 있다.

67 상중하

고용보험법상 취업촉진 수당의 종류에 해당하는 것을 모두 고른 것은? 제25회

㉠ 훈련연장급여	㉡ 직업능력개발 수당
㉢ 광역 구직활동비	㉣ 이주비

① ㉠, ㉡
② ㉡, ㉢
③ ㉢, ㉣
④ ㉠, ㉡, ㉢
⑤ ㉡, ㉢, ㉣

68 상중하

「고용보험법」상 육아휴직급여에 관한 설명으로 옳지 않은 것은?

① 육아휴직급여를 지급받으려는 사람은 육아휴직을 시작한 날 이후 1개월부터 육아휴직이 끝난 날 이후 24개월 이내에 신청하여야 한다.
② 육아휴직 급여는 육아휴직 시작일을 기준으로 한 월 통상임금의 100분의 80에 해당하는 금액을 월별 지급액으로 한다. 다만, 해당 금액이 150만원을 넘는 경우에는 150만원으로 하고, 해당 금액이 70만원보다 적은 경우에는 70만원으로 한다.
③ 피보험자는 이직 또는 취업을 한 날 이후 최초로 제출하는 육아휴직 급여 신청서에 이직 또는 취업을 한 사실을 적어야 한다.
④ 거짓이나 그 밖의 부정한 방법으로 육아휴직급여를 받았거나 받으려 한 자에게는 그 급여를 받은 날 또는 받으려 한 날부터의 육아휴직급여를 지급하지 아니한다.
⑤ 피보험자는 이직 또는 취업 사실을 신고하는 경우에는 이직이나 취업한 날 이후 최초로 제출하는 육아휴직급여신청서에 그 사실을 적어야 한다.

69 상중하

「고용보험법」상 적용범위 및 근로자인 피보험자의 관리에 관한 설명으로 옳지 않은 것은?

① 1개월간 소정근로시간이 60시간 미만인 자는 「고용보험법」의 적용을 받을 수 없다.

② 적용 제외 근로자였던 자가 고용보험의 적용을 받게 된 경우에는 그 적용을 받게된 날에 피보험자격을 취득한 것으로 본다.

③ 1개월 미만 동안 고용되는 일용근로자는 「고용보험법」의 적용을 받을 수 없다.

④ 근로자인 피보험자가 이직한 경우에는 이직한 날의 다음 날에 피보험자격을 상실한다.

⑤ 사업주는 그 사업에 고용된 근로자의 피보험자격의 취득 및 상실 등에 관한 사항을 고용노동부장관에게 신고하여야 한다.

70 상중하

고용보험법령에 관한 설명으로 옳지 않은 것은?

① 구직급여의 산정 기초가 되는 임금일액은 수급자격의 인정과 관련된 마지막 이직 당시 「근로기준법」에 따라 산정된 평균임금으로 한다.

② 구직급여를 지급받기 위하여 실업을 신고하려는 사람은 이직하기 전 사업의 사업주에게 피보험 단위기간, 이직 전 1일 소정근로시간 등을 확인할 수 있는 자료의 발급을 요청할 수 있다.

③ 출산전후휴가급여 등은 「근로기준법」의 통상임금에 해당하는 금액을 지급한다.

④ 심사를 청구하는 경우 피보험자격의 취득·상실 확인에 대한 심사의 청구는 「산업재해보상보험법」에 따른 근로복지공단을, 실업급여 및 육아휴직급여와 출산전후휴가 급여 등에 관한 처분에 대한 심사의 청구는 직업안정기관의 장을 거쳐 고용보험심사관에게 하여야 한다.

⑤ 사업주는 근로복지공단에 그 사업에 고용된 근로자의 피보험자격 취득 및 상실에 관한 사항을 그 사유가 발생한 날이 속하는 달의 다음 달 15일까지 신고한다.

71 상중하

「고용보험법」상의 실업급여에 관한 설명으로 옳지 않은 것은? 제22회

① 구직급여는 실업급여에 포함된다.
② 취업촉진수당에 이주비는 포함되지만 조기재취업수당은 포함되지 않는다.
③ 실업급여수급계좌의 해당 금융기관은 「고용보험법」에 따른 실업급여만이 실업급여 수급계좌에 입금되도록 관리하여야 한다.
④ 실업급여를 받을 권리는 양도할 수 없다.
⑤ 실업급여로서 지급된 금품에 대하여는 국가나 지방자치단체의 공과금(「국세기본법」 또는 「지방세기본법」에 따른 공과금을 말한다)을 부과하지 아니한다.

72 상중하

고용보험법상 용어 정의 및 피보험자의 관리에 관한 설명으로 옳지 않은 것은? (권한의 위임 · 위탁은 고려하지 않음) 제24회

① 일용근로자란 3개월 미만 동안 고용되는 사람을 말한다.
② 실업의 인정이란 직업안정기관의 장이 이 법에 따른 수급자격자가 실업한 상태에서 적극적으로 직업을 구하기 위하여 노력하고 있다고 인정하는 것을 말한다.
③ 근로자인 피보험자가 이 법에 따른 적용 제외 근로자에 해당하게 된 경우에는 그 적용 제외 대상자가 된 날에 그 피보험자격을 상실한다.
④ 이 법에 따른 적용 제외 근로자였던 사람이 이 법의 적용을 받게 된 경우에는 그 적용을 받게 된 날에 피보험자격을 취득한 것으로 본다.
⑤ 사업주는 그 사업에 고용된 근로자의 피보험자격의 취득 및 상실 등에 관한 사항을 대통령령으로 정하는 바에 따라 고용노동부장관에게 신고하여야 한다.

73 상중하

고용보험법상 고용보험법의 적용 제외 대상인 사람을 모두 고른 것은? 제26회

> ㉠ 「사립학교교직원 연금법」의 적용을 받는 사람
> ㉡ 1주간의 소정근로시간이 15시간 미만인 일용근로자
> ㉢ 「별정우체국법」에 따른 별정우체국 직원

① ㉠
② ㉡
③ ㉠, ㉢
④ ㉡, ㉢
⑤ ㉠, ㉡, ㉢

74 상중하

고용보험법령상 정해진 기간에 대통령령으로 정하는 사유로 육아휴직 급여를 신청할 수 없었던 사람은 그 사유가 끝난 후 30일 이내에 신청하여야 한다. 대통령령으로 정하는 사유가 아닌 것은? 제23회

① 천재지변
② 「병역법」에 따른 의무복무
③ 본인이나 배우자의 질병·부상
④ 본인이나 배우자의 직계존속 및 직계비속의 사망
⑤ 범죄혐의로 인한 구속이나 형의 집행

75 상중하

고용보험법령상 고용보험사업에 관한 설명으로 옳은 것을 모두 고른 것은? 제27회

ㄱ 배우자의 직계존속이 사망한 경우는 육아휴직 급여 신청기간의 연장사유에 해당하지 않는다.
ㄴ 조기재취업 수당의 금액은 구직급여의 소정급여일수 중 미지급일수의 비율에 따라 구직급여일액에 미지급일수의 2분의 1을 곱한 금액으로 한다.
ㄷ 이주비는 구직급여의 종류에 해당한다.
ㄹ 실업급여를 받을 권리는 양도할 수 없지만 담보로 제공할 수는 있다.

① ㄱ
② ㄴ
③ ㄱ, ㄴ
④ ㄷ, ㄹ
⑤ ㄴ, ㄷ, ㄹ

주관식 단답형 문제

01 상중하

공동주택관리와 관련한 문서나 서류 또는 자료의 보존(보관)기간에 관한 설명이다. (　) 안에 들어갈 숫자를 쓰시오.

- 「공동주택관리법」에 의하면 의무관리대상 공동주택의 관리주체는 관리비 등의 징수·보관·예치·집행 등 모든 거래행위에 관하여 장부를 월별로 작성하여 그 증빙서류와 함께 해당 회계연도 종료일부터 (　)년간 보관하여야 한다.
- 「남녀고용평등과 일·가정 양립 지원에 관한 법률」에 의하면 직장 내 성희롱 예방 교육을 실시해야 하는 사업주는 직장 내 성희롱 예방 교육을 실시하였음을 확인할 수 있는 서류를 (　)년간 보관하여야 한다.

02 상중하

「근로기준법」상 여성의 시간외근로에 관한 규정이다. (　) 안에 들어갈 내용을 순서대로 각각 쓰시오. 제17회

사용자는 산후 1년이 지나지 아니한 여성에 대하여는 (　)이 있는 경우라도 1일에 2시간, 1주일에 6시간, 1년에 (　)시간을 초과하는 시간외근로를 시키지 못한다.

03 상중하

「근로기준법」상 이행강제금에 관한 내용이다. (　)에 들어갈 숫자를 순서대로 쓰시오. 제20회

노동위원회는 최초의 구제명령을 한 날을 기준으로 매년 (　)회의 범위에서 구제명령이 이행될 때까지 반복하여 이행강제금을 부과·징수할 수 있다. 이 경우 이행강제금은 (　)년을 초과하여 부과·징수하지 못한다.

04 상중하

근로기준법령에 관한 설명이다. (　) 안에 들어갈 숫자와 용어를 순서대로 각각 쓰시오.

> 최종 (　)개월분의 임금, (　)보상금은 사용자의 총재산에 대하여 질권 · 저당권 또는 「동산 · 채권 등의 담보에 관한 법률」에 따른 담보권에 따라 담보된 채권, 조세 · 공과금 및 다른 채권에 우선하여 변제되어야 한다.

05 상중하

근로기준법령상 해고의 예고에 관한 설명이다. (　)에 들어갈 용어와 숫자를 순서대로 각각 쓰시오.

> 사용자는 근로자를 해고(경영상 이유에 의한 해고를 포함한다)하려면 적어도 30일 전에 예고를 하여야 하고, 30일 전에 예고를 하지 아니하였을 때에는 30일분 이상의 (　)을 지급하여야 한다. 다만, 다음 각 호의 어느 하나에 해당하는 경우에는 그러하지 아니하다.
> 1. 근로자가 계속 근로한 기간이 (　)개월 미만인 경우
> 2.~3. 생략

06 상중하

「근로기준법」상 연차유급휴가에 관한 설명이다. (　) 안에 들어갈 숫자를 순서대로 각각 쓰시오.

> 3년 이상 계속 근로한 근로자로서 (　)년간 80퍼센트 이상 출근한 자에 대하여, 사용자는 15일의 유급휴가에 최초 1년을 초과하는 계속근로연수 매 (　)년에 대하여 1일을 가산한 유급휴가를 주어야 한다. 이 경우 가산휴가를 포함한 총휴가일수는 (　)일을 한도로 한다.

07 상중하

「근로기준법」상 임산부의 보호에 관한 설명이다. ( ) 안에 들어갈 숫자를 순서대로 각각 쓰시오.

> 사용자는 임신 중의 여성에게 출산 전과 출산 후를 통하여 90일[미숙아를 출산한 경우에는 ( )일, 한 번에 둘 이상 자녀를 임신한 경우에는 120일]의 출산전후휴가를 주어야 한다. 이 경우 휴가 기간의 배정은 출산 후에 45일[한 번에 둘 이상 자녀를 임신한 경우에는 ( )일] 이상이 되어야 하고, 미숙아의 범위, 휴가 부여 절차 등에 필요한 사항은 고용노동부령으로 정한다.

08 상중하

「근로기준법」상 부당해고 등의 구제절차에 관한 설명이다. ( ) 안에 들어갈 숫자를 순서대로 각각 쓰시오.

> • 구제신청은 부당해고 등이 있었던 날부터 ( )개월 이내에 하여야 한다.
> • 중앙노동위원회의 재심판정에 대하여 사용자나 근로자는 재심판정서를 송달받은 날부터 ( )일 이내에 「행정소송법」의 규정에 따라 소(訴)를 제기할 수 있다.

09 상중하

「최저임금법」에 관한 설명이다. ( ) 안에 들어갈 숫자를 순서대로 각각 쓰시오.

> 「최저임금법」에 따라 ( )년 이상의 기간을 정하여 근로계약을 체결하고 수습 중에 있는 근로자로서 수습을 시작한 날부터 ( )개월 이내인 사람에 대해서는 시간급 최저임금액에서 100분의 ( )을 뺀 금액을 그 근로자의 시간급 최저임금액으로 한다.

10 상중하

최저임금법령상 최저임금의 결정기준과 구분에 관한 설명이다. ( )에 들어갈 용어를 순서대로 쓰시오.

> 1. 최저임금은 근로자의 생계비, 유사 근로자의 임금, ( ) 및 소득분배율 등을 고려하여 정한다. 이 경우 사업의 종류별로 구분하여 정할 수 있다.
> 2. 1.에 따른 사업의 종류별 구분은 최저임금위원회의 심의를 거쳐 ( )이 정한다.

11 상중하

최저임금법령상 최저임금안에 대한 이의제기에 관한 설명이다. (   )에 들어갈 숫자와 용어를 순서대로 쓰시오.

> 근로자를 대표하는 자나 사용자를 대표하는 자는 고시된 최저임금안에 대하여 이의가 있으면 고시된 날부터 (   )일 이내에 대통령령으로 정하는 바에 따라 (   )에게 이의를 제기할 수 있다.

12 상중하

최저임금법상 용어의 정의와 최저임금의 결정에 관한 내용이다. (   )에 들어갈 용어를 쓰시오. 제27회

> 제2조 【정의】 이 법에서 "근로자", "사용자" 및 "임금"이란 「(㉠)」 제2조에 따른 근로자, 사용자 및 임금을 말한다.
> 제4조 【최저임금의 결정기준과 구분】 ① 최저임금은 근로자의 생계비, 유사 근로자의 임금, 노동생산성 및 소득분배율 등을 고려하여 정한다. 이 경우 사업의 종류별로 구분하여 정할 수 있다.
> ② 제1항에 따른 사업의 종류별 구분은 제12조에 따른 (㉡)의 심의를 거쳐 고용노동부장관이 정한다.

13 상중하

최저임금법상 최저임금액과 최저임금의 효력에 관한 내용이다. (   )에 들어갈 아라비아 숫자와 용어를 쓰시오. 제25회

> 제5조 【최저임금액】 ① <생략>
> ② 1년 이상의 기간을 정하여 근로계약을 체결하고 수습 중에 있는 근로자로서 수습을 시작한 날부터 (㉠) 개월 이내인 사람에 대하여는 대통령령으로 정하는 바에 따라 제1항에 따른 최저임금액과 다른 금액으로 최저임금액을 정할 수 있다. 다만, 단순노무업무로 고용노동부장관이 정하여 고시한 직종에 종사하는 근로자는 제외한다.
> 제6조 【최저임금의 효력】 ① <생략>
> ② <생략>
> ③ 최저임금의 적용을 받는 근로자와 사용자 사이의 근로계약 중 최저임금액에 미치지 못하는 금액을 임금으로 정한 부분은 (㉡)(으)로 하며, 이 경우 (㉡)(으)로 된 부분은 이 법으로 정한 최저임금액과 동일한 임금을 지급하기로 한 것으로 본다.

14 상중하

최저임금법령상 수습 중에 있는 근로자에 대한 최저임금액에 관한 내용이다. (　　)에 들어갈 아라비아 숫자를 쓰시오. 제26회

> 1년 이상의 기간을 정하여 근로계약을 체결하고 수습 중에 있는 근로자로서 수습을 시작한 날부터 (㉠)개월 이내인 사람에 대해서는 시간급 최저임금액(최저임금으로 정한 금액을 말한다)에서 100분의 (㉡)을(를) 뺀 금액을 그 근로자의 시간급 최저임금액으로 한다.

15 상중하

남녀고용평등과 일 · 가정 양립 지원에 관한 법령상 육아휴직의 종료에 관한 내용이다. (　　)에 들어갈 아라비아 숫자를 쓰시오. 제27회

> 시행령 제14조【육아휴직의 종료】① 육아휴직 중인 근로자는 다음 각 호의 구분에 따른 사유가 발생하면 그 사유가 발생한 날부터 (㉠)일 이내에 그 사실을 사업주에게 알려야 한다.
> 1. 임신 중인 여성 근로자가 육아휴직 중인 경우: 유산 또는 사산
> 2. 제1호 외의 근로자가 육아휴직 중인 경우
>   가. 해당 영유아의 사망
>   나. <생략>
>
> ② 사업주는 제1항에 따라 육아휴직 중인 근로자로부터 영유아의 사망 등에 대한 사실을 통지받은 경우에는 통지받은 날부터 (㉡)일 이내로 근무개시일을 지정하여 그 근로자에게 알려야 한다.

16 상중하

남녀고용평등과 일 · 가정 양립 지원에 관한 법률상 모성보호에 관한 내용이다. (　　)에 들어갈 용어 또는 숫자를 쓰시오. 제23회 수정

> 사업주는 근로자가 인공수정 또는 체외수정 등 (㉠)(을)를 받기 위하여 휴가를 청구하는 경우에 연간 (㉡)일 이내의 휴가를 주어야 하며, 이 경우 최초 2일은 유급으로 한다. 다만, 근로자가 청구한 시기에 휴가를 주는 것이 정상적인 사업운영에 중대한 지장을 초래하는 경우에는 근로자와 협의하여 그 시기를 변경할 수 있다.

17 남녀고용평등과 일 · 가정 양립 지원에 관한 법률상 배우자 출산휴가에 관한 내용이다. (   )에 들어갈 아라비아 숫자와 용어를 쓰시오. 제26회 수정

상중하

> 제18조의2 【배우자 출산휴가】 ① 사업주는 근로자가 배우자의 출산을 이유로 휴가(이하 "배우자 출산휴가"라 한다)를 고지하는 경우에 (㉠)일의 휴가를 주어야 한다. 이 경우 사용한 휴가기간은 (㉡)(으)로 한다.
> ② 제1항 후단에도 불구하고 출산전후휴가급여등이 지급된 경우에는 그 금액의 한도에서 지급의 책임을 면한다.
> ③ 배우자 출산휴가는 근로자의 배우자가 출산한 날부터 (㉢)일이 지나면 청구할 수 없다.

18 근로자퇴직급여 보장법령상 용어에 관한 설명이다. (   ) 안에 들어갈 용어와 숫자를 순서대로 각각 쓰시오.

상중하

> • (   )퇴직연금이라 함은 근로자가 지급받을 급여의 수준이 사전에 결정되어 있는 퇴직연금을 말한다.
> • (   )퇴직연금이라 함은 급여의 지급을 위하여 사용자가 부담하여야 할 부담금의 수준이 사전에 결정되어 있는 퇴직연금을 말한다.
> • 상시 (   )명 미만의 근로자를 사용하는 사업의 경우 사용자가 개별 근로자의 동의를 받거나 근로자의 요구에 따라 개인형퇴직연금제도를 설정하는 경우에는 해당 근로자에 대하여 퇴직급여제도를 설정한 것으로 본다.

19 근로자퇴직급여 보장법상 퇴직급여에 관한 내용이다. (   )에 들어갈 숫자를 쓰시오. 제23회

상중하

> 사용자에게 지급의무가 있는 "퇴직급여 등"은 사용자의 총재산에 대하여 질권 또는 저당권에 의하여 담보된 채권을 제외하고는 조세 · 공과금 및 다른 채권에 우선하여 변제되어야 한다. 다만, 질권 또는 저당권에 우선하는 조세조세 · 공과금에 대하여는 그러하지 아니하다. 그럼에도 불구하고 최종 (   )년간의 퇴직급여 등은 사용자의 총재산에 대하여 질권 또는 저당권에 의하여 담보된 채권, 조세조세 · 공과금 및 다른 채권에 우선하여 변제되어야 한다.

20 상중하

「근로자퇴직급여 보장법」의 용어정의에 관한 내용이다. (　　)에 들어갈 용어를 쓰시오. 제22회

> (　　)퇴직연금제도란 가입자의 선택에 따라 가입자가 납입한 일시금이나 사용자 또는 가입자가 납입한 부담금을 적립・운용하기 위하여 설정한 퇴직연금제도로서 급여의 수준이나 부담금의 수준이 확정되지 아니한 퇴직연금제도를 말한다.

21 상중하

근로자퇴직급여 보장법령상 퇴직급여제도의 설정에 관한 규정이다. (　　) 안에 들어갈 숫자를 순서대로 각각 쓰시오. 제19회

> 사용자는 퇴직하는 근로자에게 급여를 지급하기 위하여 퇴직급여제도 중 하나 이상의 제도를 설정하여야 한다. 다만, 계속근로기간이 (　　)년 미만인 근로자, 4주간을 평균하여 1주간의 소정근로시간이 (　　)시간 미만인 근로자에 대하여는 그러하지 아니하다.

22 상중하

「노동조합 및 노동관계조정법」상 노동조합의 설립신고에 관한 설명이다. (　　) 안에 들어갈 용어를 쓰시오.

> 노동조합을 설립하고자 하는 자는 신고서에 규약을 첨부하여 연합단체인 노동조합과 2 이상의 특별시・광역시・특별자치시・도・특별자치도에 걸치는 단위노동조합은 (　　)에게, 2 이상의 시・군・구(자치구를 말한다)에 걸치는 단위노동조합은 특별시장・광역시장・도지사에게, 그 외의 노동조합은 특별자치시장・특별자치도지사・시장・군수・구청장(자치구의 구청장을 말한다)에게 제출하여야 한다.

23 상중하

노동조합 및 노동관계조정법령상 단체협약의 유효기간에 관한 설명이다. ( )에 들어갈 숫자를 순서대로 쓰시오. 제21회

- 단체협약의 유효기간이 만료되는 때를 전후하여 당사자 쌍방이 새로운 단체협약을 체결하고자 단체교섭을 계속하였음에도 불구하고 새로운 단체협약이 체결되지 아니한 경우에는 별도의 약정이 있는 경우를 제외하고는 종전의 단체협약은 그 효력만료일부터 ( )월까지 계속 효력을 갖는다.
- 단체협약에 그 유효기간이 경과한 후에도 새로운 단체협약이 체결되지 아니한 때에는 새로운 단체협약이 체결될 때까지 종전 단체협약의 효력을 존속시킨다는 취지의 별도의 약정이 있는 경우에는 그에 따르되, 당사자 일방은 해지하고자 하는 날의 ( )월 전까지 상대방에게 통고함으로써 종전의 단체협약을 해지할 수 있다.

24 상중하

노동조합 및 노동관계조정법상 부당노동행위에 관한 내용이다. ( )에 들어갈 용어를 쓰시오. 제26회

사용자는 근로자가 어느 노동조합에 가입하지 아니할 것 또는 탈퇴할 것을 고용조건으로 하거나 특정한 노동조합의 조합원이 될 것을 고용조건으로 하는 행위를 할 수 없다. 다만, 노동조합이 당해 사업장에 종사하는 근로자의 3분의 2 이상을 대표하고 있을 때에는 근로자가 그 노동조합의 조합원이 될 것을 고용조건으로 하는 (㉠)의 체결은 예외로 한다.

25 상중하

노동조합 및 노동관계조정법상 근로자의 구속제한에 관한 내용이다. ( )에 들어갈 용어를 쓰시오. 제27회

제29조 【근로자의 구속제한】 근로자는 쟁의행위 기간중에는 (㉠) 외에는 이 법 위반을 이유로 구속되지 아니한다.

26 상중하

「산업재해보상보험법」상 요양급여와 휴업급여에 관한 내용이다. ( )에 들어갈 숫자를 순서대로 쓰시오. 제20회

- 요양급여의 경우 업무상의 사유로 인한 근로자의 부상 또는 질병이 ( )일 이내의 요양으로 치유될 수 있으면 지급하지 아니한다.
- 휴업급여의 경우 1일당 지급액은 평균임금의 100분의 ( )에 상당하는 금액으로 한다. 다만, 취업하지 못한 기간이 3일 이내이면 지급하지 아니한다.

27 상중하

산업재해보상보험법상 장례비에 관한 내용이다. ( )에 들어갈 아라비아 숫자를 쓰시오. 제24회

장례비는 근로자가 업무상의 사유로 사망한 경우에 지급하되, 평균임금의 (㉠)일분에 상당하는 금액을 그 장례를 지낸 유족에게 지급한다. 다만, 장례를 지낼 유족이 없거나 그 밖에 부득이한 사유로 유족이 아닌 사람이 장례를 지낸 경우에는 평균임금의 (㉡)일분에 상당하는 금액의 범위에서 실제 드는 비용을 그 장례를 지낸 사람에게 지급한다.

28 상중하

산업재해보상보험법령상 용어에 관한 설명이다. ( ) 안에 들어갈 용어를 순서대로 각각 쓰시오.

- “( )”란 부상 또는 질병이 완치되거나 치료의 효과를 더 이상 기대할 수 없고 그 증상이 고정된 상태에 이르게 된 것을 말한다.
- “( )”란 부상 또는 질병이 치유되었으나 정신적 또는 육체적 훼손으로 인하여 노동능력이 상실되거나 감소된 상태를 말한다.
- “( )”란 업무상의 부상 또는 질병에 따른 정신적 또는 육체적 훼손으로 노동능력이 상실되거나 감소된 상태로서 그 부상 또는 질병이 치유되지 아니한 상태를 말한다.

29 상중하

산업재해보상보험법상 보험급여에 관한 내용이다. (   )에 들어갈 용어를 쓰시오.

제25회

> 제66조(㉠) ① 요양급여를 받는 근로자가 요양을 시작한 지 2년이 지난 날 이후에 다음 각 호의 요건 모두에 해당하는 상태가 계속되면 휴업급여 대신 (㉠)(을)를 그 근로자에게 지급한다.
> 1. 그 부상이나 질병이 치유되지 아니한 상태일 것
> 2. 그 부상이나 질병에 따른 중증요양상태의 정도가 대통령령으로 정하는 중증요양상태등급 기준에 해당할 것
> 3. 요양으로 인하여 취업하지 못하였을 것

30 상중하

고용보험법령상 구직급여의 소정급여일수에 관한 설명이다. (   )에 들어갈 숫자를 순서대로 쓰시오. (단, A, B는 구직급여의 수급 요건을 갖춘 자로서 자영업자가 아님)

> • A: 이직일 현재 연령이 28세인 자로서 피보험기간이 2년인 경우 – (   )일
> • B: 「장애인고용촉진 및 직업재활법」에 따른 장애인으로 이직일 현재 연령이 32세인 자로서 피보험기간이 4년인 경우 – (   )일

31 상중하

고용보험법령에 관한 설명이다. (   )에 들어갈 아라비아 숫자를 쓰시오.

> 피보험자격의 취득·상실에 대한 확인, 실업급여 및 육아휴직급여와 출산전후휴가급여 등에 관한 처분에 이의가 있는 자는 확인 또는 처분이 있음을 안 날부터 (   )일 이내에 고용보험심사관에게 심사를 청구할 수 있다.

32 상중하

고용보험법상 실업급여의 기초가 되는 입금일액에 관한 내용이다. (　　)에 들어갈 용어를 쓰시오. 제24회

> 구직급여의 산정 기초가 되는 임금일액은 고용보험법 제43조 제1항에 따른 수급자격의 인정과 관련된 마지막 이직 당시 「근로기준법」 제2조 제1항 제6호에 따라 산정된 (㉠)(으)로 한다. 다만, 마지막 이직일 이전 3개월 이내에 피보험자격을 취득한 사실이 2회 이상인 경우에는 마지막 이직일 이전 3개월간 (일용근로자의 경우에는 마지막 이직일 이전 4개월 중 최종 1개월을 제외한 기간)에 그 근로자에게 지급된 임금 총액을 그 산정의 기준이 되는 3개월의 총 일수로 나눈 금액을 기초일액으로 한다.

33 상중하

고용보험법상 구직급여에 관한 내용이다. (　　)에 들어갈 아라비아 숫자를 쓰시오. 제25회

> 제48조 【수급기간 및 수급일수】 ① 구직급여는 이 법에 따로 규정이 있는 경우 외에는 그 구직급여의 수급자격과 관련된 이직일의 다음 날부터 계산하기 시작하여(㉠)개월 내에 제50조 제1항에 따른 소정급여일수를 한도로 하여 지급한다.
>
> 제49조 【대기기간】 제44조에도 불구하고 제42조에 따른 실업의 신고일부터 계산하기 시작하여 (㉡)일간은 대기기간으로 보아 구직급여를 지급하지 아니한다. 다만, 최종 이식 당시 건설일용근로자였던 사람에 대해서는 제42조에 따른 실업의 신고일부터 계산하여 구직급여를 지급한다.
>
> ※ 제44조 【실업의 인정】 ① 구직급여는 수급자격자가 실업한 상태에 있는 날 중에서 직업안정기관의 장으로부터 실업의 인정을 받은 날에 대하여 지급한다.

34 상중하

국민연금법령에 관한 설명이다. (　　) 안에 들어갈 용어와 숫자를 순서대로 각각 쓰시오.

> • 사업장가입자의 연금보험료 중 (　　)은 사업장가입자 본인이, (　　)은 사용자가 각각 부담하되, 그 금액은 각각 기준소득월액의 1천분의 45에 해당하는 금액으로 한다.
>
> • 연금보험료는 납부의무자가 다음 달 (　　)일까지 내야 한다.

35

상중하

국민연금법령에 관한 설명이다. ( ) 안에 들어갈 용어와 숫자를 순서대로 쓰시오.

- 심사청구에 대한 결정에 불복하는 자는 그 결정통지를 받은 날부터 90일 이내에 ( )에 재심사를 청구할 수 있다.
- 연금보험료, 환수금, 그 밖의 국민연금법령에 따른 징수금을 징수하거나 환수할 공단의 권리는 3년간, 가입기간이 10년 미만인 자가 60세가 된 때에 따른 반환일시금을 받을 권리는 ( )년간 행사하지 아니하면 각각 소멸시효가 완성된다.

36

상중하

국민연금법령상 심사청구에 관한 설명이다. ( )에 들어갈 용어를 쓰시오.

제21회

가입자의 자격, 기준소득월액, 연금보험료 그 밖의 「국민연금법」에 따른 징수금과 급여에 관한 국민연금공단 또는 국민건강보험공단의 처분에 이의가 있는 자는 그 처분을 한 국민연금공단 또는 국민건강보험공단에 심사청구를 할 수 있으며, 심사청구 사항을 심사하기 위하여 국민연금공단에 국민연금심사위원회 또는 심사위원회를 두고, 국민건강보험공단에 ( )를 둔다.

37

상중하

국민건강보험법령에 관한 설명이다. ( ) 안에 들어갈 숫자를 쓰시오.

보험료는 가입자의 자격을 취득한 날이 속하는 달의 다음 달부터 가입자의 자격을 잃은 날의 전날이 속하는 달까지 징수한다. 다만, 가입자의 자격을 매월 ( )일에 취득한 경우 또는 건강보험 적용 신청으로 가입자의 자격을 취득하는 경우에는 그달부터 징수한다.

38 상중하

국민건강보험법상 보험료가 면제되는 체류기간에 관한 내용이다. ( )에 들어갈 아라비아 숫자를 쓰시오.

> 이 법 제74조 제1항 본문에서 "대통령령으로 정하는 기간"이란 (㉠)개월을 말한다. 다만, 업무에 종사하기 위해 국외에 체류하는 경우라고 공단이 인정하는 경우에는 (㉡)개월을 말한다.

39 상중하

국민건강보험법상 국민건강보험가입자격에 관한 내용이다. ( )에 들어갈 아라비아 숫자를 쓰시오. 제24회

> - 가입자의 자격이 변동된 경우 직장가입자의 사용자와 지역가입자의 세대주는 그 명세를 보건복지부령으로 정하는 바에 따라 자격이 변동된 날부터 (㉠)일 이내에 보험자에게 신고하여야 한다.
> - 가입자의 자격을 잃은 경우 직장가입자의 사용자와 지역가입자의 세대주는 그 명세를 보건보직부령으로 정하는 바에 따라 자격을 잃은 날부터 (㉡)일 이내에 보험자에게 신고하여야 한다.

40 상중하

국민건강보험법상 보험료에 관한 내용이다. ( )에 들어갈 아라비아 숫자와 용어를 쓰시오. 제25회

> 제73조【보험료율 등】① 직장가입자의 보험료율은 1천분의 (㉠)의 범위에서 심의위원회의 의결을 거쳐 대통령령으로 정한다.
>
> 제78조【보험료의 납부기한】① 제77조 제1항 및 제2항에 따라 보험료 납부의무가 있는 자는 가입자에 대한 그 달의 보험료를 그 다음 달 (㉡)일까지 납부하여야 한다. 다만, 직장가입자의 소득월액보험료 및 지역가입자의 보험료는 보건복지부령으로 정하는 바에 따라 (㉢)별로 납부할 수 있다.

Chapter 04

대외업무 및 리모델링

연계학습 기본서 p.306~335

단·원·열·기

공동주택과 부대시설 및 복리시설에 대한 행위허가와 신고에 관한 문제가 출제되고 있으나 정리가 잘되지 않아 수험생들이 시험 직전까지 힘들어 하는 부분이기도 합니다. 따라서 기출문제를 토대로 출제유형을 습득해야 하며 리모델링은 개정부분이 많기 때문에 특히 주의하여 정리해야 합니다.

01 상중하

공동주택관리법령상 공동주택의 전유부분의 시설물 또는 설비를 철거하는 경우 필요한 동의요건은?

① 해당 동에 거주하는 입주자 3분의 2 이상의 동의
② 해당 동에 거주하는 입주자 등 3분의 2 이상의 동의
③ 해당 동에 거주하는 입주자 등의 2분의 1 이상의 동의
④ 전체 입주자 3분의 2 이상의 동의
⑤ 전체 입주자 등 3분의 2 이상의 동의

02 상중하

공동주택관리법령상 공동주택의 관리주체가 시장·군수·구청장의 허가를 받거나 신고를 하여야 하는 행위는?

① 공동주택의 창틀·문틀의 교체
② 공동주택의 세대 내 천장·벽·바닥의 마감재 교체
③ 공동주택의 급·배수관 등 배관설비의 교체
④ 공동주택의 대수선
⑤ 세대 내 난방설비의 교체(시설물의 파손·철거는 제외한다)

03 상중하

공동주택관리법령상 시장 · 군수 · 구청장의 허가와 신고를 필요로 하는 공동주택 등의 행위변경에 관한 설명으로 옳지 않은 것은?

① 입주자 공유가 아닌 복리시설을 용도변경 하고자 하는 경우에는 「주택건설기준 등에 관한 규정」에 따른 부대시설이나 복리시설로 용도를 변경하는 경우로서 신고를 필요로 한다.
② 부대시설 및 입주자 공유인 복리시설의 건축물 내부의 시설물 또는 설비의 철거로 구조안전에 이상이 없다고 시장 · 군수 · 구청장이 인정하는 경우로서 전체 입주자 등 2분의 1 이상의 동의를 받은 후 허가를 얻어야 한다.
③ 공동주택을 개축하고자 하는 경우에는 해당 동의 입주자 3분의 2 이상의 동의 후 허가를 얻어야 한다.
④ 공동주택의 용도폐지는 위해의 방지를 위하여 시장 · 군수 · 구청장이 부득이하다고 인정하는 경우로서 해당 동 입주자 등의 2분의 1 이상의 동의 후 허가를 받아야 한다.
⑤ 부대시설 및 입주자 공유인 복리시설을 대수선하고자 하는 경우에는 전체 입주자 3분의 2 이상 동의 후 허가를 얻어야 한다.

04 상중하

공동주택관리법령상 위해의 방지 등을 위하여 시장 · 군수 · 구청장이 부득이하다고 인정하는 경우로서 전체 입주자 3분의 2 이상의 동의를 받은 후 시장 · 군수 · 구청장의 허가를 받아야 하는 행위는?

① 입주자 공유가 아닌 복리시설의 용도변경
② 세대구분형 공동주택의 설치
③ 입주자 공유인 복리시설의 용도폐지
④ 공동주택의 증축 · 증설
⑤ 복리시설의 개축

05 상중하

공동주택관리법령상 공동주택의 관리에 있어 시장 · 군수 · 구청장의 허가를 받거나 신고를 받아야 할 사항을 정하고 있다. 다음 중 공동주택관리법 시행령 별표3에서 정하고 있는 신고기준은?

① 전체 입주자 3분의 2 이상의 동의를 얻은 후 부대시설 및 입주자 공유인 복리시설을 증축하는 행위
② 위해의 방지 등을 위하여 시장 · 군수 · 구청장이 부득이하다고 인정하는 경우로서 입주자 공유가 아닌 복리시설을 용도폐지하는 행위
③ 해당 동 입주자 3분의 2 이상의 동의를 얻은 후 공동주택을 대수선하는 행위
④ 시설물 또는 설비의 철거로 구조안전에 이상이 없다고 시장 · 군수 · 구청장이 인정하는 경우로서 공동주택의 공용부분을 파손 · 철거하는 행위
⑤ 「주택건설기준 등에 관한 규정」 에 따른 설치기준에 적합한 범위에서 부대시설이나 입주자 공유가 아닌 복리시설을 용도변경 하는 행위

06 상중하

공동주택관리법령상 공동주택의 관리에 있어 시장 · 군수 · 구청장의 허가를 받거나 신고를 받아야 할 사항을 정하고 있다. 다음 중 공동주택관리법 시행령 별표3에서 정하고 있는 허가기준은?

① 주차장에 「환경친화적 자동차의 개발 및 보급 촉진에 관한 법률」에 따른 전기자동차의 고정형 충전기 및 충전 전용 주차구획을 설치하는 행위
② 공동주택 및 입주자 공유가 아닌 복리시설에서 주택법에 따른 사용검사를 받은 면적의 10퍼센트의 범위에서 유치원을 증축(「주택건설기준 등에 관한 규정」에서 정한 부대시설 · 복리시설의 설치기준에 적합한 경우로 한정한다)하는 행위
③ 노약자나 장애인의 편리를 위한 부대시설 및 입주자 공유인 복리시설의 계단의 단층철거 행위
④ 「주택건설기준 등에 관한 규정」에 적합한 범위 안에서 관리사무소를 사용검사를 받은 면적 또는 규모의 10퍼센트의 범위에서 파손 · 철거 또는 증축 · 증설하는 행위
⑤ 부대시설 및 입주자 공유인 복리시설에서 구조안전에 이상이 없다고 시장 · 군수 · 구청장이 인정하는 경우로서 건축물 내부를 증설 하는 경우로서 전체 입주자 등의 2분의 1 이상의 동의를 받은 행위

07 상중하

공동주택관리법령상 부대시설 및 입주자 공유인 복리시설의 증축 · 증설에 관한 기준 중 「주택건설기준 등에 관한 규정」에 적합한 범위 내에서 입주자대표회의의 동의를 받아 신고만으로 사용검사를 받은 면적 또는 규모의 10퍼센트의 범위에서 증축 · 증설 할 수 없는 시설은?

① 주택단지 안의 도로
② 어린이놀이터
③ 경비실
④ 어린이집
⑤ 경비실과 통화가 가능한 구내전화

08 상중하

공동주택관리법령상 공동주택 등에 대한 시장 · 군수 · 구청장의 허가 및 신고기준에 관한 설명으로 옳지 않은 것은?

① 공동주택에서 노약자나 장애인의 편리를 위한 계단의 단층철거 등 경미한 행위는 입주자대표회의의 동의 후 신고를 하여야 한다.
② 부대시설 및 입주자 공유인 복리시설의 증축은 전체 입주자의 3분의 2 이상의 동의 후 허가를 받아야 한다.
③ 부대시설 및 입주자 공유인 복리시설의 파손 · 철거는 건축물인 부대시설 또는 복리시설을 전부 철거하는 경우로서 전체 입주자 3분의 2 이상의 동의를 얻은 경우로서 허가를 받아야 한다.
④ 공동주택에 대한 용도폐지는 위해의 방지 등을 위하여 시장 · 군수 · 구청장이 부득이하다고 인정하는 경우로서 해당 동의 입주자 3분의 2 이상의 동의를 얻은 후 허가를 받아야 한다.
⑤ 입주자 공유가 아닌 복리시설의 증축 · 증설의 규정 중 사용검사를 받은 면적의 10퍼센트의 범위에서 유치원을 증축(「주택건설기준 등에 관한 규정」에서 정한 부대시설 · 복리시설의 설치기준에 적합한 경우로 한정한다)하거나 「장애인 · 노인 · 임산부 등의 편의증진보장에 관한 법률」에 따른 편의시설을 설치하려는 경우 허가를 받아야 한다.

09 상중하 **공동주택관리법령상 시장 · 군수 · 구청장의 허가 또는 신고를 필요로 하는 행위에 대한 설명으로 옳은 것은?**

① 부대시설 및 입주자 공유인 복리시설에서 해당 동의 전체 입주자 과반수 이상의 동의를 얻어 주민운동시설, 주택단지 안의 도로 및 어린이놀이터를 각각 전체 면적의 4분의 3 범위에서 주차장 용도로 변경하는 경우[2013년 12월 17일 이전에 종전의 「주택건설촉진법」(법률 제6916호 주택건설촉진법개정법률로 개정되기 전의 것을 말한다) 제33조 및 종전의 「주택법」(법률 제13805호 주택법 전부개정법률로 개정되기 전의 것을 말한다) 제16조에 따른 사업계획승인을 신청하거나 「건축법」 제11조에 따른 건축허가를 받아 건축한 20세대 이상의 공동주택으로 한정한다]로서 그 용도변경의 필요성을 시장 · 군수 · 구청장이 인정하는 경우로서 허가를 얻어야 한다.

② 공동주택에 대한 노약자 및 장애인의 편리를 위한 계단의 단층철거는 해당 동에 거주하는 입주자 등의 2분의 1 이상의 동의 후 신고를 필요로 한다.

③ 어린이놀이터를 사용검사를 받은 면적 또는 규모의 10퍼센트의 범위에서 파손 · 철거하려면 입주자대표회의의 동의 후 신고를 하여야 한다.

④ 입주자 공유가 아닌 복리시설의 용도변경은 「주택건설기준 등에 관한 규정」에 따른 부대시설이나 입주자 공유가 아닌 복리시설로 용도를 변경하는 경우로서 허가를 받아야 한다.

⑤ 부대시설 및 입주자 공유인 복리시설의 파손 및 철거로서 건축물인 부대시설 또는 복리시설을 전부 철거하는 경우로서 전체 입주자 2분의 1 이상의 동의 후 허가를 얻어야 한다.

10 상중하 **공동주택관리법령상 위해의 방지를 위하여 시장 · 군수 · 구청장이 부득이하다고 인정하는 경우로서 해당 동 입주자의 3분의 2 이상의 동의를 받아야 하는 행위는?**

① 공동주택의 용도변경
② 공동주택의 파손
③ 공동주택의 용도변경
④ 공동주택의 대수선
⑤ 공동주택의 용도폐지

11 상중하 **공동주택관리법령상 부대시설 및 입주자 공유인 복리시설 건축물 내부의 시설물 또는 설비의 철거로 시장 · 군수 · 구청창이 인정하는 경우로서 전체 입주자 등의 2분의 1 이상의 동의를 받은 행위 중 시장 · 군수 · 구청장의 허가를 받아야 하는 것은?**

① 부대시설의 개축
② 입주자 공유인 복리시설의 파손
③ 공동주택의 철거
④ 입주자 공유가 아닌 복리시설의 개축
⑤ 입주자 공유인 복리시설의 용도폐지

12 상중하 **공동주택관리법령상 시장 · 군수 · 구청장의 허가를 받아야 하는 공동주택 등의 행위허가 기준에 관한 설명으로 옳지 않은 것은?**

① 공동주택의 전유부분을 파손하고자 할 때는 시설물 또는 설비의 철거로 구조안전에 이상이 없다고 시장 · 군수 · 구청장이 인정하는 경우로서 해당 동에 거주하는 입주자 등의 2분의 1 이상의 동의를 얻어야 한다.
② 공동주택을 개축하고자 할 때는 해당 동의 입주자 3분의 2 이상의 동의를 얻어야 한다.
③ 입주자 공유가 아닌 복리시설의 용도폐지는 위해의 방지 등을 위하여 시장 · 군수 · 구청장이 부득이하다고 인정하는 경우로서 전체 입주자 3분의 2 이상의 동의를 얻어야 한다.
④ 부대시설 및 입주자 공유인 복리시설을 철거하고자 할 때 위해의 방지를 위하여 시장 · 군수 · 구청장이 부득이하다고 인정하는 경우로서 전제 입주자 등 2분의 1 이상의 동의를 얻어야 한다.
⑤ 부대시설 및 입주자 공유인 복리시설을 대수선하고자 할 때는 전체 입주자 3분의 2 이상의 동의를 얻어야 한다.

13 상중하 **공동주택관리법령상 공동주택의 관리주체가 관할 특별자치시장 · 특별자치도지사 · 시장 · 군수 · 구청장**(자치구의 구청장을 말한다)**의 허가를 받거나 신고를 하여야 하는 행위를 모두 고른 것은?** 제20회

㉠ 급 · 배수관 등 배관설비의 교체 ㉡ 지능형 홈네트워크설비의 교체 ㉢ 공동주택을 사업계획에 따른 용도 외의 용도에 사용하는 행위 ㉣ 공동주택의 효율적 관리에 지장을 주는 공동주택의 용도폐지

① ㉠, ㉢
② ㉢, ㉣
③ ㉠, ㉡, ㉣
④ ㉠, ㉢, ㉣
⑤ ㉡, ㉢, ㉣

14 상중하 **공동주택관리법령상 공동주택의 행위허가 또는 신고의 기준 중 허가기준을 정하고 있지 않는 것은?** 제19회 수정

① 입주자 공유가 아닌 복리시설의 용도변경
② 입주자 공유가 아닌 복리시설의 철거
③ 입주자 공유가 아닌 복리시설의 대수선
④ 부대시설 및 입주자 공유인 복리시설의 대수선
⑤ 공동주택의 대수선

15 상중하 **공동주택관리법령상 공동주택의 용도변경 등에 관한 설명으로 옳지 않은 것은?**

① 공동주택의 용도변경 허가는 전체 입주자 3분의 2 이상의 동의를 얻어야 한다.
② 공동주택의 용도변경은 법령의 개정이나 여건의 변동 등으로 인하여 「주택건설기준 등에 관한 규정」에 의한 주택의 건설기준에 부적합하게 된 공동주택의 전유부분을 동규정에 적합한 시설로 용도를 변경하는 것이어야 한다.
③ 공동주택의 개축은 해당 동의 입주자 3분의 2 이상의 동의를 얻어야 한다.
④ 부대시설 및 입주자 공유인 복리시설의 대수선에서 내력벽에 배관을 설치하는 경우에는 전체 입주자 등 2분의 1 이상의 얻어야 한다.
⑤ 노약자나 장애인의 편리를 위한 계단의 단층 철거는 입주자대표회의의 동의를 얻은 후 허가를 받아야 한다.

16 상중하

주택법령상 리모델링의 정의에 관한 설명으로 옳지 않은 것은?

① 리모델링이란 건축물의 노후화 억제 또는 기능 향상 등을 위한 대수선 또는 증축하는 행위를 말한다.

② 증축은 사용검사일 또는 「건축법」에 따른 사용승인일부터 15년(15년 이상 20년 미만의 연수 중 특별시·광역시·특별자치시·도 또는 특별자치도의 조례로 정하는 경우에는 그 연수로 한다)이 경과된 공동주택이 가능하다.

③ 증축범위는 각 세대의 주거전용면적(「건축법」에 따른 건축물대장 중 집합건축물대장의 전유부분의 면적을 말한다)의 30퍼센트 이내(세대의 주거전용면적이 85제곱미터 미만인 경우에는 40퍼센트 이내)에서 증축이 가능하다.

④ 각 세대의 증축 가능 면적을 합산한 면적의 범위에서 기존 세대수의 30퍼센트 이내에서 세대수를 증가하는 증축 행위가 가능하다.

⑤ 수직으로 증축하는 행위의 대상이 되는 기존 건축물의 층수가 15층 이상인 경우 3개층까지 증축이 가능하다.

17 상중하

주택법령상 리모델링에 관한 설명으로 옳지 않은 것은?

① 소유자 전원의 동의를 얻은 입주자대표회의는 시장·군수·구청장의 허가를 얻어 공동주택에 대한 리모델링을 시행할 수 있다.

② 설립인가를 받은 리모델링주택조합의 총회 또는 소유자 전원의 동의를 받은 입주자대표회의가 시공자 선정을 위하여 2회 이상 경쟁입찰을 하였으나 입찰자의 수가 해당 경쟁입찰의 방법에서 정하는 최저 입찰자 수에 미달하여 경쟁입찰의 방법으로 시공자를 선정할 수 없게 된 경우에는 국토교통부장관이 정하는 경쟁입찰의 방법으로 하지 않을 수 있다.

③ 시장·군수·구청장은 리모델링의 원활한 추진을 지원하기 위하여 리모델링 지원센터를 설치하여 운영할 수 있다.

④ 공동주택의 리모델링에 있어서 일부 공용부분의 면적을 전유부분의 면적으로 변경하는 경우에도 소유자의 나머지 공용부분의 면적은 변하지 아니한 것으로 본다.

⑤ 입주자 공유가 아닌 복리시설 등의 증축규정 중 주택과 주택 외의 시설이 동일 건축물로 건축된 경우는 기존 건축물 연면적 합계의 10분의 1 이내의 범위 안에서 증축할 수 있다.

18 상중하

주택법령상 증축형 리모델링의 안전진단에 관한 설명으로 옳지 않은 것은?

① 면적 및 세대수 증가를 위한 증축하는 리모델링을 하려는 자는 시장·군수·구청장에게 안전진단을 요청하여야 하며, 안전진단을 요청받은 시장·군수·구청장은 해당 건축물의 증축 가능 여부의 확인 등을 위하여 안전진단을 실시하여야 한다.

② 안전진단을 실시하는 경우에 시장·군수·구청장은 안전진단전문기관, 국토안전관리원, 건축사협회에 안전진단을 의뢰하여야 하며, 안전진단을 의뢰받은 기관은 리모델링을 하려는 자가 추천한 건축구조기술사(구조설계를 담당할 자를 말한다)와 함께 안전진단을 실시하여야 한다.

③ 시장·군수·구청장이 안전진단으로 건축물 구조의 안전에 위험이 있다고 평가하여 「도시 및 주거환경정비법」에 따른 재건축사업 및 「빈집 및 소규모주택 정비에 관한 특례법」에 따른 소규모재건축사업의 시행이 필요하다고 결정한 건축물은 증축형 리모델링을 하여서는 아니 된다.

④ 시장·군수·구청장은 수직증축형 리모델링을 허가한 후에 해당 건축물의 구조안전성 등에 대한 상세 확인을 위하여 안전진단을 실시하여야 한다.

⑤ 시장·군수·구청장은 안전진단을 실시하는 비용의 전부 또는 일부를 리모델링을 하려는 자에게 부담하게 할 수 있다.

19 상중하

주택법령상 리모델링에 관한 설명으로 옳은 것은?

① 소유자 5분의 4 이상의 동의를 얻은 입주자대표회의는 시장·군수·구청장의 허가를 얻어 공동주택에 대한 리모델링을 시행할 수 있다.

② 설립인가를 받은 리모델링주택조합의 총회 또는 소유자 전원의 동의를 받은 입주자대표회의가 시공자 선정을 위하여 2회 이상 경쟁입찰을 하였으나 입찰자의 수가 해당 경쟁입찰의 방법에서 정하는 최저 입찰자 수에 미달하여 경쟁입찰의 방법으로 시공자를 선정할 수 없게 된 경우에는 시·도지사가 정하는 경쟁입찰의 방법으로 하지 않을 수 있다.

③ 수직증축형 리모델링의 설계자는 시·도지사가 정하여 고시하는 구조기준에 맞게 구조설계도서를 작성하여야 한다.

④ 공동주택의 소유자가 리모델링에 있어서 일부 공용부분의 면적을 전유부분의 면적으로 변경하는 경우에는 집합건물의 소유 및 관리에 관한 법률 규정에도 불구하고 그 소유자의 나머지 공용부분의 면적은 권리변동계획에 의한다.

⑤ 입주자·사용자 또는 관리주체가 리모델링을 하는 경우 동의비율은 공사기간, 공사방법 등이 적혀 있는 동의서에 입주자 전체의 동의를 받아야 한다.

20 상중하

주택법령상 리모델링에 관한 설명으로 옳지 않은 것은?

① 공동주택 리모델링은 주택단지별 또는 동별로 한다.

② 리모델링주택조합이 주택단지 전체를 리모델링하고자 하는 경우에는 주택단지 전체 구분소유자 및 의결권의 각 75퍼센트 이상의 동의와 각 동별 구분소유자 및 의결권의 각 30퍼센트 이상의 동의를 받아야 한다.

③ 리모델링주택조합이 동을 리모델링하고자 하는 경우에는 그 동의 구분소유자 및 의결권의 각 75퍼센트 이상의 동의를 받아야 한다.

④ 공동주택 리모델링은 내력벽의 철거에 의하여 세대를 합치는 행위가 아니어야 한다.

⑤ 주택조합설립인가서 사본은 리모델링주택조합이 허가 신청 시 제출하는 서류에 포함된다.

21 상중하

주택법령상 리모델링에 관한 설명으로 옳지 않은 것은?

① 시장·군수·구청장은 수직증축형 리모델링을 하려는 자가 「건축법」에 따른 건축위원회의 심의를 요청하는 경우 구조계획상 증축범위의 적정성 등에 대하여 전문기관에 안전성 검토를 의뢰하여야 한다.

② 시장·군수·구청장은 수직증축형 리모델링을 하려는 자의 허가 신청이 있거나 안전진단 결과 국토교통부장관이 정하여 고시하는 설계도서의 변경이 있는 경우 제출된 설계도서상 구조안전의 적정성 여부 등에 대하여 검토를 수행한 전문기관에 안전성 검토를 의뢰하여야 한다.

③ ① 및 ②에 따라 검토의뢰를 받은 전문기관은 국토교통부장관이 정하여 고시하는 검토기준에 따라 검토한 결과를 안전성 검토를 의뢰받은 날부터 30일 이내에 시장·군수·구청장에게 제출하여야 하며, 시장·군수·구청장은 특별한 사유가 없는 경우 주택법 및 관계 법률에 따른 위원회의 심의 또는 허가 시 제출받은 안전성 검토결과를 반영하여야 한다.

④ 시장·군수·구청장은 ① 및 ②에 따른 전문기관의 안전성 검토비용의 전부 또는 일부를 리모델링을 하려는 자에게 부담하게 할 수 있다.

⑤ 국토교통부장관은 시장·군수·구청장에게 ③에 따라 제출받은 자료의 제출을 요청할 수 있으며, 필요한 경우 시장·군수·구청장으로 하여금 안전성 검토결과의 적정성 여부에 대하여 「건축법」에 따른 시·도 도시계획위원회 또는 시·군·구 도시계획위원회의 심의를 받도록 요청할 수 있다.

22 상중하

주택법령상 리모델링 기본계획 수립 등에 관한 설명으로 옳지 않은 것은?

① 리모델링 기본계획이란 세대수증가형 리모델링으로 인한 도시과밀, 이주수요 집중 등을 체계적으로 관리하기 위하여 수립하는 계획을 말한다.

② 특별시장 · 광역시장 및 대도시의 시장은 관할구역에 대하여 리모델링 기본계획을 10년 단위로 수립하여야 한다.

③ 특별시장 · 광역시장 및 대도시의 시장은 리모델링 기본계획을 수립하거나 변경하려면 14일 이상 주민에게 공람하고, 지방의회의 의견을 들어야 한다. 이 경우 지방의회는 의견제시를 요청받은 날부터 30일 이내에 의견을 제시하여야 하며, 30일 이내에 의견을 제시하지 아니하는 경우에는 이의가 없는 것으로 본다.

④ 특별시장 · 광역시장 및 대도시의 시장은 리모델링 기본계획을 수립하거나 변경하려면 관계 행정기관의 장과 협의한 후 「국토의 계획 및 이용에 관한 법률」에 따라 설치된 시 · 도 도시계획위원회 또는 시 · 군 · 구 도시계획위원회의 심의를 거쳐야 한다.

⑤ 특별시장 · 광역시장 및 대도시의 시장은 10년마다 리모델링 기본계획의 타당성 여부를 검토하여 그 결과를 리모델링 기본계획에 반영하여야 한다.

23 상중하

주택법령상 세대수가 증가되는 리모델링 시 수립되는 권리변동계획에 포함되는 사항이 아닌 것은?

① 리모델링 전후의 대지 및 건축물의 권리변동 명세

② 조합원의 비용분담

③ 사업비

④ 조합원 외의 자에 대한 분양계획

⑤ 주택조합설립인가서 사본

주관식 단답형 문제

01 상중하

부대시설 및 입주자 공유인 복리시설에서 2013년 12월 17일 이전에 종전의 「주택건설촉진법」 제33조 및 종전의 「주택법」 제16조에 따른 사업계획승인을 신청하거나 「건축법」 제11조에 따른 건축허가를 받아 건축한 20세대 이상의 공동주택의 용도변경에 관한 설명이다. ( ) 안에 들어갈 용어와 숫자를 순서대로 각각 쓰시오.

> 전체 입주자 ( )분의 2 이상의 동의를 얻어 (   ), 주택단지 안의 도로 및 어린이놀이터를 각각 전체 면적의 4분의 3 범위에서 주차장 용도로 변경하는 경우로서 그 용도변경의 필요성을 시장·군수·구청장이 인정하는 경우로서 허가를 받아야 한다.

02 상중하

공동주택관리법령상 공동주택의 증축에 관한 설명이다. ( ) 안에 들어갈 용어를 쓰시오.

> 공동주택의 필로티 부분을 전체 입주자 3분의 2 이상 및 해당 동 입주자 3분의 2 이상의 동의를 받아 국토교통부령으로 정하는 범위에서 (   )로 증축하는 경우로서 통행, 안전 및 소음 등에 지장이 없다고 시장·군수·구청장이 인정하는 경우로서 허가를 받아야 한다.

03 상중하

공동주택관리법령상 공동주택의 철거에 관한 설명이다. ( ) 안에 들어갈 용어를 쓰시오.

> 「방송통신설비의 기술기준에 관한 규정」의 이동통신구내중계설비를 철거하는 경우로서 (   ) 동의 후 시장·군수·구청장에게 신고하여야 한다.

04 공동주택관리법령상 증축 · 증설의 공동주택 및 입주자 공유가 아닌 복리시설의 신고기준에 관한 설명이다. (   ) 안에 들어갈 숫자를 쓰시오.

> 사용검사를 받은 면적의 (   )퍼센트의 범위에서 유치원을 증축(「주택건설기준 등에 관한 규정」에서 정한 부대시설 · 복리시설의 설치기준에 적합한 경우로 한정한다)하거나 「장애인 · 노인 · 임산부 등의 편의증진 보장에 관한 법률」에 따른 편의시설을 설치하려는 경우에는 시장 · 군수 · 구청장에게 신고하여야 한다.

05 상중하

주택법령상 리모델링의 정의에 관한 설명이다. (   ) 안에 들어갈 숫자를 순서대로 각각 쓰시오.

> 건축물의 노후화 억제 또는 기능 향상 등을 위한 다음의 어느 하나에 해당하는 행위를 말한다.
> ① 대수선
> ② 사용검사일(주택단지 안의 공동주택 전부에 대하여 임시사용승인을 받은 경우에는 그 임시사용승인일을 말한다) 또는 「건축법」 제22조에 따른 사용승인일부터 15년[15년 이상 20년 미만의 연수 중 특별시 · 광역시 · 도 또는 특별자치도(시 · 도)의 조례로 정하는 경우에는 그 연수로 한다]이 경과된 공동주택을 각 세대의 주거전용면적[「건축법」 제38조에 따른 건축물대장 중 집합건축물대장의 전유부분(專有部分)의 면적을 말한다]의 30퍼센트 이내[세대의 주거전용면적이 (   )제곱미터 미만인 경우에는 40퍼센트 이내]에서 증축하는 행위. 이 경우 공동주택의 기능향상 등을 위하여 공용부분에 대하여도 별도로 증축할 수 있다.
> ③ ②에 따른 각 세대의 증축 가능 면적을 합산한 면적의 범위에서 기존 세대수의 (   )퍼센트 이내에서 세대수를 증가하는 증축 행위(세대수증가형 리모델링)가 가능하다.

06 상중하

주택법령상 수직증축형 리모델링의 허용요건에 관한 설명이다. (　) 안에 들어갈 숫자를 순서대로 각각 쓰시오. 제19회 수정

> 주택법 제2조 제25호 다목 1)에서 "대통령령으로 정하는 범위"란 다음의 구분에 따른 범위를 말한다.
> ① 수직으로 증축하는 행위(이하 "수직증축형 리모델링"이라 한다)의 대상이 되는 기존 건축물의 층수가 15층 이상인 경우: (　)개층
> ② 수직증축형 리모델링의 대상이 되는 기존 건축물의 층수가 (　)층 이하인 경우: 2개층

07 상중하

주택법령상 공동주택 리모델링 시 허용행위에 관한 설명이다. (　) 안에 들어갈 용어를 순서대로 각각 쓰시오.

> ① 리모델링은 주택단지별 또는 동별로 한다.
> ② 복리시설을 분양하기 위한 것이 아니어야 한다. 다만, 1층을 필로티 구조로 전용하여 세대의 일부 또는 전부를 부대시설 및 (　) 등으로 이용하는 경우에는 그렇지 않다.
> ③ ②에 따라 1층을 필로티 구조로 전용하는 경우 수직증측 허용범위를 초과하여 증축하는 것이 아니어야 한다.
> ④ (　)의 철거에 의하여 세대를 합치는 행위가 아니어야 한다.

08 상중하

주택법령상 입주자 공유가 아닌 복리시설 등에 관한 설명이다. (㉠)과 (㉡)에 들어갈 숫자를 순서대로 각각 쓰시오.

> ① 사용검사를 받은 후 (㉠)년 이상 지난 복리시설로서 공동주택과 동시에 리모델링하는 경우로서 시장·군수·구청장이 구조안전에 지장이 없다고 인정하는 경우로 한정한다.
> ② 증축은 기존건축물 연면적 합계의 (㉡)분의 1 이내여야 하고, 증축 범위는 「건축법 시행령」에 따른다. 다만, 주택과 주택 외의 시설이 동일 건축물로 건축된 경우는 주택의 증축 면적비율의 범위 안에서 증축할 수 있다.

09 상중하

주택법령상 공동주택 리모델링 시 리모델링주택조합의 동의비율에 관한 설명이다. ( ) 안에 들어갈 숫자를 순서대로 각각 쓰시오.

1. 주택단지 전체 구분소유자 및 의결권의 각 ( )퍼센트 이상의 동의와 각 동별 구분소유자 및 의결권의 각 ( )퍼센트 이상의 동의
2. 동을 리모델링하는 경우에는 그 동의 구분소유자 및 의결권의 각 ( )퍼센트 이상의 동의

10 상중하

주택법령상 공동주택 리모델링 시 리모델링주택조합의 인가에 관한 설명이다. ( ) 안에 들어갈 용어와 숫자를 순서로 각각 쓰시오.

1. 주택단지 전체를 리모델링하고자 하는 경우에는 주택단지 전체의 구분소유자와 의결권의 각 3분의 2 이상의 결의 및 각 동의 구분소유자와 의결권의 각 ( )의 결의
2. 동을 리모델링하고자 하는 경우에는 그 동의 구분소유자 및 의결권의 각 ( )분의 2 이상의 결의

11 상중하

주택법령상 리모델링 안전성 검토에 관한 설명이다. ( ) 안에 들어갈 용어를 쓰시오.

시장・군수・구청장은 수직증축형 리모델링을 하려는 자가 「건축법」에 따른 건축위원회의 심의를 요청하는 경우 구조계획상 증축범위의 적정성 등에 대하여 ( ) 또는 한국건설기술연구원에 안전성 검토를 의뢰하여야 한다.

05 공동주택 회계관리

Chapter

연계학습 기본서 p.336~351

단·원·열·기

공동주택 회계관리에서는 관리비의 비목별 구성명세와 사용료 항목을 구분하는 출제유형이 많으며 난이도 조절을 위해 주관식 기입형의 출제가 예상되므로 이에 대한 대비가 필요합니다.

01 상중하

공동주택관리법령상 관리비 중 일반관리비 구성내역에 대한 설명으로 옳지 않은 것은?

① 인건비: 급여·제수당·상여금·퇴직금·산재보험료·고용보험료·국민연금 및 식대 등 복리후생비
② 제사무비: 관리용품구입비·일반사무용품비·도서인쇄비·교통통신비 등 관리사무에 직접 소요되는 비용
③ 제세공과금: 관리기구가 사용한 전기료·통신료·우편료 및 관리기구에 부과되는 세금 등
④ 차량유지비: 연료비·수리비 및 보험료 등 차량유지에 직접 소요되는 비용
⑤ 그 밖의 부대비용: 회계감사비·그 밖에 관리업무에 소요되는 비용

02 상중하

공동주택관리법령상 관리비예치금에 관한 설명으로 옳지 않은 것은?

① 관리주체는 소유자가 공동주택의 소유권을 상실한 경우에는 징수한 관리비예치금을 반환하여야 한다. 다만, 소유자가 관리비·사용료 및 장기수선충당금 등을 미납한 때에는 관리비예치금에서 정산한 후 그 잔액을 반환할 수 있다.
② 관리주체는 관리비예치금을 해당 공동주택의 소유자 또는 사용자로부터 징수할 수 있다.
③ 사업주체는 입주예정자의 과반수가 입주할 때까지 공동주택을 직접 관리하는 경우에는 입주예정자와 관리계약을 체결하여야 하며, 그 관리계약에 따라 관리비예치금을 징수할 수 있다.
④ 관리비예치금의 명세는 관리업무 인수·인계 시 인계하여야 한다.
⑤ 시·도지사가 정하는 관리규약준칙에는 관리비예치금의 관리 및 운용방법에 관한 사항이 포함되어야 한다.

03 상중하 **공동주택관리법령상 사용료 항목이 아닌 것은?**

① 입주자대표회의 운영경비
② 생활폐기물수수료
③ 지능형 홈네트워크 설비 유지비
④ 정화조오물수수료
⑤ 공동주택단지 안의 건물 전체를 대상으로 하는 보험료

04 상중하 **공동주택관리법령상 관리비 등에 관한 설명으로 옳지 않은 것은?**

① 재난 및 재해 등의 예방에 따른 비용은 관리비와 구분하여 징수하여야 한다.
② 위탁관리수수료는 관리비 비목에 포함된다.
③ 관리주체는 관리비 등을 입주자대표회의가 지정하는 금융기관에 예치하여 관리하되, 장기수선충당금은 별도의 계좌로 예치·관리하여야 한다. 이 경우 계좌는 관리사무소장의 직인 외에 입주자대표회의의 회장 인감을 복수로 등록할 수 있다.
④ 관리소에서 사용하는 차량의 유류대는 관리비 중 일반관리비로 고지한다.
⑤ 관리주체는 인양기 등 공용시설물의 사용료를 당해 시설의 사용자에게 따로 부과할 수 있다.

05 상중하 **공동주택관리법령상 관리비 비목으로 옳지 않은 것은?**

① 일반관리비
② 지능형 홈네트워크 설비 유지비
③ 지역난방방식인 공동주택의 난방비와 급탕비
④ 수선유지비(냉방·난방시설의 청소비를 포함한다)
⑤ 승강기유지비

06 상중하

공동주택관리법령상 다음과 같은 관리비 세부구성내역이 포함되어야 할 관리비 항목에 해당하는 것은?

냉난방시설의 청소비・소화기충약비 등 공동으로 이용하는 시설의 보수유지비 및 제반 검사비

① 수선유지비 ② 난방비 ③ 청소비
④ 일반관리비 ⑤ 위탁관리수수료

07 상중하

공동주택관리법령상 관리비 등에 관한 설명으로 옳지 않은 것은?

① 안전진단실시비용은 관리비와 구분하여 징수하여야 한다.
② 관리주체는 관리비 등을 통합하여 부과하는 때에는 그 수입 및 집행내역을 쉽게 알 수 있도록 정리하여 입주자 등에게 알려주어야 한다.
③ 관리주체는 보수를 요하는 시설(누수되는 시설을 포함한다)이 2세대 이상의 공동사용에 제공되는 것인 경우에는 이를 직접 보수하고 당해 입주자 등에게 그 비용을 따로 부과할 수 있다.
④ 승강기 유지관리업무를 직영으로 운영할 때 승강기 전기료는 승강기유지비로 부과한다.
⑤ 건축물의 안전점검비용은 관리비 중 수선유지비로 부과한다.

08 상중하

공동주택관리법령상 공동주택 관리비 등에 관한 설명으로 옳지 않은 것은?

① 청소, 경비, 소독, 승강기유지, 지능형 홈네트워크, 수선・유지(냉방・난방시설의 청소를 포함한다)를 위한 용역 및 공사는 입주자대표회의가 사업자를 선정하고 관리주체가 집행한다.
② 의무관리대상 공동주택의 관리주체는 관리비 등의 징수・보관・예치・집행 등 모든 거래행위에 관하여 장부를 월별로 작성하여 그 증빙서류와 함께 보관하여야 한다.
③ ②에 따라 작성된 장부와 그 증빙서류는 회계연도 종료 후 5년간 보관하여야 한다.
④ 잡수입이란 재활용품의 매각 수입, 복리시설의 이용료 등 공동주택을 관리하면서 부수적으로 발생하는 수입을 말한다.
⑤ 관리주체는 관리비 등을 통합하여 부과하는 때에는 그 수입 및 집행세부내용을 쉽게 알 수 있도록 정리하여 입주자 등에게 알려주어야 한다.

09 상중하

공동주택관리법령상 의무관리대상 공동주택의 관리주체가 해당 공동주택단지의 인터넷 홈페이지 및 동별 게시판과 국토교통부장관이 구축 · 운영하는 공동주택관리정보시스템에 공개하는 사항이 아닌 것은?

① 관리비
② 사용료 등
③ 장기수선충당금과 그 적립금액
④ 안전진단실시비용
⑤ 그 밖에 대통령령으로 정하는 사항

10 상중하

공동주택관리법령상 공동주택의 관리비 및 회계운영 등에 관한 설명으로 옳지 않은 것은? 제24회

① 의무관리대상이 아닌 공동주택으로서 50세대(주택 외의 시설과 주택을 동일 건축물로 건축한 건축물의 경우 주택을 기준으로 한다)이상인 공동주택의 관리인은 관리비 등의 내역을 공동주택관리법 제23조 제4항의 공개방법에 따라 공개하여야 한다.
② 관리주체는 해당 공동주택의 공용부분의 관리 및 운영 등에 필요한 경비(관리비 예치금)를 공동주택의 사용자로부터 징수한다.
③ 관리주체는 보수가 필요한 시설이 2세대 이상의 공동사용에 제공되는 것인 경우, 직접 보수하고 해당 입주자 등에게 그 비용을 따로 부과할 수 있다.
④ 관리주체는 주민공동시설, 인양기 등 공용시설물의 이용료를 해당 시설의 이용자에게 따로 부과할 수 있다.
⑤ 지방자치단체인 관리주체가 관리하는 공동주택의 관리비가 체납된 경우 지방자치단체는 지방세 체납처분의 예에 따라 강제 징수 할 수 있다.

11 상중하

공동주택관리법령상 관리주체가 입주자 등을 대행하여 그 사용료 등을 받을 자에게 납부할 수 있는 항목으로만 바르게 짝지어진 것은?

㉠ 승강기유지에 소요되는 전기료 ㉡ 안전진단실시비용 ㉢ 생활폐기물수수료 ㉣ 지역난방방식인 공동주택의 난방비와 급탕비 ㉤ 관리용품구입비 ㉥ 관리기구가 사용한 전기료 ㉦ 장기수선충당금 ㉧ 인양기 등 공용시설물의 사용료

① ㉠, ㉣, ㉥
② ㉠, ㉢, ㉣
③ ㉡, ㉣
④ ㉡, ㉥, ㉧
⑤ ㉠, ㉡, ㉤

12 상중하

공동주택관리법상 관리주체가 관리비와 구분하여 징수하여야 하는 것을 모두 고른 것은? 제24회

㉠ 경비비	㉡ 장기수선충당금
㉢ 위탁관리수수료	㉣ 급탕비
㉤ 안전진단 실시비용(하자 원인이 사업주체 외의 자에게 있는 경우)	

① ㉠, ㉡
② ㉡, ㉢
③ ㉡, ㉤
④ ㉠, ㉢, ㉣
⑤ ㉡, ㉢, ㉤

13 상중하 **관리비 산정방법 중 월별정산제의 특징으로 옳은 것을 모두 고른 것은?**

㉠ 매월 정액징수	㉡ 사용자 부담원칙에 부합
㉢ 물가변동에 적응 용이	㉣ 회계처리 간편
㉤ 가계부담의 균형	㉥ 정산사무 번잡
㉦ 인건비 절약 가능	

① ㉠, ㉡, ㉢
② ㉠, ㉡, ㉤
③ ㉡, ㉢, ㉥
④ ㉣, ㉤, ㉦
⑤ ㉣, ㉥, ㉦

14 상중하 **공동주택관리법령상 관리주체가 관리비로 징수하여야 하는 것을 모두 고른 것은?**

㉠ 장기수선충당금	㉡ 수선유지비
㉢ 생활폐기물수수료	㉣ 관리기구가 사용한 전기료
㉤ 정화조오물수수료	㉥ 선거관리위원회 운영경비

① ㉠, ㉡
② ㉠, ㉤
③ ㉡, ㉢
④ ㉡, ㉣
⑤ ㉢, ㉥

15 상중하 **공동주택관리법령상 수선유지비 구성내역으로 옳지 않은 것은?**

① 장기수선계획에서 제외되는 공동주택의 공용부분의 수선 · 보수에 소요되는 비용으로 보수용역 시에는 용역금액, 직영 시에는 자재 및 인건비
② 냉난방시설의 청소비, 소화기충약비 등 공동으로 이용하는 시설의 보수유지비 및 제반 검사비
③ 안전진단실시비용
④ 재난 및 재해 등의 예방에 따른 비용
⑤ 건축물의 안전점검비용

16 상중하

민간임대주택에 관한 특별법령상 임대사업자가 임차인에게 청구할 수 있는 관리비 항목이 아닌 것은?

① 급탕비
② 위탁관리수수료
③ 수선유지비
④ 일반관리비
⑤ 지능형 홈네트워크 설비가 설치된 민간임대주택의 경우에는 지능형 홈네트워크 설비유지비

17 상중하

공동주택관리법령상 국가 또는 지방자치단체가 관리주체인 경우에 체납이 있을 때에 국세체납처분 또는 지방세체납처분의 예에 의하여 이를 강제징수 할 수 있는 항목으로 옳은 것은?

㉠ 장기수선충당금	㉡ 관리비
㉢ 정화조오물수수료	㉣ 안전진단실시비용
㉤ 생활폐기물수수료	㉥ 인양기 등 공용시설물의 사용료

① ㉠, ㉡
② ㉠, ㉤
③ ㉡, ㉢
④ ㉡, ㉣
⑤ ㉢, ㉥

18 상중하

공동주택관리법령상 관리 등에 관한 설명으로 옳지 않은 것은?

① 관리주체는 보수를 요하는 시설(누수되는 시설을 포함한다)이 2세대 이상의 공동사용에 제공되는 것인 경우에는 이를 직접 보수하고, 당해 입주자 등에게 그 비용을 따로 부과할 수 있다.
② 관리주체는 장기수선충당금의 그 적립요율 및 사용한 금액을 다음 달 말일까지 해당 공동주택단지의 인터넷 홈페이지 및 동별 게시판(통로별 게시판이 설치된 경우에는 이를 포함한다)과 공동주택관리정보시스템에 공개하여야 한다.
③ 관리주체는 주민공동시설, 인양기 등 공용시설물의 이용료를 해당 시설의 이용자에게 따로 부과할 수 있다.
④ 관리주체는 관리비 등을 입주자대표회의가 지정하는 금융기관에 예치하여 관리한다.
⑤ 관리주체는 장기수선충당금은 별도의 계좌로 예치·관리하여야 한다. 이 경우 계좌는 관리사무소장의 직인 외에 입주자대표회의의 감사 인감을 복수로 등록할 수 있다.

19 공동주택관리법령상 관리비 등에 관한 설명이다. 옳은 것으로만 짝지어진 것은?

상중하 제15회 수정

> ㉠ 관리비 등을 입주자 등에게 부과한 관리주체는 그 명세를 다음 달 말일까지 해당 공동주택단지의 인터넷 홈페이지 및 동별 게시판(통로별 게시판이 설치된 경우에는 이를 포함한다)과 공동주택관리정보시스템에 공개해야 한다. 잡수입의 경우에는 공개하지 않아도 된다.
> ㉡ 관리주체는 보수를 요하는 시설(누수되는 시설을 포함한다)이 2세대 이상의 공동사용에 제공되는 것인 경우에는 이를 직접 보수하고, 당해 입주자 등에게 그 비용을 따로 부과할 수 있다.
> ㉢ 관리주체는 관리비 등을 입주자대표회의가 지정하는 금융기관에 예치하여 관리하되, 장기수선충당금도 관리비 등을 예치한 계좌에 같이 예치하여 관리하여야 한다.
> ㉣ 난방비는 난방 및 급탕에 소요된 원가(유류대・난방비 및 급탕용수비)에서 급탕비를 뺀 금액이며, 급탕비는 급탕용 유류대 및 급탕용수비로 구성된다.
> ㉤ 수선유지비에는 냉난방시설의 청소비・소화기 충약비 등 공동으로 이용하는 시설의 보수유지비 및 제반 검사비가 포함된다.

① ㉠, ㉡
② ㉠, ㉣
③ ㉡, ㉢
④ ㉡, ㉤
⑤ ㉢, ㉣

20 공동주택관리법령상 의무관리대상 공동주택의 일반관리비 중 인건비에 해당하지 않는 것은?

상중하 제25회

① 퇴직금
② 상여금
③ 국민연금
④ 산재보험료
⑤ 교육훈련비

21 상중하

공동주택관리법령상 의무관리대상 공동주택의 관리비 및 회계운영에 관한 설명으로 옳지 않은 것은? 제26회

① 관리주체는 입주자 등이 납부하는 대통령령으로 정하는 사용료 등을 입주자등을 대행하여 그 사용료 등을 받을 자에게 납부할 수 있다.

② 관리주체는 회계감사를 받은 경우에는 감사보고서의 결과를 제출받은 다음 날부터 2개월 이내에 입주자대표회의에 보고하고 해당 공동주택단지의 인터넷 홈페이지에 공개하여야 한다.

③ 공동주택의 소유자가 그 소유권을 상실한 경우 관리주체는 징수한 관리비예치금을 반환하여야 하되, 소유자가 관리비를 미납한 때에는 관리비예치금에서 정산한 후 그 잔액을 반환할 수 있다.

④ 관리주체는 보수가 필요한 시설이 2세대 이상의 공동사용에 제공되는 것인 경우에는 직접 보수하고 해당 입주자 등에게 그 비용을 따로 부과할 수 있다.

⑤ 관리주체는 다음 회계연도에 관한 관리비 등의 사업계획 및 예산안을 매 회계연도 개시 1개월 전까지 입주자대표회의에 제출하여 승인을 받아야 한다.

주관식 단답형 문제

01 상중하

공동주택관리법령상 관리주체의 회계감사에 관한 내용이다. (   ) 안에 들어갈 숫자를 순서대로 쓰시오. 제18회 수정

> 의무관리대상 공동주택의 관리주체는 대통령령으로 정하는 바에 따라 「주식회사 등의 외부감사에 관한 법률」 제2조 제7호에 따른 감사인의 회계감사를 매년 (   )회 이상 받아야 한다. 다만, 다음 각 호의 구분에 따른 연도에는 그러하지 아니하다.
> 1. 300세대 이상인 공동주택: 해당 연도에 회계감사를 받지 아니하기로 입주자 등의 3분의 (   ) 이상의 서면동의를 받은 경우 그 연도
> 2. 300세대 미만인 공동주택: 해당 연도에 회계감사를 받지 아니하기로 입주자 등의 과반수의 서면동의를 받은 경우 그 연도

02 상중하

공동주택관리법령상 사용료에 관한 설명이다. (   ) 안에 들어갈 용어를 순서대로 각각 쓰시오.

> 관리주체는 입주자 등이 납부하는 다음의 사용료 등을 입주자 등을 대행하여 그 사용료 등을 받을 자에게 납부할 수 있다.
> - 전기료(공동으로 사용되는 시설의 전기료를 포함한다)
> - 수도료(공동으로 사용하는 수도료를 포함한다)
> - 가스사용료
> - (   )방식인 공동주택의 난방비와 급탕비
> - 정화조오물수수료
> - 생활폐기물수수료
> - 공동주택단지 안의 건물 전체를 대상으로 하는 보험료
> - 입주자대표회의 운영경비
> - (   ) 운영경비
> - 텔레비전방송수신료

03 상 중 하

공동주택관리법령상 관리비 등의 공개방법에 관한 설명이다. (   ) 안에 들어갈 용어를 순서대로 쓰시오.

> 관리비 등을 입주자 등에게 부과한 의무관리대상 공동주택의 관리주체는 그 (   )를 다음 달 말일까지 해당 공동주택단지의 인터넷 홈페이지 및 동별 게시판(통로별 게시판이 설치된 경우에는 이를 포함한다)과 공동주택관리정보시스템에 공개해야 한다. (   )의 경우에도 동일한 방법으로 공개하여야 한다.

04 상 중 하

공동주택관리법령상 관리비 등의 예치에 관한 설명이다. (   ) 안에 들어갈 용어를 순서대로 각각 쓰시오.

> 관리주체는 관리비 등을 (   )가 지정하는 금융기관에 예치하여 관리하되, (   )은 별도의 계좌로 예치・관리하여야 한다. 이 경우 계좌는 관리사무소장의 직인 외에 입주자대표회의의 회장 (   )을 복수로 등록할 수 있다.

05 상 중 하

공동주택관리법령상 관리비 비목 중 수선유지비에 관한 설명이다. (   ) 안에 들어갈 용어를 순서대로 각각 쓰시오.

> • 냉・난방시설의 청소비, (   ) 등 공동으로 이용하는 시설의 보수유지비 및 제반 검사비
> • 건축물의 (   )
> • (   ) 및 재해 등의 예방에 따른 비용

06 상 중 하

공동주택관리법령상 관리비 등의 공개에 관한 설명이다. (   )에 들어갈 숫자를 쓰시오.

> 의무관리대상이 아닌 공동주택으로서 (   )세대(주택 외의 시설과 주택을 동일 건축물로 건축한 건축물의 경우 주택을 기준으로 한다) 이상인 공동주택의 관리인은 관리비 등의 공개내역을 「공동주택관리법」 제23조 제4항의 공개방법에 따라 공개하여야 한다.

07 상중하

공동주택관리법령상 관리비 등의 공개에 관한 설명이다. (   )에 들어갈 용어를 순서대로 쓰시오.

> 「공동주택관리법」 제23조 제5항 전단에 따른 공동주택의 (   )은(는) 다음 각 호의 관리비 등을 제8항의 방법(공동주택관리정보시스템은 제외한다)에 따라 다음 달 말일까지 공개해야 한다.
> 1. 공동주택관리법 제23조 제1항 제1호부터 제10호까지의 비목별 월별 합계액
> 2. (   )
> 3. 공동주택관리법 제23조 제3항 제1호부터 제9호까지의 각각의 사용료(세대수가 50세대 이상 100세대 미만인 공동주택의 경우에는 각각의 사용료의 합계액을 말한다)
> 4. 잡수입

08 상중하

공동주택관리법상 회계서류 등의 작성 · 보관에 관한 설명이다. (   )에 들어갈 아라비아 숫자를 쓰시오. 제27회

> 의무관리대상 공동주택의 관리주체는 관리비 등의 징수 · 보관 · 예치 · 집행 등 모든 거래 행위에 관하여 월별로 작성한 장부 및 그 증빙서류를 해당 회계연도 종료일부터 (㉠)년간 보관하여야 한다. 이 경우 관리주체는 「전자문서 및 전자거래 기본법」 제2조 제2호에 따른 정보처리시스템을 통하여 장부 및 증빙서류를 작성하거나 보관할 수 있다.

09 상중하

공동주택관리법령상 국가 또는 지방자치단체가 관리주체인 경우 체납에 관한 사항이다. (   ) 안에 들어갈 용어를 순서대로 각각 쓰시오.

> 국가 또는 지방자치단체가 관리주체인 경우에는 (   ) 및 관리비의 징수에 관하여 체납이 있을 때에는 국가 또는 지방자치단체가 국세체납처분 또는 지방세체납처분의 예에 의하여 이를 강제징수할 수 있다. 다만, 입주자가 장기간의 질병 그 밖에 부득이한 사유가 있어서 체납한 경우에는 그러하지 아니할 수 있다.

10 상중하

공동주택관리법령상 계약서의 공개에 설명이다. ( ) 안에 들어갈 용어와 숫자를 순서대로 각각 쓰시오.

> 의무관리대상 공동주택의 ( ) 또는 입주자대표회의는 또는 주택관리업자 또는 공사, 용역 등을 수행하는 사업자와 계약을 체결하는 경우 계약 체결일부터 ( )개월 이내에 그 계약서를 해당 공동주택단지의 인터넷 홈페이지 및 동별 게시판에 공개하여야 한다.

11 상중하

다음에서 설명하고 있는 비용에 관한 공동주택관리법령상의 용어를 쓰시오.

제18회 수정

> 「공동주택관리법」 제11조 제1항의 규정에 의해 사업주체가 입주예정자의 과반수가 입주할 때까지 공동주택을 직접 관리하는 경우, 입주예정자와 체결한 관리계약에 의하여 징수할 수 있는 당해 공동주택의 공용부분의 관리 및 운영 등에 필요한 비용

12 상중하

민간임대주택에 관한 특별법령상 사용료 등에 관한 설명이다. ( ) 안에 들어갈 용어를 순서대로 각각 쓰시오.

> 임대사업자는 임차인이 내야 하는 다음의 사용료 등을 임차인을 대행하여 징수권자에게 낼 수 있다.
> - 전기료(공동으로 사용하는 전기료를 포함한다)
> - 수도료(공동으로 사용하는 수도료를 포함한다)
> - 가스사용료
> - (   )인 공동주택의 난방비와 급탕비
> - 정화조오물수수료
> - (   )
> - 임차인대표회의 운영비

Memo

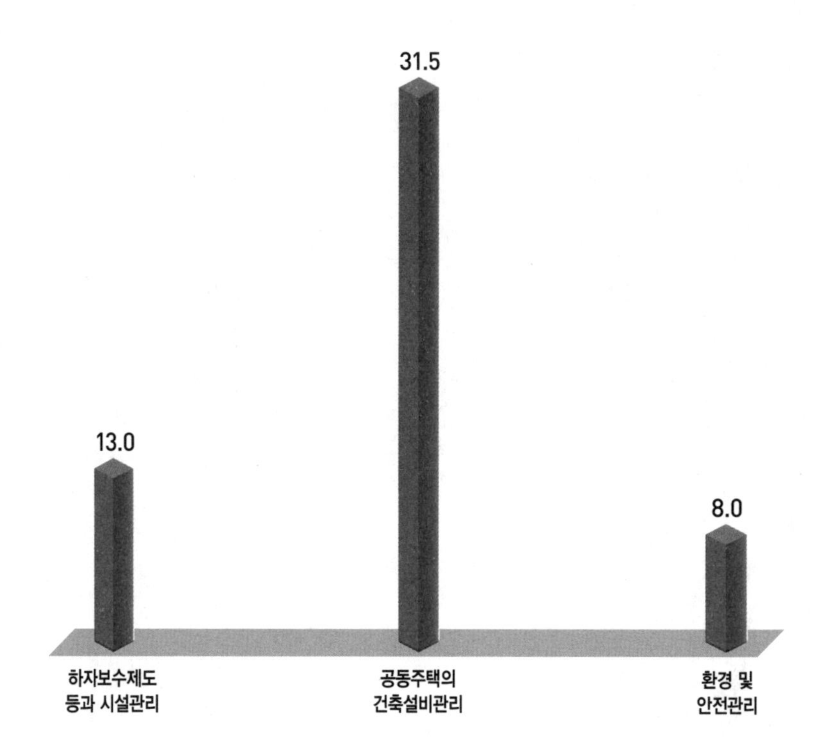

최근 5년간 기출문제 분석

공동주택 건축설비관리가 출제비중이 가장 높으며 건축설비의 법령규정과 이론에 관한 문제가 많이 출제되고 있기 때문에 꼼꼼한 정리가 필요합니다. 시설물관리는 건축설비관리 다음으로 출제비중이 높아 개정된 법령을 중심으로 철저한 준비를 하여야 합니다. 환경관리도 출제 문항 수가 늘어나고 있어 이를 대비한 학습준비가 필요합니다.

박문각
주택관리사

PART 02

기술실무

01 Chapter 하자보수제도 등과 시설관리

연계학습 기본서 p.364~455

단·원·열·기

매년 2~3문제가 꾸준하게 출제되고 있는 장이므로 특정한 부분에 한정하지 않고 전체적으로 자세하게 정리를 하여야 합니다. 결로의 원인과 대책, 아스팔트 방수와 시멘트액체 방수의 비교규정을 잘 정리해야 하고, 진입도로의 폭에 관한 규정과 공동주택성능등급에 관한 규정을 포함하여 부대시설과 복리시설의 세부 설치기준에 관해 객관식 문제와 주관식 기입형 문제까지 대비하여 꼼꼼하게 정리하여야 합니다.

01 상중하 **공동주택관리법령상 시설공사별 담보책임기간이 3년이 아닌 것은?**

① 조명설비공사
② 가스설비공사
③ 급수설비공사
④ 조경포장공사
⑤ 주방기구공사

02 상중하 **공동주택관리법령상 사업주체가 보수책임을 부담하는 시설공사별 담보책임기간으로 가장 긴 것은?** 제17회 수정

① 소방시설공사 중 소화설비공사
② 정보통신공사 중 감시제어설비공사
③ 대지조성공사 중 배수공사
④ 조경공사 중 잔디심기공사
⑤ 전기 및 전력설비공사 중 피뢰침공사

03 상중하 **공동주택관리법령상 시설공사별 담보책임기간의 내용으로 옳지 않은 것은?**

① 수장공사(건축물 내부 마무리 공사): 2년
② 가전제품: 3년
③ 승강기설비공사: 3년
④ 일반철골공사: 5년
⑤ 홈통 및 우수관공사: 5년

04 상중하

공동주택관리법령상 시설공사별 담보책임기간이 나머지와 다른 하나는?

제16회 수정

① 옥외급수 · 위생관련공사 중 저수조(물탱크)공사
② 목공사 중 수장목공사
③ 단열공사 중 벽체, 천장 및 바닥의 단열공사
④ 조적공사 중 석공사(건물외부공사)
⑤ 신재생 에너지 설비공사 중 태양광설비공사

05 상중하

공동주택관리법령상 시설공사별 담보책임기간이 2년이 아닌 것은?

① 미장공사
② 도장공사
③ 옥내가구공사
④ 도배공사
⑤ 경량철골공사

06 상중하

공동주택관리법령상 시설공사별 담보책임기간이 5년이 아닌 것은?

① 석공사(건물외부 공사)
② 특수콘크리트공사
③ 일반벽돌공사
④ 인양기설비공사
⑤ 지붕공사

07 상중하

공동주택관리법령상 공동주택의 하자담보책임기간으로 옳은 것을 모두 고른 것은?

제23회

㉠ 지능형 홈네트워크 설비 공사: 3년 ㉡ 우수관공사: 3년 ㉢ 저수조(물탱크)공사: 3년 ㉣ 지붕공사: 5년

① ㉠, ㉡, ㉢
② ㉠, ㉡, ㉣
③ ㉠, ㉢, ㉣
④ ㉡, ㉢, ㉣
⑤ ㉠, ㉡, ㉢, ㉣

08 상중하

공동주택관리법령상 공동주택의 시설공사별 하자에 대한 담보책임기간으로 옳은 것을 모두 고른 것은? 제26회

㉠ 도배공사: 2년	㉡ 타일공사: 2년
㉢ 공동구공사: 3년	㉣ 방수공사: 3년

① ㉠, ㉡, ㉢
② ㉠, ㉡, ㉣
③ ㉠, ㉢, ㉣
④ ㉡, ㉢, ㉣
⑤ ㉠, ㉡, ㉢, ㉣

09 상중하

공동주택관리법령상 하자보수절차 등에 관한 설명으로 옳지 않은 것은?

① 공용부분에 대한 하자보수청구는 입주자대표회의 또는 공공임대주택의 임차인대표회의, 관리주체(하자보수청구 등에 관하여 입주자 또는 입주자대표회의를 대행하는 관리주체를 말한다), 「집합건물의 소유 및 관리에 관한 법률」에 따른 관리단, 사용자가 청구할 수 있다.
② 사업주체는 ①에 따라 하자보수를 청구받은 날부터 15일 이내에 그 하자를 보수하거나 보수일정 등을 명시한 하자보수계획을 입주자대표회의 등 또는 임차인 등에 서면으로 통보하고 그 계획에 따라 하자를 보수하여야 한다.
③ ②에 따라 하자보수를 실시한 사업주체는 하자보수가 완료되면 즉시 그 보수결과를 하자보수를 청구한 입주자대표회의 등 또는 임차인 등에 통보하여야 한다.
④ 의무관리대상 공동주택의 경우에는 하자보수보증금의 사용 후 30일 이내에 그 사용내역을 국토교통부령으로 정하는 바에 따라 시장·군수·구청장에게 신고하여야 한다.
⑤ 시장·군수·구청장은 담보책임기간에 공동주택의 구조안전에 중대한 하자가 있다고 인정하는 경우에는 안전진단기관에 의뢰하여 안전진단을 할 수 있다.

10

상중하

공동주택관리법령상 담보책임기간에 관한 설명으로 옳지 않은 것은?

① 담보책임의 기간은 하자의 중대성, 시설물의 사용 가능 햇수 및 교체 가능성 등을 고려하여 공동주택의 내력구조부별 및 시설공사별로 10년의 범위에서 대통령령으로 정한다.

② 사업주체가 해당 공동주택의 전유부분을 공공임대주택의 임차인에게 인도한 때에는 주택인도증서를 작성하여 분양전환하기 전까지 보관하여야 한다.

③ 사업주체는 해당 공동주택의 전유부분을 입주자에게 인도한 때에는 주택인도증서를 작성하여 관리주체에게 인계하여야 한다.

④ ③에 따라 관리주체는 30일 이내에 공동주택관리정보시스템에 전유부분의 인도일을 공개하여야 한다.

⑤ 사업주체는 주택의 미분양(未分讓) 등으로 인하여 인계·인수서에 인도일의 현황이 누락된 세대가 있는 경우에는 주택의 인도일부터 30일 이내에 인도일의 현황을 관리주체에게 인계하여야 한다.

11

상중하

공동주택관리법령상 담보책임 및 하자보수 등에 관한 설명으로 옳지 않은 것은?

제18회 수정

① 전유부분의 담보책임기간은 입주자에게 인도한 날부터 기산한다.

② 하자보수에 대한 담보책임을 지는 사업주체에는 「건축법」에 따라 건축허가를 받아 분양을 목적으로 하는 공동주택을 건축한 건축주도 포함된다.

③ 한국토지주택공사가 사업주체인 경우에는 공동주택관리법령에 따른 하자보수보증금을 예치하지 않아도 된다.

④ 사업주체는 공동주택의 하자에 대하여 분양에 따른 담보책임을 진다.

⑤ 하자심사·분쟁조정위원회는 담보책임기간에 공동주택의 구조안전에 중대한 하자가 있다고 인정하는 경우에는 안전진단기관에 의뢰하여 안전진단을 할 수 있다.

12 상중하

공동주택관리법령상 하자보수보증금에 관한 설명으로 옳지 않은 것은? 제24회

① 지방공사인 사업주체는 대통령령으로 정하는 바에 따라 하자보수를 보장하기 위하여 하자보수보증금을 담보책임기간 동안 예치하여야 한다.
② 입주자대표회의 등은 하자보수보증금을 하자심사·분쟁조정위원회의 하자 여부 판정 등에 따른 하자보수비용 등 대통령령으로 정하는 용도로만 사용하여야 한다.
③ 사업주체는 하자보수보증금을 「은행법」에 따른 은행에 현금으로 예치할 수 있다.
④ 입주자대표회의는 하자보수보증서 발급기관으로부터 하자보수보증금을 지급받기 전에 미리 하자보수를 하는 사업자를 선정해서는 아니 된다.
⑤ 입주자대표회의는 하자보수보증금을 사용한 때에는 그 날부터 30일 이내에 그 사용명세를 사업주체에게 통보하여야 한다.

13 상중하

공동주택관리법령상 사업주체는 다음의 어느 하나에 해당하는 기관이 취급하는 보증으로서 하자보수보증금 지급을 보장하는 보증에 가입하여야 한다. 하자보수보증금을 예치하는 보증기관이 아닌 것은?

① 주택도시보증공사
② 건설 관련 공제조합
③ 보증보험업을 영위하는 자
④ 한국건설기술연구원
⑤ 「중소기업은행법」에 따른 중소기업은행

14 상중하

공동주택관리법령상 하자보수보증금의 반환비율로서 옳지 않은 것은?

① 「주택법」에 따른 사용검사를 받은 날부터 2년이 경과된 때: 하자보수보증금의 100분의 15
② 「건축법」에 따른 사용승인을 받은 날부터 2년이 경과된 때: 하자보수보증금의 100분의 20
③ 사용검사일부터 3년이 경과된 때: 하자보수보증금의 100분의 40
④ 사용검사일부터 5년이 경과된 때: 하자보수보증금의 100분의 25
⑤ 사용검사일부터 10년이 경과된 때: 하자보수보증금의 100분의 20

15 공동주택관리법령상 하자보수보증금 사용용도가 아닌 것은?

상중하

① 안전진단을 실시한 경우 그 결과에 따른 하자보수비용
② 송달된 하자 여부 판정서 정본에 따라 하자로 판정된 시설공사 등에 대한 하자보수비용
③ 하자분쟁조정위원회가 송달한 조정서 정본에 따른 하자보수비용
④ 법원의 재판 결과에 따른 하자보수비용
⑤ 하자진단의 결과에 따른 하자보수비용

16 공동주택관리법령상 담보책임의 종료에 관한 설명으로 옳지 않은 것은?

상중하

① 사업주체는 담보책임기간이 만료되기 15일 전까지 그 만료 예정일을 해당 공동주택의 입주자대표회의 또는 해당 공공임대주택의 임차인대표회의에 서면으로 통보하여야 한다.
② ①에 따른 통보를 받은 입주자대표회의 또는 공공임대주택의 임차인대표회의는 전유부분에 대해 담보책임기간이 만료되는 날까지 하자보수를 청구하도록 입주자 또는 공공임대주택의 임차인에게 개별통지하고 공동주택단지 안의 잘 보이는 게시판에 20일 이상 게시하는 조치를 하여야 한다.
③ 사업주체는 하자보수청구를 받은 사항에 대하여 지체 없이 보수하고 그 보수결과를 서면으로 입주자대표회의 등 또는 임차인 등에 통보해야 한다.
④ ③에 따라 보수결과를 통보받은 입주자대표회의 등 또는 임차인 등은 통보받은 날부터 30일 이내에 이유를 명확히 기재한 서면으로 사업주체에게 이의를 제기할 수 있다.
⑤ 사업주체와 입주자는 전유부분에 대하여 하자보수가 끝난 때에는 공동으로 담보책임 종료확인서를 작성해야 한다. 이 경우 담보책임기간이 만료되기 전에 담보책임 종료확인서를 작성해서는 아니 된다.

17 상중하

공동주택관리법령상 시장 · 군수 · 구청장이 공동주택의 내력구조부에 중대한 하자가 있다고 인정하는 경우에 안전진단을 의뢰할 수 있는 기관이 아닌 것은?

① 한국건설기술연구원
② 국토안전관리원
③ 대한건축사협회
④ 건축 분야 안전진단전문기관
⑤ 해당 분야의 엔지니어링사업자

18 상중하

공동주택관리법령상 하자진단의뢰기관이 아닌 것은?

① 한국건설기술연구원
② 국토안전관리원
③ 건축 분야 안전진단전문기관
④ 해당 분야의 엔지니어링사업자
⑤ 대한건축사협회

19 상중하

공동주택관리법령상 감정의뢰기관이 아닌 것은?

① 한국건설기술연구원
② 국토안전관리원
③ 대한건축사협회
④ 국립 또는 공립의 주택 관련 시험 · 검사기관
⑤ 신고한 해당 분야의 엔지니어링사업자, 등록한 해당 분야의 기술사, 신고한 건축사, 건축 분야 안전진단전문기관. 이 경우 분과위원회(소위원회에서 의결하는 사건은 소위원회를 말한다)에서 해당 하자감정을 위한 시설 및 장비를 갖추었다고 인정하고 당사자 쌍방이 합의한 자로 한정한다.

20 상중하

공동주택관리법령상 하자심사·분쟁조정위원회의 위원에 관한 설명으로 옳지 않은 것은?

① 공인된 대학이나 연구기관에서 부교수 이상 또는 이에 상당하는 직에 재직한 사람
② 판사·검사 또는 변호사 자격을 취득한 후 6년 이상 종사한 사람
③ 건설공사, 전기공사, 정보통신공사, 소방시설공사, 시설물 정밀안전진단 또는 감정평가에 관한 전문적 지식을 갖추고 그 업무에 10년 이상 종사한 사람
④ 주택관리사로서 공동주택의 관리사무소장으로 5년 이상 근무한 사람
⑤ 「건축사법」에 따라 신고한 건축사 또는 「기술사법」에 따라 등록한 기술사로서 그 업무에 10년 이상 종사한 사람

21 상중하

공동주택관리법령상 하자심사·분쟁조정위원회(이하 '하자분쟁조정위원회'라 한다) **의 구성 등에 관한 설명으로 옳지 않은 것은?**

① 위원회는 위원장 1명을 포함한 60명 이내의 위원으로 구성하며, 위원장은 상임으로 한다.
② 위원장과 공무원이 아닌 위원의 임기는 2년으로 하되 두 차례만 연임할 수 있다.
③ 위원회의 위원장은 국토교통부장관이 임명한다.
④ 위원장은 하자분쟁조정위원회를 대표하고 그 직무를 총괄한다.
⑤ 위원장이 부득이한 사유로 직무를 수행할 수 없는 경우에는 위원장이 미리 지명한 분과위원장순으로 그 직무를 대행한다.

22 상중하

공동주택관리법령상 하자심사 · 분쟁조정위원회(이하 '하자분쟁조정위원회'라 한다) **의 조정 등에 관한 설명으로 옳지 않은 것은?**

① 하자분쟁조정위원회는 조정 등의 신청을 받은 때에는 지체 없이 조정 등의 절차를 개시하여야 한다.

② 하자분쟁조정위원회는 그 신청을 받은 날부터 하자심사 및 분쟁조정은 150일(공용부분의 경우 180일)이내에 그 절차를 완료하여야 한다.

③ 하자분쟁조정위원회는 신청사건의 내용에 흠이 있는 경우에는 상당한 기간을 정하여 그 흠을 바로잡도록 명할 수 있다. 이 경우 신청인이 흠을 바로잡지 아니하면 하자분쟁조정위원회의 결정으로 조정 등의 신청을 각하한다.

④ 하자분쟁조정위원회는 ②에 따라 기간 이내에 조정 등을 완료할 수 없는 경우에는 해당 사건을 담당하는 분과위원회 또는 소위원회의 의결로 그 기간을 한 차례만 연장할 수 있으나, 그 기간은 30일 이내로 한다.

⑤ 조정 등의 진행과정에서 증인 또는 증거의 채택에 드는 비용이 발생할 때에는 당사자가 합의한 바에 따라 그 비용을 부담한다.

23 상중하

공동주택관리법령상 하자심사 · 분쟁조정위원회(이하 '하자분쟁조정위원회'라 한다) **에 관한 설명으로 옳지 않은 것은?**

① 하자분쟁조정위원회는 당사자 일방으로부터 조정 등의 신청을 받은 때에는 그 신청내용을 상대방에게 통지하여야 한다.

② ①에 따른 통지를 받은 상대방은 신청내용에 대한 답변서를 특별한 사정이 없으면 10일 이내에 하자분쟁조정위원회에 제출하여야 한다.

③ 하자분쟁조정위원회로부터 조정 등의 신청에 관한 통지를 받은 사업주체 등, 설계자, 감리자, 입주자대표회의 등 및 임차인 등은 분쟁조정에 응하여야 한다.

④ 국토교통부장관은 하자분쟁조정위원회의 운영 및 사무처리를 한국건설기술연구원에 위탁할 수 있다.

⑤ 하자분쟁조정위원회는 분쟁의 조정 등의 절차에 관하여 「공동주택관리법」에서 규정하지 아니한 사항 및 소멸시효의 중단에 관하여는 「민사조정법」을 준용한다.

24 상중하

공동주택관리법령상 분과위원회 및 소위원회에 관한 설명으로 옳지 않은 것은?

① 하자 여부 판정 또는 분쟁조정을 다루는 분과위원회는 하자분쟁조정위원회의 위원장이 지명하는 9명 이상 15명 이하의 위원으로 구성한다.

② 분쟁재정을 다루는 분과위원회는 위원장이 지명하는 5명의 위원으로 구성한다.

③ 하자분쟁조정위원회의 위원장은 분과위원회별로 사건의 심리 등을 위하여 전문분야 등을 고려하여 3명 이상 5명 이하의 위원으로 소위원회를 구성할 수 있다.

④ 분과위원회별로 시설공사의 종류 및 전문분야 등을 고려하여 5개 이내의 소위원회를 둘 수 있다.

⑤ 하자분쟁조정위원회 위원장은 분과위원회, 소위원회 회의를 소집하려면 특별한 사정이 있는 경우를 제외하고는 회의 개최 2일 전까지 회의의 일시·장소 및 안건을 각 위원에게 알려야 한다.

25 상중하

공동주택관리법령상 다음 중 하자심사신청서 첨부서류가 아닌 것은?

① 당사자 간 교섭경위서 1부

② 하자보수보증금 보증서 사본 1부

③ 신청인의 신분증 사본

④ 입주자대표회의가 신청하는 경우에는 하자 관련 회의록 사본

⑤ 관리사무소장이 신청하는 경우에는 관리사무소장 배치 및 직인 신고증명서 사본 1부

26 상중하

공동주택관리법령상 장기수선계획에 관한 설명으로 옳지 않은 것은?

① 300세대 이상의 공동주택을 건설·공급하는 사업주체는 그 공동주택의 공용부분에 대한 장기수선계획을 수립한다.

② ①에 따라 수립된 장기수선계획은 사용검사를 신청할 때에 사용검사권자에게 제출하고, 사용검사권자는 이를 해당 공동주택의 입주자대표회의에게 인계하여야 한다.

③ 건축허가를 받아 주택 외의 시설과 주택을 동일 건축물로 건축한 건축물도 장기수선계획 수립대상 공동주택에 포함된다.

④ 장기수선계획 조정은 관리주체가 조정안을 작성하고, 입주자대표회의가 의결하는 방법으로 한다.

⑤ 수립되거나 조정된 장기수선계획에 따라 주요 시설을 교체하거나 보수하지 아니한 입주자대표회의의 대표자에게는 1천만원 이하의 과태료를 부과한다.

27 상중하

공동주택관리법령상 장기수선계획에 관한 설명으로 옳지 않은 것은? 제17회 수정

① 200세대의 지역난방방식의 공동주택을 건설·공급하는 사업주체 또는 리모델링을 하는 자는 그 공동주택의 공용부분에 대한 장기수선계획을 수립하여야 한다.

② 300세대 이상의 공동주택을 건설·공급하는 사업주체 또는 리모델링을 하는 자는 그 공동주택의 공용부분에 대한 장기수선계획을 수립하여야 한다.

③ 400세대의 중앙집중식 난방방식의 공동주택을 건설·공급하는 사업주체 또는 리모델링을 하는 자는 그 공동주택의 공용부분에 대한 장기수선계획을 수립하여야 한다.

④ 사업주체는 장기수선계획을 3년마다 조정하되, 주요시설을 신설하는 등 관리여건상 필요하여 입주자대표회의의 의결을 얻은 경우에는 3년이 지나기 전에 조정할 수 있다.

⑤ 장기수선계획을 수립하는 자는 국토교통부령이 정하는 기준에 따라 장기수선계획을 수립하되, 당해 공동주택의 건설에 소요된 비용을 감안하여야 한다.

28 상중하

공동주택관리법령상 의무관리대상 공동주택의 시설관리에 관한 설명으로 옳지 않은 것은? 제26회

① 관리주체는 장기수선계획에 따라 공동주택의 주요 시설의 교체 및 보수에 필요한 장기수선충당금을 해당 주택의 소유자로부터 징수하여 적립하여야 한다.

② 입주자대표회의와 관리주체는 주요시설을 신설하는 등 관리여건상 필요하여 전체 입주자 3분의 1 이상의 서면동의를 받은 경우에는 장기수선계획을 조정할 수 있다.

③ 공동주택의 안전점검 방법, 안전점검의 실시 시기, 안전점검을 위한 보유 장비, 그 밖에 안전점검에 필요한 사항은 대통령령으로 정한다.

④ 공동주택의 소유자는 장기수선충당금을 사용자가 대신하여 납부한 경우에는 그 금액을 반환하여야 한다.

⑤ 관리주체는 공동주택의 사용자가 장기수선충당금의 납부 확인을 요구하는 경우에는 지체 없이 확인서를 발급해 주어야 한다.

29 상중하

공동주택관리법령상 승강기에 대한 장기수선계획에 따른 수선주기(전면교체 기준)를 연결한 것으로 옳지 않은 것은?

① 와이어로프, 쉬브(도르레) – 5년
② 기계장치 – 15년
③ 조속기 – 10년
④ 제어반 – 15년
⑤ 도어개폐장치 – 15년

30 상중하

공동주택관리법령상 장기수선계획 수립기준에 따라 수선주기가 동일한 공사로 짝지어진 것은? 제17회 수정

> ㉠ 가스설비 배관의 부분수선
> ㉡ 소화설비 소화수관(강관)의 전면교체
> ㉢ 난방설비 난방관(강관)의 전면교체
> ㉣ 옥외부대시설 및 옥외복리시설 현관 입구 · 지하주차장 진입로 지붕의 전면교체
> ㉤ 배수설비 오배수관(주철)의 부분수선

① ㉠, ㉢
② ㉠, ㉤
③ ㉡, ㉣
④ ㉡, ㉤
⑤ ㉢, ㉤

31 상중하

다음 중 공동주택관리법 시행규칙상 장기수선계획의 수립기준에서 수선주기가 가장 긴 것은? 제27회 수정

① 보도블록(전면교체) ② 어린이놀이시설(전면교체)
③ 울타리(전면교체) ④ 조경시설물(부분수선)
⑤ 안내표지판(부분수선)

32 상중하

공동주택관리법 시행규칙상 장기수선계획의 수립기준(전면교체 또는 부분수선)으로 수선주기가 긴 것에서 짧은 것의 순서로 옳은 것은? 제25회 수정

① 보안등(전면교체) - 소화펌프(전면교체) - 피뢰설비(부분수선)
② 보안등(전면교체) - 피뢰설비(부분수선) - 소화펌프(전면교체)
③ 소화펌프(전면교체) - 보안등(전면교체) - 피뢰설비(부분수선)
④ 피뢰설비(부분수선) - 소화펌프(전면교체) - 보안등(전면교체)
⑤ 피뢰설비(부분수선) - 보안등(전면교체) - 소화펌프(전면교체)

33 상중하

공동주택관리법령상 공동주택의 장기수선충당금에 관한 설명으로 옳지 않은 것은? 제16회 수정

① 장기수선충당금은 입주자 과반수의 서면동의가 있는 경우에는 하자진단 및 감정에 드는 비용으로 사용할 수 있다.
② 장기수선충당금의 요율은 당해 공동주택의 공용부분의 내구연한 등을 감안하여 공동주택관리규약으로 정한다.
③ 건설임대주택을 분양전환한 이후 관리업무를 인계하기 전까지의 장기수선충당금 요율은 「민간임대주택에 관한 특별법 시행령」 또는 「공공주택 특별법 시행령」에 따른 특별수선충당금 적립요율에 따라야 한다.
④ 장기수선충당금은 해당 공동주택에 대한 「주택법」에 따른 사용검사(공동주택단지 안의 공동주택 전부에 대하여 임시 사용승인을 받은 경우에는 임시 사용승인을 말한다)를 받은 날이 속하는 달부터 매달 적립한다.
⑤ 관리주체는 장기수선계획에 따라 장기수선충당금 사용계획서를 작성하고, 입주자대표회의의 의결을 거쳐 장기수선충당금을 사용한다.

34 상중하 **공동주택관리법령상 장기수선충당금에 관한 설명으로 옳지 않은 것은?**

① 장기수선충당금은 관리주체가 장기수선충당금 사용계획서를 장기수선계획에 따라 작성하고 입주자대표회의의 의결을 거쳐 사용한다.
② 장기수선충당금은 해당 공동주택에 대한 「건축법」에 따른 사용승인(공동주택단지 안의 공동주택 전부에 대하여 임시 사용승인을 받은 경우에는 임시 사용승인을 말한다)을 받은 날부터 1년이 경과한 날이 속하는 달부터 매달 적립한다.
③ 국가 또는 지방자치단체가 관리주체인 경우에 장기수선충당금의 체납이 있는 때에는 국세체납처분 또는 지방세체납처분의 예에 의하여 이를 강제징수할 수 있다.
④ 관리주체는 공동주택의 사용자가 장기수선충당금의 납부 확인을 요구하는 경우에는 요구일로부터 3일 이내에 확인서를 발급해 주어야 한다.
⑤ 공동주택의 소유자는 장기수선충당금을 사용자가 대신하여 납부한 경우에는 그 금액을 반환하여야 한다.

35 상중하 **공동주택관리법령상 공동주택의 장기수선충당금에 관한 설명으로 옳은 것을 모두 고른 것은?** 제21회

㉠ 관리주체는 장기수선계획에 따라 공동주택의 주요 시설의 교체 및 보수에 필요한 장기수선충당금을 해당 주택의 소유자로부터 징수하여 적립하여야 한다.
㉡ 해당 공동주택의 입주자 과반수의 서면동의가 있더라도 장기수선충당금을 하자진단 및 감정에 드는 비용으로 사용할 수 없다.
㉢ 공동주택 중 분양되지 아니한 세대의 장기수선충당금은 사업주체가 부담하여야 한다.
㉣ 장기수선충당금은 관리주체가 「공동주택관리법 시행령」 제31조 제4항 각 호의 사항이 포함된 장기수선충당금 사용계획서를 장기수선계획에 따라 작성하고 입주자대표회의의 의결을 거쳐 사용한다.
㉤ 장기수선충당금은 건설임대주택에서 분양전환된 공동주택의 경우에는 임대사업자가 관리주체에게 공동주택의 관리업무를 인계한 날부터 1년이 경과한 날이 속하는 달부터 매달 적립한다.

① ㉠, ㉤ ② ㉡, ㉣ ③ ㉠, ㉢, ㉣
④ ㉡, ㉢, ㉤ ⑤ ㉡, ㉣, ㉤

36 상중하

다음과 같은 조건에서 아파트 공급면적이 200m²인 세대의 월간 세대별 장기수선충당금을 구하시오.

- 총세대수: 총 400세대(공급면적 100m² 200세대, 200m² 200세대)
- 총공급면적: 60,000m²
- 장기수선계획기간 중의 연간 수선비: 72,000,000원
- 계획기간: 10년(단, 연간 수선비는 매년 일정하다고 가정함)

① 5,000원
② 10,000원
③ 15,000원
④ 20,000원
⑤ 25,000원

37 상중하

「민간임대주택에 관한 특별법」상 특별수선충당금에 관한 설명으로 옳은 것은?

① 임대사업자가 민간임대주택을 양도하는 경우에는 특별수선충당금을 최초로 구성되는 관리주체에게 넘겨주어야 한다.
② 장기수선계획을 수립하여야 하는 민간임대주택의 임대사업자는 특별수선충당금을 사용검사일 또는 임시 사용승인일부터 1년이 지난 날이 속하는 달부터 사업계획 승인 당시 표준 건축비의 1만분의 10의 요율로 매달 적립하여야 한다.
③ 특별수선충당금은 임대사업자 단독 명의로 금융회사 등에 예치하여 따로 관리하여야 한다.
④ 시장·군수·구청장은 특별수선충당금 적립 현황 보고서를 매년 1월 31일과 7월 31일까지 관할 특별시장·광역시장·특별자치시장·도지사 또는 특별자치도지사(이하 '시·도지사'라 한다)에게 제출하여야 하며, 시·도지사는 이를 종합하여 매년 2월 15일과 8월 15일까지 국토교통부장관에게 보고하여야 한다.
⑤ 임대사업자는 특별수선충당금을 사용하려면 미리 해당 민간임대주택의 소재지를 관할하는 시장·군수·구청장에게 신고하여야 한다.

38 상중하

철근콘크리트 구조물에서 시공상 하자에 의한 균열의 원인과 관계가 가장 먼 것은? 제16회

① 혼화제의 불균일한 분산
② 이음처리의 부정확
③ 거푸집의 변형
④ 경화 전의 진동과 재하
⑤ 콘크리트의 침하 및 블리딩(Bleeding)

39 상중하

옥상방수에 관한 설명으로 옳지 않은 것은?

① 옥상방수에 사용되는 아스팔트 재료는 지하실방수보다 연화점이 높고 침입도가 큰 것을 사용한다.
② 옥상방수의 바탕은 물의 고임방지를 위해 물흘림경사를 둔다.
③ 옥상방수층 누름 콘크리트 부위에는 온도에 의한 콘크리트의 수축 및 팽창에 대비하여 신축줄눈을 설치한다.
④ 아스팔트방수층의 부분적 보수를 위해서는 일반적으로 시멘트 모르타르가 사용된다.
⑤ 시트방수의 결함 발생 시에는 부분적 교체 및 보수가 가능하다.

40 상중하

건물 벽체로부터의 에너지를 절약하기 위한 방법으로 옳지 않은 것은?

① 단열재를 보강한다.
② 열관류율이 낮은 재료를 사용한다.
③ 동일한 재료인 경우 두께가 두꺼운 것을 사용한다.
④ 열전도율이 낮은 재료를 사용한다.
⑤ 흡수성이 높은 재료를 사용한다.

41 상중하

열교(熱橋)현상에 관한 설명으로 옳지 않은 것은?

① 열교현상은 벽체와 지붕 또는 바닥과의 접합부위 등에서 발생하기 쉽다.
② 열교현상이 발생하는 부위는 열관류율 값이 높기 때문에 구조체의 전체 단열성능을 저하시킨다.
③ 겨울철에 열교현상이 발생하는 부위는 결로의 발생 가능성이 크다.
④ 열교현상을 방지하기 위해서는 일반적으로 외단열이 내단열보다 유리하다.
⑤ 열교현상이 발생하는 부위에는 열저항 값을 감소시키는 설계 및 시공이 요구된다.

42 상중하

아스팔트방수층 시공에 있어서 방수층 바탕에 제일 먼저 사용되는 재료는?

① 아스팔트 프라이머
② 아스팔트 루핑
③ 아스팔트 펠트
④ 아스팔트 컴파운드
⑤ 아스팔트

43 상중하

아스팔트방수와 시멘트액체방수의 비교에 관한 설명으로 옳지 않은 것은?

① 아스팔트방수는 시멘트액체방수에 비하여 수명이 길다.
② 아스팔트방수는 시멘트액체방수에 비하여 결함부 발견이 어렵다.
③ 아스팔트방수는 시멘트액체방수에 비하여 보수범위가 좁다.
④ 아스팔트방수는 시멘트액체방수에 비하여 가격이 고가이고 공사기간이 길다.
⑤ 아스팔트방수는 시멘트액체방수에 비하여 균열발생이 거의 생기지 않는다.

44 상중하

방수에 관한 설명으로 옳지 않은 것은?

① 아스팔트방수는 시멘트액체방수에 비해 광범위한 보수가 가능하고 보수비용이 비싸다.
② 아스팔트방수는 열공법으로 시공하는 경우 화기에 대한 위험방지대책이 필요하다.
③ 아스팔트방수는 누수 시 결함부위 발견이 어렵다.
④ 도막방수는 균일한 방수층 시공이 어려우나 복잡한 형상의 시공에는 유리하다.
⑤ 도막방수는 단열을 필요로 하는 옥상층에 유리하고 핀홀이 생길 우려가 없다.

45 상중하

방수공사에 관한 설명으로 옳지 않은 것은?

① 보행용 시트방수는 상부 보호층이 필요하다.
② 벤토나이트방수는 지하 외벽방수 등에 사용된다.
③ 아스팔트방수는 결함부 발견이 어렵고, 작업 시 악취가 발생한다.
④ 시멘트액체방수는 모재 콘크리트의 균열 발생 시에도 방수성능이 우수하다.
⑤ 도막방수는 도료상의 방수재를 바탕면에 여러 번 칠해 방수막을 만드는 공법이다.

46 상중하

실내 표면결로현상에 관한 설명으로 옳지 않은 것은? 제17회

① 벽체 열저항이 작을수록 심해진다.
② 실내외 온도차가 클수록 심해진다.
③ 열교현상이 발생할수록 심해진다.
④ 실내의 공기온도가 높을수록 심해진다.
⑤ 실내의 절대습도가 높을수록 심해진다.

47 상중하

건축물의 표면결로 방지대책에 관한 설명으로 옳지 않은 것은? 제24회

① 실내의 수증기 발생을 억제한다.
② 환기를 통해 실내 절대습도를 낮춘다.
③ 외벽의 단열강화를 통해 실내 측 표면온도가 낮아지는 것을 방지한다.
④ 벽체의 실내 측 표면온도를 실내공기의 노점온도보다 낮게 유지한다.
⑤ 외기에 접한 창의 경우 일반유리보다 로이(Low-E) 복층유리를 사용하면 표면결로 발생을 줄일 수 있다.

48 상중하

「주택건설기준 등에 관한 규정」상 계단에 관한 설명으로 옳지 않은 것은?

① 공동으로 사용하는 계단의 유효폭은 120센티미터 이상이어야 한다.
② 높이 2미터를 넘는 계단(세대내계단을 제외한다)에는 2미터(기계실 또는 물탱크실의 계단의 경우에는 3미터) 이내마다 해당 계단의 유효폭이상의 폭으로 너비 120센티미터이상인 계단참을 설치한다.
③ 각 동 출입구에 설치하는 계단은 1층에 한정하여 높이 2.5미터 이내마다 계단참을 설치할 수 있다.
④ 계단의 바닥은 미끄럼을 방지할 수 있는 구조로 하여야 한다.
⑤ 계단실의 벽 및 반자의 마감(마감을 위한 바탕을 포함한다)은 난연재료로 한다.

49 상중하

「주택건설기준 등에 관한 규정」에 관한 설명으로 옳지 않은 것은?

① 300세대 이상의 주택을 건설하는 주택단지와 그 주변에는 안내표지판을 설치하여야 한다.
② 500세대 이상의 공동주택을 건설하는 주택단지 안의 도로에는 어린이 통학버스의 정차가 가능하도록 어린이 안전보호구역을 1개소 이상 설치하여야 한다.
③ 중복도에는 채광 및 통풍이 원활하도록 50미터 이내마다 1개소 이상 외기에 면하는 개구부를 설치한다.
④ 주택단지 안의 각 동 옥상 출입문에는 「소방시설 설치 및 관리에 관한 법률」에 따른 성능인증 및 제품검사를 받은 비상문자동개폐장치를 설치하여야 한다. 다만, 대피공간이 없는 옥상의 출입문은 제외한다.
⑤ 주택단지 안의 각 동 출입문에 설치하는 유리는 안전유리(45킬로그램의 추가 75센티미터 높이에서 낙하하는 충격량에 관통되지 아니하는 유리를 말한다)를 사용하여야 한다.

50 상중하

「주택건설기준 등에 관한 규정」의 설명으로 옳지 않은 것은?

① 사업주체는 공동주택을 건설하는 지점의 소음도가 65데시벨 미만이 되도록 하되, 65데시벨 이상인 경우에는 방음벽·방음림(소음막이숲) 등의 방음시설을 설치하여 해당 공동주택의 건설지점의 소음도가 65데시벨 미만이 되도록 소음방지대책을 수립해야 한다.

② 500세대 이상의 공동주택을 건설하는 경우 벽체의 접합부위나 난방설비가 설치되는 공간의 창호는 결로방지 성능을 갖추어야 한다.

③ 전자출입시스템 및 비상문자동개폐장치는 화재 등 비상시에 소방시스템과 연동(連動)되어 잠김 상태가 자동으로 풀려야 한다.

④ 주택단지 안의 도로는 유선형 도로로 설계하거나 도로 노면의 요철포장 또는 과속방지턱의 설치 등을 통하여 도로의 설계속도가 시속 30킬로미터 이하가 되도록 한다.

⑤ 주택단지 안의 각 동 출입문에 설치하는 유리는 안전유리(45킬로그램의 추가 75센티미터 높이에서 낙하하는 충격량에 관통되지 아니하는 유리를 말한다)를 사용하여야 한다.

51 상중하

「주택건설기준 등에 관한 규정」상 공동주택 바닥충격음 차단구조의 성능등급 인정 등에 관한 설명으로 옳지 않은 것은?

① 바닥충격음 성능등급 인정기관으로 지정받으려는 자는 국토교통부령으로 정하는 신청서에 서류를 첨부하여 국토교통부장관에게 제출하여야 한다.

② 성능등급 인정기관은 신제품에 대한 성능등급 인정의 신청을 받은 날부터 15일 이내에 전문위원회에 심의를 요청하여야 한다.

③ 공동주택 바닥충격음 차단구조의 성능등급 인정의 유효기간은 그 성능등급 인정을 받은 날부터 3년으로 한다.

④ 공동주택 바닥충격음 차단구조의 성능등급 인정을 받은 자는 유효기간이 끝나기 전에 유효기간을 연장할 수 있다. 이 경우 연장되는 유효기간은 연장될 때마다 3년을 초과할 수 없다.

⑤ 공동주택 바닥충격음 차단구조의 성능등급 인정에 드는 수수료는 인정 업무와 시험에 사용되는 비용으로 하되, 인정 업무와 시험에 필수적으로 수반되는 비용을 추가할 수 있다.

52 상중하

「주택건설기준 등에 관한 규정」 및 「주택건설기준 등에 관한 규칙」상 공동주택을 건설하는 주택단지 안의 도로에 관한 설명으로 옳지 않은 것은?

① 공동주택을 건설하는 주택단지에는 폭 1.5m 이상의 보도를 포함한 폭 7m 이상의 도로(보행자전용도로, 자전거도로는 제외한다)를 설치하여야 한다.
② 지하주차장의 출입구, 경사형·유선형 차도 등 차량의 속도를 제한할 필요가 있는 곳에는 높이 7.5센티미터 이상 10센티미터 이하, 너비 1미터 이상인 과속방지턱을 설치하여야 한다.
③ 주택단지의 출입구, 기타 차량의 속도를 제한할 필요가 있는 곳에 설치하는 과속방지턱에는 운전자에게 그 시설의 위치를 알릴 수 있도록 반사성 도료로 도색한 노면표지를 설치하여야 한다.
④ 주택단지 안의 도로통행의 안전을 위하여 필요하다고 인정되는 곳에는 도로반사경·교통안전표지판·방호울타리·조명시설 기타 필요한 교통안전시설을 설치하여야 한다.
⑤ 공동주택을 건설하는 주택단지에 설치하는 도로는 해당 도로를 이용하는 공동주택의 세대수가 100세대 미만이고 막다른 도로인 경우로서 그 길이가 50m 미만인 경우에는 그 폭을 4m 이상으로 할 수 있다.

53 상중하

다음은 「주택건설기준 등에 관한 규정」의 승강기 등에 관한 기준이다. ( )에 들어갈 숫자를 옳게 나열한 것은? 제20회

> ① 6층 이상인 공동주택에는 국토교통부령이 정하는 기준에 따라 대당 (㉠) 인승 이상인 승용승강기를 설치하여야 한다. 다만, 「건축법 시행령」 제89조의 규정에 해당하는 공동주택의 경우에는 그러하지 아니하다.
> ② (㉡)층 이상인 공동주택의 경우에는 제1항의 승용승강기를 비상용승강기의 구조로 하여야 한다.
> ③ 10층 이상인 공동주택에는 이사짐 등을 운반할 수 있는 다음 각 호의 기준에 적합한 화물용승강기를 설치하여야 한다.
> (1.~3. 생략)
> ④ 복도형인 공동주택의 경우에는 (㉢)세대까지 1대를 설치하되, (㉢)세대를 넘는 경우에는 (㉢)세대마다 1대를 추가로 설치할 것

① ㉠: 5, ㉡: 8, ㉢: 100
② ㉠: 6, ㉡: 8, ㉢: 50
③ ㉠: 6, ㉡: 10, ㉢: 100
④ ㉠: 8, ㉡: 10, ㉢: 50
⑤ ㉠: 8, ㉡: 10, ㉢: 200

54 상중하

「주택건설기준 등에 관한 규정」상 난간의 설치규정에 관한 설명으로 옳지 않은 것은?

① 실내에 설치하는 난간의 재료는 목재로 할 수 있다.
② 난간의 높이는 바닥의 마감면으로부터 120센티미터 이상으로 한다.
③ 건축물 내부계단에 설치하는 난간, 계단 중간에 설치하는 난간 기타 이와 유사한 것으로 위험이 적은 장소에 설치하는 난간의 경우에는 90센티미터 이상으로 할 수 있다.
④ 난간의 간살의 간격은 중심치수 10센티미터 이하로 한다.
⑤ 외기에 면하는 난간을 설치하는 주택에는 각 세대마다 1개소 이상의 국기봉을 꽂을 수 있는 장치를 당해 난간에 설치하여야 한다.

55 상중하

「주택건설기준 등에 관한 규정」상 복리시설에 관한 설명으로 옳지 않은 것은?

① 2천세대 이상의 주택을 건설하는 주택단지에는 유치원을 설치할 수 있는 대지를 확보하여 그 시설의 설치희망자에게 분양하여 건축하게 하거나 유치원을 건축하여 이를 운영하고자 하는 자에게 공급하여야 한다.
② 100세대 이상의 주택을 건설하는 주택단지에는 기준에 적합한 면적 이상의 주민공동시설을 설치하여야 한다.
③ ②에 따른 주민공동시설은 지역 특성, 주택 유형 등을 고려하여 특별시·광역시·특별자치도·시 또는 군의 조례로 주민공동시설의 설치면적을 그 기준의 4분의 1 범위에서 강화하거나 완화하여 정할 수 있다.
④ 100세대 이상 1,000세대 미만은 세대당 2.5제곱미터를 더한 면적 이상의 주민공동시설을 설치하여야 한다.
⑤ 1,000세대 이상은 500제곱미터에 세대당 3제곱미터를 더한 면적 이상의 주민공동시설을 설치하여야 한다.

56 상중하

「주택건설기준 등에 관한 규정」상 주택단지 안내표지판을 설치하여야 하는 세대규모는?

① 100세대 이상 ② 150세대 이상 ③ 200세대 이상
④ 250세대 이상 ⑤ 300세대 이상

57 상중하

「주택건설기준 등에 관한 규정」상 유치원을 유치원 외의 용도의 시설과 복합으로 건축하는 시설이 아닌 것은?

① 의료시설
② 주민운동시설
③ 어린이집
④ 근린생활시설
⑤ 경로당

58 상중하

「주택건설기준 등에 관한 규정」상 주민운동시설과 작은도서관을 설치하여야 하는 세대규모로 옳은 것은?

① 100세대 이상
② 200세대 이상
③ 300세대 이상
④ 450세대 이상
⑤ 500세대 이상

59 상중하

「주택건설기준 등에 관한 규정」상 관리사무소 등에 관한 내용이다. ( )에 들어갈 숫자로 옳은 것은?

> 50세대 이상의 공동주택을 건설하는 주택단지에는 다음 각 호의 시설을 모두 설치하되, 그 면적의 합계가 10제곱미터에 50세대를 넘는 매 세대마다 ( )제곱센티미터를 더한 면적 이상이 되도록 설치해야 한다. 다만, 그 면적의 합계가 100제곱미터를 초과하는 경우에는 설치면적을 100제곱미터로 할 수 있다.
> 1. 관리사무소
> 2. 경비원 등 공동주택 관리 업무에 종사하는 근로자를 위한 휴게시설

① 100
② 200
③ 300
④ 400
⑤ 500

60 「주택건설기준 등에 관한 규정」상 공동주택의 승강기 설치에 관한 설명으로 옳지 않은 것은?

상중하

① 6층 이상인 공동주택에는 국토교통부령이 정하는 기준에 따라 대당 6인승 이상인 승용승강기를 설치하여야 한다.

② 10층 이상인 공동주택의 경우에는 ①의 승용승강기를 비상용승강기의 구조로 하여야 한다.

③ 10층 이상인 공동주택에는 이삿짐 등을 운반할 수 있는 화물용승강기를 설치하여야 하고, 계단실형인 공동주택의 경우에는 100세대까지 1대를 설치하되, 100세대를 넘는 경우에는 100세대마다 1대를 추가로 설치한다.

④ 승용승강기를 계단실형인 공동주택에 설치하는 경우 계단실마다 1대(한 층에 3세대 이상이 조합된 계단실형 공동주택이 22층 이상인 경우에는 2대) 이상을 설치한다.

⑤ 승용승강기를 복도형인 공동주택에 설치하는 경우 1대에 100세대를 넘는 80세대마다 1대를 더한 대수 이상을 설치한다.

61 「주택건설기준 등에 관한 규정」상 공동주택단지 안의 도로에 설치하는 보안등의 설치간격은?

상중하

① 10미터 이내
② 20미터 이내
③ 30미터 이내
④ 40미터 이내
⑤ 50미터 이내

62 상 중 하

「주택건설기준 등에 관한 규정」에 관한 설명으로 옳지 않은 것은?

① 공동주택의 난방설비를 중앙집중난방방식으로 하는 경우에는 난방열이 각 세대에 균등하게 공급될 수 있도록 10층을 넘는 건축물인 경우에는 10층을 넘는 6개 층마다 1개소를 더한 수 이상의 난방구획으로 구분하여 각 난방구획마다 따로 난방용배관을 하여야 한다.

② 공동주택에는 세대별 수도계량기 및 세대마다 2개소 이상의 급수전을 설치하여야 한다.

③ 주택단지 안의 도로는 유선형(流線型) 도로로 설계하거나 도로 노면의 요철(凹凸) 포장 또는 과속방지턱의 설치 등을 통하여 도로의 설계속도가 시속 20킬로미터 이하가 되도록 하여야 한다.

④ 500세대 이상의 공동주택을 건설하는 경우 벽체의 접합부위나 난방설비가 설치되는 공간의 창호는 국토교통부장관이 정하여 고시하는 기준에 적합한 결로(結露)방지 성능을 갖추어야 한다.

⑤ 주택단지 안의 각 동 지상 출입문, 지하 주차장과 각 동의 지하 출입구를 연결하는 출입문에는 전자출입시스템을 갖추어야 한다.

63 상 중 하

주택건설기준 등에 관한 규정상 공동주택을 건설하는 주택단지 안의 도로에 관한 설명으로 옳지 않은 것은? 제26회

① 유선형(流線型) 도로로 설계하여 도로의 설계속도(도로설계의 기초가 되는 속도를 말한다) 시속 20킬로미터 이하가 되도록 하여야 한다.

② 폭 1.5미터 이상의 보도를 포함한 폭 7미터 이상의 도로(보행자전용도로, 자전거도로는 제외한다)를 설치하여야 한다.

③ 도로노면의 요철(凹凸) 포장 또는 과속방지턱의 설치를 통하여 도로의 설계속도가 시속 20킬로미터 이하가 되도록 하여야 한다.

④ 300세대 이상의 경우 어린이 통학버스의 정차가 가능하도록 어린이 안전보호구역을 1개소 이상 설치하여야 한다.

⑤ 해당 도로를 이용하는 공동주택의 세대수가 100세대 미만이고 해당 도로가 막다른 도로로서 그 길이가 35미터 미만인 경우 도로의 폭을 4미터 이상으로 할 수 있다.

64 주택건설기준 등에 관한 규칙상 주택단지에 비탈면이 있는 경우 수해방지에 관한 내용으로 옳지 않은 것은? 제26회

상 중 하

① 사업계획승인권자가 건축물의 안전상 지장이 없다고 인정하지 않은 경우, 비탈면의 높이가 3미터를 넘는 경우에는 높이 3미터 이내마다 그 비탈면의 면적의 5분의 1이상에 해당하는 면적의 단을 만들어야 한다.
② 토양의 유실을 막기 위하여 석재·합성수지재 또는 콘크리트를 사용한 배수로를 설치하여야 한다.
③ 비탈면의 안전을 위하여 필요한 경우에는 돌붙이기를 하거나 콘크리트격자블록 기타 비탈면보호용구조물을 설치하여야 한다.
④ 비탈면 아랫부분에 옹벽 또는 축대(이하 "옹벽 등"이라 한다)가 있는 경우에는 그 옹벽 등과 비탈면 사이에 너비 1미터 이상의 단을 만들어야 한다.
⑤ 비탈면 윗부분에 옹벽 등이 있는 경우에는 그 옹벽 등과 비탈면 사이에 너비 1.5미터 이상으로서 당해 옹벽 등의 높이의 3분의 1이상에 해당하는 너비 이상의 단을 만들어야 한다.

PART 02

65 주택건설기준 등에 관한 규칙상 (   )에 들어갈 내용을 옳게 나열한 것은? 제27회

상 중 하

> 제7조 【수해방지】 ① 주택단지(단지경계선 주변외곽부분을 포함한다)에 비탈면이 있는 경우에는 다음 각 호에서 정하는 바에 따라 수해방지등을 위한 조치를 하여야 한다.
> 1. <생략>
> 2. 비탈면의 높이가 3미터를 넘는 경우에는 높이 (㉠)미터 이내마다 그 비탈면의 면적의 (㉡) 이상에 해당하는 면적의 단을 만들 것. 다만, 사업계획승인권자가 그 비탈면의 토질·경사도 등으로 보아 건축물의 안전상 지장이 없다고 인정하는 경우에는 그러하지 아니하다.
> 3. <생략>

① ㉠: 3, ㉡: 2분의 1
② ㉠: 3, ㉡: 3분의 1
③ ㉠: 3, ㉡: 5분의 1
④ ㉠: 5, ㉡: 3분의 1
⑤ ㉠: 5, ㉡: 5분의 1

66 상중하

「주택건설기준 등에 관한 규정」상 A 아파트는 600세대, B 아파트는 700세대, C 아파트는 500세대이며 A · B · C 아파트 모두 공동으로 하나의 진입도로를 사용하는 경우 그 진입도로의 폭은 몇 m 이상이어야 하는가?

① 6m
② 8m
③ 12m
④ 15m
⑤ 20m

67 상중하

「주택건설기준 등에 관한 규칙」상 영상정보처리기기의 설치기준에 관한 규정의 일부이다. (　　) 안에 들어갈 숫자는? 제17회 수정

1. 승강기, 어린이놀이터 및 공동주택 각 동의 출입구마다 「개인정보 보호법 시행령」에 따른 영상정보처리기기의 카메라를 설치할 것 2. 영상정보처리기기의 카메라는 전체 또는 주요 부분이 조망되고 잘 식별될 수 있도록 설치하되, 카메라의 해상도는 (　　)만 화소 이상일 것

① 100
② 110
③ 120
④ 130
⑤ 140

68 상중하

환경친화적 자동차의 개발 및 보급 촉진에 관한 법률 시행령상 (　　)에 들어갈 내용으로 옳은 것은? 제27회

제18조의6 【전용주차구역의 설치기준】 ① … <생략> …. 다만, 2022년 1월 28일 전에 건축허가를 받은 시설(이하 "기축시설"이라 한다) 중 다음 각 호의 자가 소유하고 관리하는 기축시설(이하 "공공기축시설"이라 한다)이 아닌 기축시설의 경우에는 해당 시설의 총주차대수의 (　) 이상의 범위에서 시·도의 조례로 정한다. 1. ~ 2. <생략>

① 100분의 1
② 100분의 2
③ 100분의 3
④ 100분의 4
⑤ 100분의 5

69 상중하

「주택건설기준 등에 관한 규정」에서 정하고 있는 '에너지절약형 친환경 주택의 건설기준'에 적용되는 기술을 모두 고른 것은? 제21회

㉠ 고에너지 건물 조성기술	㉡ 에너지 고효율 설비기술
㉢ 에너지 이용효율 극대화 기술	㉣ 신・재생에너지 이용기술

① ㉠, ㉢
② ㉡, ㉣
③ ㉠, ㉢, ㉣
④ ㉡, ㉢, ㉣
⑤ ㉠, ㉡, ㉢, ㉣

70 상중하

「주택법」 및 「주택건설기준 등에 관한 규정」상 사업주체가 500세대 이상의 공동주택에 대한 공동주택성능에 대한 등급을 발급받아 입주자 모집공고에 표시하여야 할 사항으로 옳지 않은 것은?

① 경량충격음・중량충격음・화장실소음・경계소음 등 소음 관련 등급
② 리모델링 등에 대비한 가변성 및 수리 용이성 등 교체 관련 등급
③ 조경・일조확보율・실내공기질・에너지절약 등 환경 관련 등급
④ 커뮤니티시설, 사회적 약자 배려, 홈네트워크, 방범안전 등 생활환경 관련 등급
⑤ 화재・소방・피난안전 등 화재・소방 관련 등급

71 상중하

「주택법」 및 「주택건설기준 등에 관한 규정」상 장수명 주택에 관한 설명으로 옳지 않은 것은?

① 장수명 주택이란 구조적으로 오랫동안 유지・관리될 수 있는 내구성을 갖추고, 입주자의 필요에 따라 내부 구조를 쉽게 변경할 수 있는 가변성과 수리 용이성 등이 우수한 주택을 말한다.
② 장수명 주택에 대하여 부여하는 등급은 최우수 등급, 우수 등급, 양호 등급, 일반 등급으로 구분한다.
③ 사업주체가 1,000세대 이상의 주택을 공급하고자 하는 때에는 인증제도에 따라 대통령령으로 정하는 기준 이상의 등급을 인정받아야 한다.
④ ③에 따른 대통령령으로 정하는 기준 이상의 등급이란 양호 등급 이상의 등급을 말한다.
⑤ 국가, 지방자치단체 및 공공기관의 장은 장수명 주택을 공급하는 사업주체 및 장수명 주택 취득자에게 법률 등에서 정하는 바에 따라 행정상・세제상의 지원을 할 수 있다.

72 상중하

주택건설기준 등에 관한 규칙상 주택의 부엌 · 욕실 및 화장실에 설치하는 배기설비에 관한 설명으로 옳지 않은 것은? 제25회

① 배기구는 반자 또는 반자아래 80센티미터이내의 높이에 설치하고, 항상 개방될 수 있는 구조로 한다.
② 세대간 배기통을 서로 연결하고 직접 외기에 개방되도록 설치하여 연기나 냄새의 역류를 방지한다.
③ 배기구는 외기의 기류에 의하여 배기에 지장이 생기지 아니하는 구조로 한다.
④ 배기통에는 그 최상부 및 배기구를 제외하고 개구부를 두지 아니한다.
⑤ 부엌에 설치하는 배기구에는 전동환기설비를 설치한다.

주관식 단답형 문제

01 상중하

공동주택관리법령상 하자보수보증금의 예치에 관한 설명이다. ( ) 안에 들어갈 용어를 쓰시오.

> 사업주체는 대통령령으로 정하는 바에 따라 하자보수보증금을 예치하여야 한다. 다만, 국가 · 지방자치단체 · (   ) 및 지방공사인 사업주체의 경우에는 그러하지 아니하다.

02 상중하

공동주택관리법령상 하자심사 · 분쟁조정위원회의 사무에 관한 설명이다. ( ) 안에 들어갈 용어를 순서대로 각각 쓰시오.

> • 하자담보책임 및 하자보수 등에 대한 사업주체 등과 (   ), 임차인 등 간의 분쟁의 조정
> • 하자의 책임범위 등에 대하여 사업주체 등 · 설계자 · (   ) 및 「건설산업기본법」에 따른 수급인 · 하수급인 간에 발생하는 분쟁의 조정 및 재정

03 상중하

공동주택관리법령상 하자진단결과의 제출에 관한 설명이다. ( ) 안에 들어갈 숫자를 쓰시오.

> 안전진단기관은 하자진단을 의뢰받은 날부터 ( )일 이내에 그 결과를 사업주체 등과 입주자대표회의 등에 제출하여야 한다. 다만, 당사자 사이에 달리 약정한 경우에는 그에 따른다.

04 상중하

공동주택관리법령상 안전진단에 관한 설명이다. ( ) 안에 들어갈 용어를 쓰시오.

> 시장 · 군수 · 구청장은 공동주택의 내력구조부에 중대한 하자가 있다고 인정하는 경우에는 다음의 어느 하나에 해당하는 기관 또는 단체에 해당 공동주택의 안전진단을 의뢰할 수 있다.
> - 한국건설기술연구원
> - ( )
> - 대한건축사협회
> - 대학 및 산업대학의 부설연구기관(상설기관에 한한다)
> - 건축 분야 안전진단전문기관

05 상중하

공동주택관리법령상 하자보수보증금의 명의 변경에 관한 설명이다. ( ) 안에 들어갈 용어를 쓰시오.

> ( )는 입주자대표회의가 구성된 때에는 지체 없이 하자보수보증금의 예치명의 또는 가입명의를 해당 입주자대표회의로 변경하고 입주자대표회의에 현금 예치증서 또는 보증서를 인계하여야 한다.

06 상중하

공동주택관리법령상 하자보수보증금의 반환에 관한 규정의 일부이다. (　　)에 들어갈 숫자를 순서대로 쓰시오. (단, 하자보수보증금을 사용하지 않은 것으로 전제함)

제20회

입주자대표회의는 사업주체가 예치한 하자보수보증금을 다음 각 호의 구분에 따라 순차적으로 사업주체에게 반환하여야 한다.
1. <생략>
2. 사용검사일부터 3년이 경과된 때: 하자보수보증금의 100분의 (　　)
3. 사용검사일부터 5년이 경과된 때: 하자보수보증금의 100분의 (　　)
4. <생략>

07 상중하

공동주택관리법령상 사업주체가 예치한 하자보수보증금을 입주자대표회의가 사업주체에게 반환하여야 하는 비율에 관한 내용이다. (　　)에 들어갈 숫자를 쓰시오.

제23회

- 사용검사일부터 3년이 경과된 때: 하자보수보증금의 100분의 (㉠)
- 사용검사일부터 5년이 경과된 때: 하자보수보증금의 100분의 (㉡)
- 사용검사일부터 10년이 경과된 때: 하자보수보증금의 100분의 (㉢)

08 상중하

공동주택관리법령상 담보책임의 종료에 관한 설명이다. (　　) 안에 들어갈 숫자를 쓰시오.

사업주체는 담보책임기간이 만료되기 (　　)일 전까지 그 만료 예정일을 해당 공동주택의 입주자대표회의(의무관리대상 공동주택이 아닌 경우에는 「집합건물의 소유 및 관리에 관한 법률」에 따른 관리단을 말한다) 또는 해당 공공임대주택의 임차인대표회의에 서면으로 통보하여야 한다.

09 상중하

공동주택관리법령상 하자심사·분쟁조정위원회(이하 "하자분쟁조정위원회"라 한다)**의 조정등의 처리기간에 관한 내용이다. (　)에 들어갈 용어와 숫자를 쓰시오.**

> 하자분쟁조정위원회는 조정등의 신청을 받은 때에는 지체 없이 조정등의 절차를 개시하여야 한다. 이 경우 하자분쟁조정위원회는 그 신청을 받은 날부터 다음 각 호의 구분에 따른 기간 [(㉠) 및 하자감정기간은 제외한다) 이내에 그 절차를 완료하여야 한다.
> 1. 하자심사 및 분쟁조정: (㉡)일(공용부분의 경우 90일)
> 2. 분쟁재정: 150일[공용부분의 경우 (㉢)일]

10 상중하

공동주택관리법상 조정등의 처리기간 등에 관한 내용이다. (　)에 들어갈 용어를 쓰시오. 제26회

> 제45조【조정등의 처리기간 등】① 하자분쟁조정위원회는 조정등의 신청을 받은 때에는 지체 없이 조정등의 절차를 개시하여야 한다. 이 경우 하자분쟁조정위원회는 그 신청을 받은 날부터 다음 각 호의 구분에 따른 기간(제2항에 따른 흠결보정기간 및 제48조에 따른 하자감정기간은 제외한다) 이내에 그 절차를 완료하여야 한다.
> 1. 하자심사 및 분쟁조정: 60일(공용부분의 경우 90일)
> 2. 분쟁(㉠): 150일(공용부분의 경우 180일)

11 상중하

공동주택관리법령상 장기수선계획 수립에 관한 내용이다. (　) 안에 들어갈 숫자와 용어를 순서대로 각각 쓰시오. 제18회 수정

> (　)세대 이상의 공동주택을 건설·공급하는 사업주체는 대통령령으로 정하는 바에 따라 그 공동주택의 (　　　)에 대한 장기수선계획을 수립하여야 한다.

12

상 중 하

공동주택관리법령상 장기수선계획 수립에 관한 내용이다. (   ) 안에 들어갈 숫자를 순서대로 각각 쓰시오. 제16회 수정

> 보안·방범 시설 중 녹화장치의 전면교체 수선주기는 (   )년이고, 영상정보처리기기 및 침입탐지시설의 전면교체 수선주기는 (   )년이다.

13

상 중 하

공동주택관리법령상 장기수선계획에 관한 규정이다. (   )에 들어갈 용어와 숫자를 순서대로 쓰시오. 제20회

> (   )와(과) 관리주체는 장기수선계획을 (   )년마다 검토하고, 필요한 경우 이를 국토교통부령으로 정하는 바에 따라 조정하여야 하며, 수립 또는 조정된 장기수선계획에 따라 주요시설을 교체하거나 보수하여야 한다.

14

상 중 하

공동주택관리법 시행규칙 제7조(장기수선계획의 수립기준 등)**에 관한 내용이다. (   )에 들어갈 용어를 쓰시오.** 제23회

> 입주자대표회의와 관리주체는 「공동주택관리법」 제29조 제2항 및 제3항에 따라 장기수선계획을 조정하려는 경우에는 「에너지이용 합리화법」 제25조에 따라 산업통상자원부장관에게 등록한 에너지절약전문기업이 제시하는 에너지절약을 통한 주택의 (   ) 감소를 위한 시설 개선 방법을 반영할 수 있다.

15

상 중 하

「주택건설기준 등에 관한 규정」상 진입도로에 관한 설명이다. (   ) 안에 들어갈 숫자를 순서대로 각각 쓰시오.

공동주택을 건설하는 주택단지는 기간도로와 접하거나 기간도로로부터 당해 단지에 이르는 진입도로가 있어야 한다. 이 경우 기간도로와 접하는 폭 및 진입도로의 폭은 다음 표와 같다.

주택단지의 총세대수	기간도로와 접하는 폭 또는 진입도로의 폭
300세대 미만	6m 이상
300세대 이상 500세대 미만	( )m 이상
500세대 이상 1천세대 미만	12m 이상
1천세대 이상 2천세대 미만	( )m 이상
2천세대 이상	20m 이상

16

상 중 하

「주택건설기준 등에 관한 규정」상 주택단지 안의 도로에 관한 설명이다. (   ) 안에 들어갈 숫자를 순서대로 각각 쓰시오.

- 공동주택을 건설하는 주택단지에는 폭 1.5미터 이상의 보도를 포함한 폭 (   )미터 이상의 도로(보행자전용도로, 자전거도로는 제외한다)를 설치하여야 한다.
- 해당 도로를 이용하는 공동주택의 세대수가 100세대 미만이고 해당 도로가 막다른 도로로서 그 길이가 35미터 미만인 경우에는 도로의 폭을 (   )미터 이상으로 할 수 있다. 이 경우 해당 도로에는 보도를 설치하지 아니할 수 있다.

17

상 중 하

주택건설기준 등에 관한 규칙상 (   )에 들어갈 아라비아 숫자를 쓰시오. 제27회

제8조【냉방설비 배기장치 설치공간의 기준】① 영 제37조 제6항에서 "국토교통부령으로 정하는 기준"이란 다음 각 호의 요건을 모두 갖춘 것을 말한다.

1. ~ 2. <생략>

3. 세대별 주거전용면적이 (㉠)제곱미터를 초과하는 경우로서 세대 내 거실 또는 침실이 2개 이상인 경우에는 거실을 포함한 최소 (㉡)개의 공간에 냉방설비 배기장치 연결배관을 설치할 것

18 상중하

「주택건설기준 등에 관한 규정」상 관리사무소 등의 설치기준에 관한 설명이다. (　) 안에 들어갈 숫자를 순서대로 각각 쓰시오.

> 50세대 이상의 공동주택을 건설하는 주택단지에는 다음 각 호의 시설을 모두 설치하되, 그 면적의 합계가 (　)제곱미터에 50세대를 넘는 매 세대마다 (　)제곱센티미터를 더한 면적 이상이 되도록 설치해야 한다. 다만, 그 면적의 합계가 100제곱미터를 초과하는 경우에는 설치면적을 100제곱미터로 할 수 있다.
> 1. 관리사무소
> 2. 경비원 등 공동주택 관리 업무에 종사하는 근로자를 위한 휴게시설

19 상중하

「주택건설기준 등에 관한 규정」상 (　)에 들어갈 아라비아 숫자를 쓰시오. 제27회

> 제14조【세대 간의 경계벽 등】① 공동주택 각 세대 간의 경계벽 및 공동주택과 주택 외의 시설 간의 경계벽은 내화구조로서 다음 각 호의 어느 하나에 해당하는 구조로 해야 한다.
> 1. 철근콘크리트조 또는 철골・철근콘크리트조로서 그 두께(시멘트모르타르, 회반죽, 석고플라스터, 그 밖에 이와 유사한 재료로 바른 후의 두께를 포함한다)가 (㉠)센티미터 이상인 것
> 2. ~ 4. <생략>
>
> ② ~ ⑥ <생략>

20 상중하

다음은 「주택건설기준 등에 관한 규정」의 세대 간의 경계벽 등에 관한 기준이다. (　)에 들어갈 숫자를 순서대로 쓰시오. 제20회

> 공동주택 각 세대 간의 경계벽 및 공동주택과 주택 외의 시설 간의 경계벽은 내화구조로서 다음 각 호의 1에 해당하는 구조로 해야 한다.
> 1. 철근콘크리트조 또는 철골・철근콘크리트조로서 그 두께(시멘트모르터・회반죽・석고프라스터 기타 이와 유사한 재료를 바른 후의 두께를 포함한다)가 (　)센티미터 이상인 것
> 2. 무근콘크리트조・콘크리트블록조・벽돌조 또는 석조로서 그 두께(시멘트모르터・회반죽・석고프라스터 기타 이와 유사한 재료를 바른 후의 두께를 포함한다)가 (　)센티미터 이상인 것

21 상중하

「주택건설기준 등에 관한 규정」상 유치원의 설치에 관한 설명이다. (   ) 안에 들어갈 용어와 숫자를 순서대로 각각 쓰시오.

> 유치원을 유치원 외의 용도의 시설과 복합으로 건축하는 경우에는 의료시설·주민운동시설·어린이집·(   ) 및 근린생활시설(「학교보건법」에 의한 학교환경위생정화구역에 설치할 수 있는 시설에 한한다)에 한하여 이를 함께 설치할 수 있다. 이 경우 유치원 용도의 바닥면적의 합계는 당해 건축물 연면적의 (   )분의 1 이상이어야 한다.

22 상중하

「주택건설기준 등에 관한 규칙」상 '주택의 부엌·욕실 및 화장실에 설치하는 배기설비' 기준이다. (   )에 들어갈 용어를 쓰시오. 제21회

> 배기통은 연기나 냄새 등이 실내로 역류하는 것을 방지할 수 있도록 다음 각 목의 어느 하나에 해당하는 구조로 할 것
> 가. 세대 안의 배기통에 (   ) 또는 이와 동일한 기능의 배기설비 장치를 설치할 것
> 나. 세대간 배기통이 서로 연결되지 아니하고 직접 외기에 개방되도록 설치할 것

23 상중하

「주택건설기준 등에 관한 규정」상 바닥구조에 관한 내용이다. (   )에 들어갈 아라비아 숫자를 쓰시오. 제24회

> 제14조의2 【바닥구조】 공동주택의 세대 내의 층간바닥(화장실의 바닥은 제외한다. 이하 이 조에서 같다)은 다음 각 호의 기준을 모두 충족하여야 한다.
> 1. 콘크리트 슬래브 두께는 (㉠)밀리미터[라멘구조(보와 기둥을 통해서 내력이 전달되는 구조를 말한다. 이하 이 조에서 같다)의 공동주택은 (㉡) 밀리미터] 이상으로 할 것. 다만, 법 제51조 제1항에 따라 인정받은 공업화주택의 층간바닥은 예외로 한다.

24 상중하

주택건설기준 등에 관한 규정상 공동주택 세대 내의 층간바닥 구조에 관한 내용이다. ( )에 들어갈 아라비아 숫자를 쓰시오. 제25회

> 제14조의2 【바닥구조】 공동주택의 세대 내의 층간바닥(화장실의 바닥은 제외한다. 이하 이 조에서 같다) 은 다음 각 호의 기준을 모두 충족해야 한다.
> 1. <생략>
> 2. 각 층간 바닥의 경량충격음(비교적 가볍고 딱딱한 충격에 의한 바닥충격음을 말한다) 및 중량충격음(무겁고 부드러운 충격에 의한 바닥충격음을 말한다)이 각각 (㉠)데시벨 이하인 구조일 것. 다음 각 목의 층간바닥은 그렇지 않다.
>   가. 라멘구조의 공동주택(법 제51조 제1항에 따라 인정받은 공업화주택은 제외한다)의 층간바닥
>   나. 가목의 공동주택 외의 공동주택 중 발코니, 현관 등 국토교통부령으로 정하는 부분의 층간바닥

25 상중하

주택건설기준 등에 관한 규정상 수해방지에 관한 내용이다. ( )에 들어갈 용어를 쓰시오. 제25회

> 제30조 【수해방지 등】 ① <생략>
> ② <생략>
> ③ 주택단지가 저지대등 침수의 우려가 있는 지역인 경우에는 주택단지안에 설치하는 (㉠) · 전화국선용단자함 기타 이와 유사한 전기 및 통신설비는 가능한 한 침수가 되지 아니하는 곳에 이를 설치하여야 한다.

26 상중하

「주택법」 및 「주택건설기준 등에 관한 규정」상 공동주택 성능등급에 관한 설명이다. (   ) 안에 들어갈 용어와 숫자를 순서대로 각각 쓰시오.

> 사업주체가 (   )세대 이상의 공동주택을 공급할 때에는 주택의 성능 및 품질을 입주자가 알 수 있도록 「녹색건축물 조성 지원법」에 따라 다음의 공동주택 성능에 대한 등급을 발급받아 국토교통부령으로 정하는 방법으로 입주자 모집공고에 표시하여야 한다.
> • 경량충격음 · 중량충격음 · 화장실소음 · 경계소음 등 (   ) 관련 등급
> • 리모델링 등에 대비한 가변성 및 수리 용이성 등 구조 관련 등급
> • 조경 · 일조확보율 · 실내공기질 · 에너지절약 등 (   ) 관련 등급
> • 커뮤니티시설, 사회적 약자 배려, 홈네트워크, 방범안전 등 생활환경 관련 등급
> • 화재 · 소방 · 피난안전 등 화재 · 소방 관련 등급

02 공동주택의 건축설비관리

Chapter

연계학습 기본서 p.456~649

단·원·열·기

매년 14~15문제가 건축설비 이론과 관련 법령에서 출제되는 장으로 1차 공동주택시설개론과의 연계학습이 필요한 부분이기도 합니다. 건축설비 관련 법령지문은 공동주택관리실무에서 출제되고 있기 때문에 체계적으로 정리되어야 하며, 특히 주관식 기입형 문제도 자주 출제되기 때문에 꼼꼼하게 학습하여야 합니다.

01 상중하

수도법령상 건축물 또는 시설 외부의 땅 밑에 저수조를 설치하는 경우에는 분뇨·쓰레기 등의 유해물질로부터 일정 거리 이상 띄워서 설치하여야 하는 이격거리는?

① 3m ② 4m ③ 5m
④ 6m ⑤ 7m

02 상중하

수도법 시행규칙상 저수조의 설치기준에 관한 내용으로 옳지 않은 것은? 제27회

① 저수조의 물이 일정 수중 이상 넘거나 일정 수준 이하로 줄어들 때 울리는 경보장치를 설치하여야 한다.
② 5세제곱미터를 초과하는 저수조는 청소·위생점검 및 보수 등 유지관리를 위하여 1개의 저수조를 둘 이상의 부분으로 구획하거나 저수조를 2개 이상 설치하여야 한다.
③ 저수조의 바닥은 배출구를 향하여 100분의 1 이상의 경사를 두어 설치하는 등 배출이 쉬운 구조로 하여야 한다.
④ 소화용수가 저수조에 역류되는 것을 방지하기 위한 역류방지장치가 설치되어야 한다.
⑤ 저수조의 맨홀부분은 건축물(천정 및 보 등)으로부터 90센티미터 이상 떨어져야 하며, 그 밖의 부분은 60센티미터 이상의 간격을 띄워야 한다.

03 상중하

수도법령상 공동주택 저수조의 설치기준에 해당하지 않는 것으로만 짝지어진 것은?

㉠ 3세제곱미터인 저수조에는 청소·위생점검 및 보수 등 유지관리를 위하여 1개의 저수조를 둘 이상의 부분으로 구획하거나 저수조를 2개 이상 설치하여야 한다.
㉡ 소화용수가 저수조에 역류되는 것을 방지하기 위한 역류방지장치가 설치되어야 한다.
㉢ 저수조의 공기정화를 위한 통기관과 물의 수위조절을 위한 월류관(越流管)을 설치하고, 관에는 벌레 등 오염물질이 들어가지 아니하도록 녹이 슬지 아니하는 재질의 세목(細木) 스크린을 설치해야 한다.
㉣ 저수조를 설치하는 곳은 분진 등으로 인한 2차 오염을 방지하기 위하여 암·석면을 제외한 다른 적절한 자재를 사용하여야 한다.
㉤ 저수조 내부의 높이는 최소 1미터 50센티미터 이상으로 하여야 한다.

① ㉠, ㉢
② ㉠, ㉤
③ ㉡, ㉣
④ ㉡, ㉤
⑤ ㉢, ㉣

04 상중하

수도법령상 공동주택의 수질검사에 관한 설명으로 옳지 않은 것은?

① 대형건축물 등의 소유자 등은 6개월마다 1회 이상 수돗물의 안전한 위생관리를 위하여 「먹는물관리법 시행규칙」에 따라 지정된 먹는물 수질검사기관에 의뢰하여 수질검사를 하여야 한다.
② 시료채취는 저수조 또는 저수조에서 가장 가까운 수도꼭지에서 채수하는 방법으로 한다.
③ 대형건축물 등의 소유자 등은 수질검사 결과가 수질기준에 위반되면 지체 없이 그 원인을 규명하여 배수 또는 저수조의 청소를 하는 등 필요한 조치를 신속하게 하여야 한다.
④ 수질검사 결과를 게시판에 게시하거나 전단을 배포하는 등의 방법으로 해당 건축물 또는 시설의 이용자에게 공지하여야 한다.
⑤ 수질검사를 하거나 수질기준위반에 따른 조치를 하면 각각 그 결과를 기록하고, 2년간 보관하여야 한다.

05 수도법령상 저수조 수질관리에 관한 설명으로 옳지 않은 것은?

상중하

① 대형건축물 등의 소유자 등은 저수조를 반기마다 1회 이상 청소해야 한다.
② 대형건축물 등의 소유자 등은 저수조가 1개월 이상 사용이 중단된 경우에는 사용 전 청소를 하여야 한다.
③ 수질검사의 시료채취는 저수조나 해당 저수조로부터 가장 먼 수도꼭지에서 채수하는 방법으로 한다.
④ 대형건축물 등의 소유자 등은 매년 마지막 검사일부터 1년이 되는 날이 속하는 달의 말일까지의 기간 중에 1회 이상 지정된 먹는물 수질검사기관에 의뢰하여 수질검사를 하여야 한다.
⑤ 대형건축물 등의 소유자 등은 저수조의 위생상태를 월 1회 이상 점검하여야 한다.

06 급배수 위생설비에 관한 내용으로 옳지 않은 것은? 제21회

상중하

① 탱크가 없는 부스터방식은 펌프의 동력을 이용하여 급수하는 방식으로 저수조가 필요 없다.
② 수격작용이란 급수전이나 밸브 등을 급속히 폐쇄했을 때 순간적으로 급수관 내부에 충격압력이 발생하여 소음이나 충격음, 진동 등이 일어나는 현상을 말한다.
③ 매시 최대 예상급수량은 일반적으로 매시 평균 예상급수량의 1.5~2.0배 정도로 산정한다.
④ 배수수평주관의 관경이 125mm일 경우 원활한 배수를 위한 배관 최소구배는 1/150로 한다.
⑤ 결합통기관은 배수수직관과 통기수직관을 접속하는 것으로 배수수직관 내의 압력변동을 완화하기 위해 설치한다.

07 상중하

건축물의 급수 및 급탕비에 관한 설명으로 옳지 않은 것은? 제24회

① 급수 및 급탕설비에 이용하는 재료는 유해물이 침출되지 않는 것을 사용한다.
② 고층건물의 급수배관을 단일계통으로 하면 하층부보다 상층부의 급수압력이 높아진다.
③ 급수 및 급탕은 위생기구나 장치 등의 기능에 만족하는 수압과 수량(水量)으로 공급한다.
④ 급탕배관에는 관의 온도변화에 따른 팽창과 수축을 흡수할 수 있는 장치를 설치하여야 한다.
⑤ 급수 및 급탕계통에는 역 사이펀 작용에 의한 역류가 발생되지 않아야 한다.

08 상중하

유량 360ℓ/min, 전양정 50mAq, 펌프효율 70%인 경우 소요동력(kW)은 약 얼마인가? (단, 여유율은 고려하지 않음) 제15회

① 4.2
② 5.2
③ 6.2
④ 7.2
⑤ 8.2

09 상중하

공동주택의 최상층 샤워기에서 최저필요수압을 확보하기 위한 급수펌프의 전양정(m)을 다음 조건을 활용하여 구하면 얼마인가? 제23회

- 지하 저수조에서 펌프직송방식으로 급수하고 있다.
- 펌프에서 최상층 샤워기까지의 높이는 50m, 배관마찰, 국부저항 등으로 인한 손실양정은 10m이다.
- 샤워기의 필요압력은 70kPa로 하며, 1mAq ― 10kPa로 환산한다.
- 저수조의 수위는 펌프보다 5m 높은 곳에서 항상 일정하다고 가정한다.
- 그 외의 조건은 고려하지 않는다.

① 52
② 57
③ 62
④ 67
⑤ 72

10 상중하

급수설비에 관한 설명으로 옳지 않은 것은? 제18회

① 펌프직송방식이 고가수조방식보다 위생적인 급수가 가능하다.
② 급수관경을 정할 때 관균등표 또는 유량선도가 일반적으로 이용된다.
③ 고층건물일 경우 급수압 조절 및 소음방지 등을 위해 적절한 급수 조닝(zoning)이 필요하다.
④ 급수설비의 오염 원인으로 상수와 상수 이외의 물질이 혼합되는 캐비테이션(cavitation)현상이 있다.
⑤ 급수설비 공사 후 탱크류의 누수 유무를 확인하기 위해 만수시험을 한다.

11 상중하

다음에서 설명하고 있는 펌프는? 제24회

- 디퓨져펌프라고도 하며 임펠러 주위에 가이드 베인을 갖고 있다.
- 임펠러를 직렬로 장치하면 고양정을 얻을 수 있다.
- 양정은 회전비의 제곱에 비례한다.

① 터빈펌프
② 기어펌프
③ 피스톤펌프
④ 위싱턴펌프
⑤ 플런지펌프

12 상중하

급수 및 배수 설비에 관한 설명으로 옳지 않은 것은? 제25회

① 터빈펌프는 임펠러의 외주에 안내날개(guide vane)가 달려 있지 않다.
② 보일러에 경수를 사용하면 보일러 수명 단축의 원인이 될 수 있다.
③ 급수용 저수조의 오버플로우(overflow)관은 간접배수 방식으로 한다.
④ 결합통기관은 배수수직관과 통기수직관을 연결하는 통기관이다.
⑤ 기구배수부하단위의 기준이 되는 위생기구는 세면기이다.

13 상중하

펌프의 공동현상(cavitation)을 방지하기 위해 고려할 사항으로 옳은 것은? 제16회

① 펌프를 저수조 수위보다 높게 설치한다.
② 방진장치를 설치한다.
③ 펌프의 토출 측에 체크밸브를 설치한다.
④ 흡입배관의 마찰손실을 줄여준다.
⑤ 펌프의 흡입 및 토출 측에 플렉시블 이음을 한다.

14 상중하

공동주택 지하저수조 설치방법에 관한 설명으로 옳지 않은 것은? 제20회

① 저수조에는 청소, 점검, 보수를 위한 맨홀을 설치하고 오염물이 들어가지 않도록 뚜껑을 설치한다.
② 저수조 주위에는 청소, 점검, 보수를 위하여 충분한 공간을 확보한다.
③ 저수조 내부는 위생에 지장이 없는 공법으로 처리한다.
④ 저수조 상부에는 오수배관이나 오염이 염려되는 기기류 설치를 피한다.
⑤ 저수조의 넘침(over flow)관은 일반배수계통에 직접 연결한다.

15 상중하

고가수조방식을 적용하는 공동주택에서 각 세대에 공급되는 급수과정 순서로 옳은 것은? 제22회

㉠ 세대 계량기	㉡ 상수도 본관
㉢ 양수장치(급수펌프)	㉣ 지하저수조
㉤ 고가수조	

① ㉠ ⇨ ㉣ ⇨ ㉤ ⇨ ㉢ ⇨ ㉡
② ㉡ ⇨ ㉣ ⇨ ㉢ ⇨ ㉤ ⇨ ㉠
③ ㉡ ⇨ ㉤ ⇨ ㉣ ⇨ ㉢ ⇨ ㉠
④ ㉣ ⇨ ㉢ ⇨ ㉤ ⇨ ㉡ ⇨ ㉠
⑤ ㉣ ⇨ ㉡ ⇨ ㉤ ⇨ ㉢ ⇨ ㉠

16 상중하

압력수조방식에 관한 설명으로 옳지 않은 것은?

① 압력수조 내에 물을 공급한 후 압축공기로 물에 압력을 가해 급수하는 방식이다.
② 펌프, 압력수조, 컴프레서(compressor), 수수조(저수조) 등이 필요하다.
③ 수조는 압력용기이므로 제작비가 싸다.
④ 고가수조가 필요 없어 구조상, 미관상 좋다.
⑤ 국부적으로 고압을 필요로 할 때 적합하다.

17 상중하

건물의 급수설비에 관한 설명으로 옳은 것을 모두 고른 것은? 제19회

> ㉠ 수격작용을 방지하기 위하여 통기관을 설치한다.
> ㉡ 압력탱크방식은 급수압력이 일정하지 않다.
> ㉢ 체크밸브는 밸브류 앞에 설치하여 배관 내의 흙, 모래 등의 이물질을 제거하기 위한 장치이다.
> ㉣ 토수구 공간을 두는 것은 물의 역류를 방지하기 위함이다.
> ㉤ 슬루스밸브는 스톱밸브라고도 하며 유체에 대한 저항이 큰 것이 결점이다.

① ㉠, ㉢
② ㉠, ㉤
③ ㉡, ㉣
④ ㉡, ㉤
⑤ ㉢, ㉣

18 상중하

급수방식을 비교한 내용으로 옳지 않은 것은?

① 수도직결방식은 고가수조방식에 비해 수질오염 가능성이 낮다.
② 수도직결방식은 압력수조방식에 비해 기계실 면적이 작다.
③ 펌프직송방식은 고가수조방식에 비해 옥상탱크 면적이 크다.
④ 고가수조방식은 수도직결방식에 비해 수도 단수 시 유리하다.
⑤ 압력수조방식은 수도직결방식에 비해 유지관리 측면에서 불리하다.

19 상중하

급수설비에 관한 설명으로 옳지 않은 것은? 제23회

① 초고층 공동주택의 경우 급수압을 조절하기 위해, 중간수조 방식이나 감압 밸브 방식을 사용한다.
② 크로스커넥션(cross connection)은 급수설비 오염의 원인이 된다.
③ 급수량 산정시 시간최대 예상급수량은 시간평균 예상급수량의 1.5~2.0배로 한다.
④ 압력탱크방식은 최고·최저의 압력차가 작아 급수압이 일정하다.
⑤ 고가수조방식은 펌프직송방식에 비해 수질 오염 측면에서 불리하다.

20 상중하

밸브나 수전(水栓)류를 급격히 열고 닫을 때 압력변화에 의해 발생하는 현상은? 제17회

① 수격(water hammering)현상
② 표면장력(surface tension)현상
③ 공동(cavitation)현상
④ 사이펀(siphon)현상
⑤ 모세관(capillary tube)현상

21 상중하

건축물의 급수설비에 관한 설명으로 옳지 않은 것은?

① 수도직결방식은 기계실 및 옥상탱크가 불필요하고, 단수 시에 급수가 불가능하다.
② 부스터 펌프에 의한 가압급수방식은 토출압력을 일정하게 유지하기 위한 제어장치가 필요하다.
③ 고가수조 급수방식은 타 방식에 비하여 상대적으로 수질오염의 가능성이 낮다.
④ 수압이 지나치게 높으면 유수 소음이 발생한다.
⑤ 압력탱크방식은 밀폐용기 내에 펌프로 물을 보내 공기를 압축시켜 압력을 올린 후 그 압력으로 필요 장소에 급수하는 방식을 말한다.

22 상중하

단물이라고도 불리는 연수(軟水)에 관한 설명으로 옳지 않은 것은? 제18회

① 총경도 120ppm 이상의 물이다.
② 경수보다 표백용으로 적합하다.
③ 경수보다 비누가 잘 풀린다.
④ 경수보다 염색용으로 적합하다.
⑤ 경수보다 보일러 용수로 적합하다.

23 상중하

공동주택의 급수설비에 관한 설명으로 옳지 않은 것은?

① 크로스커넥션(cross connection)이 발생하지 않도록 급수배관을 한다.
② 단수 발생 시 일시적인 부압으로 인한 배수의 역류가 발생하지 않도록 토수구에 공간을 두거나 버큠브레이커(vacuum breaker)를 설치하도록 한다.
③ 기기 및 배관류는 부식에 강한 재료를 사용한다.
④ 수조의 재질은 부식이 적은 스테인리스관을 사용하거나 내면도료를 칠하여 수질에 영향을 미치지 않도록 한다.
⑤ 수조의 급수 유입구와 유출구의 거리는 가능한 한 짧게 하여 정체에 의한 오염이 발생하지 않도록 한다.

24 상중하

지상 20층 공동주택의 급수방식이 고가수조방식인 경우, 지상 5층의 싱크대 수전에 걸리는 정지수압은 얼마인가? (단, 각 층의 높이는 3m, 옥상바닥면에서 고가수조 수면까지의 높이는 7m, 바닥면에서 싱크대 수전까지의 높이는 1m, 단위환산은 10mAq=1kg/cm^2=0.1MPa로 함)

① 0.51MPa
② 0.52MPa
③ 0.53MPa
④ 0.54MPa
⑤ 0.55MPa

25 상중하

펌프에 관한 설명으로 옳지 않은 것은? 제17회

① 양수량은 회전수에 비례한다.
② 축동력은 회전수의 세제곱에 비례한다.
③ 전양정은 회전수의 제곱에 비례한다.
④ 2대의 펌프를 직렬운전하면 토출량은 2배가 된다.
⑤ 실양정은 흡수면으로부터 토출수면까지의 수직거리이다.

26 상중하

펌프에 관한 설명으로 옳은 것은? 제23회

① 펌프의 회전수를 1.2배로 하면 양정은 1.73배가 된다.
② 펌프의 회전수를 1.2배로 하면 양수량은 1.44배가 된다.
③ 동일한 배관계에서는 순환하는 물의 온도가 낮을수록 서징(surging)의 발생 가능성이 커진다.
④ 동일 성능의 펌프 2대를 직렬운전하면 1대 운전시보다 양정은 커지나 배관계 저항 때문에 2배가 되지는 않는다.
⑤ 펌프의 축동력을 산정하기 위해서는 양정, 양수량, 여유율이 필요하다.

27 상중하

배관 속에 흐르는 유체의 마찰저항에 관한 설명으로 옳은 것은? 제23회

① 배관의 내경이 커질수록 작아진다.
② 유체의 밀도가 커질수록 작아진다.
③ 유체의 속도가 커질수록 작아진다.
④ 배관의 길이가 길어질수록 작아진다.
⑤ 배관의 마찰손실계수가 커질수록 작아진다.

28 상중하

내경 30mm, 관길이 3m인 급수관에 1.5m/s의 속도로 물이 흐를 때 마찰손실수두는 약 얼마인가? (단, 마찰손실계수는 0.02)

① 0.13m ② 0.17m ③ 0.23m
④ 0.37m ⑤ 0.47m

29 다음 조건에 따라 계산된 급수펌프의 양정(Mpa)은? 제22회

상중하

- 부스터방식이며 펌프(저수조 낮은 수위)에서 최고 수전까지 높이는 30.0mAq
- 배관과 기타 부속의 소요양정은 펌프에서 최고 수전까지 높이의 40%
- 수전 최소 필요압력은 7.0mAq
- 수주 1.0mAq는 0.01MPa로 한다.
- 그 외의 조건은 고려하지 않는다.

① 0.30 ② 0.37 ③ 0.49
④ 0.58 ⑤ 0.77

30 배관 내를 흐르는 냉온수 등에 혼입된 이물질이 펌프 등의 기기에 들어가지 않도록 그 앞부분에 설치하는 것은?

상중하

① 트랩(trap) ② 스트레이너(strainer)
③ 볼조인트(ball joint) ④ 기수혼합밸브
⑤ 정압기(governor)

31 펌프에 관한 설명으로 옳지 않은 것은? 제19회

상중하

① 펌프의 양수량은 펌프의 회전수에 비례한다.
② 펌프의 흡상높이는 수온이 높을수록 높아진다.
③ 워싱턴펌프는 왕복동식 펌프이다.
④ 펌프의 축동력은 펌프의 양정에 비례한다.
⑤ 볼류트펌프는 원심식 펌프이다.

32 전기설비에 사용하는 합성수지관에 관한 설명으로 옳지 않은 것은? 제19회

상중하

① 기계적 충격에 약하다.
② 금속관보다 무게가 가볍고 내식성이 있다.
③ 대부분 경질비닐관이 사용된다.
④ 열적 영향을 받기 쉬운 곳에 사용된다.
⑤ 관 자체의 절연성능이 우수하다.

33 상중하

다음에서 설명하고 있는 전기배선 공사방법은? 제23회

- 철근콘크리트 건물의 매입 배선 등에 사용된다.
- 화재에 대한 위험성이 낮다.
- 기계적 손상에 대해 안전하여 다양한 유형의 건물에 시공이 가능하다.

① 금속관 공사
② 목재몰드 공사
③ 애자사용 공사
④ 버스덕트 공사
⑤ 경질비닐관 공사

34 상중하

변전실에 관한 설명으로 옳지 않은 것은?

① 매 분기 1회 이상 안전진단을 실시하여야 한다.
② 천장 높이는 고압이 3미터 이상, 특고압이 4.5미터 이상이 되어야 한다.
③ 위치는 부하의 가장자리에 있어야 한다.
④ 불연재료로 만들어진 벽, 기둥, 바닥 및 천장으로 구획되어야 한다.
⑤ 통풍, 채광이 용이하여야 한다.

35 상중하

전기안전관리법령상 전기사고의 재발방지를 위하여 전기사고의 원인 · 경위 등에 관한 조사대상에 해당되는 전기에 의한 화재사고의 기준으로 옳은 것은? (단, 전기에 의한 화재사고로 추정되는 사고에 한하며, 재산피해가액은 해당 화재사고에 대하여 경찰관서나 소방관서에서 추정한 가액에 따른다)

① 부상자 2명
② 사망자 1명
③ 사망자 2명
④ 재산피해가액 1억원
⑤ 재산피해가액 2억원

36 상중하

주택건설기준 등에 관한 규정상 공동주택의 세대당 전용면적이 80m²일 때, 각 세대에 설치해야 할 전기시설의 최소 용량(kW)은? 제23회

① 3.0
② 3.5
③ 4.0
④ 4.5
⑤ 5.0

37 상중하

전압을 구분한 표이다. (　) 안에 들어갈 숫자를 옳게 나열한 것은?

구 분	저 압	고 압	특고압
직 류	(㉠)V 이하	(㉠)V 초과~7,000V 이하	7,000V 초과
교 류	(㉡)V 이하	(㉡)V 초과~7,000V 이하	

① ㉠: 600, ㉡: 750
② ㉠: 1,200, ㉡: 1,000
③ ㉠: 1,000, ㉡: 1,200
④ ㉠: 1,000, ㉡: 1,500
⑤ ㉠: 1,500, ㉡: 1,000

38 상중하

「건축물의 설비기준 등에 관한 규칙」상 피뢰설비의 설치기준에 관한 내용으로 옳지 않은 것은? 제21회

① 피뢰설비의 재료는 최소 단면적이 피복이 없는 동선을 기준으로 수뢰부, 인하도선 및 접지극은 50mm² 이상이거나 이와 동등 이상의 성능을 갖출 것
② 접지(接地)는 환경오염을 일으킬 수 있는 시공방법이나 화학 첨가물 등을 사용하지 아니할 것
③ 피뢰설비는 한국산업표준이 정하는 피뢰레벨 등급에 적합한 피뢰설비일 것. 다만, 위험물저장 및 처리시설에 설치하는 피뢰설비는 한국산업표준이 정하는 피뢰시스템레벨 Ⅱ 이상이어야 할 것
④ 급수 · 급탕 · 난방 · 가스 등을 공급하기 위하여 건축물에 설치하는 금속배관 및 금속재 설비는 전위(電位)가 균등하게 이루어지도록 전기적으로 접속할 것
⑤ 전기설비의 접지계통과 건축물의 피뢰설비 및 통신설비 등의 접지극을 공용하는 통합접지공사를 하는 경우에는 낙뢰 등으로 인한 과전압으로부터 전기설비 등을 보호하기 위하여 한국산업표준에 적합한 배선용 차단기를 설치할 것

39 상중하

건축물의 설비기준 등에 관한 규칙상 피뢰설비의 기준에 관한 내용이다. (   )에 들어갈 숫자를 옳게 나열한 것은? 제24회

> 제20조【피뢰설비】<생략>
> 1. <생략>
> 2. 돌침은 건축물의 맨 윗부분으로부터 (㉠)센티미터 이상 돌출시켜 설치하되, 「건축물의 구조기준 등에 관한 규칙」 제9조에 따른 설계하중에 견딜 수 있는 구조일 것
> 3. 피뢰설비의 재료는 최소 단면적이 피복이 없는 동선(銅線)을 기준으로 수뢰부, 인하도선 및 접지극은 (㉡)제곱밀리미터 이상이거나 이와 동등 이상의 성능을 갖출 것

① ㉠: 20, ㉡: 30
② ㉠: 20, ㉡: 50
③ ㉠: 25, ㉡: 30
④ ㉠: 25, ㉡: 50
⑤ ㉠: 30, ㉡: 30

40 상중하

조명설비에 관한 설명이다. (   )에 들어갈 용어를 순서대로 나열한 것은? 제21회

> • (   ): 빛을 받는 면에 입사하는 단위면적당 광속
> • (   ): 램프의 사용시간 경과에 따라 감광되거나 먼지부착 등에 의한 조명기구 효율저하를 보완하기 위한 보정계수
> • (   ): 실내의 작업범위(수평면)에서 최저조도를 최고조도로 나눈 값

① 광도, 감소율, 균제도
② 광도, 감소율, 조명률
③ 조도, 감소율, 조명률
④ 조도, 보수율, 조명률
⑤ 조도, 보수율, 균제도

41 상중하

전기설비의 설비용량 산출을 위하여 필요한 각 계산식이다. 옳게 짝지어진 것은?

$$(㉠) = \frac{\text{최대수용전력}}{\text{부하설비용량}} \times 100(\%)$$

$$(㉡) = \frac{\text{평균수용전력}}{\text{최대수용전력}} \times 100(\%)$$

$$(㉢) = \frac{\text{각 부하의 최대수용전력의 합계}}{\text{합계 부하의 최대수용전력}} \times 100(\%)$$

① ㉠: 부동률, ㉡: 수용률, ㉢: 부하율
② ㉠: 수용률, ㉡: 부등률, ㉢: 부하율
③ ㉠: 부등률, ㉡: 부하율, ㉢: 수용률
④ ㉠: 수용률, ㉡: 부하율, ㉢: 부등률
⑤ ㉠: 부하율, ㉡: 수용률, ㉢: 부등률

42 상중하

실의 크기가 가로 10m, 세로 12m, 천장고 2.7m인 공동주택 관리사무소에 설치된 30개의 형광등을 동일한 개수의 LED 램프로 교체했을 때, 예상되는 평균조도(lx)는? (단, LED 램프의 광속은 4,000 lm/개, 보수율은 0.8, 조명률은 0.5로 함)

제25회

① 400
② 480
③ 520
④ 585
⑤ 625

43 상중하

배수관에 트랩을 설치하는 주된 이유는?

① 악취를 방지하기 위하여
② 통기관의 능률을 촉진시키기 위하여
③ 배수관의 신축을 조절하기 위하여
④ 배수관의 청결을 유지하기 위하여
⑤ 배수관의 동결을 방지하기 위하여

44 상중하

다음 그림의 트랩에서 각 부위별 명칭이 옳게 연결된 것은? 제19회

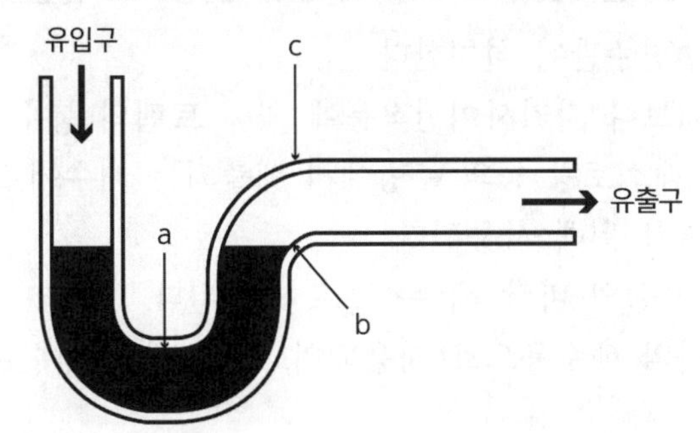

① a: 디프, b: 웨어, c: 크라운
② a: 디프, b: 크라운, c: 웨어
③ a: 웨어, b: 디프, c: 크라운
④ a: 크라운, b: 웨어, c: 디프
⑤ a: 크라운, b: 디프, c: 웨어

45 상중하

트랩의 봉수파괴현상 등에 관한 설명으로 옳지 않은 것은?

① 집을 오랫동안 비워두면 증발작용으로 봉수가 파괴된다.
② 유인사이펀(흡인작용)은 위층의 기구로부터 배수가 배수수직관 내를 급속히 흘러 하층 기구의 유출관 부분을 통과할 때 수평주관 내부의 공기를 감압시켜 봉수가 파괴되는 현상이다.
③ 각개통기관을 기구배수관에 접속하여 공기를 유입시키면 자기사이펀작용을 막을 수 있다.
④ 역압에 의한 봉수파괴현상은 상층부 기구에서 자주 발생한다.
⑤ 트랩의 유출구 쪽에 실이나 천조각 등의 고형물이 걸려 봉수가 파괴되는 현상을 모세관현상이라 한다.

46 상중하

배수용 P트랩의 적정 봉수 깊이는? 제17회

① 50~100mm
② 110~160mm
③ 170~220mm
④ 230~280mm
⑤ 290~340mm

47 상중하

배수트랩 중 벨트랩(bell trap)에 관한 설명으로 옳은 것은?

① 배수수평주관에 설치한다.
② 관트랩보다 자기사이펀작용에 의해 트랩의 봉수가 파괴되기 쉽다.
③ 호텔, 레스토랑 등의 주방에서 배출되는 배수에 포함된 유지(油脂) 성분을 제거하기 위해 사용된다.
④ 주로 욕실의 바닥 배수용으로 사용된다.
⑤ 세면기의 배수용으로 사용되며, 벽체 내의 배수수직관에 접속된다.

48 상중하

다음 설명이 의미하는 봉수파양의 원인은?

배수수직관 내부가 부압으로 되는 곳에 배수수평지관이 접속되어 있을 경우 배수수평지관 내의 공기가 수직관 쪽으로 유인됨에 따라 봉수가 이동하여 손실되는 현상이다.

① 분출작용
② 감압에 의한 흡인작용
③ 모세관현상
④ 관성작용
⑤ 증발작용

49 상중하

배수수직관을 흘러 내려가는 다량의 배수에 의해 배수수직관과 근처에 설치된 기구의 봉수가 파괴되었을 때, 이에 대한 원인과 관계가 깊은 것을 모두 고른 것은?

㉠ 자기사이펀작용	㉡ 분출작용
㉢ 모세관현상	㉣ 흡출(흡인)작용
㉤ 증발현상	

① ㉠, ㉡
② ㉡, ㉢
③ ㉡, ㉣
④ ㉠, ㉢, ㉤
⑤ ㉠, ㉣, ㉤

50 상중하

배수배관 계통에 설치되는 통기관 설비에 관한 설명으로 옳지 않은 것은? 제27회

① 공용통기관은 최하류 기구 배수관과 배수수직관 사이에 설치된다.
② 신정통기관은 배수수직관 상부에서 관경을 축소하지 않고 연장하여 대기 중에 개구한 통기관이다.
③ 각개통기관은 자기사이펀 작용의 방지 효과가 있다.
④ 결합통기관은 배수수직관과 통기수직관을 연결한 통기관이다.
⑤ 섹스티아 통기방식은 1개의 배수수직관으로 배수와 통기가 이루어지도록 한다.

51 상중하

2개 이상의 기구트랩의 봉수를 모두 보호하기 위하여 설치하는 통기관으로 최상류의 기구배수관이 배수수평지관에 접속하는 위치의 바로 아래에서 입상하여 통기수직관 또는 신정통기관에 접속하는 것은?

① 습윤통기관
② 결합통기관
③ 루프통기관
④ 도피통기관
⑤ 공용통기관

52 상중하

배수 및 통기배관 시공상의 주의사항으로 옳지 않은 것은? 제15회

① 발포 존(zone)에서는 기구배수관이나 배수수평지관을 접속하지 않도록 한다.
② 간접배수가 불가피한 곳에서는 배수구 공간을 충분히 두어야 한다.
③ 배수관은 자정작용이 있어야 하므로 0.6m/s 이상의 유속을 유지할 수 있도록 구배가 되어야 한다.
④ 통기관은 넘침선까지 올려 세운 다음 배수수직관에 접속한다.
⑤ 배수 및 통기수직주관은 되도록 수리 및 점검을 용이하게 하기 위하여 파이프 샤프트 바깥에 배관한다.

53 상중하

통기관 설비 중 도피통기관에 관한 설명으로 옳은 것은? 제16회

① 배수수직관 상부에서 관경을 축소하지 않고 그대로 연장하여 정상부를 대기 중에 개구한 것이다.
② 배수수직관과 통기수직관을 연결하여 설치한 것이다.
③ 루프통기관과 배수수평지관을 연결하여 설치한 것이다.
④ 각 위생기구마다 통기관을 하나씩 설치한 것이다.
⑤ 복수의 신정통기관이나 배수수직관들을 최상부에서 한곳에 모아 대기 중에 개구한 것이다.

54 상중하

다음에서 설명하고 있는 배수배관의 통기방식은? 제22회

- 봉수 보호의 안정도가 높은 방식이다.
- 위생기구마다 통기관을 설치한다.
- 자기사이펀작용의 방지효과가 있다.
- 경제성과 건물의 구조 등 때문에 모두 적용하기 어려운 점이 있다.

① 각개통기방식
② 결합통기방식
③ 루프통기방식
④ 신정통기방식
⑤ 섹스티아방식

55 상중하

배수설비 배관 계통에 설치되는 트랩 및 통기관에 관한 설명으로 옳지 않은 것은? 제26회

① 트랩의 유효 봉수 깊이가 깊으면 유수의 저항이 증가하여 통수능력이 감소된다.
② 루프통기관은 배수수직관 상부에서 관경을 축소하지 않고 연장하여 대기 중에 개구한 통기관이다.
③ 통기관은 배수의 흐름을 원활하게 하는 동시에 트랩의 봉수를 보호한다.
④ 각개통기방식은 각 위생기구의 트랩마다 통기관을 설치하기 때문에 안정도가 높은 방식이다.
⑤ 대규모 설비에서 배수 수직관의 하층부 기구에서는 역압에 의한 분출작용으로 봉수가 파괴되는 현상이 발생한다.

56 상중하

관경에 관한 설명으로 옳지 않은 것은?

① 신정통기관의 관경은 배수수직관의 관경 이상으로 한다.
② 루프통기관의 관경은 배수수평지관과 통기수직관 중 작은 쪽 관경의 1/2 이상으로 한다.
③ 각개통기관의 관경은 그것이 접속되는 배수관 관경의 1/2 이상으로 한다.
④ 결합통기관의 관경은 통기수직관과 배수수직관 중 큰 쪽 관경 이상으로 한다.
⑤ 배수수직관의 관지름은 이것과 접속하는 배수수평지관의 최대 관지름 이상으로 한다.

57 상중하

건축물의 배수 · 통기설비에 관한 설명으로 옳지 않은 것은? 제24회

① 트랩의 적정 봉수깊이는 50mm 이상 100mm 이하로 한다.
② 트랩은 2중 트랩이 되지 않도록 한다.
③ 드럼 트랩은 트랩부의 수량(水量)이 많기 때문에 트랩의 봉수는 파괴되기 어렵지만 침전물이 고이기 쉽다.
④ 각개통기관의 배수관 접속점은 기구의 최고 수면과 배수 수평지관이 수직관에 접속되는 점을 연결한 동수 구배선보다 상위에 있도록 배관한다.
⑤ 크로스 커넥션은 배수 수직관과 통기 수직관을 연결하여 배수의 흐름을 원활하게 하기 위한 접속법이다.

58 상중하

공동주택의 배수설비계통에서 발생하는 발포존에 관한 설명으로 옳지 않은 것은? 제16회

① 배수에 포함된 세제로 인하여 발생한다.
② 발포존에서는 배수수직관과 배수수평지관의 접속을 피하는 것이 바람직하다.
③ 배수수평주관의 길이를 길게 하여 발포존의 발생을 줄일 수 있다.
④ 발포존의 발생 방지를 위하여 저층부와 고층부의 배수계통을 별도로 한다.
⑤ 배수수직관의 압력변동으로 저층부 배수계통의 트랩에서 분출현상이 발생한다.

59 상중하

공동주택 배수관에서 발생하는 발포 존(zone)에 관한 설명으로 옳지 않은 것은? 제20회

① 물은 거품보다 무겁기 때문에 먼저 흘러내리고 거품은 배수수평주관과 같이 수평에 가까운 부분에서 오랫동안 정체한다.
② 각 세대에서 세제가 포함된 배수를 배출할 때 많은 거품이 발생한다.
③ 수직관 내에 어느 정도 높이까지 거품이 충만하면 배수수직관 하층부의 압력상승으로 트랩의 봉수가 파괴되어 거품이 실내로 유입되게 된다.
④ 배수수평관의 관경은 통상의 관경산정 방법에 의한 관경보다 크게 하는 것이 유리하다.
⑤ 발포 존의 발생 방지를 위하여 저층부와 고층부의 배수수직관을 분리하지 않는다.

60 상중하

「하수도법」상 개인하수처리시설의 관리에 관한 설명으로 옳지 않은 것은?

① 1일 처리용량이 50세제곱미터 이상 200세제곱미터 미만인 오수처리시설과 1일 처리대상 인원이 1천명 이상 2천명 미만인 정화조는 연 1회 이상 방류수 수질을 측정하여야 한다.
② 1일 처리용량이 200세제곱미터 이상인 오수처리시설과 1일 처리대상 인원이 2천명 이상인 정화조는 6개월마다 1회 이상 방류수 수질을 측정하여야 한다.
③ ①과 ②에 따른 결과를 기록하여 2년 동안 보관한다.
④ 개인하수처리시설의 소유자나 관리자는 개인하수처리시설을 운영할 때에 전기설비가 되어 있는 개인하수처리시설의 경우에 전원을 끄는 행위를 하여서는 아니 된다.
⑤ 1일 처리대상 인원이 500명 이상인 정화조에서 배출되는 방류수는 염소 등으로 소독한다.

61 상중하

「하수도법」상 개인하수처리시설의 소유자 또는 관리자의 금지사항에 관한 설명으로 옳지 않은 것은?

① 기후의 변동 또는 이상물질의 유입 등으로 인하여 개인하수처리시설을 정상 운영할 수 없는 경우
② 개인하수처리시설에 유입되는 오수를 최종방류구를 거치지 아니하고 중간 배출하거나 중간배출할 수 있는 시설을 설치하는 행위
③ 건물 등에서 발생하는 오수에 물을 섞어 처리하거나 물을 섞어 배출하는 행위
④ 정당한 사유 없이 개인하수처리시설을 정상적으로 가동하지 아니하여 방류수 수질기준을 초과하여 배출하는 행위
⑤ 건물 등에서 발생하는 오수를 개인하수처리시설에 유입시키지 아니하고 배출하거나 개인하수처리시설에 유입시키지 아니하고 배출할 수 있는 시설을 설치하는 행위

62 상중하

수질의 측정요소에 관한 설명으로 옳지 않은 것은?

① BOD(생물학적 산소요구량): 물 안의 유기물이 미생물에 의해 산화될 때 소비되는 산소량
② COD(화학적 산소요구량): 오수 중의 산화되기 쉬운 오염물질이 화학적으로 안정된 물질로 변화하는 데 필요한 산소량
③ DO(용존산소농도): 물속에 녹아 있는 산소량
④ SV(활성오니량): 정화조오니 1ℓ를 30분간 가라앉힌 상태의 침전오니량을 %로 표시한 것
⑤ BOD 제거율: 오물정화조의 유입수 BOD와 유출수 BOD의 차이를 유출수 BOD로 나눈 값

63 상중하

오수 등의 수질지표에 관한 설명으로 옳지 않은 것은? 제22회

① SS - 물 $1cm^3$ 중의 대장균군 수를 개수로 표시하는 것이다.
② BOD - 생물화학적 산소요구량으로 수중 유기물이 미생물에 의해서 분해될 때 필요한 산소량이다.
③ pH - 물이 산성인가 알칼리성인가를 나타내는 것이다.
④ DO - 수중 용존산소량을 나타낸 것이며 이것이 클수록 정화능력도 크다고 할 수 있다.
⑤ COD - 화학적 산소요구량으로 수중 산화되기 쉬운 유기물을 산화제로 산화시킬 때 산화제에 상당하는 산소량이다.

64 상중하

다음 중 하수도법령상 오수와 하수도로 유입되는 빗물 · 지하수가 함께 흐르도록 하기 위한 하수관로는?

① 중수도시설
② 합류식 하수관로
③ 분류식 하수관로
④ 개인하수처리시설
⑤ 공공하수처리시설

65 상중하

다음 중 하수도법령상 건물 · 시설 등에서 발생하는 오수를 침전 · 분해 등의 방법으로 처리하는 시설은?

① 중수도시설
② 합류식 하수관로
③ 분류식 하수관로
④ 개인하수처리시설
⑤ 공공하수처리시설

66 상중하

「하수도법」상 개인하수처리시설의 설치기준에 관한 설명으로 옳지 않은 것은?

① 오수처리시설은 유입량을 24시간 균등 배분할 수 있어야 하고 12시간 이상 저류할 수 있는 유량조정조를 설치하여야 한다.
② 시설물에는 악취를 방지할 수 있는 시설을 갖추어야 한다.
③ 1일 처리용량이 50세제곱미터 이상인 경우에는 10시간 이상 저류할 수 있는 유량조정조를 설치하여야 한다.
④ 시설물의 천장, 바닥 및 벽은 방수되어야 한다.
⑤ 시설물의 윗부분이 밀폐된 경우에는 뚜껑을 설치하되 뚜껑은 밀폐할 수 있어야 한다.

67 소방시설 설치 및 관리에 관한 법률상 소방시설의 설치기준에 관한 설명으로 옳지 않은 것은?

상중하

① 주거용 주방자동소화장치는 아파트 등 및 30층 이상 오피스텔의 모든 층에 설치하여야 한다.

② 소방대상물의 각 부분으로부터 1개의 수동식소화기까지의 보행거리가 소형수동식소화기의 경우에는 20m 이내, 대형수동식소화기의 경우에는 30m 이내가 되도록 배치한다.

③ 연면적 1천m^2 이상인 공동주택은 자동화재탐지설비를 설치하여야 한다.

④ 특정소방대상물(갓복도형 아파트 등은 제외한다)에 부설된 특별피난계단 또는 비상용승강기의 승강장에는 제연설비를 설치한다.

⑤ 지하층을 포함하는 층수가 11층 이상인 특정소방대상물의 경우에는 모든 층에 비상콘센트설비를 설치한다.

68 소방시설 설치 및 관리에 관한 법률상 무창층에 관한 설명이다. 아래 요건에 관한 설명으로 옳지 않은 것은?

상중하

“무창층(無窓層)”이란 지상층 중 다음 각 목의 요건을 모두 갖춘 개구부(건축물에서 채광 · 환기 · 통풍 또는 출입 등을 위하여 만든 창 · 출입구, 그 밖에 이와 비슷한 것을 말한다)의 면적의 합계가 해당 층의 바닥면적의 30분의 1 이하가 되는 층을 말한다.

① 크기는 지름 50센티미터 이상의 원이 통과할 수 있는 크기일 것

② 해당 층의 바닥면으로부터 개구부 밑부분까지의 높이가 1미터 이내일 것

③ 도로 또는 차량이 진입할 수 있는 빈터를 향할 것

④ 화재 시 건축물로부터 쉽게 피난할 수 있도록 창살이나 그 밖의 장애물이 설치되지 아니할 것

⑤ 내부 또는 외부에서 쉽게 부수거나 열 수 있을 것

69 상중하

화재안전성능기준(NFTC)상 옥내소화전설비와 옥외소화전설비에 관한 설명으로 옳은 것은? 제17회 수정

① 옥내소화전설비의 각 노즐선단에서의 방수압력은 0.12MPa 이상으로 한다.
② 옥내소화전설비의 방수구는 바닥으로부터의 높이가 1.8m 이하가 되도록 한다.
③ 옥외소화전이 10개 이하 설치된 때에는 옥외소화전마다 10m 이내의 장소에 1개 이상의 소화전함을 설치하여야 한다.
④ 옥외소화전설비의 호스는 구경 65mm의 것으로 한다.
⑤ 옥외소화전설비의 각 노즐선단에서의 방수량은 130L/min 이상으로 한다.

70 상중하

다음은 화재안전성능기준(NFTC)상 연결송수관설비의 기준이다. (   )에 들어갈 숫자를 옳게 나열한 것은? 제22회 수정

> 연결송수관설비의 배관은 다음 각 호의 기준에 따라 설치하여야 한다.
> 1. 주배관의 구경은 100mm 이상의 것으로 할 것
> 2. 지면으로부터의 높이가 (㉠)m 이상인 특정소방대상물 또는 지상 (㉡) 층 이상인 특정소방대상물에 있어서는 습식설비로 할 것

① ㉠: 20, ㉡: 7　② ㉠: 21, ㉡: 7　③ ㉠: 25, ㉡: 7
④ ㉠: 30, ㉡: 11　⑤ ㉠: 31, ㉡: 11

71 상중하

화재안전성능기준(NFTC)상 옥내소화전설비의 송수구 설치기준에 관한 설명으로 옳지 않은 것은? 제19회 수정

① 지면으로부터 높이가 0.8m 이상 1.5m 이하의 위치에 설치할 것
② 구경 65mm의 쌍구형 또는 단구형으로 할 것
③ 송수구의 가까운 부분에 자동배수밸브(또는 직경 5mm의 배수공) 및 체크밸브를 설치할 것. 이 경우 자동배수밸브는 배관 안의 물이 잘 빠질 수 있는 위치에 설치하되, 배수로 인하여 다른 물건 또는 장소에 피해를 주지 아니하여야 한다.
④ 송수구에는 이물질을 막기 위한 마개를 씌울 것
⑤ 송수구는 소방차가 쉽게 접근할 수 있는 잘 보이는 장소에 설치하되 화재층으로부터 지면으로 떨어지는 유리창 등이 송수 및 그 밖의 소화작업에 지장을 주지 아니하는 장소에 설치할 것

72 상중하

화재안전성능기준(NFTC)상 옥내소화전설비의 가압송수장치 설치기준에 관한 설명으로 옳지 않은 것은?

① 펌프의 토출량은 옥내소화전이 가장 많이 설치된 층의 설치개수(옥내소화전이 2개 이상 설치된 경우에는 2개)에 130ℓ/min를 곱한 양 이상이 되도록 한다.

② 펌프는 전기에너지를 절약하기 위하여 성능에 관계없이 급수용과 겸용으로 한다.

③ 가압송수장치에는 정격부하 운전 시 펌프의 성능을 시험하기 위한 배관을 설치하나, 충압펌프의 경우에는 그러하지 아니하다.

④ 기동용수압개폐장치(압력챔버)를 사용할 경우 그 용적은 100ℓ 이상으로 하여야 한다.

⑤ 소방대상물의 어느 층에 있어서도 당해 층의 옥내소화전(2개 이상 설치된 경우에는 2개의 옥내소화전)을 동시에 사용할 경우 각 소화전의 노즐선단에서의 방수압력이 0.17MPa 이상이어야 한다.

73 상중하

화재안전성능기준(NFTC)상 소화기구 및 자동소화장치의 주거용 주방자동소화장치에 관한 설치기준이다. (　　)에 들어갈 내용을 옳게 나열한 것은? 제20회 수정

> 주거용 주방자동소화장치는 다음 각 목의 기준에 따라 설치할 것
> • (㉠)는 형식승인 받은 유효한 높이 및 위치에 설치할 것
> • 가스용 주방자동소화장치를 사용하는 경우 (㉡)는 수신부와 분리하여 설치할 것

① ㉠: 감지부, ㉡: 탐지부
② ㉠: 환기구, ㉡: 감지부,
③ ㉠: 수신부, ㉡: 환기구
④ ㉠: 감지부, ㉡: 중계부,
⑤ ㉠: 수신부, ㉡: 탐지부

74 상중하

화재안전성능기준(NFTC)상 소화기구 및 자동소화장치의 화재안전기준에 관한 내용으로 옳지 않은 것은? 제23회 수정

① "소형소화기"란 능력단위가 1단위 이상이고 대형소화기의 능력단위 미만인 소화기를 말한다.
② "주거용 주방자동소화장치"란 주거용 주방에 설치된 열발생 조리기구의 사용으로 인한 화재 발생시 열원(전기 또는 가스)을 자동으로 차단하며 소화약제를 방출하는 소화장치를 말한다.
③ "일반화재(A급화재)"란 나무, 섬유, 종이, 고무, 플라스틱류와 같은 일반 가연물이 타고 나서 재가 남는 화재를 말한다. 일반화재에 대한 소화기의 적응 화재별 표시는 'A'로 표시한다.
④ 소화기는 각층마다 설치하되, 특정소방대상물의 각 부분으로부터 1개의 소화기까지의 보행거리가 소형소화기의 경우에는 20m 이내, 대형 소화기의 경우는 30m 이내가 되도록 배치한다.
⑤ 소화기구(자동확산소화기를 제외한다)는 거주자 등이 손쉽게 사용할 수 있는 장소에 바닥으로부터 높이 1.6m 이하의 곳에 비치한다.

75 상중하

화재안전성능기준(NFTC)상 스프링클러설비의 화재안전기준에 관한 용어로 옳은 것은? 제21회 수정

① 압력수조: 구조물 또는 지형지물 등에 설치하여 자연낙차 압력으로 급수하는 수조
② 충압펌프: 배관 내 압력손실에 따른 주펌프의 빈번한 기동을 방지하기 위하여 충압역할을 하는 펌프
③ 일제개방밸브: 폐쇄형스프링클러헤드를 사용하는 건식 스프링클러설비에 설치하는 밸브로서 화재발생 시 자동 또는 수동식 기동장치에 따라 밸브가 열려지는 것
④ 진공계: 대기압 이상의 압력과 대기압 이하의 압력을 측정할 수 있는 계측기
⑤ 체절운전: 펌프의 성능시험을 목적으로 펌프토출측의 개폐밸브를 개방한 상태에서 펌프를 운전하는 것

76 상중하

화재안전성능기준(NFTC)상 소화기구 및 자동소화장치의 소화기 설치기준에 관한 내용이다. ( ) 안에 들어갈 숫자를 순서대로 나열한 것은? 제19회 수정

> 각 층마다 설치하되, 특정소방대상물의 각 부분으로부터 1개의 소화기까지의 보행거리가 소형소화기의 경우에는 ( )m 이내, 대형소화기의 경우에는 ( )m 이내가 되도록 배치할 것.

① 20, 40
② 20, 30
③ 25, 30
④ 25, 35
⑤ 30, 35

77 상중하

스프링클러설비에 관한 설명으로 옳지 않은 것은?

① 주차장에 설치되는 스프링클러는 습식 이외의 방식으로 하여야 한다.
② 스프링클러헤드 가용합금편의 표준용융온도는 67~75℃ 정도이다.
③ 스프링클러설비 가압송수장치의 송수량은 0.1MPa의 방수압력 기준으로 80 ℓ/min 이상의 방수성능을 가진 기준개수의 모든 헤드로부터의 방수량을 충족시킬 수 있는 양 이상의 것으로 해야 한다.
④ 준비작동식은 1차 및 2차측 배관에서 헤드까지 가압수가 충만되어 있다.
⑤ 아파트 천장·반자·천장과 반자 사이·덕트·선반 등의 각 부분으로부터 하나의 스프링클러헤드까지의 수평거리는 3.2m 이하여야 한다.

78 상중하

화재안전성능기준(NFTC)상 옥내소화전설비에 관한 설명으로 옳지 않은 것은?

① 체절운전이란 펌프의 성능시험을 목적으로 펌프토출측의 개폐밸브를 닫은 상태에서 펌프를 운전하는 것을 말한다.
② 펌프의 토출측에는 압력계를 체크밸브 이전에 펌프토출측 플랜지에서 먼 곳에 설치하고, 흡입측에는 연성계 또는 진공계를 설치하여야 한다.
③ 옥내소화전방수구는는 바닥으로부터의 높이가 1.5m 이하가 되도록 하여야 한다.
④ 펌프의 토출 측 주배관의 구경은 유속이 4㎧ 이하가 될 수 있는 크기 이상으로 하여야 한다.
⑤ 펌프의 성능은 체절운전 시 정격토출압력의 140%를 초과하지 않아야 한다.

79 상중하

화재안전성능기준(NFTC)상 유도등 및 유도표지에 관한 용어의 정의로 옳지 않은 것은? 제19회 수정

① "피난구유도등"이란 피난구 또는 피난경로로 사용되는 출입구를 표시하여 피난을 유도하는 등을 말한다.
② "피난구유도표지"란 피난구 또는 피난경로로 사용되는 출입구를 표시하여 피난을 유도하는 표지를 말한다.
③ "복도통로유도등"이란 거주, 집무, 작업, 집회, 오락 그 밖에 이와 유사한 목적을 위하여 계속적으로 사용하는 거실, 주차장 등 개방된 통로에 설치하는 유도등으로 피난의 방향을 명시하는 것을 말한다.
④ "계단통로유도등"이란 피난통로가 되는 계단이나 경사로에 설치하는 통로유도등으로 바닥면 및 디딤 바닥면을 비추는 것을 말한다.
⑤ "통로유도표지"란 피난통로가 되는 복도, 계단 등에 설치하는 것으로서 피난구의 방향을 표시하는 유도표지를 말한다.

80 상중하

화재안전성능기준(NFTC)상 유도등 및 유도표지의 화재안전기준에 관한 설명으로 옳은 것은? 제21회 수정

① 복도통로유도등은 복도에 설치하며, 구부러진 모퉁이 및 보행거리 20m마다 설치하여야 한다.
② 피난구유도등은 피난통로를 안내하기 위한 유도등으로 복도통로유도등, 거실통로유도등, 계단통로유도등을 말한다.
③ 계단통로유도등은 각 층의 경사로 참 또는 계단참마다(1개 층에 경사로 참 또는 계단참이 2 이상 있는 경우에는 2개의 계단참마다) 설치하며, 바닥으로부터 높이 1.5m 이하의 위치에 설치하여야 한다.
④ 피난구유도등은 바닥면적이 1,000m^2 미만인 층으로서 옥내로부터 직접 지상으로 통하는 출입구(외부의 식별이 용이한 경우에 한한다)에 설치하여야 한다.
⑤ 피난구유도표지는 출입구 상단에 설치하고, 통로유도표지는 바닥으로부터 높이 1.5m 이하의 위치에 설치하여야 한다.

81 상중하

소방시설 설치 및 관리에 관한 법령상 화재를 진압하거나 인명구조활동을 위하여 사용하는 소화활동설비가 아닌 것은? 제26회

① 연결송수관설비
② 비상콘센트설비
③ 비상방송설비
④ 연소방지설비
⑤ 무선통신보조설비

82 상중하

연결송수관설비의 화재안전성능기준(NFPC 502)에 관한 설명으로 옳지 않은 것은? 제26회

① 체절운전은 펌프의 성능시험을 목적으로 펌프 토출측의 개폐밸브를 닫은 상태에서 펌프를 운전하는 것을 말한다.
② 연결송수관설비의 송수구는 지면으로부터 높이가 0.5미터 이상 1미터 이하의 위치에 설치하며, 구경 65밀리미터의 쌍구형으로 설치해야 한다.
③ 방수구는 연결송수관설비의 전용방수구 또는 옥내소화전방수구로서 구경 65밀리미터의 것으로 설치해야 한다.
④ 지상 11층 이상인 특정소방대상물의 연결송수관설비의 배관은 건식설비로 설치해야 한다.
⑤ 지표면에서 최상층 방수구의 높이가 70미터 이상의 특정소방대상물에는 연결송수관설비의 가압송수장치를 설치해야 한다.

83 상중하

LPG와 한 내용으로 옳은 것은? 제22회

① LNG의 주성분은 탄소수 3~4의 탄화수소이다.
② LPG의 주성분은 메탄이다.
③ 기화된 LPG는 대기압상태에서 공기보다 비중이 낮다.
④ 기화된 LNG의 표준상태 용적량 발열량은 기화된 LPG보다 높다.
⑤ 액체상태의 LNG 비점은 액체상태의 LPG보다 낮다.

84 도시가스사업법령상 가스계량기의 시설기준에 관한 설명으로 옳지 않은 것은?

상중하

① 가스계량기와 화기(그 시설 안에서 사용하는 자체화기는 제외) 사이는 2m 이상의 거리를 유지하여야 한다.

② 30m^3/hr 미만인 가스계량기의 설치높이는 바닥으로부터 1.6m 이상 2m 이내에 수직·수평으로 설치하고 밴드·보호가대 등 고정 장치로 고정시킨다.

③ ②의 규정에 따라 설치되는 가스계량기로서 격납상자에 설치하는 경우, 기계실 및 보일러실(가정에 설치된 보일러실은 제외한다)에 설치하는 경우와 문이 달린 파이프 덕트 안에 설치하는 경우에는 설치 높이의 제한을 하지 아니한다.

④ 가스계량기와 전기계량기 및 전기개폐기와의 거리는 30cm 이상, 절연조치를 하지 아니한 전선과의 거리는 15cm 이상의 거리를 유지하여야 한다.

⑤ 공동주택의 대피공간, 방·거실 및 주방 등으로서 사람이 거처하는 곳 및 가스계량기에 나쁜 영향을 미칠 우려가 있는 장소에는 설치를 금지한다.

85 「도시가스사업법」상 가스계량기와 입상관에 관한 설명으로 옳지 않은 것은?

상중하

① 가스계량기(30m^3/hr 미만인 경우만을 말한다)의 설치높이는 바닥으로부터 1.6m 이상 2m 이내에 수직·수평으로 설치한다.

② 가스계량기와 전기계량기 및 전기개폐기와의 거리는 60cm 이상 거리를 유지한다.

③ 가스계량기와 절연조치를 하지 아니한 전선과의 거리는 15cm 이상의 거리를 유지한다.

④ 입상관과 화기(그 시설 안에서 사용하는 자체화기는 제외한다) 사이에 유지해야 하는 거리는 우회거리 1.5m 이상으로 한다.

⑤ 입상관의 밸브는 바닥으로부터 1.6m 이상 2m 이내에 설치한다. 다만, 보호상자에 설치하는 경우에는 그러하지 아니하다.

86 상중하

「도시가스사업법」상 배관설치 기준에 관한 설명으로 옳지 않은 것은?

① 배관을 지하에 매설하는 경우에는 지면으로부터 0.3m 이상의 거리를 유지한다.

② 실내배관의 이음부(용접이음매는 제외한다)와 전기계량기 및 전기개폐기, 전기점멸기 및 전기접속기, 절연전선(가스누출자동차단장치를 작동시키기 위한 전선은 제외한다), 절연조치를 하지 않은 전선 및 단열조치를 하지 않은 굴뚝(배기통을 포함한다) 등과는 적절한 거리를 유지하여야 한다.

③ 배관은 못 박음 등 외부 충격 등에 의한 위해의 우려가 없는 안전한 장소에 설치하여야 한다.

④ 배관 및 배관이음매의 재료는 그 배관의 안전성을 확보하기 위하여 도시가스의 압력, 사용하는 온도 및 환경에 적절한 기계적 성질과 화학적 성분을 갖는 것이어야 한다.

⑤ 배관은 그 외부에 사용가스명, 최고사용압력 및 가스흐름방향을 표시하여야 한다. 다만, 지하에 매설하는 배관의 경우에는 흐름방향을 표시하지 아니할 수 있다.

87 상중하

「도시가스사업법」상 배관의 색채에 관한 설명이다. (   ) 안에 들어갈 내용으로만 바르게 짝지어진 것은?

> 지상배관은 부식방지도장 후 표면색상을 (   )으로 도색하고, 지하매설배관은 최고사용압력이 저압인 배관은 (   ), 중압 이상인 배관은 (   )으로 표시하여야 한다.

① 붉은색, 붉은색, 황색
② 황색, 황색, 붉은색
③ 붉은색, 백색, 붉은색
④ 황색, 붉은색, 붉은색
⑤ 백색, 황색, 붉은색

88 상중하

「도시가스사업법」상 도시가스에서 중압의 가스압력은?

① 0.05MPa 이상 0.1MPa 미만
② 0.01MPa 이상 0.1MPa 미만
③ 0.1MPa 이상 1MPa 미만
④ 1MPa 이상 100MPa 미만
⑤ 100MPa 이상 200MPa 미만

89 상중하

다음 설명에 맞는 승강기의 안전장치는?

> • 일정 이상의 속도가 되었을 때 브레이크나 안전장치를 작동시키는 기능을 한다.
> • 사전에 설정된 속도에 이르면 스위치가 작동하며, 다시 속도가 상승했을 경우 로프를 제동해서 고정시킨다.

① 조속기
② 완충기
③ 리미트 스위치
④ 전자브레이크
⑤ 스토핑 스위치

90 상중하

엘리베이터의 안전장치 중 엘리베이터 카(car)가 최상층이나 최하층에서 정상 운행 위치를 벗어나 그 이상으로 운행하는 것을 방지하기 위한 안전장치는? 제18회

① 완충기
② 추락방지판
③ 리미트 스위치
④ 전자브레이크
⑤ 조속기

91 상중하

승강기 안전관리법령상 정기검사의 검사주기 등에 관한 설명으로 옳지 않은 것은?

① 정기검사의 검사주기는 1년(설치검사 또는 직전 정기검사를 받은 날부터 매 1년을 말한다)으로 한다.
② 설치검사를 받은 날부터 20년이 지난 승강기의 정기검사의 검사주기는 직전 정기검사를 받은 날부터 6개월로 한다.
③ 승강기의 결함으로 중대한 사고 또는 중대한 고장이 발생한 후 2년이 지나지 않은 승강기의 정기검사의 검사주기는 직전 정기검사를 받은 날부터 6개월로 한다.
④ 정기검사의 검사기간은 정기검사의 검사주기 도래일 전후 각각 30일 이내로 한다. 이 경우 해당 검사기간 이내에 검사에 합격한 경우에는 정기검사의 검사주기 도래일에 정기검사를 받은 것으로 본다.
⑤ ①부터 ③까지의 규정에 따른 정기검사의 검사주기 도래일 전에 수시검사 또는 정밀안전검사를 받은 경우 해당 정기검사의 검사주기는 수시검사 또는 정밀안전검사를 받은 날부터 계산한다.

92 상중하

승강기 안전관리법상 승강기의 안전검사에 관한 설명으로 옳은 것은? 제24회

① 정기검사의 검사주기는 3년 이하로 하되, 행정안전부령으로 정하는 바에 따라 승강기별로 검사주기를 다르게 할 수 있다.
② 승강기의 제어반 또는 구동기를 교체한 경우 수시검사를 받아야 한다.
③ 승강기 설치검사를 받은 날부터 20년이 지난 경우 정밀안전검사를 받아야 한다.
④ 승강기의 결함으로 중대한 사고 또는 중대한 고장이 발생한 경우 수시검사를 받아야 한다.
⑤ 승강기의 종류, 제어방식, 정격속도 정격용량 또는 왕복운행거리를 변경한 경우 정밀안전검사를 받아야 한다.

93 상중하

승강기 안전관리법령상 승강기의 검사 및 점검에 관한 설명으로 옳지 않은 것은? 제25회

① 승강기의 제조・수입업자 또는 관리주체는 설치검사를 받지 아니하거나 설치검사에 불합격한 승강기를 운행하게 하거나 운행하여서는 아니 된다.
② 새로운 유지관리기법의 도입 등 대통령령으로 정하는 사유에 해당하여 자체점검의 주기조정이 필요한 승강기에 대해서는 자체점검의 전부 또는 일부를 면제할 수 있다.
③ 승강기 실무경력이 2년 이상이고, 법규에 따른 직무교육을 이수한 사람이 자체점검을 담당할 수 있다.
④ 자체점검을 담당하는 사람은 자체점검을 마치면 지체 없이 자체점검 결과를 양호, 주의관찰 또는 긴급수리로 구분하여 관리주체에 통보해야 한다.
⑤ 원격점검 및 실시간 고장 감시 등 행정안전부장관이 정하여 고시하는 원격관리기능이 있는 승강기를 관리하는 경우는 새로운 유지관리기법의 도입 등 대통령령으로 정하는 사유에 해당한다.

94 상 중 하

「승강기 안전관리법」상 승강기의 자체점검에 관한 설명으로 옳지 않은 것은?

① 자체점검을 담당하는 사람은 자체점검을 마치면 지체 없이 자체점검 결과를 양호, 주의관찰 또는 긴급수리로 구분하여 관리주체에 통보하여야 한다.

② 관리주체는 자체점검 결과를 자체점검 후 5일 이내에 승강기안전종합정보망에 입력해야 한다.

③ 승강기 관리주체는 ①에 따른 자체점검의 결과 해당 승강기에 결함이 있다는 사실을 알았을 경우에는 즉시 보수하여야 하며, 보수가 끝날 때까지 운행을 중지하여야 한다.

④ 안전검사에 불합격된 승강기에 대하여는 자체점검의 전부 또는 일부를 면제할 수 있다.

⑤ 관리주체는 자체점검을 스스로 할 수 없다고 판단하는 경우에는 승강기의 유지관리를 업으로 하기 위하여 등록을 한 자로 하여금 이를 대행하게 할 수 있다.

95 상 중 하

「승강기 안전관리법」상 승강기 안전검사에 관한 설명으로 옳지 않은 것은?

① 정기검사 또는 수시검사 결과 결함원인이 불명확하여 사고예방과 안전성 확보를 위하여 정밀안전검사가 필요하다고 인정된 승강기의 경우 행정안전부장관이 실시하는 정밀안전검사를 받아야 한다.

② 설치검사를 받은 날부터 15년이 지난 승강기의 경우 행정안전부장관이 실시하는 정밀안전검사를 받아야 한다.

③ ②에 해당하는 때에는 정밀안전검사를 받은 날부터 2년마다 정기적으로 정밀안전검사를 받아야 한다.

④ 승강기의 제어반(制御盤) 또는 구동기(驅動機)를 교체한 경우 수시검사를 받아야 한다.

⑤ 관리주체는 안전검사를 받지 아니하거나 안전검사에 불합격한 승강기를 운행할 수 없으며, 운행을 하려면 안전검사에 합격하여야 한다. 이 경우 관리주체는 안전검사에 불합격한 승강기에 대하여 행정안전부령으로 정하는 기간에 안전검사를 다시 받아야 한다.

96 상중하

「승강기 안전관리법」상 중대한 사고 또는 승강기 내에 이용자가 갇히는 등의 중대한 고장에 해당하지 것은?

① 사망자가 발생한 사고
② 사고 발생일부터 5일 이내에 실시된 의사의 최초 진단결과 1주 이상의 입원 치료가 필요한 상해를 입은 사람이 발생한 사고
③ 출입문이 열린 상태로 움직인 경우
④ 최상층 또는 최하층을 지나 계속 운행된 경우
⑤ 운행하려는 층으로 운행되지 않은 경우(정전 또는 천재지변으로 인해 발생한 경우는 제외한다)

97 상중하

건축물의 설비기준 등에 관한 규칙상 비상용승강기의 승강장과 승강로에 관한 설명으로 옳은 것은? 제26회

① 각층으로부터 피난층까지 이르는 승강로는 화재대피의 효율성을 위해 단일구조로 연결하지 않는다.
② 승강장은 각층의 내부와 연결될 수 있도록 하되, 그 출입구(승강로의 출입구를 제외한다)에는 30분 방화문을 설치할 것. 다만, 피난층에는 30분 방화문을 설치하지 않을 수 있다.
③ 승강로는 당해 건축물의 다른 부분과 방화구조로 구획하여야 한다.
④ 옥외에 승강장을 설치하는 경우 승강장의 바닥면적은 비상용승강기 1대에 대하여 6제곱미터 이상으로 한다.
⑤ 승강장의 벽 및 반자가 실내에 접하는 부분의 마감재료(마감을 위한 바탕을 포함한다)는 불연재료를 사용한다.

98 상중하

복사난방에 관한 설명으로 옳지 않은 것은?

① 실내의 온도분포가 균등하고 쾌감도가 높다.
② 열용량이 크기 때문에 실외의 온도급변에 대해서 방열량 조절이 용이하다.
③ 수직온도분포가 균일하다.
④ 방열기가 설치되지 않아 실내 바닥면의 이용도가 높다.
⑤ 하자발견이 어렵고 보수가 어렵다.

99 상중하

「건축물의 설비기준 등에 관한 규칙」상 공동주택과 오피스텔의 난방설비 설치규정에 관한 설명으로 옳지 않은 것은?

① 보일러실의 윗부분에는 그 면적이 0.5제곱미터 이상인 환기창을 설치하고, 보일러실의 윗부분과 아랫부분에는 각각 지름 10센티미터 이상의 공기흡입구 및 배기구를 항상 열려 있는 상태로 바깥공기에 접하도록 설치하여야 한다.
② 보일러는 거실 외의 곳에 설치하되 보일러를 설치하는 곳과 거실 사이의 경계벽은 출입구를 제외하고는 내화구조의 벽으로 구획하여야 한다.
③ 보일러실과 거실 사이의 출입구는 그 출입구가 닫힌 경우에는 보일러 가스가 거실에 들어갈 수 없는 구조로 하여야 한다.
④ 보일러의 연도는 내화구조로서 공동연도로 설치하여야 한다.
⑤ 공동주택의 경우에는 난방구획을 방화구획으로 구획하여야 한다.

100 상중하

건축물의 설비기준 등에 관한 규칙상 개별난방설비의 기준에 관한 설명으로 옳지 않은 것은? 제24회

① 보일러는 거실외의 곳에 설치하되, 보일러를 설치하는 곳과 거실사이의 경계벽은 출입구를 제외하고는 내화구조의 벽으로 구획해야 한다.
② 보일러실의 윗부분에는 그 면적이 0.5제곱미터 이상인 환기창을 설치해야 한다. 다만, 전기보일러의 경우에는 그러하지 아니한다.
③ 보일러실과 거실사이의 출입구는 그 출입구가 닫힌 경우에는 보일러가스가 거실에 들어갈 수 없는 구조로 해야 한다.
④ 오피스텔의 경우에는 난방구획을 방화구획으로 구획해야 한다.
⑤ 기름보일러를 설치하는 경우에는 기름저장소를 보일러실 내에 설치해야 한다.

101 상중하

증기난방에 비해 고온수난방의 장점이 아닌 것은? 제16회

① 예열시간이 짧다.
② 배관의 기울기를 고려하지 않아도 된다.
③ 배관 내 부식이 발생할 가능성이 낮다.
④ 트랩이나 감압밸브와 같은 부속기기류가 없어 유지 관리가 용이하다.
⑤ 수요측 부하조건에 따라 송수온도 조절이 용이하다.

102 상중하

「건축물의 설비기준 등에 관한 규칙」상 특별피난계단에 설치하는 배연설비 구조의 기준으로 옳지 않은 것은? 제17회

① 배연구 및 배연풍도는 불연재료로 할 것
② 배연기는 배연구의 열림에 따라 자동적으로 작동하지 않도록 할 것
③ 배연구는 평상시에는 닫힌 상태를 유지할 것
④ 배연구가 외기에 접하지 아니하는 경우에는 배연기를 설치할 것
⑤ 배연구에 설치하는 수동개방장치 또는 자동개방장치(열감지기 또는 연기감지기에 의한 것을 말한다)는 손으로도 열고 닫을 수 있도록 할 것

103 상중하

증기난방과 온수난방에 관한 설명이다. 옳지 않은 것은?

① 증기난방은 예열시간이 짧고, 간헐운전에 적합하다.
② 증기난방은 난방부하에 따른 실내 방열량 조절이 쉽다.
③ 증기난방은 표면온도가 높기 때문에 불쾌감을 준다.
④ 건물이 높아지면 온수난방은 보일러나 방열기에 압력이 작용하므로 적용범위가 좁다.
⑤ 증기난방은 온수난방에 비해 방열기 크기나 배관의 크기가 작아도 된다.

104 상중하

난방설비에 관한 설명으로 옳은 것은? 제27회

① 증기난방은 현열을 이용하므로 온수난방에 비해 열운반능력이 크다.
② 온수난방은 증기난방에 비해 예열시간이 짧다.
③ 복사난방은 대류난방에 비해 열용량이 작아 부하변동에 따른 방열량 조절이 용이하다.
④ 증기난방에 사용되는 트랩으로 열동트랩, 버킷(bucket)트랩 등이 있다.
⑤ 온수난방에서는 배관의 길이를 줄이기 위해 역환수 배관방식이 사용된다.

105 상중하

난방 · 급탕 겸용 보일러의 출력표시 중 정격출력을 올바르게 나타낸 것은?

① 난방부하＋급탕부하＋축열부하
② 난방부하＋급탕부하＋배관부하
③ 난방부하＋급탕부하＋예열부하
④ 난방부하＋급탕부하＋배관부하＋예열부하
⑤ 난방부하＋급탕부하＋배관부하＋예열부하＋축열부하

106 상중하

온수온돌난방(복사난방)방식에 관한 설명으로 옳지 않은 것은?

① 대류난방방식에 비해 실내공기 유동이 적으므로 바닥면 먼지의 상승이 적다.
② 대류난방방식에 비해 실내의 높이에 따른 상하 공기 온도차가 작기 때문에 쾌감도가 높다.
③ 대류난방방식에 비해 방열면의 열용량이 크기 때문에 난방부하 변동에 대한 대응이 빠르다.
④ 대류난방방식에 비해 방이 개방된 상태에서도 난방효과가 좋다.
⑤ 난방배관을 매설하게 되므로 시공 · 수리, 방의 모양변경이 용이하지 않다.

107 상중하

난방설비에 관한 설명으로 옳지 않은 것은? 제23회

① 방열기의 상당방열면적은 표준상태에서 전 방열량을 표준 방열량으로 나눈 값이다.
② 증기용 트랩으로 열동트랩, 버킷트랩, 플로트트랩 등이 있다.
③ 천장고가 높은 공간에는 복사난방이 적합하다.
④ 보일러의 정격출력은 난방부하 ＋ 급탕부하 ＋ 배관(손실)부하이다.
⑤ 증기난방은 증기의 잠열을 이용하는 방식이다.

108 상중하

보일러 가동 중 이상현상인 압궤에 관한 설명으로 옳은 것은?

① 전열면이 과열에 의해 내압력을 견디지 못하고 밖으로 부풀어 오르는 현상이다.
② 증기관으로 보내지는 증기에 비수 등 수분이 과다 함유되어 배관 내부에 응결수나 물이 고여서 수격작용의 원인이 되는 현상이다.
③ 비수, 관수가 갑자기 끓을 때 물거품이 수면을 벗어나서 증기 속으로 비상하는 현상이다.
④ 보일러 물이 끓을 때 그 속에 함유된 유지분이나 부유물에 의해 거품이 생기는 현상이다.
⑤ 전열면이 과열에 의해 외압을 견디지 못해 안쪽으로 오목하게 찌그러지는 현상이다.

109 상중하

배관계통에서 마찰손실을 같게 하여 균등한 유량이 공급되도록 하는 배관방식은? 제17회

① 이관식 배관　② 하트포드 배관　③ 리턴콕 배관
④ 글로브 배관　⑤ 역환수 배관

110 상중하

방열기의 방열능력을 표시하는 상당방열면적에 대한 설명이다. (　) 안에 들어갈 숫자로 옳은 것은?

> 온수난방에서 상당방열면적이란 표준상태에서 방열기의 전 방열량을 실내온도 (㉠)℃, 온수온도 (㉡)℃의 표준상태에서 얻어지는 표준방열량으로 나눈 값이다.

① ㉠: 20.5, ㉡: 70　② ㉠: 20.5, ㉡: 80
③ ㉠: 20.5, ㉡: 60　④ ㉠: 18.5, ㉡: 80
⑤ ㉠: 18.5, ㉡: 70

111 상중하

「주택건설기준 등에 관한 규정」에 따른 난방구획 등에 관한 설명으로 옳지 않은 것은?

① 6층 이상인 공동주택의 난방설비는 중앙집중난방방식(지역난방공급방식을 포함한다)으로 하여야 한다. 다만, 「건축법 시행령」 규정에 의한 개별난방설비를 하는 경우에는 그러하지 아니하다.

② 공동주택의 난방설비를 중앙집중난방방식(지역난방공급방식을 포함한다)으로 하는 경우에는 난방열이 각 세대에 균등하게 공급될 수 있도록 4층 이상 10층 이하의 건축물인 경우에는 3개소 이상 각 난방구획마다 따로 난방용 배관을 하여야 한다.

③ 10층을 넘는 건축물인 경우에는 10층을 넘는 5개 층마다 1개소를 더한 수 이상의 난방구획으로 구분하여 각 난방구획마다 따로 난방용 배관을 하여야 한다.

④ 난방설비를 중앙집중식 난방방식으로 하는 공동주택의 각 세대에는 산업통상자원부장관이 정하는 바에 따라 난방열량을 계량하는 계량기와 난방온도를 조절하는 장치를 각각 설치하여야 한다.

⑤ 공동주택 각 세대에 「건축법 시행령」에 따라 온돌 방식의 난방설비를 하는 경우에는 침실에 포함되는 옷방 또는 붙박이 가구 설치 공간에도 난방설비를 하여야 한다.

112 상중하

「건축물의 설비기준 등에 관한 규칙」상 온수온돌의 설치기준에 관한 설명으로 옳지 않은 것은?

① 단열층은 바닥난방을 위한 열이 바탕층 아래 및 측벽으로 손실되는 것을 막을 수 있도록 단열재를 방열관과 바탕층 사이에 설치하여야 한다.

② 배관층과 바탕층 사이의 열저항은 층간 바닥인 경우에는 해당 바닥에 요구되는 열관류저항의 60% 이상이어야 한다.

③ 단열재는 내열성 및 내구성이 있어야 하며 단열층 위의 적재하중 및 고정하중에 버틸 수 있는 강도를 가지거나 그러한 구조로 설치되어야 한다.

④ 바탕층이 지면에 접하는 경우에는 바탕층 아래와 주변 벽면에 높이 10센티미터 이상의 방수처리를 하여야 하며, 단열재의 아랫부분에 방습처리를 하여야 한다.

⑤ 배관층은 방열관에서 방출된 열이 마감층 부위로 최대한 균일하게 전달될 수 있는 높이와 구조를 갖추어야 한다.

113 상중하

보일러에 관한 설명으로 옳지 않은 것은?

① 수관보일러: 가동시간이 길고 효율이 좋으나 고가이며 수처리가 복잡하다.
② 관류보일러: 하나의 관내를 흐르는 동안에 예열, 가열, 증발, 과열이 행해져 과열증기를 얻을 수 있다.
③ 입형보일러: 설치면적이 작고 취급이 간단하다.
④ 주철제보일러: 조립식이므로 용량을 쉽게 증가시킬 수 있으며 반입이 용이하고 수명이 길다.
⑤ 노통연관보일러: 부하의 변동에 대해 안전성이 있으며 수면이 넓어 급수 조절이 용이하다.

114 상중하

급탕설비에서 급탕배관의 설계 및 시공상 주의사항에 관한 설명으로 옳지 않은 것은?

① 상향식 공급방식에서 급탕 수평주관은 선하향 구배로 하고 반탕(복귀)관은 선하향 구배로 한다.
② 하향식 공급방식에서 급탕관과 반탕(복귀)관은 선하향 구배로 한다.
③ 이종(異種) 금속 배관재의 접속 시에는 전식(電飾)방지 이음쇠를 사용한다.
④ 배관의 신축이음의 종류에는 스위블형, 슬리브형, 벨로스형 등이 있다.
⑤ 수평관 지름을 축소할 경우에는 편심 리듀서(eccentric reducer)를 사용한다.

115 상중하

급탕설비의 배관 시 직선배관의 경우 신축이음은 얼마의 간격으로 설치하는가? (동관의 경우)

① 10m ② 20m
③ 30m ④ 40m
⑤ 50m

116 상중하

급탕설비에서 간접가열식 중앙급탕법에 관한 설명으로 옳지 않은 것은?

① 저압의 보일러를 사용하여도 되고 내식성도 직접가열식에 비하여 유리하다.
② 난방용보일러로 급탕까지 가능하다.
③ 열효율면에서 경제적이다.
④ 스케일이 부착하는 일이 적다.
⑤ 지장탱크의 가열코일은 아연도금강관, 주석도금강관 또는 황동관을 사용한다.

117 상중하

급탕설비건물의 급탕설비에 관한 설명으로 옳지 않은 것을 모두 고른 것은? 제19회

> ㉠ 점검에 대비하여 팽창관에는 게이트밸브를 설치한다.
> ㉡ 단관식 급탕공급방식은 배관길이가 길어지면 급탕수전에서 온수를 얻기까지의 시간이 길어진다.
> ㉢ 급탕량 산정은 건물의 사용 인원수에 의한 방법과 급탕기구수에 의한 방법이 있다.
> ㉣ 중앙식 급탕방식에서 직접가열식은 보일러에서 만들어진 증기나 고온수를 가열코일을 통해서 저탕탱크 내의 물과 열교환하는 방식이다.

① ㉠, ㉡ ② ㉠, ㉣
③ ㉡, ㉢ ④ ㉠, ㉡, ㉣
⑤ ㉡, ㉢, ㉣

118 상중하

배관의 신축이음쇠 중 2개 이상의 엘보를 사용하여 나사부분의 회전에 의하여 신축을 흡수하게 되어 있는 것은?

① 스위블 이음 ② 루프형 이음
③ 슬리브형 이음 ④ 벨로즈형 이음
⑤ 슬루스 이음

119 급탕배관에서 신축이음의 종류가 아닌 것은? 제19회

상중하

① 스위블 조인트 ② 슬리브형
③ 벨로스형 ④ 루프형
⑤ 플랜지형

120 급탕량이 $3m^3/h$이고 급탕온도 60℃, 급수온도 10℃일 때의 급탕부하는? (단, 물의 비열은 4.2kJ/kg · K, 물 $1m^3$는 1,000kg으로 한다) 제20회

상중하

① 175kW ② 185kW
③ 195kW ④ 205kW
⑤ 215kW

121 다음 조건에 따라 계산된 전기급탕가열기의 용량(kW)은? 제22회

상중하

- 급수온도 10℃, 급탕온도 50℃, 급탕량 150(L/hr)
- 물이 비중 1(kg/L), 물의 비열 4.2(kJ/kg · K), 가열기효율 80%
- 그 외의 조건은 고려하지 않는다.

① 7.55 ② 7.75
③ 8.00 ④ 8.25
⑤ 8.75

122 길이가 50m인 배관의 온도가 20℃에서 60℃로 상승하였다. 이 때 배관의 팽창량은? (단, 배관의 선팽창계수는 0.2×10−4 [1/ ℃]이다) 제24회

상중하

① 20mm ② 30mm
③ 40mm ④ 50mm
⑤ 60mm

123 상중하

급탕설비에 관한 내용으로 옳은 것은? 제26회

① 급탕배관에서 하향 공급방식은 급탕관과 반탕(복귀)관을 모두 선하향 구배로 한다.
② 중앙식 급탕법에서 간접가열식은 보일러 내에 스케일이 부착될 염려가 크기 때문에 소규모 건물의 급탕설비에 적합하다.
③ 보일러 내의 온수 체적 팽창과 이상 압력을 흡수하기 위해 설치하는 팽창관에는 안전을 위해 감압밸브와 차단밸브를 설치한다.
④ 급탕배관 계통에서 급탕관과 반탕관의 마찰손실을 같게 하여 균등한 유량이 공급되도록 하는 배관 방식은 직접환수방식이다.
⑤ 급탕배관의 신축이음에서 벨로우즈형은 2개 이상의 엘보를 사용하여 나사부분의 회전에 의하여 신축을 흡수한다.

124 상중하

밸브에 관한 설명으로 (　　) 안에 들어갈 내용으로만 바르게 짝지어진 것은?

> • (　　)밸브는 유체를 한쪽 방향으로만 흐르게 하고 반대 방향으로는 흐르지 못하게 하는 밸브이다.
> • (　　)밸브는 유체의 흐름을 직각으로 바꾸는 데 사용한다.
> • (　　)밸브는 한번 콕을 누르면 급수의 압력으로 일정량의 물이 나온 후 자동으로 잠긴다.

① 체크 － 앵글 － 플러시
② 게이트 － 플러시 － 앵글
③ 스톱 － 게이트 － 감압
④ 체크 － 앵글 － 슬루스
⑤ 조정 － 앵글 － 스트레이너

125 상중하

공조설비의 냉온수 공급관과 환수관의 양측압력을 동시에 감지하여 압력 균형을 유지시키는 용도의 밸브는? 제20회

① 온도조절밸브
② 차압조절밸브
③ 공기빼기밸브
④ 안전밸브
⑤ 감압밸브

126 상중하

배관 내를 흐르는 냉온수 등에 혼입된 이물질이 펌프 등의 기기에 들어가지 않도록 그 앞부분에 설치하는 것은? 제16회

① 트랩(trap)
② 스트레이너(strainer)
③ 볼조인트(ball joint)
④ 기수혼합밸브
⑤ 정압기(governor)

127 상중하

밸브에 대한 설명으로 옳지 않은 것은?

① 게이트밸브는 쐐기형의 디스크가 오르내림으로써 개폐 목적으로 사용되는 밸브이다.
② 플러시밸브는 고압배관과 저압배관 사이에 설치하여 압력을 낮추어 일정하게 유지하고자 할 때 사용하는 밸브이다.
③ 정수위밸브는 워터해머를 방지하기 위해 완만하게 폐쇄할 수 있는 구조의 밸브이다.
④ 체크밸브는 유체를 한쪽 방향으로만 흐르게 하고 반대 방향으로는 흐르지 못하게 하는 밸브이다.
⑤ 안전밸브는 일정 압력 이상으로 압력이 증가할 때 자동적으로 열리게 되어 용기의 안전을 보전하는 밸브이다.

128 상중하

배관 부속품인 밸브에 대한 설명 중 옳지 않은 것은?

① 콕(cock)은 유체의 흐름을 급속하게 개폐하는 경우에 사용된다.
② 조정밸브에는 감압밸브, 안전밸브, 온도조절밸브 등이 있다.
③ 글로브밸브(globe valve)는 스톱밸브(stop valve)라고도 하며 유체에 대한 저항이 작다.
④ 체크밸브(check valve)는 유체의 흐름을 한쪽 방향으로만 흐르게 한다.
⑤ 앵글밸브(angle valve)는 유체의 흐름을 직각으로 바꾸는 경우에 사용된다.

129 상중하

배관의 부속품으로 사용되는 밸브에 관한 설명으로 옳지 않은 것은? 제23회

① 글로브밸브는 스톱밸브라고도 하며, 게이트밸브에 비해 유체에 대한 저항이 크다.
② 볼탭밸브는 밸브 중간에 위치한 볼의 회전에 의해 유체의 흐름을 조절한다.
③ 게이트밸브는 급수배관의 개폐용으로 주로 사용된다.
④ 체크밸브는 유체의 흐름을 한 방향으로 흐르게 하며, 리프트형 체크밸브는 수평배관에 사용된다.
⑤ 공기빼기밸브는 배관 내 공기가 머물 우려가 있는 곳에 설치된다.

130 상중하

「건축물의 설비기준 등에 관한 규칙」상 30세대 이상 신축공동주택 등의 기계환기설비의 설치기준에 관한 설명으로 옳지 않은 것은?

① 공기여과기는 한국산업표준(KS B 6141)에 따른 입자 포집률이 계수법으로 측정하여 50퍼센트 이상이어야 한다.
② 기계환기설비에서 발생하는 소음의 측정은 한국산업규격에 따르는 것을 원칙으로 한다. 측정위치는 대표길이 1미터(수직 또는 수평 하단)에서 측정하여 소음이 40dB 이하가 되어야 하며, 암소음(측정대상인 소음 외에 주변에 존재하는 소음을 말한다)은 보정하여야 한다.
③ 환기설비 본체(소음원)가 거주공간 외부에 설치될 경우에는 대표길이 1미터(수직 또는 수평 하단)에서 측정하여 50dB 이하가 되거나, 거주공간 내부의 중앙부 바닥으로부터 1.0~1.2미터 높이에서 측정하여 40dB 이하가 되어야 한다.
④ 외부에 면하는 공기흡입구와 배기구는 교차오염을 방지할 수 있도록 1.5미터 이상의 이격거리를 확보하거나, 공기흡입구와 배기구의 방향이 서로 90도 이상 되는 위치에 설치되어야 한다.
⑤ 기계환기설비의 에너지 절약을 위하여 열회수형 환기장치를 설치하는 경우에는 한국산업규격에 따라 시험한 열회수형 환기장치의 유효환기량이 표시용량의 90퍼센트 이상이어야 한다.

131 상중하

「건축물의 설비기준 등에 관한 규칙」상 30세대 이상 신축공동주택 등의 기계환기설비의 설치기준에 관한 설명으로 옳지 않은 것은?

① 기계환기설비의 환기기준은 시간당 실내공기 교환횟수(환기설비에 의한 최종 공기흡입구에서 세대의 실내로 공급되는 시간당 총체적 풍량을 실내 총체적으로 나눈 환기횟수를 말한다)로 표시하여야 한다.

② 하나의 기계환기설비로 세대 내 2 이상의 실에 바깥공기를 공급할 경우의 필요 환기량은 각 실에 필요한 환기량의 합계 이상이 되도록 하여야 한다.

③ 세대의 환기량 조절을 위하여 환기설비의 정격풍량을 최소·적정·최대의 3단계 또는 그 이상으로 조절할 수 있는 체계를 갖추어야 하고, 적정 단계의 필요 환기량은 신축공동주택 등의 세대를 시간당 0.3회로 환기할 수 있는 풍량을 확보하여야 한다.

④ 기계환기설비는 신축공동주택 등의 모든 세대가 환기횟수를 만족시킬 수 있도록 24시간 가동할 수 있어야 한다.

⑤ 기계환기설비는 주방 가스대 위의 공기배출장치, 화장실의 공기배출 송풍기 등 급속환기설비와 함께 설치할 수 있다.

132 상중하

30세대 이상의 아파트를 리모델링하는 경우 설치하여야 하는 환기설비에 관한 설명으로 옳지 않은 것은?

① 시간당 0.5회 이상의 환기가 이루어질 수 있도록 자연환기설비 또는 기계환기설비를 설치하여야 한다.

② 기계환기설비의 시간당 실내공기 교환횟수는 환기설비에 의한 최종 공기흡입구에서 세대의 실내로 공급되는 시간당 총체적 풍량을 실내 총체적으로 나눈 환기횟수를 말한다.

③ 기계환기설비에서 외부에 면하는 공기흡입구와 배기구는 교차오염을 방지할 수 있는 위치에 설치하여야 한다.

④ 하나의 기계환기설비로 세대 내 2 이상의 실에 바깥공기를 공급할 경우의 필요 환기량은 그중 체적이 가장 큰 실에 필요한 환기량 이상이 되도록 하여야 한다.

⑤ 기계환기설비는 바깥공기의 변동에 의한 영향을 최소화할 수 있도록 공기흡입구 또는 배기구 등에 완충장치 또는 석쇠형 철망 등을 설치하여야 한다.

133 상중하

「건축물의 설비기준 등에 관한 규칙」상 30세대 이상 신축공동주택 등의 자연환기설비의 설치기준에 관한 설명으로 옳지 않은 것은?

① 공기여과기는 한국산업표준(KS B 6141)에 따른 입자 포집률이 질량법으로 측정하여 70퍼센트 이상이어야 한다.
② 자연환기설비는 순간적인 외부 바람 및 실내외 압력차의 증가로 인하여 발생할 수 있는 과도한 바깥공기의 유입 등 바깥공기의 변동에 의한 영향을 최소화할 수 있는 구조와 형태를 갖추어야 한다.
③ 한국산업규격의 시험조건하에서 자연환기설비로 인하여 발생하는 소음은 대표길이 1미터(수직 또는 수평 하단)에서 측정하여 40dB 이하가 되어야 한다.
④ 자연환기설비는 설치되는 실의 바닥부터 수직으로 1.2미터 이상의 높이에 설치하여야 한다.
⑤ 2개 이상의 자연환기설비를 상하로 설치하는 경우 2미터 이상의 수직간격을 확보하여야 한다.

134 상중하

가로 10m, 세로 20m, 천장높이 5m인 기계실에서, 기기의 발열량이 40kW일 때 필요한 최소 환기횟수(회/h)는? (단, 실내 설정온도 28℃, 외기온도 18℃, 공기의 비중 1.2kg/m^3, 공기의 비열 1.0kJ/kg·K로 하고 주어진 조건 외의 사항은 고려하지 않음) 제20회

① 10 ② 12 ③ 14
④ 16 ⑤ 18

135 상중하

다음의 조건에서 관리사무소의 환기횟수(회/h)는? (단, 주어진 조건 외는 고려하지 않음) 제26회

- 근무인원: 8명
- 1인당 CO_2 발생량: 15L/h
- 실내의 CO2 허용농도: 1000ppm
- 외기 중의 CO2 농도: 500ppm
- 사무실의 크기: 10m(가로) × 8m(세로) × 3m(높이)

① 0.5 ② 0.75 ③ 1.0
④ 1.25 ⑤ 1.5

136 상중하

실의 크기가 가로 10m, 세로 10m, 천장고 2.5m인 공동주택 관리사무소의 환기 횟수가 2회/h일 때, 이 실내의 CO_2 농도(ppm)는? (단, 재실인원은 10명, 1인당 CO_2 발생량은 20liter/h, 외기의 CO_2 농도는 450ppm으로 하고, 이 외 조건은 고려하지 않음) 제27회

① 750 ② 800 ③ 850
④ 900 ⑤ 950

137 상중하

히트펌프에 관한 내용으로 옳지 않은 것은? 제21회

① 겨울철 온도가 낮은 실외로부터 온도가 높은 실내로 열을 끌어들인다는 의미에서 열펌프라고도 한다.
② 운전에 소비된 에너지보다 대량의 열에너지가 얻어져 일반적으로 성적계수(COP)가 1 이하의 값을 유지한다.
③ 한 대의 기기로 냉방용 또는 난방용으로 사용할 수 있다.
④ 공기열원 히트펌프는 겨울철 난방부하가 큰 날에는 외기온도도 낮으므로 성적계수(COP)가 저하될 우려가 있다.
⑤ 히트펌프의 열원으로는 일반적으로 공기, 물, 지중(땅속)을 많이 이용한다.

138 상중하

냉각목적의 냉동기 성적계수와 가열목적의 열펌프(Heat Pump) 성적계수에 관한 설명으로 옳은 것은? 제24회

① 냉동기의 성적계수의 열펌프의 성적계수는 같다.
② 냉동기의 성적계수는 열펌프의 성적계수보다 1 크다.
③ 열펌프의 성적계수는 냉동기의 성적계수보다 1 크다.
④ 냉동기의 성적계수는 열펌프의 성적계수보다 2 크다.
⑤ 열펌프의 성적계수는 냉동기의 성적계수보다 2 크다.

139 상중하

건축물의 에너지절약설계기준 및 녹색건축물 조성 지원법상 용어의 정의에 관한 내용이다. (　　)에 들어갈 용어의 영문 약어는? 제25회

> (　　)(이)란 건축물의 쾌적한 실내환경 유지와 효율적인 에너지 관리를 위하여 에너지 사용내역을 모니터링하여 최적화된 건축물에너지 관리방안을 제공하는 계측·제어·관리·운영 등이 통합된 시스템을 말한다.

① BAS
② BEMS
③ DDC
④ TAB
⑤ CCMS

140 상중하

건축물의 에너지절약설계기준상 기계 및 전기부문의 의무사항에 해당하는 것은? 제25회

① 기계환기설비를 사용하여야 하는 지하주차장의 환기용 팬은 대수제어 방식을 도입하여야 한다.
② 환기를 통한 에너지손실 저감을 위해 성능이 우수한 열회수형환기장치를 설치하여야 한다.
③ 공동주택 각 세대내의 현관, 계단실의 조명기구는 인체감지점멸형 또는 일정시간 후에 자동 소등되는 조도자동조절조명기구를 채택하여야 한다.
④ 공동주택의 지하주차장에 자연채광용 개구부가 설치되는 경우에는 주위 밝기를 감지하여 전등군별로 자동 점멸되도록 하여야 한다.
⑤ 여러 대의 승강기가 설치되는 경우에는 군관리 운행방식을 채택하여야 한다.

주관식 단답형 문제

01 상중하

「수도법」상 저수조 설치기준에 관한 설명이다. ( ) 안에 들어갈 숫자를 순서대로 각각 쓰시오.

- ( )세제곱미터를 초과하는 저수조는 청소ㆍ위생점검 및 보수 등 유지관리를 위하여 1개의 저수조를 2 이상의 부분으로 구획하거나 저수조를 2개 이상 설치하여야 하며, 1개의 저수조를 둘 이상의 부분으로 구획할 경우에는 한쪽의 물을 비웠을 때 수압에 견딜 수 있는 구조이어야 한다.
- 건축물 또는 시설 외부의 땅 밑에 저수조를 설치하는 경우에는 분뇨ㆍ쓰레기 등의 유해물질로부터 ( )미터 이상 띄워서 설치하여야 한다.

02 상중하

다음은 「주택건설기준 등에 관한 규정」의 비상급수시설 중 지하저수조에 관한 기준이다. ( )에 들어갈 숫자를 순서대로 쓰시오. (단, 조례는 고려하지 않음)

제21회

고가수조저수량(매 세대당 0.25톤까지 산입한다)을 포함하여 매 세대당 ( )톤[독신자용 주택은 ( )톤] 이상의 수량을 저수할 수 있을 것

03 상중하

주택건설기준 등에 관한 규정상 비상급수시설 중 지하저수조에 관한 내용이다. ( )에 들어갈 아라비아 숫자를 쓰시오.

제24회

제35조【비상급수시설】①~② <생략>
1. <생략>
2. 지하저수조
   가. 고가수저수량(매 세대당 (㉠)톤까지 산입한다)을 포함하여 매 세대당 (㉡)톤(독신자용 주택은 0.25톤) 이상의 수량을 저수할 수 있을 것. 다만, 지역별 상수도 시설용량 및 세대당 수돗물 사용량 등을 고려하여 설치기준의 2분의 1의 범위에서 특별시ㆍ광역시ㆍ특별자치시ㆍ특별자치도ㆍ시 또는 군의 조례로 완화 또는 강화하여 정할 수 있다.
   나. (㉢)세대(독신자용 주택은 100세대)당 1대 이상의 수동식펌프를 설치하거나 양수에 필요한 비상전원과 이에 의하여 가동될 수 있는 펌프를 설치할 것

04 상중하

「수도법」상 저수조 관리기준에 관한 설명이다. (   ) 안에 들어갈 숫자와 용어를 순서대로 각각 쓰시오.

- 수질검사 시 검사항목은 탁도, 수소이온농도, (   ), 일반세균, 총대장균군, 분원성대장균군 또는 대장균 등이 있다.
- 대형건축물 등의 소유자 등과 저수조청소업자는 저수조의 청소, 위생점검 또는 수질검사를 하거나 수질기준위반에 따른 조치를 한 때에는 각각 그 결과를 기록하고, (   )년간 보관하여야 한다.

05 상중하

다음은 배관계 또는 덕트계에서 발생할 수 있는 현상이다. (   )에 들어갈 용어를 쓰시오. 제20회

운전 중인 펌프 및 배관계 또는 송풍기 및 덕트계에 외부로부터 강제력이 작용되지 않아도 배관(덕트) 내 유량(풍량)과 양정(압력)에 주기적인 변동이 지속되는 것을 (   )현상이라 한다.

06 상중하

수도법령상 소독등 위생조치에 관한 내용이다. (   ) 안에 들어갈 용어와 숫자를 쓰시오.

저수조 청소를 하는 경우, 청소에 사용된 약품으로 인하여 「먹는물 수질기준 및 검사 등에 관한 규칙」 별표 1에 따른 먹는물의 수질기준이 초과되지 않도록 해야 하며, 청소 후에는 저수조에 물을 채운 다음 각 호의 기준을 충족하는지 여부를 점검해야 한다.

1. (   ): 리터당 0.1밀리그램 이상 4.0밀리그램 이하
2. 수소이온농도(pH): 5.8 이상 8.5 이하
3. 탁도: (   )NTU(네펠로메트릭 탁도 단위, Nephelometric Turbidity Unit) 이하

PART 02

07 상중하

다음은 급수배관 피복에 관한 내용이다. ( )에 들어갈 용어를 쓰시오. 제22회

> 여름철 급수배관 내부에 외부보다 찬 급수가 흐르고 배관 외부가 고온다습할 경우 배관 외부에 결로가 발생하기 쉽다. 또한 겨울철에 급수배관 외부온도가 영하로 떨어질 때 급수배관계통이 동파하기 쉽다. 이러한 두 가지 현상을 방지하기 위해서는 급수배관에 ( )와(과) 방동목적의 피복을 해야 한다.

08 상중하

「하수도법」상 용어에 관한 설명이다. ( ) 안에 들어갈 용어를 순서대로 각각 쓰시오.

> • ( )이라 함은 건물・시설 등에서 발생하는 오수를 침전・분해 등의 방법으로 처리하는 시설을 말한다.
> • ( )라 함은 오수와 하수도로 유입되는 빗물・지하수가 각각 구분되어 흐르도록 하기 위한 하수관로를 말한다.

09 상중하

「하수도법」상 개인하수처리시설의 방류수 수질측정에 관한 설명이다. ( ) 안에 들어갈 숫자를 순서대로 각각 쓰시오.

> 1일 처리용량이 200세제곱미터 이상인 오수처리시설과 1일 처리대상 인원이 ( )천명 이상인 정화조는 ( )개월마다 1회 이상 방류수의 수질을 자가측정하거나 측정대행업자가 측정하게 한다.

10 상중하

「하수도법」상 개인하수처리시설의 방류수 수질측정에 관한 설명이다. ( ) 안에 들어갈 숫자를 순서대로 각각 쓰시오.

> 1일 처리용량이 ( )세제곱미터 이상 200세제곱미터 미만인 오수처리시설과 1일 처리대상 인원이 ( )천 명 이상 2천 명 미만인 정화조는 연 1회 이상 방류수의 수질을 자가측정하거나 측정대행업자가 측정하게 한다.

11 상중하

「건축물의 설비기준 등에 관한 규칙」상 중앙집중난방방식의 난방용 배관에 관한 설명이다. ( ) 안에 들어갈 용어와 숫자를 순서대로 각각 쓰시오.

> 공동주택의 난방설비를 중앙집중난방방식으로 하는 경우에는 ( )이 각 세대에 균등하게 공급될 수 있도록 4층 이상 10층 이하의 건축물인 경우에는 ( ) 개소 이상, 10층을 넘는 건축물인 경우에는 10층을 넘는 ( )개 층마다 1개소를 더한 수 이상의 난방구획으로 구분하여 각 난방구획마다 따로 난방용 배관을 하여야 한다.

12 상중하

「건축물의 설비기준 등에 관한 규칙」상 공동주택과 오피스텔의 난방설비를 개별난방 방식하는 경우에 관한 설명이다. ( ) 안에 들어갈 숫자와 용어를 순서대로 각각 쓰시오.

> - 보일러실의 윗부분에는 그 면적이 0.5제곱미터 이상인 환기창을 설치하고, 보일러실의 윗부분과 아랫부분에는 각각 지름 ( )센티미터 이상의 공기흡입구 및 배기구를 항상 열려 있는 상태로 바깥공기에 접하도록 설치할 것. 다만, ( )보일러의 경우에는 그러하지 아니하다.
> - ( )의 경우에는 난방구획을 방화구획으로 구획하여야 한다.

13 상중하

건축물의 설비기준 등에 관한 규칙상 공동주택 개별난방설비 설치기준에 관한 내용이다. ( )에 들어갈 아라비아 숫자를 쓰시오. 제26회

> 제13조 【개별난방설비 등】 ① 영 제87조 제2항의 규정에 의하여 공동주택과 오피스텔의 난방설비를 개별난방방식으로 하는 경우에는 다음 각호의 기준에 적합하여야 한다.
>
> 1. <생략>
> 2. 보일러실의 윗부분에는 그 면적이 (㉠)제곱미터 이상인 환기창을 설치하고, 보일러실의 윗부분과 아랫부분에는 각각 지름 (㉡)센티미터 이상의 공기흡입구 및 배기구를 항상 열려있는 상태로 바깥공기에 접하도록 설치할 것. 다만, 전기보일러의 경우에는 그러하지 아니하다.

14 상중하

건축물의 설비기준 등에 관한 규칙상 환기설비기준에 관한 내용이다. (　　)에 들어갈 아라비아 숫자를 쓰시오. 제25회

> 제11조 【공동주택 및 다중이용시설의 환기설비기준 등】 ① 영 제87조 제2항의 규정에 따라 신축 또는 리모델링하는 다음 각 호의 어느 하나에 해당하는 주택 또는 건축물(이하 "신축공동주택 등"이라 한다)은 시간당 (㉠)회 이상의 환기가 이루어질 수 있도록 자연환기설비 또는 기계환기설비를 설치해야 한다.
> 1. (㉡)세대 이상의 공동주택
> 2. 주택을 주택 외의 시설과 동일건축물로 건축하는 경우로서 주택이 30세대 이상인 건축물

15 상중하

건축물의 설비기준 등에 관한 규칙상 신축공동주택등의 기계환기설비의 설치기준에 관한 내용이다. (　　)에 들어갈 아라비아 숫자를 쓰시오. 제26회

> 제11조 제1항의 규정에 의한 신축공동주택등의 환기횟수를 확보하기 위하여 설치되는 기계환기설비의 설계·시공 및 성능평가방법은 다음 각 호의 기준에 적합하여야 한다.
> 1. ~ 14. <생략>
> 15. 기계환기설비의 에너지 절약을 위하여 열회수형 환기장치를 설치하는 경우에는 한국산업표준(KS B 6879)에 따라 시험한 열회수형 환기장치의 유효환기량이 표시용량의 (㉠)퍼센트 이상이어야 한다.

16 상중하

「건축물의 설비기준 등에 관한 규칙」상 온수온돌의 설치기준에 관한 설명이다. (　　) 안에 들어갈 숫자를 순서대로 각각 쓰시오.

> - 배관층과 바탕층 사이의 열저항은 층간 바닥인 경우에는 해당 바닥에 요구되는 열관류저항(별표 4에 따른 열관류율의 역수를 말한다. 이하 같다)의 (　　)% 이상이어야 하고, 최하층 바닥인 경우에는 해당 바닥에 요구되는 열관류저항이 (　　)% 이상이어야 한다. 다만, 심야전기이용 온돌의 경우에는 그러하지 아니하다.
> - 바탕층이 지면에 접하는 경우에는 바탕층 아래와 주변 벽면에 높이 (　　)센티미터 이상의 방수처리를 하여야 하며, 단열재의 윗부분에 방습처리를 하여야 한다.

17 상중하

보일러의 출력표시방법에 관한 내용이다. (   )에 들어갈 용어를 쓰시오. 제24회

보일러의 출력표시방법에서 난방부하와 급탕부하를 합한 용량을 (㉠)출력으로 표시하며 난방부하, 급탕부하, 배관부하, 예열부하를 합한 용량을 (㉡)출력으로 표시한다.

18 상중하

「건축물의 설비기준 등에 관한 규칙」에서 공동주택 및 다중이용시설의 환기설비기준 등에 관한 내용이다. (   ) 안에 들어갈 숫자를 쓰시오. 제19회

신축 또는 리모델링하는 30세대 이상의 공동주택은 시간당 (   )회 이상의 환기가 이루어질 수 있도록 자연환기설비 또는 기계환기설비를 설치하여야 한다.

19 상중하

건축물의 설비기준 등에 관한 규칙상 신축공동주택 등의 기계환기설비의 설치기준에 관한 내용이다. (   )에 들어갈 아라비아 숫자를 쓰시오. 제27회

외부에 면하는 공기흡입구와 배기구는 교차오염을 방지할 수 있도록 (㉠)미터 이상의 이격거리를 확보하거나, 공기흡입구와 배기구의 방향이 서로 (㉡)도 이상 되는 위치에 설치되어야 하고 화재 등 유사 시 안전에 대비할 수 있는 구조와 성능이 확보되어야 한다.

20 상중하

「건축물의 설비기준 등에 관한 규칙」상 30세대 이상 신축공동주택 등의 자연환기설비의 설치기준에 관한 설명이다. (   ) 안에 들어갈 숫자를 순서대로 각각 쓰시오.

자연환기설비는 설치되는 실의 바닥부터 수직으로 (   )미터 이상의 높이에 설치하여야 하며, 2개 이상의 자연환기설비를 상하로 설치하는 경우 (   ) 미터 이상의 수직간격을 확보하여야 한다

21 상중하

전기사업법령상의 용어의 정의이다. 법령에서 명시하고 있는 ( )에 들어갈 용어를 쓰시오. 제22회

> ( )(이)란 타인의 전기설비 또는 구내발전설비로부터 전기를 공급받아 구내배전설비로 전기를 공급하기 위한 전기설비로서 수전지점으로부터 배전반(구내배전설비로 전기를 배전하는 전기설비를 말한다)까지의 설비를 말한다.

22 상중하

전기사업법령상 전압의 구분에 관한 설명이다. ( ) 안에 들어갈 숫자를 순서대로 각각 쓰시오.

> 전압은 저압, 고압, 특고압으로 구분한다. 이 중 고압이란 교류에서는 ( )볼트를 초과하고 ( )볼트 이하인 전압을 말한다.

23 상중하

어느 전력계통에 접속된 수용가, 배전선, 변압기 등 각 부하의 최대수용전력의 합과 그 계통에서 발생한 합성 최대수용전력의 비를 나타내는 용어를 쓰시오. 제16회

24 상중하

건축전기설비 설계기준상의 수·변전설비 용량계산에 관한 내용이다. ( )에 들어갈 용어를 쓰시오. 제23회

$$(\quad\quad) = \frac{\text{각 부하의 최대수요전력합계}}{\text{합성최대수요전력}}$$

25 상중하

건축물의 설비기준 등에 관한 규칙 제20조(피뢰설비)에 관한 내용이다. (　)에 들어갈 아라비아 숫자를 쓰시오. 제26회

> 측면 낙뢰를 방지하기 위하여 높이가 (㉠)미터를 초과하는 건축물 등에는 지면에서 건축물 높이의 5분의 4가 되는 지점부터 최상단부분까지의 측면에 수뢰부를 설치하여야 하며, 지표레벨에서 최상단부의 높이가 150미터를 초과하는 건축물은 (㉡)미터 지점부터 최상단부분까지의 측면에 수뢰부를 설치할 것

26 상중하

다음은 도시가스사업법령상 시설기준과 기술기준 중 가스사용시설의 시설 · 기술 · 검사기준이다. (　)에 들어갈 숫자를 순서대로 쓰시오. 제20회

> 가스계량기($30m^3$/hr 미만인 경우만을 말한다)의 설치높이는 바닥으로부터 (　)m 이상 (　)m 이내에 수직 · 수평으로 설치하고 밴드 · 보호가대 등 고정장치로 고정시킬 것. 다만, 격납상자에 설치하는 경우, 기계실 및 보일러실(가정에 설치된 보일러실은 제외한다)에 설치하는 경우와 문이 달린 파이프 덕트 안에 설치하는 경우에는 설치 높이의 제한을 하지 아니한다.

27 상중하

도시가스사업법 시행규칙상 가스사용시설의 시설 · 기술 · 검사기준에 관한 내용이다. (　)에 들어갈 아라비아 숫자를 쓰시오. 제27회

> 입상관과 화기(그 시설 안에서 사용하는 자체화기는 제외한다) 사이에 유지해야 하는 거리는 우회거리 (㉠)m 이상으로 하고, 환기가 양호한 장소에 설치해야 하며 입상관의 밸브는 바닥으로부터 (㉡)m 이상 2m 이내에 설치할 것. 다만, 보호 상자에 설치하는 경우에는 그러하지 아니하다.

28 상중하

도시가스사업법령상 가스사용시설의 시설 · 기술 · 검사기준에 관한 내용이다. (　　)에 들어갈 숫자를 쓰시오. 제23회

> 가스계량기와 전기계량기 및 전기개폐기와의 거리는 (㉠)cm 이상, 굴뚝(단열조치를 하지 아니한 경우만을 말한다) · 전기점멸기 및 전기접속기와의 거리는 (㉡)cm 이상, 절연조치를 하지 아니한 전선과의 거리는 (㉢)cm 이상의 거리를 유지할 것

29 상중하

「도시가스사업법」상 배관에 관한 설명이다. (　　) 안에 들어갈 용어와 숫자를 순서대로 각각 쓰시오.

> 지상배관은 부식방지도장 후 표면색상을 (　　)으로 도색하고, 지하매설배관은 최고사용압력이 저압인 배관은 황색으로, 중압 이상인 배관은 붉은색으로 할 것. 다만, 지상배관의 경우 건축물의 내 · 외벽에 노출된 것으로서 바닥(2층 이상의 건물의 경우에는 각 층의 바닥을 말한다)에서 (　　)m의 높이에 폭 3cm의 (　　)를 2중으로 표시한 경우에는 표면색상을 황색으로 하지 아니할 수 있다.

30 상중하

도시가스사업법령상 가스사용시설의 시설 · 기술 · 검사기준에 관한 내용이다. (　　)에 들어갈 아라비아 숫자를 쓰시오. 제24회

> 1. 배관 및 배관설비
>   가. 시설기준
>   1) 배치기준
>   가) 가스계량기는 다음 기준에 적합하게 설치할 것.
>   ① 가스계량기와 화기(그 시설 안에서 사용하는 자체화기는 제외한다) 사이에 유지하여야 하는 거리 : (㉠)m 이상

31 상중하

소방시설 설치 및 관리에 관한 법률 시행규칙상 소방시설 등 자체점검 시 준수해야 할 사항에 관한 내용이다. (   )에 들어갈 아라비아 숫자를 쓰시오. 제27회

> 6. 공동주택(아파트등으로 한정한다) 세대별 점검방법은 다음과 같다.
>   가. ~ 나. <생략>
>   다. 관리자는 수신기에서 원격 점검이 불가능한 경우 매년 작동점검만 실시하는 공동주택은 1회 점검 시 마다 전체 세대수의 (㉠)퍼센트 이상, 종합점검을 실시하는 공동주택은 1회 점검 시 마다 전체 세대수의 (㉡)퍼센트 이상 점검하도록 자체점검 계획을 수립·시행해야 한다.

32 상중하

공동주택의 화재안전성능기준(NFPC 608상) (   )에 들어갈 아라비아 숫자를 쓰시오. 제27회

> 제7조【스프링클러설비】스프링클러설비는 다음 각 호의 기준에 따라 설치해야 한다.
>   1. ~ 3. <생략>
>   4. 아파트 등의 세대 내 스프링클러헤드를 설치하는 경우 천장·반자·천장과 반자사이·덕트·선반 등의 각 부분으로부터 하나의 스프링클러헤드까지의 수평거리는 (㉠)미터 이하로 할 것.
>   5. 외벽에 설치된 창문에서 (㉡)미터 이내에 스프링클러헤드를 배치하고, 배치된 헤드의 수평거리 이내에 창문이 모두 포함되도록 할 것. 다만, 다음 각 목의 어느 하나에 해당하는 경우에는 그렇지 않다.
>   가. <생략>
>   나. 창문과 창문 사이의 수직부분이 내화구조로 (㉢)센티미터 이상 이격되어 있거나, 「발코니 등의 구조변경절차 및 설치기준」 제4조 제1항부터 제5항까지에서 정하는 구조와 성능의 방화판 또는 방화유리창을 설치한 경우
>   다. <생략>

33 상중하

다음은 옥외소화전설비의 화재안전성능기준(NFTC)의 일부이다. (   )에 들어갈 숫자를 쓰시오. 제23회

> 제6조 【배관 등】 ① 호스접결구는 지면으로부터 높이가 0.5m 이상 (㉠)m 이하의 위치에 설치하고 특정소방대상물의 각 부분으로부터 하나의 호스접결구까지의 수평거리가 (㉡)m 이하가 되도록 설치하여야 한다.

34 상중하

옥내소화전설비의 화재안전성능기준(NFTC)상 가압송수장치에 관한 내용이다. (   )에 들어갈 아라비아 숫자를 쓰시오. 제25회

> 1~2. <생략>
> 3. 특정소방대상물의 어느 층에서도 해당 층의 옥내소화전(2개 이상 설치된 경우에는 2개의 옥내소화전)을 동시에 사용할 경우 각 소화전의 노즐선단에서 (㉠) 메가파스칼 이상의 방수압력으로 분당 (㉡) 리터 이상의 소화수를 방수할 수 있는 성능인 것으로 할 것. 다만, 노즐선단에서의 방수압력이 (㉢) 메가파스칼을 초과할 경우에는 호스접결구의 인입 측에 감압장치를 설치하여야 한다.

35 상중하

「소방시설 설치 및 관리에 관한 법률」상 소방시설에 관한 정의이다. (   ) 안에 들어갈 용어를 쓰시오. 제17회

> '소방시설'이란 소화설비, (   )설비, 피난구조설비, 소화용수설비, 그 밖에 소화활동설비로서 대통령령으로 정하는 것을 말한다.

36 상중하

소방시설 설치 및 관리에 관한 법률 시행령상 건물의 소방시설에 관한 내용이다. (　)에 들어갈 용어를 쓰시오. 제25회

> [별표 1] 소방시설
> 1~4. <생략>
> 5. (㉠): 화재를 진압하거나 인명구조활동을 위하여 사용하는 설비로서 다음 각목의 것
> 가. 제연설비
> 나. 연결송수관설비
> 다. 연결살수설비
> 라. 비상콘센트설비
> 마. (㉡)
> 바. 연소방지설비

37 상중하

「화재의 예방 및 안전관리에 관한 법률 시행령」상 소방안전관리자를 두어야 하는 특정소방대상물에 관한 내용이다. (　)에 들어갈 아라비아 숫자를 쓰시오.

> 1. <생략>
> 2. 1급 소방안전관리대상물
> 가. 1급 소방안전관리대상물의 범위
> 「소방시설 설치 및 관리에 관한 법률 시행령」 별표 2의 특정소방대상물 중 다음의 어느 하나에 해당하는 것(제1호에 따른 특급 소방안전관리대상물은 제외한다)
> 1) (㉠)층 이상(지하층은 제외한다)이거나 지상으로부터 높이가 (㉡)미터 이상인 아파트

38 상중하

화재안전성능기준(NFTC)상 옥내소화전설비의 배관에 관한 내용이다. (　) 안에 들어갈 숫자를 쓰시오. 제18회 수정

> 연결송수관설비의 배관과 겸용할 경우의 주배관은 구경 (　)mm 이상, 방수구로 연결되는 배관의 구경은 65mm 이상의 것으로 하여야 한다.

39 상중하

소방시설 설치 및 관리에 관한 법률상 자동소화장치에 관한 내용이다. ( ) 안에 들어갈 용어를 쓰시오. 제18회 수정

자동소화장치를 설치하여야 하는 특정소방대상물은 다음의 어느 하나와 같다.
1) 주거용 ( )자동소화장치를 설치하여야 하는 것: 아파트 등 및 30층 이상 오피스텔의 모든 층
2) 캐비닛형 자동소화장치, 가스자동소화장치, 분말자동소화장치 또는 고체에어로졸자동소화장치를 설치하여야 하는 것: 화재안전기준에서 정하는 장소

40 상중하

다음은 화재안전성능기준(NFTC)상 옥외소화전설비의 소화전함 설치기준이다. ( )에 들어갈 숫자를 쓰시오. 제20회 수정

① 옥외소화전설비에는 옥외소화전마다 그로부터 ( )m 이내의 장소에 소화전함을 설치해야 한다.

41 상중하

「소방시설 설치 및 안전관리에 관한 법률 시행규칙」상 '소방시설 등의 자체점검'은 다음과 같이 구분하고 있다. ( )에 들어갈 용어를 쓰시오. 제21회 수정

작동점검은 소방시설 등을 인위적으로 조작하여 소방시설이 정상적으로 작동하는지를 소방청장이 정하여 고시하는 소방시설 등 작동점검표에 따라 점검하는 것을 말한다. (   )은(는) 소방시설 등의 작동점검을 포함하여 소방시설등의 설비별 주요 구성 부품의 구조기준이 화재안전기준과 「건축법」 등 관련 법령에서 정하는 기준에 적합한 지 여부를 소방청장이 정하여 고시하는 소방시설 등 종합점검표에 따라 점검하는 것을 말한다.

42 상중하

화재의 예방 및 안전관리에 관한 법률상 특정소방대상물의 근무자 및 거주자에 대한 소방훈련 등에 관한 내용이다. 법령에서 명시하고 있는 (   )에 들어갈 용어를 쓰시오. 제22회 수정

> 대통령령으로 정하는 특정소방대상물의 관계인은 그 장소에 상시 근무하거나 거주하는 사람에게 소화·(   )·피난 등의 훈련과 소방안전관리에 필요한 교육을 하여야 한다. 이 경우 피난훈련은 그 소방대상물에 출입하는 사람을 안전한 장소로 대피시키고 유도하는 훈련을 포함하여야 한다.

43 상중하

「승강기 안전관리법」상 안전검사에 관한 설명이다. (   )안에 들어갈 숫자를 쓰시오.

> 관리주체는 안전검사를 받지 아니하거나 안전검사에 불합격한 승강기를 운행할 수 없으며, 운행을 하려면 안전검사에 합격하여야 한다. 이 경우 관리주체는 안전검사에 불합격한 승강기에 대하여 안전검사에 불합격한 날부터 (   )개월 이내에 안전검사를 다시 받아야 한다.

44 상중하

승강기 안전관리법상 승강기의 정밀안전검사에 관한 내용이다. (   )에 들어갈 아라비아 숫자를 쓰시오. 제26회

> 승강기는 설치검사를 받은 날부터 (㉠)년이 지난 경우 정밀안전검사를 받고, 그 후 (㉡)년마다 정기적으로 정밀안전검사를 받아야 한다.

45 상중하

건축물의 설비기준 등에 관한 규칙상 건축물에 설치하는 승용승강기의 설치기준에 관한 내용이다. (   )에 공통으로 들어갈 숫자를 쓰시오. 제23회

> 공동주택에서 15인승 승용승강기는 6층 이상의 거실면적의 합계가 3천제곱미터 이하일 때는 (   )대, 3천제곱미터를 초과하는 경우는 (   )대에 3천제곱미터를 초과하는 3천제곱미터 이내마다 1대를 더한 대수를 설치한다.

46 상중하

「주택건설기준 등에 관한 규정」상 화물용승강기의 설치에 관한 설명이다. (　) 안에 들어갈 숫자를 순서대로 각각 쓰시오.

- (　)층 이상인 공동주택에는 이삿짐 등을 운반할 수 있는 화물용승강기를 설치하여야 한다.
- 복도형인 공동주택의 경우에는 100세대까지 1대를 설치하되, 100세대를 넘는 경우에는 (　)세대마다 1대를 추가로 설치하여야 한다.

47 상중하

「승강기 안전관리법」상 정기검사의 검사주기 등에 관한 설명이다. (　) 안에 들어갈 숫자를 순서대로 쓰시오.

다음의 어느 하나에 해당하는 승강기의 경우에는 정기검사의 검사주기를 직전 정기검사를 받은 날부터 다음 각 호의 구분에 따른 기간으로 한다.

1. 설치검사를 받은 날부터 (　)년이 지난 승강기: 6개월
2. 법 제32조 제1항 제3호 나목에 따른 승강기의 결함으로 중대한 사고 또는 중대한 고장이 발생한 후 2년이 지나지 않은 승강기: (　)개월
3. 다음의 엘리베이터: 2년
   가. 별표 1 제2호 가목 9)에 따른 화물용 엘리베이터
   나. 별표 1 제2호 가목 10)에 따른 자동차용 엘리베이터
   다. 별표 1 제2호 가목 11)에 따른 소형화물용 엘리베이터(Dumbwaiter)
4. 「건축법 시행령」 별표 1 제1호 가목에 따른 단독주택에 설치된 승강기: 2년

48 상중하

배수통기설비의 통기관에 관한 설명이다. (　) 안에 들어갈 용어를 쓰시오.

제17회

배수수직관의 길이가 길어지면 배수수직관 내에서도 압력변동이 발생할 수 있다. 이러한 배수수직관 내의 압력변화를 방지하기 위하여 배수수직관과 통기수직관을 연결하는 것을 (　)통기관이라 한다.

49
상중하

배수배관의 통기방식에 관한 설명이다. (   ) 안에 들어갈 용어를 쓰시오.

제18회

> 공동주택 등에서 사용되는 통기방식의 하나로 배수수직관의 상부를 그대로 연장하여 대기에 개방되도록 하는 것을 (   )통기방식이라 한다.

50
상중하

배수수평주관에서 발생되는 현상에 관한 설명으로 (   )에 들어갈 용어를 쓰시오.

제21회

> 배수수직주관으로부터 배수수평주관으로 배수가 옮겨가는 경우, 굴곡부에서는 원심력에 의해 외측의 배수는 관벽으로 힘이 작용하면서 흐른다. 또한 배수수직주관 내의 유속은 상당히 빠르지만 배수수평주관 내에서는 이 유속이 유지될 수 없기 때문에 급격히 유속이 떨어지게 되고 뒤이어 흘러내리는 배수가 있을 경우에는 유속이 떨어진 배수의 정체로 인하여 수력도약현상이 발생된다. 이러한 현상이 나타나는 부근에서는 배수관의 연결을 피하고 (   )을(를) 설치하여 배수관 내의 압력변화를 완화시켜야 한다.

51
상중하

신에너지 및 재생에너지 개발 · 이용 · 보급 촉진법상 용어의 정의에 관한 내용이다. (   )에 들어갈 용어를 쓰시오.

제25회

> 제2조【정의】이 법에서 사용하는 용어의 뜻은 다음과 같다.
> 1. "신에너지"란 기존의 (㉠)(을)를 변환시켜 이용하거나 수소 · 산소 등의 화학 반응을 통하여 전기 또는 열을 이용하는 에너지로서 다음 각 목의 어느 하나에 해당하는 것을 말한다.
>   가. 수소에너지
>   나. (㉡)
>   다. 석탄을 액화 · 가스화한 에너지 및 중질잔사유(重質殘渣油)를 가스화한 에너지로서 대통령령으로 정하는 기준 및 범위에 해당하는 에너지
>   라. 그 밖에 석유 · 석탄 · 원자력 또는 천연가스가 아닌 에너지로서 대통령령으로 정하는 에너지

52 상중하

신에너지 및 재생에너지 개발 · 이용 · 보급 촉진법령상 용어의 정의이다. (   )에 들어갈 용어를 쓰시오. 제24회

> "재생에너지"란 재생 가능한 에너지를 변환시켜 이용하는 에너지이다. 그 종류에는 태양에너지, 풍력, 수력, 해양에너지, (㉠)에너지, 생물자원을 변환시켜 이용하는 바이오에너지로서 대통령령으로 정하는 기준 및 범위에 해당하는 에너지, 폐기물에너지(비재생폐기물로부터 생산된 것은 제외한다)로서 대통령령으로 정하는 기준 및 범위에 해당하는 에너지, 그 밖에 석유 · 석탄 · 원자력 또는 천연가스가 아닌 에너지로서 대통령령으로 정하는 에너지가 있다.

53 상중하

신에너지 및 재생에너지 개발 · 이용 · 보급 촉진법상 (   )에 들어갈 용어를 쓰시오. 제27회

> 제2조 【정의】 이 법에서 사용하는 용어의 뜻은 다음과 같다.
> 1. "신에너지"란 기존의 화석연료를 변환시켜 이용하거나 수소 · 산소 등의 화학 반응을 통하여 전기 또는 열을 이용하는 에너지로서 다음 각 목의 어느 하나에 해당하는 것을 말한다.
>   가. (㉠)
>   나. 연료전지
>   다. 석탄을 액화 · 가스화한 에너지 및 중질잔사유(重質殘渣油)를 가스화한 에너지로서 대통령령으로 정하는 기준 및 범위에 해당하는 에너지
>   라. 그 밖에 석유 · 석탄 · 원자력 또는 천연가스가 아닌 에너지로서 대통령령으로 정하는 에너지

54 상중하

건축물의 에너지절약설계기준상 다음에서 정의하고 있는 용어를 순서대로 쓰시오. 제21회

> • (   ): 기기의 출력값과 목표값의 편차에 비례하여 압력량을 조절하여 최적운전상태를 유지할 수 있도록 운전하는 방식을 말한다.
> • (   ): 수용가에서 일정 기간 중 사용한 전력의 최대치를 말한다.

55 상중하

건축물의 에너지절약설계기준상 '기밀 및 결로방지 등을 위한 조치'에 관한 내용이다. (　　)에 들어갈 용어를 쓰시오. 제21회

> 벽체 내표면 및 내부에서의 결로를 방지하고 단열재의 성능 저하를 방지하기 위하여 단열조치를 하여야 하는 부위(창 및 문과 난방공간 사이의 층간 바닥 제외)에는 (　　)을(를) 단열재의 실내측에 설치하여야 한다.

56 상중하

건축물의 에너지절약설계기준상 기계설비 부문에 관한 용어의 정의이다. (　　)에 들어갈 용어를 쓰시오. 제22회 수정

> "(㉠)형환기장치"라 함은 난방 또는 냉방을 하는 장소의 환기장치로 실내의 공기를 배출할 때 급기되는 공기와 열교환하는 구조를 가진 것으로서 KS B 6879(열회수형 환기 장치) 부속서 B에서 정하는 시험방법에 따른 열교환효율과 에너지계수의 최소 기준 이상의 성능을 가진 것을 말한다.

57 상중하

건축물의 에너지절약설계기준의 용어에 관한 설명이다. (　　)에 들어갈 용어를 쓰시오. 제26회

> (㉠)층이라 함은 습한 공기가 구조체에 침투하여 결로발생의 위험이 높아지는 것을 방지하기 위해 설치하는 투습도가 24시간당 $30g/m^2$ 이하 또는 투습계수 $0.28g/m^2 \cdot h \cdot mmHg$ 이하의 투습저항을 가진 층을 말한다.

58 상중하

건축물의 에너지절약설계기준상 전기설비부문에 관한 용어의 정의이다. (　　)에 들어갈 용어를 쓰시오. 제27회

> (㉠)(이)라 함은 승강기가 균형추보다 무거운 상태로 하강(또는 반대의 경우)할 때 모터는 순간적으로 발전기로 동작하게 되며, 이 때 생산되는 전력을 다른 회로에서 전원으로 활용하는 방식으로 전력소비를 절감하는 장치를 말한다.

03 환경 및 안전관리

Chapter

연계학습 기본서 p.650~696

단·원·열·기

환경관리는 매년 2문제 정도가 출제되는 장으로서 공동주택의 소독대상과 점검횟수, 소음관리, 신축공동주택의 실내공기질 관리규정을 특히 주의하여 정리하여야 합니다. 공동주택관리법령상 안전관리진단은 객관식 문제뿐만 아니라 주관식 기입형 문제를 대비해야 하는 중요한 부분이며, 어린이놀이시설 안전관리법령은 앞으로 출제문항이 늘어날 수 있기 때문에 관리적인 측면에 대한 정리가 반드시 필요합니다.

01 상중하

「감염병의 예방 및 관리에 관한 법률」상 소독의 분류에 관한 설명으로 옳지 않은 것은?

① 소각은 오염되었거나 오염이 의심되는 소독대상 물건 중 소각해야 할 물건을 불에 완전히 태워야 한다.
② 증기소독은 유통증기를 사용하여 소독기 안의 공기를 배제하고 30분 이상 섭씨 100도 이상의 증기소독을 실시하여야 한다.
③ 끓는 물 소독은 소독할 물건을 30분 이상 섭씨 100도 이상의 물속에 넣어 살균해야 한다.
④ 약물소독은 크롤칼키수(크롤칼키 5% 수용액), 석탄산수(석탄산 3% 수용액) 등의 약품을 소독대상 물건에 뿌려야 한다.
⑤ 일광소독은 의류, 침구, 용구, 도서, 서류나 그 밖의 물건으로서 ①부터 ④까지의 규정에 따른 소독방법을 따를 수 없는 경우에는 일광소독을 해야 한다.

02 상중하

「감염병의 예방 및 관리에 관한 법률」상 300세대 이상의 공동주택에 대한 소독시기로 옳은 것은?

① 4월부터 9월까지 – 3개월에 1회 이상, 10월부터 3월까지 6개월에 1회 이상
② 4월부터 9월까지 – 6개월에 1회 이상, 10월부터 3월까지 3개월에 1회 이상
③ 1월부터 6월까지 – 3개월에 1회 이상, 7월부터 12월까지 6개월에 1회 이상
④ 1월부터 6월까지 – 6개월에 1회 이상, 7월부터 12월까지 3개월에 1회 이상
⑤ 3월부터 8월까지 – 3개월에 1회 이상, 9월부터 2월까지 6개월에 1회 이상

03 상중하 실내공기질 관리법 시행규칙상 신축 공동주택의 실내공기질 권고기준으로 옳지 않은 것은? 제27회

① 폼알데하이드: 210$\mu g/m^3$ 이하
② 벤젠: 300$\mu g/m^3$ 이하
③ 톨루엔: 1,000$\mu g/m^3$ 이하
④ 에틸벤젠: 360$\mu g/m^3$ 이하
⑤ 라돈: 148Bq/m^3 이하

04 상중하 실내공기질 관리법령상 100세대 이상 신축공동주택의 실내공기질 권고기준으로 옳은 것을 모두 고른 것은? 제22회

㉠ 폼알데하이드 210$\mu g/m^3$ 이하	㉡ 벤젠 60$\mu g/m^3$ 이하
㉢ 톨루엔 1,000$\mu g/m^3$ 이하	㉣ 에틸벤젠 400$\mu g/m^3$ 이하
㉤ 자일렌 900$\mu g/m^3$ 이하	㉥ 스티렌 500$\mu g/m^3$ 이하

① ㉠, ㉡
② ㉠, ㉢
③ ㉡, ㉣
④ ㉢, ㉥
⑤ ㉣, ㉤

05 상중하 「실내공기질 관리법」상 신축공동주택의 실내공기질 관리법에 관한 설명으로 옳지 않은 것은?

① 100세대 이상으로 신축되는 아파트, 연립주택 및 기숙사인 공동주택 등이 적용대상이다.
② 신축공동주택의 시공자는 실내공기질을 측정한 경우 주택공기질 측정결과 보고(공고)를 작성하여 주민 입주 7일 전까지 특별자치시장・특별자치도지사・시장・군수・구청장(자치구의 구청장을 말한다)에게 제출하여야 한다.
③ 실내공기질 권고기준 중 폼알데하이드는 210$\mu g/m^3$ 이하가 되어야 한다.
④ 신축공동주택의 관리자 등은 환경부령이 정하는 바에 의하여 환경부장관이 실시하는 실내공기질 관리에 관한 교육을 받아야 한다.
⑤ 특별자치시장・특별자치도지사・시장・군수・구청장은 ②에 따라 제출된 측정결과를 환경부장관에게 보고하여야 하며 공보 또는 인터넷 홈페이지 등을 통하여 공개할 수 있다.

06 상중하 **실내공기질 관리법령상 100세대 이상 신축공동주택의 공기질 측정규정에 관한 설명이다. ( ) 안에 들어가는 숫자로만 바르게 짝지어진 것은?**

> 신축공동주택의 시공자는 실내공기질을 측정한 경우 주택공기질 측정결과 보고(공고)를 작성하여 주민 입주 ( )일 전까지 특별자치시장·특별자치도지사·시장·군수·구청장(자치구의 구청장을 말한다)에게 제출하고, 주민 입주 ( )일 전부터 ( )일간 주민들이 잘 볼 수 있도록 공고하여야 한다.

① 3, 7, 60
② 7, 7, 60
③ 7, 3, 30
④ 3, 3, 60
⑤ 5, 3, 30

07 상중하 **실내공기질 관리법 시행규칙에 관한 설명으로 옳지 않은 것은?** 제26회

① 주택 공기질 측정결과 보고(공고)는 주민입주 7일 전부터 30일간 주민들에게 공고하여야 한다.
② 벽지와 바닥재의 폼알데하이드 방출기준은 $0.02mg/m^2 \cdot h$ 이하이다.
③ 신축 공동주택의 실내공기질 측정항목에는 폼알데하이드, 벤젠, 톨루엔, 에틸벤젠, 자일렌, 스티렌, 라돈이 있다.
④ 신축 공동주택의 실내공기질 권고기준에서 라돈은 $148Bq/m^3$ 이하이다.
⑤ 신축 공동주택의 시공자가 실내공기질을 측정하는 경우에는 「환경분야 시험·검사 등에 관한 법률」에 따른 환경오염공정시험기준에 따라 하여야 한다.

08 상중하

「실내공기질 관리법」상 오염물질방출 건축자재에 관한 설명이다. (   ) 안에 들어갈 숫자는?

<table>
<tr><th>오염물질의 종류
구 분</th><th>폼알데하이드</th><th>톨루엔</th></tr>
<tr><td>접착제</td><td rowspan="6">(   ) 이하</td><td rowspan="7">0.08 이하</td></tr>
<tr><td>페인트</td></tr>
<tr><td>실란트</td></tr>
<tr><td>퍼 티</td></tr>
<tr><td>벽 지</td></tr>
<tr><td>바닥재</td></tr>
<tr><td>목질판상제품</td><td>0.05 이하</td></tr>
</table>

비고: 위 표에서 오염물질의 종류별 측정단위는 $mg/m^2 \cdot h$로 한다. 다만, 실란트의 측정단위는 $mg/m \cdot h$로 한다.

① 0.1
② 0.02
③ 1.12
④ 2.15
⑤ 3.0

09 상중하

먹는물 수질기준 및 검사 등에 관한 규칙상 심미적 영향물질에 관한 기준 항목에 해당하지 않는 것은? 제27회

① 염소이온
② 경도
③ 색도
④ 페놀
⑤ 수소이온 농도

10 상중하

공동주택관리법령상 의무관리대상 공동주택의 안전관리계획 수립 시 포함사항으로 옳지 않은 것은?

① 시설별 안전관리자 및 안전관리책임자에 의한 책임점검사항
② 국토교통부령이 정하는 시설의 안전관리에 관한 기준 및 진단사항
③ 책임점검사항과 진단사항의 점검 및 진단결과 위해가 있는 시설에 관한 이용제한 또는 보수 등의 조치사항
④ 안전교육에 관한 사항
⑤ 수립된 안전관리계획의 조정에 관한 사항

11 상중하

공동주택관리법령상 의무관리대상 공동주택 안전관리계획의 수립 및 조정 등에 관한 설명으로 옳지 않은 것은?

① 입주자대표회의는 비용지출을 수반하는 안전관리계획의 수립 및 조정에 관한 사항을 의결한다.
② 안전관리계획은 관리주체가 수립한다.
③ 안전관리계획은 관리사무소장이 3년마다 조정하는 것이 원칙이다.
④ 안전관리계획은 관리여건상 필요하여 관리사무소장이 입주자 등의 과반수 서면동의를 얻은 경우에는 3년이 지나기 전에 조정할 수 있다.
⑤ 안전관리계획은 사업주체가 자치관리기구 등에 업무 인계 시 그 서류를 인계하여야 한다.

12 상중하 **공동주택관리법령상 의무관리대상 공동주택의 안전관리계획 및 안전점검에 관한 설명으로 옳지 않은 것은?**

① 연탄가스배출기(세대별로 설치된 것은 제외한다), 전기실·기계실은 안전관리계획 수립대상시설에 포함된다.
② 공동주택의 입주자대표회의와 관리주체는 안전관리계획을 수립하여 이를 시행하여야 한다.
③ 공동주택의 안전관리계획에는 시설별 안전관리자 및 안전관리책임자에 의한 책임점검사항이 포함되어야 한다.
④ 공동주택의 관리주체는 안전점검의 결과 건축물의 구조·설비의 안전도가 취약하여 위해의 우려가 있는 경우에는 대통령령이 정하는 바에 의하여 시장·군수 또는 구청장에게 그 사실을 보고하고 당해 시설의 이용제한 또는 보수 등 필요한 조치를 하여야 한다.
⑤ 경비업무에 종사하는 자와 시설물 안전관리책임자로 선정된 자는 시장·군수·구청장이 실시하는 방범교육 및 안전교육을 받아야 한다.

13 상중하 **공동주택관리법령상 의무관리대상 공동주택으로서 16층 이상인 공동주택에 대한 안전점검자격자가 아닌 자는?**

① 주택관리사 등이 된 후 국토교통부령으로 정하는 교육기관에서 「시설물의 안전 및 유지관리에 관한 특별법 시행령」에 따른 정기안전점검교육을 이수한 자 중 관리사무소장으로 배치된 자 또는 해당 공동주택단지의 관리직원인 자
② 「시설물의 안전 및 유지관리에 관한 특별법 시행령」의 규정에 의한 책임기술자로서 당해 공동주택단지의 관리직원인 자
③ 「엔지니어링산업 진흥법」에 따라 신고한 해당 분야의 엔지니어링사업자
④ 「시설물의 안전 및 유지관리에 관한 특별법」에 따라 등록한 안전진단전문기관
⑤ 「건설산업기본법」에 따라 국토교통부장관에게 등록한 유지관리업자

14 상중하

공동주택관리법령상 의무관리대상 공동주택의 시설물 안전관리진단 대상시설이다. 연간 최소점검횟수가 많은 것부터 나열한 것은?

> ㉠ 위생진단(저수시설, 우물)
> ㉡ 안전진단(전기실, 도시가스시설, 소방시설)
> ㉢ 우기진단(석축, 옹벽, 담장)

① ㉠ > ㉡ > ㉢
② ㉡ > ㉠ > ㉢
③ ㉡ > ㉢ > ㉠
④ ㉢ > ㉡ > ㉠
⑤ ㉢ > ㉠ > ㉡

15 상중하

공동주택관리법령상 공동주택 시설의 안전관리에 관한 기준 및 진단사항으로 옳지 않은 것은? 제22회

① 저수시설의 위생진단은 연 2회 이상 실시한다.
② 어린이놀이터의 안전진단은 연 2회 실시한다.
③ 노출배관의 동파방지 월동기진단은 연 1회 실시한다.
④ 석축, 옹벽의 우기진단은 연 1회 실시한다.
⑤ 법면의 해빙기진단은 연 1회 실시한다.

16 상중하

공동주택관리법령상 시설의 안전관리에 관한 기준 및 진단사항에 관한 내용이다. 대상 시설별 진단사항과 점검횟수의 연결이 옳은 것을 모두 고른 것은? 제24회

> ㉠ 어린이 놀이터의 안전진단 – 연 2회 이상 점검
> ㉡ 변전실의 안전진단 – 매 분기 1회 이상 점검
> ㉢ 노출배관의 동파방지 월동기진단 – 연 1회 점검
> ㉣ 저수시설의 위생진단 – 연 1회 점검

① ㉠, ㉢
② ㉠, ㉣
③ ㉡, ㉢
④ ㉠, ㉡, ㉣
⑤ ㉡, ㉢, ㉣

17 상중하

공동주택관리법령상 의무관리대상 공동주택의 관리주체의 안전관리계획과 안전점검 및 안전진단에 관한 설명으로 옳지 않은 것은? 제23회

① 건축물과 공중의 안전 확보를 위하여 건축물의 안전점검과 재난예방에 필요한 예산을 매년 확보하여야 한다.
② 사용검사일부터 30년이 경과한 15층 이하의 공동주택에 대하여 반기마다 대통령령으로 정하는 자로 하여금 안전점검을 실시하도록 하여야 한다.
③ 석축과 옹벽, 법면은 해빙기 진단 연 1회(2월 또는 3월)와 우기진단 연 1회(6월)가 이루어지도록 안전관리계획을 수립하여야 한다.
④ 해당 공동주택의 시설물로 인한 안전사고를 예방하기 위하여 대통령령으로 정한 바에 따라 안전관리계획을 수립하고 시설물별로 안전관리자 및 안전관리책임자를 지정하여 이를 시행하여야 한다.
⑤ 변전실, 맨홀(정화조 뚜껑 포함), 펌프실, 전기실, 기계실 및 어린이 놀이터의 안전진단에 대하여 연 3회 이상 실시하도록 안전관리계획을 수립하여야 한다.

18 상중하

공동주택관리법령상 의무관리대상 공동주택의 공동주택시설물에 대한 안전관리진단기준 중 매 분기 1회 이상 안전진단을 요하는 시설은?

① 석축 및 옹벽
② 비상저수시설
③ 소방시설
④ 중앙집중식 난방시설
⑤ 하수도

19 상중하

공동주택관리법령상 의무관리대상 공동주택의 안전관리진단 대상시설물과 점검횟수의 연결이 옳지 않은 것은?

① 석축, 옹벽, 법면의 해빙기진단 - 연 1회(2월~3월)
② 석축, 옹벽, 법면의 우기진단 - 연 1회(6월)
③ 변전실, 고압가스시설의 안전진단 - 연 1회 이상
④ 중앙집중식 난방시설의 월동기진단 - 연 1회(9월~10월)
⑤ 저수시설의 위생진단 - 연 2회 이상

20 공동주택관리법령상 의무관리대상 공동주택 시설물에 대한 안전관리진단에 관한 설명으로 옳은 것은?

상중하

① 해빙기진단 대상시설물은 석축 · 옹벽 · 법면 · 교량 · 우물 · 비상저수시설 등이 있으며 연 1회(2월 또는 3월) 점검하여야 한다.
② 소방시설 · 맨홀(정화조 뚜껑 포함) · 인양기 · 승강기 · 변전실 등의 안전진단 대상시설물은 매 분기 1회 이상 점검하여야 한다.
③ 안전관리진단사항의 세부내용은 시장 · 군수 · 구청장이 정하여 고시한다.
④ 연탄가스배출기 · 중앙집중식 난방시설 · 노출배관의 동파방지 · 수목보온 등은 연 2회 이상 점검하여야 한다.
⑤ 안전진단 대상시설물에 하수도가 포함된다.

21 공동주택관리법령상 의무관리대상 공동주택의 안전관리진단 대상시설 중 해빙기진단과 동시에 위생진단을 실시해야 하는 시설은?

상중하

① 석축, 옹벽, 법면
② 담장, 하수도
③ 우물
④ 승강기, 인양기
⑤ 변전실, 펌프실, 고압가스

22 공동주택관리법령상 의무관리대상 공동주택의 안전관리진단기준 중 인양기와 점검횟수가 동일한 대상시설은?

상중하

① 교량
② 하수도
③ 담장
④ 승강기
⑤ 도시가스시설

23 상중하

공동주택관리법령상 의무관리대상 공동주택의 안전점검 및 그 결과에 대한 조치에 관한 설명으로 옳지 않은 것은?

① 관리주체는 공동주택에 대하여 반기마다 안전점검을 실시하여야 한다.

② 관리주체는 안전점검의 결과 건축물의 구조, 설비의 안전도가 취약하여 위해의 우려가 있을 때에는 시장·군수·구청장에게 그 사실을 보고하고 당해 시설의 이용제한 또는 보수 등 필요한 조치를 하여야 한다.

③ 시장·군수·구청장은 위해의 우려가 있는 공동주택에 대하여 공동주택단지별 점검책임자, 관리카드 비치, 점검일지 작성, 관계행정기관 간의 비상연락체계구성 등의 조치를 하고 이를 관리하여야 한다.

④ 시장·군수·구청장은 관리주체로부터 안전도가 취약하여 위해의 우려가 있다고 보고를 받은 공동주택에 대하여는 매월 2회 이상 점검을 실시하여야 한다.

⑤ 16층 이상인 공동주택 등에 대한 안전점검은 「시설물의 안전 및 유지관리에 관한 특별법 시행령」의 규정에 의한 책임기술자로서 당해 공동주택단지의 관리직원인 자도 안전점검을 실시할 수 있다.

24 상중하

공동주택관리법령상 의무관리대상 공동주택의 안전점검에 관련된 내용이다. ( ) 안에 들어갈 지문으로 옳은 것은?

> 관리주체는 안전점검의 결과 건축물의 구조·설비의 안전도가 취약하여 위해의 우려가 있는 경우에는 다음의 사항을 시장·군수 또는 구청장에게 보고하고, 그 보고 내용에 따른 조치를 취하여야 한다.
> ① 점검대상 구조·설비
> ② (　　　　　　)
> ③ 발생 가능한 위해의 내용
> ④ 조치할 사항

① 점검기관
② 안전점검책임자
③ 비상연락체계
④ 취약의 정도
⑤ 점검기간

25 상중하

공동주택관리법령상 의무관리대상 공동주택의 방범교육 및 안전교육에 관한 설명으로 옳지 않은 것은?

① 이수의무 교육시간은 연 2회 이내에서 시장·군수·구청장이 실시하는 횟수로서 매회별 4시간이다.
② 「소방시설 설치 및 관리에 관한 법률 시행규칙」에 따른 소방안전교육 또는 소방안전관리자 실무교육을 이수한 자에 대해서는 소방에 관한 안전교육을 이수한 것으로 본다.
③ 소방에 관한 안전교육의 대상은 소방안전관리자이고, 교육내용은 소화·연소 및 화재예방에 관한 내용이다.
④ 시설물의 안전교육에 관한 업무를 위탁받은 기관은 교육 실시 10일 전에 교육의 일시·장소·기간·내용·대상자 그 밖에 교육에 관하여 필요한 사항을 공고하거나 대상자에게 통보하여야 한다.
⑤ 안전사고 예방과 방범을 하기 위하여 경비업무에 종사하는 자와 시설물 안전관리책임자로 선정된 자는 시장·군수·구청장이 실시하는 방범교육 및 안전교육을 받아야 한다.

26 상중하

어린이놀이시설 안전관리법령에 관한 설명으로 옳지 않은 것은?

① 안전점검은 어린이놀이시설의 관리주체 또는 관리주체로부터 어린이놀이시설의 안전관리를 위임받은 자가 육안 또는 점검기구 등에 의하여 검사를 하여 어린이놀이시설의 위험요인을 조사하는 행위를 말한다.
② 관리주체는 어린이놀이시설을 인도받은 날부터 15일 이내에 보험에 가입하여야 한다.
③ 관리주체는 안전점검을 월 1회 이상 실시하여야 한다.
④ 설치자는 설치한 어린이놀이시설을 관리주체에게 인도하기 전에 안전검사기관으로부터 설치검사를 받아야 한다.
⑤ 설치자는 설치검사에 불합격된 어린이놀이시설을 이용하도록 하여서는 아니 된다.

27 상중하

어린이놀이시설 안전관리법령에 관한 설명으로 옳지 않은 것은?

① 관리주체는 설치검사를 받은 어린이놀이시설이 규정에 따른 시설기준 및 기술기준에 적합성을 유지하고 있는지를 확인하기 위하여 안전검사기관으로부터 2년에 1회 이상 정기시설검사를 받아야 한다.
② 관리주체는 설치된 어린이놀이시설의 기능 및 안전성 유지를 위하여 월 1회 이상 당해 어린이놀이시설에 대한 안전점검을 실시하여야 한다.
③ 관리주체는 안전점검 또는 안전진단을 한 결과에 대하여 안전점검실시대장 또는 안전진단실시대장을 작성하여 최종 기재일부터 3년간 보관하여야 한다.
④ 안전교육의 주기는 1년에 2회 이상으로 하고, 1회 안전교육 시간은 4시간 이상으로 한다.
⑤ 안전검사기관은 안전검사기관으로 지정받은 후 설치검사・정기시설검사・안전진단 중 어느 하나의 업무를 최초로 시작한 날부터 30일 이내에 보험에 가입하여야 한다.

28 상중하

어린이놀이시설 안전관리법령상 안전관리에 관한 설명으로 옳지 않은 것은?

① 관리주체는 설치검사를 받은 어린이놀이시설이 시설기준 및 기술기준에 적합성을 유지하고 있는지를 확인하기 위하여 안전검사기관으로부터 2년에 1회 이상 정기시설검사를 받아야 한다.
② 관리주체는 설치된 어린이놀이시설의 기능 및 안전성 유지를 위하여 시설의 노후 정도, 변형상태 등의 항목에 대해 안전점검을 월 1회 이상 실시하여야 한다.
③ 관리주체는 어린이놀이시설을 인도받은 날부터 6개월 이내에 어린이놀이시설의 안전관리에 관련된 업무를 담당하는 자로 하여금 안전교육을 받도록 하여야 한다.
④ 안전교육의 주기는 2년에 1회 이상으로 하고, 1회 안전교육 시간은 4시간 이상으로 한다.
⑤ 관리주체는 어린이놀이시설을 인도받은 날부터 30일 이내에 사고배상책임보험이나 사고배상책임보험과 같은 내용이 포함된 보험에 가입하여야 한다.

29 상중하

어린이놀이시설 안전관리법령상 중대한 사고 등에 관한 설명으로 옳지 않은 것은?

① 중대한 사고란 사고 발생일부터 7일 이내에 1주일 이상의 입원 치료가 필요한 부상을 입은 경우와 부상 면적이 신체 표면의 3퍼센트 이상인 경우 등을 말한다.

② 관리주체는 자료의 제출 명령을 받은 날부터 10일 이내에 해당 자료를 제출하여야 한다.

③ 관리주체가 정하여진 기간에 자료를 제출하는 것이 어렵다고 사유를 소명하는 경우 중앙행정기관의 장은 20일의 범위에서 그 제출 기한을 연장할 수 있다.

④ 2도 이상의 화상을 입은 경우도 중대한 사고에 포함된다.

⑤ 중대한 사고가 발생한 때 통보하지 아니한 자는 500만원 이하의 과태료에 처한다.

30 상중하

「어린이놀이시설 안전관리법」상 500만원 이하의 과태료 규정으로 옳지 않은 것은?

① 안전점검을 실시하지 아니한 자

② 안전점검 및 안전진단을 실시한 결과를 기록·보관하지 아니한 자

③ 어린이놀이시설의 이용을 금지하지 아니하거나 안전진단을 신청하지 아니한 자

④ 안전교육을 받도록 하지 아니한 관리주체 및 보험가입의무를 위반한 자

⑤ 설치검사 또는 정기시설검사를 받지 아니하였거나 설치검사 또는 정기시설검사에 불합격한 어린이놀이시설을 이용하도록 한 자

31 상중하

어린이놀이시설 안전관리법 시행령상 어린이놀이시설로 인하여 이용자가 피해를 입은 사고 중에서 "대통령령이 정하는 중대한 사고"에 해당하는 것을 모두 고른 것은? 제27회

> ㉠ 1도 이상의 화상
> ㉡ 부상 면적이 신체 표면의 5퍼센트 이상인 부상
> ㉢ 하나의 사고로 인한 3명 이상의 부상
> ㉣ 골절상

① ㉠, ㉡
② ㉠, ㉣
③ ㉢, ㉣
④ ㉠, ㉡, ㉢
⑤ ㉡, ㉢, ㉣

32 상중하

어린이놀이시설 안전관리법령상 보험가입 등에 관한 설명으로 옳지 않은 것은?

① 보험의 종류는 어린이놀이시설 사고배상책임보험이나 사고배상책임보험과 같은 내용이 포함된 보험으로 한다.
② 관리주체인 경우에는 어린이놀이시설을 인도받은 날부터 30일 이내에 가입한다.
③ 안전검사기관인 경우에는 안전검사기관으로 지정받은 후 설치검사·정기시설검사·안전진단 중 어느 하나의 업무를 최초로 시작한 날부터 30일 이내에 가입한다.
④ 관리주체 및 안전검사기관은 어린이놀이시설의 사고로 인하여 어린이의 생명·신체 또는 재산상의 손해를 발생하게 하는 경우 그 손해에 대한 배상을 보장하기 위하여 보험에 가입하여야 한다.
⑤ 보험가입의무를 위반한 자는 1년 이하의 징역 또는 1천만원 이하의 벌금에 처한다.

33 상중하

어린이놀이시설 안전관리법령상 안전교육에 관한 설명으로 옳지 않은 것은?

① 관리주체는 어린이놀이시설의 안전관리에 관련된 업무를 담당하는 자로 하여금 어린이놀이시설 안전관리지원기관에서 실시하는 어린이놀이시설의 안전관리에 관한 교육을 받도록 하여야 한다.

② 관리주체는 안전관리자의 안전교육 유효기간이 만료되는 경우에 유효기간 만료일 전 1개월 이내에 안전관리에 관련된 업무를 담당하는 자로 하여금 안전교육을 받도록 하여야 한다.

③ 안전교육의 주기는 2년에 1회 이상으로 하고, 1회 안전교육 시간은 4시간 이상으로 한다.

④ 안전관리자가 변경된 경우에는 변경된 날부터 3개월 이내에 교육을 받도록 하여야 한다.

⑤ 안전교육을 실시하는 어린이놀이시설 안전관리지원기관은 안전교육을 인터넷 홈페이지를 활용한 사이버교육방식으로 제공할 수 있다.

34 상중하

어린이놀이시설 안전관리법령상 안전관리에 관한 설명으로 옳지 않은 것은?

제26회

① 정기시설검사는 안전검사기관으로부터 3년에 1회 이상 받아야 한다.

② 관리주체는 안전점검을 월 1회 이상 실시하여야 한다.

③ 안전관리자가 변경된 경우, 변경된 날부터 3개월 이내에 안전교육을 받도록 하여야 한다.

④ 관리주체는 어린이놀이시설을 인도받은 날부터 30일 이내에 어린이놀이시설 사고배상 책임보험에 가입하여야 한다.

⑤ 안전관리자에 안전교육의 주기는 2년에 1회 이상으로 하고, 1회 안전교육 시간은 4시간 이상으로 한다.

주관식 단답형 문제

01 상중하

「주택건설기준 등에 관한 규정」상 소음에 관한 설명이다. (   ) 안에 들어갈 숫자를 순서대로 각각 쓰시오.

> 사업주체는 공동주택을 건설하는 지점의 소음도(이하 "실외소음도"라 한다)가 65데시벨 미만이 되도록 하되, 65데시벨 이상인 경우에는 방음벽·방음림(소음막이숲) 등의 방음시설을 설치하여 해당 공동주택의 건설지점의 소음도가 65데시벨 미만이 되도록 소음방지대책을 수립해야 한다. 다만, 공동주택이 「국토의 계획 및 이용에 관한 법률」에 따른 도시지역(주택단지 면적이 30만제곱미터 미만인 경우로 한정한다) 또는 「소음·진동관리법」에 따라 지정된 지역에 건축되는 경우로서 다음의 기준을 모두 충족하는 경우에는 그 공동주택의 (   )층 이상인 부분에 대하여 본문을 적용하지 않는다.
> 1. 세대 안에 설치된 모든 창호(窓戶)를 닫은 상태에서 거실에서 측정한 소음도(이하 "실내소음도"라 한다)가 (   )데시벨 이하일 것
> 2. 공동주택의 세대 안에 「건축법 시행령」에 따라 정하는 기준에 적합한 환기설비를 갖출 것

02 상중하

실내공기질 관리법령상 100세대 이상 신축공동주택의 실내공기질 측정물질들을 나열한 것이다. (   ) 안에 들어갈 물질을 쓰시오. 제19회 수정

> 폼알데하이드, 벤젠, 톨루엔, 에틸벤젠, (   ), 스티렌, 라돈

03 상중하

「실내공기질 관리법」상 100세대 이상 신축공동주택의 실내공기질 관리에 관한 설명이다. (   ) 안에 들어갈 숫자를 순서대로 각각 쓰시오.

> 신축공동주택의 시공자는 주택공기질 측정결과 보고(공고)를 주민 입주 (   )일 전부터 (   )일간 다음의 장소 등에 주민들이 잘 볼 수 있도록 공고하여야 한다.
> 1.~3. 생략

04 상중하

「실내공기질 관리법령」상 100세대 이상 신축공동주택의 실내공기질 권고기준에 관한 설명이다. (　) 안에 들어갈 숫자와 용어를 순서대로 각각 쓰시오.

> 1. 폼알데하이드: (　)μg/m³ 이하
> 2. 벤젠: 30μg/m³ 이하
> 3. 톨루엔: (　)μg/m³ 이하
> 4. 에틸벤젠: 360μg/m³ 이하
> 5. 스티렌: 300μg/m³ 이하
> 6. (　): 700μg/m³ 이하
> 7. 라돈: 148Bq/m³ 이하

05 상중하

감염병의 예방 및 관리에 관한 법령상 소독 관련 내용이다. (　) 안에 들어갈 용어를 쓰시오. 제16회

> 소독에 이용되는 방법으로는 소각, (　　), 끓는 물 소독, 약물소독, 일광소독이 있다.

06 상중하

실내공기질 관리법 시행규칙상 건축자재의 오염물질 방출 기준에 관한 내용이다. (　)에 들어갈 아라비아 숫자를 쓰시오. 제25회

구 분 \ 오염물질 종류	톨루엔	폼알데하이드
접착제, 페인트, 퍼티, 벽지, 바닥재	(㉠) 이하	(㉡) 이하

비고: 위 표에서 오염물질의 종류별 측정단위는 mg/m²·h로 한다.

07 상중하

먹는물 수질 및 검사 등에 관한 규칙상 수돗물 수질기준에 관한 내용이다. (　)에 들어갈 아라비아 숫자를 쓰시오. 제26회

> 5. 심미적(審美的) 영향물질에 관한 기준
> 가. 경도(經度)는 1,000mg/L(수돗물의 경우 (㉠)mg/L, 먹는염지하수 및 먹는해양심층수의 경우 1,200mg/L)를 넘지 아니할 것. 다만, 샘물 및 염지하수의 경우에는 적용하지 아니한다.
> 나.~아. <생략>
> 자. 염소이온은 (㉡)mg/L를 넘지 아니할 것(염지하수의 경우에는 적용하지 아니한다)

08 상중하

공동주택관리법령상 안전점검에 관한 규정이다. ( ) 안에 들어갈 숫자를 순서대로 각각 쓰시오. 제19회 수정

> 의무관리대상 공동주택의 관리주체는 그 공동주택의 기능유지와 안전성 확보로 입주자 및 사용자를 재해 및 재난 등으로부터 보호하기 위하여 「시설물의 안전 및 유지관리에 관한 특별법」에 따른 지침에서 정하는 안전점검의 실시방법 및 절차 등에 따라 공동주택의 안전점검을 실시하여야 한다. 다만, ( )층 이상의 공동주택 및 사용연수, 세대수, 안전등급, 층수 등을 고려하여 대통령령으로 정하는 ( )층 이하의 공동주택에 대하여는 대통령령으로 정하는 자로 하여금 안전점검을 실시하도록 하여야 한다.

09 상중하

공동주택관리법령상 매분기 1회 이상 안전진단 대상시설물에 관한 설명이다. ( ) 안에 들어갈 용어를 쓰시오.

> 변전실, 고압가스시설, 도시가스시설, 액화석유가스시설, 소방시설, 맨홀(정화조의 뚜껑을 포함한다), 유류저장시설, 펌프실, 인양기, 전기실, 기계실, 어린이놀이터, 주민운동시설 및 ( )

10 상중하

공동주택관리법령상 공동주택의 안전점검에 관한 설명이다. ( ) 안에 들어갈 용어를 쓰시오.

> 관리주체는 안전점검의 결과 건축물의 구조·설비의 안전도가 매우 낮아 재해 및 재난 등이 발생할 우려가 있는 경우에는 지체 없이 ( )에 그 사실을 통보한 후 대통령령으로 정하는 바에 따라 시장·군수·구청장에게 그 사실을 보고하고, 해당 건축물의 이용 제한 또는 보수 등 필요한 조치를 하여야 한다.

11 상중하

공동주택관리법령상 안전점검의 결과에 따른 조치사항이다. ( ) 안에 들어갈 숫자와 용어를 순서대로 각각 쓰시오.

> 시장·군수 또는 구청장은 안전점검의 결과 건축물의 구조·설비의 안전도가 취약하여 위해의 우려가 있는 공동주택에 대하여는 다음의 조치를 하고 매월 ( )회 이상 점검을 실시하여야 한다.
> 1. 공동주택단지별 ( )의 지정
> 2. 공동주택단지별 관리카드의 비치
> 3. 공동주택단지별 ( )의 작성
> 4. 공동주택단지 내 관리기구와 관계행정기관 간 비상연락체계의 구성

12 상중하

어린이놀이시설 안전관리법령상 어린이놀이시설의 설치검사 등에 관한 내용이다. ( ) 안에 들어갈 숫자를 쓰시오. 제19회

> 관리주체는 설치검사를 받은 어린이놀이시설이 시설기준 및 기술기준에 적합성을 유지하고 있는지를 확인하기 위하여 대통령령이 정하는 방법 및 절차에 따라 안전검사기관으로부터 ( )년에 1회 이상 정기시설검사를 받아야 한다.

13 상중하

어린이놀이시설 안전관리법령에 관한 설명이다. ( ) 안에 들어갈 숫자를 쓰시오.

> 관리주체는 안전점검 또는 안전진단을 한 결과에 대하여 안전점검실시대장 또는 안전진단실시대장을 작성하여 최종 기재일부터 ( )년간 보관하여야 한다.

14 상중하

어린이놀이시설 안전관리법령상 중대한 사고에 관한 설명이다. ( ) 안에 들어갈 숫자를 순서대로 각각 쓰시오.

- 하나의 사고로 인한 ( )명 이상의 부상을 입은 경우
- 사고 발생일부터 ( )일 이내에 48시간 이상의 입원 치료가 필요한 부상을 입은 경우
- ( )도 이상의 화상을 입은 경우
- 부상 면적이 신체 표면의 ( )% 이상인 경우

15 상중하

다음은 「어린이놀이시설 안전관리법」의 용어정의에 관한 내용이다. ( )에 들어갈 용어를 순서대로 쓰시오. 제20회

- (   )(이)라 함은 어린이놀이시설의 관리주체 또는 관리주체로부터 어린이놀이시설의 안전관리를 위임받은 자가 육안 또는 점검기구 등에 의하여 검사를 하여 어린이놀이시설의 위험요인을 조사하는 행위를 말한다.
- (   )(이)라 함은 제4조의 안전검사기관이 어린이놀이시설에 대하여 조사・측정・안전성 평가 등을 하여 해당 어린이놀이시설의 물리적・기능적 결함을 발견하고 그에 대한 신속하고 적절한 조치를 하기 위하여 수리・개선 등의 방법을 제시하는 행위를 말한다.

박문각그룹

박문각은 공무원, 공인중개사, 주택관리사, 임용, 경찰, 전문자격 등 취업과 관련된 직업교육은 물론 출판, 기업체교육 등 다양한 분야에서 수준 높은 교육 서비스를 제공하는 교육전문 그룹입니다.

공무원

9급·7급 공무원 / 임용
소방 / 경찰 / 경찰승진

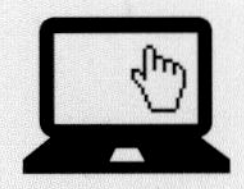

미디어·출판

출판 / 고시신문
온·오프라인 서점

전문자격

공인중개사 / 주택관리사
법무사 / 노무사 / 감평사 / 행정사
손해평가사 / 전기기사

취업자격

NCS / 사회복지사 / 기술사
문화재기술사 / 한국사능력검정

교육 서비스

기업교육 서비스
대학제휴 서비스

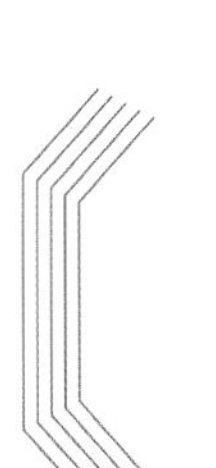

Since 1972

박문각은 1972년부터 53년간
수험생들의 합격을 이끌어온
대한민국 유일의 교육기업입니다.

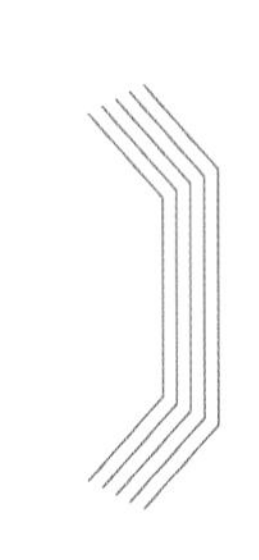

박문각 주택관리사

합격예상문제 

공동주택관리실무

박문각 주택관리사
온라인강의 www.pmg.co.kr

박문각 북스파
수험교재 및 교양서 전문
온라인 서점

2024 고객선호브랜드지수 1위
교육(교육서비스)부문

2023 고객선호브랜드지수 1위
교육(교육서비스)부문

2022 한국 브랜드 만족지수 1위
교육(교육서비스)부문 1위

2021 조선일보 국가브랜드 대상
에듀테크 부문 수상

2021 대한민국 소비자 선호도 1위
교육부문 1위

2020 한국 산업의 1등
브랜드 대상 수상

2019 한국 우수브랜드
평가대상 수상

박문각 www.pmg.co.kr

교재문의 02-6466-7202
동영상강의 문의 02-6466-7201

정가 32,000원

ISBN 979-11-7262-633-4
ISBN 979-11-7262-631-0(2차 세트)

2025

제28회 시험대비 전면개정판

박문각 주택관리사

합격예상문제 2차

공동주택관리실무

정답 및 해설

김혁 외 박문각 주택관리연구소 편

합격까지 박문각

합격 노하우가 다르다!

박문각

2025

제28회 시험대비 전면개정판

박문각 주택관리사

합격예상문제 2차 공동주택관리실무

정답 및 해설

김혁 외 박문각 주택관리연구소 편

합격까지 박문각

합격 노하우가 **다르다!**

PART 01 행정실무

01 공동주택관리의 개요

Answer 객관식

01 ②	02 ③	03 ②	04 ④	05 ③	06 ①	07 ⑤	08 ②	09 ③	10 ③
11 ②	12 ③	13 ④	14 ⑤	15 ③	16 ①	17 ④	18 ⑤	19 ②	20 ②
21 ③	22 ①	23 ⑤	24 ⑤	25 ③	26 ③	27 ①	28 ③	29 ③	30 ①
31 ④	32 ④	33 ③	34 ②	35 ③	36 ⑤	37 ②	38 ②	39 ②	40 ④
41 ④	42 ④	43 ②	44 ③	45 ⑤	46 ④	47 ⑤	48 ③	49 ④	50 ③
51 ③	52 ④	53 ③	54 ③	55 ②	56 ④	57 ⑤	58 ③	59 ③	60 ⑤
61 ④	62 ②	63 ③	64 ④	65 ②	66 ①	67 ⑤	68 ②	69 ⑤	70 ②
71 ②	72 ③	73 ③	74 ⑤	75 ②	76 ①	77 ⑤	78 ⑤	79 ④	80 ①
81 ③	82 ①	83 ④	84 ④	85 ①	86 ③	87 ②	88 ③		

01 ② 준주택의 종류에는 기숙사, 다중생활시설, 노인복지주택, 오피스텔이 있다.

02 ③ 세대구분형 공동주택이란 공동주택의 주택 내부 공간의 일부를 세대별로 구분하여 생활이 가능한 구조로 하되, 그 구분된 공간 일부에 대하여 구분소유를 할 수 없는 주택을 말한다.

03 ② '장기일반민간임대주택'이란 임대사업자가 공공지원민간임대주택이 아닌 주택을 10년 이상 임대할 목적으로 취득하여 임대하는 민간임대주택[아파트(주택법의 도시형 생활주택이 아닌 것을 말한다)를 임대하는 민간매입임대주택은 제외한다]을 말한다.

04 ① "혼합주택단지"란 분양을 목적으로 한 공동주택과 임대주택이 함께 있는 공동주택단지를 말한다.
② "입주자"란 공동주택의 소유자 또는 그 소유자를 대리하는 배우자 및 직계존비속을 말한다.
③ "주택관리사 등"이란 주택관리사보와 주택관리사를 말한다.
⑤ "임대주택"이란 「민간임대주택에 관한 특별법」에 따른 민간임대주택 및 「공공주택 특별법」에 따른 공공임대주택을 말한다.

05 ③ 「건축법 시행령」상 단독주택의 종류인 다중주택에 관한 설명이다.

06 ① 다가구주택은 1층의 전부 또는 일부를 필로티 구조로 하여 주차장으로 사용하고 나머지 부분을 주택(주거 목적으로 한정한다) 외의 용도로 쓰는 경우에는 해당 층을 주택의 층수에서 제외한다.

07 ⑤ 「국토의 계획 및 이용에 관한 법률 시행령」에 따른 준주거지역 또는 상업지역에서 아파트형 주택과 도시형 생활주택 외의 주택은 함께 건축할 수 있다.

08 ② 세대구분형 공동주택의 분류요건

㉠ 세대구분형 공동주택의 건설과 관련하여 주택건설기준 등을 적용하는 경우 세대구분형 공동주택의 세대수는 그 구분된 공간의 세대수에 관계없이 하나의 세대로 산정한다. ㉤ 세대구분형 공동주택의 세대별로 구분된 각각의 공간의 주거전용면적 합계가 주택단지 전체 주거전용면적 합계의 3분의 1을 넘지 아니하는 등 국토교통부장관이 정하는 주거전용면적의 비율에 관한 기준을 충족하여야 한다.

09 ③ 세대구분형 공동주택의 세대수가 해당 주택단지 안의 공동주택 전체 세대수의 10분의 1과 해당 동의 전체 세대수의 3분의 1을 각각 넘지 않아야 한다.

10 ③ 국민주택규모는 주거의 용도로만 쓰이는 면적이 1호(戶) 또는 1세대당 85제곱미터 이하인 주택(「수도권정비계획법」에 따른 수도권을 제외한 도시지역이 아닌 읍 또는 면 지역은 1호 또는 1세대당 주거전용면적이 100제곱미터 이하인 주택을 말한다)을 말한다.

11 ② 주택법령상 공동주택에는 아파트, 연립주택, 다세대주택이 있다.

12 ③ 의무관리대상 공동주택은 다음과 같다.

1. 300세대 이상의 공동주택 2. 150세대 이상으로서 승강기가 설치된 공동주택 3. 150세대 이상으로서 중앙집중식 난방방식(지역난방방식을 포함한다)의 공동주택 4. 건축법 제11조에 따른 건축허가를 받아 주택 외의 시설과 주택을 동일 건축물로 건축한 건축물로서 주택이 150세대 이상인 건축물 5. 1.부터 4.까지에 해당하지 아니하는 공동주택 중 전체 입주자 등의 3분의 2 이상이 서면으로 동의하여 정하는 공동주택

13 ④ 12번 해설참조

14 ⑤ 주택관리사 등은 보증보험금ㆍ공제금 또는 공탁금으로 손해배상을 한 때에는 15일 이내에 보증보험 또는 공제에 다시 가입하거나 공탁금 중 부족하게 된 금액을 보전하여야 한다.

15 ③ 주택관리사 등은 보증보험금 · 공제금 또는 공탁금으로 손해배상을 한 때에는 15일 이내에 보증보험 또는 공제에 다시 가입하거나 공탁금 중 부족하게 된 금액을 보전하여야 한다.

16 ① 관리사무소장은 하자의 발견 및 하자보수의 청구, 장기수선계획의 조정, 시설물 안전관리계획의 수립 및 건축물의 안전점검업무가 비용지출을 수반하는 사항에 대하여는 입주자대표회의의 의결을 거쳐야 한다.

17 ④ 신고 또는 변경신고를 접수한 주택관리사단체는 관리사무소장의 배치 내용 및 직인신고(변경신고 하는 경우를 포함한다) 접수 현황을 분기별로 시장 · 군수 · 구청장에게 보고하여야 한다.

18 ⑤ 안전관리계획은 3년마다 조정하되, 관리여건상 필요하여 당해 공동주택의 관리사무소장이 입주자대표회의 구성원 과반수의 서면동의를 얻은 경우에는 3년이 지나기 전에 조정할 수 있다.

19 ② 관리사무소장은 공동주택의 운영 · 관리 · 유지 · 보수 · 교체 · 개량 및 리모델링에 관한 업무와 관련하여 입주자대표회의를 대리하여 재판상 또는 재판 외의 행위를 할 수 있다.

20 ② 관리사무소장으로 배치받으려는 주택관리사 등이 배치예정일부터 직전 5년 이내에 관리사무소장 · 공동주택관리기구의 직원 또는 주택관리업자의 임직원으로서 종사한 경력이 없는 경우에는 시 · 도지사가 실시하는 공동주택관리에 관한 교육과 윤리교육을 이수하여야 관리사무소장으로 배치받을 수 있다.

21 ③ 입주자대표회의가 사업자를 선정하고 관리주체가 집행하는 사항은 다음과 같다.

1. 장기수선충당금을 사용하는 공사
2. 전기안전관리(「전기안전관리법」에 따라 전기설비의 안전관리에 관한 업무를 위탁 또는 대행하게 하는 경우를 말한다)를 위한 용역

22 ① 입주자대표회의가 관리사무소장의 업무에 부당하게 간섭하여 입주자 등에게 손해를 초래하거나 초래할 우려가 있는 경우 관리사무소장은 시장 · 군수 · 구청장에게 이를 보고하고, 사실 조사를 의뢰할 수 있다.

23 ① 입주자대표회의 구성원은 자치관리기구의 직원을 겸할 수 없다.
② 입주자대표회의의 회장은 입주자 등이 해당 공동주택의 관리방법을 결정(위탁관리하는 방법을 선택한 경우에는 그 주택관리업자의 선정을 포함한다)한 경우에는 이를 사업주체 또는 의무관리대상 전환 공동주택의 관리인에게 통지하고, 관할 시장 · 군수 · 구청장에게 신고하여야 한다. 신고한 사항이 변경되는 경우에도 또한 같다.
③ 입주자대표회의는 공동주택을 공동관리하거나 구분관리할 것을 결정한 경우에는 지체 없이 그 내용을 시장 · 군수 · 구청장에게 통보하여야 한다.

④ 관리방법의 결정은 입주자대표회의의 의결 또는 전체 입주자 등의 10분의 1 이상이 제안하고 전체 입주자 등의 과반수가 찬성하는 방법에 따른다.

24 ① 입주자 등은 의무관리대상 공동주택을 자치관리하거나 주택관리업자에게 위탁하여 관리하여야 한다.
② 의무관리대상 공동주택 관리방법의 결정은 다음의 어느 하나에 해당하는 방법으로 한다.

> 1. 입주자대표회의의 의결로 제안하고 전체 입주자 등의 과반수가 찬성
> 2. 전체 입주자 등의 10분의 1 이상이 서면으로 제안하고 전체 입주자 등의 과반수가 찬성공동주택의 관리방법은 전체 입주자 등의 10분의 1 이상이 서면으로 제안하고 전체 입주자 등의 과반수가 찬성하는 방법으로 결정할 수 있다.

③ 입주자대표회의는 해당 공동주택의 관리에 필요하다고 인정하는 경우 공동주택을 500세대 이상의 단위로 나누어 관리하게 할 수 있다.
④ 의무관리대상 공동주택 전환 신고를 하려는 자는 입주자 등의 동의를 받은 날부터 30일 이내에 관할 시장·군수·구청장에게 신고하여야 한다.

25 ③ 의무관리대상 공동주택의 관리주체는 관리비 등의 징수·보관·예치·집행 등 모든 거래행위에 관하여 장부를 월별로 작성하여 그 증빙서류와 함께 해당 회계연도 종료일부터 5년간 보관하여야 한다.

26 ③ 관리사무소장은 입주자대표회의에서 의결하는 공동주택의 유지 업무와 관련하여 입주자대표회의를 대리하여 재판상의 행위를 할 수 있다.

27 ① 자치관리기구는 입주자대표회의의 감독을 받는다.

28 ③ 의무관리대상 공동주택의 관리주체는 「주식회사 등의 외부감사에 관한 법률」에 따른 감사인의 회계감사를 매년 1회 이상 받아야 한다. 다만, 다음 각 호의 구분에 따른 연도에는 그러하지 아니하다.

> 1. 300세대 이상인 공동주택: 해당 연도에 회계감사를 받지 아니하기로 입주자 등의 3분의 2 이상의 서면동의를 받은 경우 그 연도
> 2. 300세대 미만인 공동주택: 해당 연도에 회계감사를 받지 아니하기로 입주자 등의 과반수의 서면동의를 받은 경우 그 연도

29 ③ 입주자대표회의가 사업자를 선정하고 집행하는 사항은 다음과 같다.

> 1. 하자보수보증금을 사용하여 보수하는 공사
> 2. 사업주체로부터 지급받은 공동주택 공용부분의 하자보수비용을 사용하여 보수하는 공사

30 ① ㉠ 재무제표를 작성하는 회계처리기준은 국토교통부장관이 정하여 고시한다.
㉢ 감사인은 관리주체가 회계감사를 받은 날부터 1개월 이내에 관리주체에게 감사보고서를 제출하여야 한다.
㉣ 회계감사를 받아야 하는 공동주택의 관리주체는 매 회계연도 종료 후 9개월 이내에 회계감사를 받아야 한다.

31 의무관리대상 공동주택의 관리주체는 「주식회사 등의 외부감사에 관한 법률」에 따른 감사인의 회계감사를 매년 1회 이상 받아야 한다. 다만, 다음의 구분에 따른 연도에는 그러하지 아니하다.

1. 300세대 이상인 공동주택: 해당 연도에 회계감사를 받지 아니하기로 입주자 등의 3분의 2 이상의 서면동의를 받은 경우 그 연도
2. 300세대 미만인 공동주택: 해당 연도에 회계감사를 받지 아니하기로 입주자 등의 과반수의 서면동의를 받은 경우 그 연도

32 ④ 다음 회계연도가 시작되기 전까지의 기간이 3개월 미만인 경우로서 입주자대표회의 의결이 있는 경우에는 생략할 수 있다.

33 ③ 입주자 등은 다음의 어느 하나에 해당하는 행위를 하려는 경우에는 관리주체의 동의를 받아야 한다.

1. 국토교통부령에 따른 경미한 행위로서 주택내부의 구조물과 설비를 교체하는 행위
2. 「소방시설 설치 및 관리에 관한 법률」 제16조 제1항에 위배되지 아니하는 범위에서 공용부분에 물건을 적재하여 통행 · 피난 및 소방을 방해하는 행위
3. 공동주택에 광고물 · 표지물 또는 표지를 부착하는 행위
4. 가축(장애인 보조견은 제외한다)을 사육하거나 방송시설 등을 사용함으로써 공동주거생활에 피해를 미치는 행위
5. 공동주택의 발코니 난간 또는 외벽에 돌출물을 설치하는 행위
6. 전기실 · 기계실 · 정화조시설 등에 출입하는 행위
7. 「환경친화적 자동차의 개발 및 보급 촉진에 관한 법률」에 따른 전기자동차의 이동형 충전기를 이용하기 위한 차량무선인식장치[전자태그(RFID tag)를 말한다]를 콘센트 주위에 부착하는 행위

34 ② 「주택건설기준 등에 관한 규정」에 따라 세대 안에 냉방설비의 배기장치를 설치할 수 있는 공간이 마련된 공동주택에서 입주자 등이 냉방설비의 배기장치를 설치하기 위하여 공동주택의 발코니 난간에 돌출물을 설치하는 행위를 해서는 안 된다.

35 ① 임대사업자는 관리주체가 될 수 있다.
② 300세대 이상인 공동주택의 관리주체는 관리규약으로 정하는 범위·방법 및 절차 등에 따라 입주자대표회의의 회의록을 입주자 등에게 공개하여야 한다.
④ 입주자대표회의와 관리주체는 주요시설을 신설하는 등 관리여건상 필요하여 전체 입주자 과반수의 서면동의를 받은 경우에는 3년이 지나기 전에 장기수선계획을 조정할 수 있다.
⑤ 의무관리대상 공동주택의 관리주체는 회계연도마다 사업실적서 및 결산서를 작성하여 회계연도 종료 후 2개월 이내에 입주자대표회의에 제출하여야 한다.

36 ① 의무관리대상 공동주택의 관리주체는 회계연도마다 사업실적서 및 결산서를 작성하여 회계연도 종료 후 2개월 이내에 입주자대표회의에 제출하여야 한다.
② 의무관리대상 공동주택의 관리주체는 다음 회계연도에 관한 관리비 등의 사업계획 및 예산안을 매 회계연도 개시 1개월 전까지 입주자대표회의에 제출하여 승인을 받아야 하며, 승인사항에 변경이 있는 때에는 변경승인을 받아야 한다.
③ 의무관리대상 공동주택의 관리주체는 관리비, 장기수선충당금을 은행, 상호저축은행, 보험회사 중 입주자대표회의가 지정하는 금융기관에 예치하여 관리하되, 장기수선충당금은 별도의 계좌로 예치·관리하여야 한다.
④ 관리주체는 주민공동시설의 위탁, 물품의 구입과 매각, 잡수입의 취득에 대한 사업자를 선정하고 집행하여야 한다.

37 ② 관리주체 또는 입주자대표회의는 다음의 구분에 따라 사업자를 선정(계약의 체결을 포함)하고 집행하여야 한다.

1. 관리주체가 사업자를 선정하고 집행하는 다음의 사항
① 청소, 경비, 소독, 승강기유지, 지능형 홈네트워크, 수선·유지(냉방·난방시설의 청소를 포함한다)를 위한 용역 및 공사
② 주민공동시설의 위탁, 물품의 구입과 매각, 잡수입의 취득(어린이집, 다함께 돌봄센터, 공동육아나눔터 임대에 따른 잡수입의 취득은 제외한다), 보험계약 등 국토교통부장관이 정하여 고시하는 사항

2. 입주자대표회의가 사업자를 선정하고 집행하는 다음의 사항
① 하자보수보증금을 사용하여 보수하는 공사
② 사업주체로부터 지급받은 공동주택 공용부분의 하자보수비용을 사용하여 보수하는 공사

3. 입주자대표회의가 사업자를 선정하고 관리주체가 집행하는 다음의 사항
① 장기수선충당금을 사용하는 공사
② 전기안전관리(「전기사업법」에 따라 전기설비의 안전관리에 관한 업무를 위탁 또는 대행하게 하는 경우를 말한다)를 위한 용역

38 ② 주택관리업자에게 위탁관리하다가 자치관리로 관리방법을 변경할 경우에는 그 위탁관리의 종료일까지 자치관리기구를 구성하여야 한다.

39 의무관리대상 공동주택의 관리주체는 대통령령으로 정하는 바에 따라 「주식회사 등의 외부감사에 관한 법률」 제2조 제7호에 따른 감사인의 회계감사를 매년 1회 이상 받아야 한다. 다만, 다음의 구분에 따른 연도에는 그러하지 아니하다.

> 1. **300세대 이상인 공동주택**: 해당 연도에 회계감사를 받지 아니하기로 입주자 등의 3분의 2 이상의 서면동의를 받은 경우 그 연도
> 2. **300세대 미만인 공동주택**: 해당 연도에 회계감사를 받지 아니하기로 입주자 등의 과반수의 서면동의를 받은 경우 그 연도

40 ④ 관리사무소장은 배치 내용과 업무의 집행에 사용할 직인을 시장·군수·구청장에게 신고하여야 하며, 배치된 날부터 15일 이내에 '관리사무소장 배치 및 직인 신고서'를 주택관리사단체에게 제출하여야 한다.

41 ④ 주택관리사 등은 관리사무소장의 업무를 집행하면서 고의 또는 과실로 입주자 등에게 재산상의 손해를 입힌 경우에는 그 손해를 배상할 책임이 있다.

> **도움말 용어해설**
> 1. 고의: 일정한 결과가 발생하리라는 것을 알면서 이를 행하는 심리상태를 말한다.
> 2. 과실: 부주의로 인하여 어떤 결과의 발생을 미리 내다보지 못한 일을 말하는 것으로 민법상 과실은 경과실과 중과실로 나뉘어지는데, 경과실이란 일반적인 주의의무(선량한 관리자의 주의의무) 위반을 말하는 것이며, 중과실은 일반인으로서는 이해할 수 없을 정도로 주의의무 위반의 정도가 큰 것을 말한다.

42 ④ 시·도지사는 주택관리사보 자격시험에 합격하기 전이나 합격한 후 다음의 어느 하나에 해당하는 경력을 갖춘 자에 대하여 주택관리사 자격증을 발급한다.

> 1. 사업계획승인을 받아 건설한 50세대 이상 500세대 미만의 공동주택(「건축법」 제11조에 따른 건축허가를 받아 주택과 주택 외의 시설을 동일 건축물로 건축한 건축물 중 주택이 50세대 이상 300세대 미만인 건축물을 포함한다)의 관리사무소장으로의 근무경력 3년 이상
> 2. 사업계획승인을 받아 건설한 50세대 이상의 공동주택(「건축법」 제11조에 따른 건축허가를 받아 주택과 주택 외의 시설을 동일 건축물로 건축한 건축물 중 주택이 50세대 이상 300세대 미만인 건축물을 포함한다)의 관리사무소의 직원(경비원, 청소원, 소독원은 제외한다) 또는 주택관리업자의 임직원으로서 주택관리업무에의 종사경력 5년 이상
> 3. 한국토지주택공사 또는 지방공사의 직원으로서 주택관리업무에의 종사경력 5년 이상
> 4. 공무원으로서 주택관련 지도·감독 및 인·허가 업무 등에의 종사경력 5년 이상
> 5. 주택관리사단체와 국토교통부장관이 정하여 고시하는 공동주택관리와 관련된 단체의 임직원으로서 주택 관련 업무에 종사한 경력 5년 이상
> 6. 1.부터 5.까지의 경력을 합산한 기간이 5년 이상

43 ② 42번 해설 참조

44 ③ 공동주택의 관리사무소장으로 배치받아 근무 중인 주택관리사 등은 ① 또는 ②에 따른 교육을 받은 후 3년마다 공동주택관리에 관한 교육과 윤리교육을 받아야 한다.

45 ① 400세대의 의무관리대상 공동주택에는 주택관리사보를 해당 공동주택의 관리사무소장으로 배치할 수 있다.
② 주택관리사보가 공무원으로 주택관련 인・허가 업무 등에 5년 이상 종사한 경력이 있다면 주택관리사 자격을 취득할 수 있다.
③ 금고 이상의 형의 집행유예를 선고받고 그 유예기간 중에 있는 사람은 주택관리사가 될 수 없다.
④ 주택관리사로서 공동주택의 관리사무소장으로 10년 이상 근무한 사람은 하자분쟁조정위원회의 위원으로 위촉될 수 있다.

46 ④ 주택관리업자는 과징금 통지를 받은 날부터 30일 이내에 시장・군수 또는 구청장이 정하는 수납기관에 납부한다.

47 ⑤ 주택관리업자가 부정하게 재물 또는 재산상의 이익을 취득하거나 제공한 경우에는 1년 이내의 기간을 정하여 영업의 전부 또는 일부의 정지를 명하여야 한다.

48 ③ ㉢ 입주자 등이 새로운 주택관리업자 선정을 위한 입찰에서 기존 주택관리업자의 참가를 제한하도록 입주자대표회의에 요구하려면 전체 입주자 등 과반수 이상의 서면동의가 있어야 한다.

49 ④ 시・도지사는 주택관리사 등이 다음 각 호의 어느 하나에 해당하면 그 자격을 취소하여야 한다.

1. 거짓이나 그 밖의 부정한 방법으로 자격을 취득한 경우
2. 공동주택의 관리업무와 관련하여 금고 이상의 형을 선고받은 경우
3. 의무관리대상 공동주택에 취업한 주택관리사 등이 다른 공동주택 및 상가・오피스텔 등 주택 외의 시설에 취업한 경우
4. 주택관리사 등이 자격정지기간에 공동주택관리업무를 수행한 경우
5. 다른 사람에게 자기의 명의를 사용하여 공동주택관리법에서 정한 업무를 수행하게 하거나 자격증을 대여한 경우

50 ③ 시・도지사는 가중사유 및 감경사유를 고려하여 그 처분이 자격정지인 경우에는 그 처분기준의 2분의 1의 범위에서 가중(가중한 자격정지기간은 1년을 초과할 수 없다)하거나 감경할 수 있다.

51 ③ 다음 각 호의 어느 하나에 해당하는 사람은 주택관리사 등이 될 수 없으며 그 자격을 상실한다.

> 1. 피성년후견인 또는 피한정후견인
> 2. 파산선고를 받은 사람으로서 복권되지 아니한 사람
> 3. 금고 이상의 실형을 선고받고 그 집행이 끝나거나(집행이 끝난 것으로 보는 경우를 포함한다) 집행이 면제된 날부터 2년이 지나지 아니한 사람
> 4. 금고 이상의 형의 집행유예를 선고받고 그 유예기간 중에 있는 사람
> 5. 주택관리사 등의 자격이 취소된 후 3년이 지나지 아니한 사람(제1호 및 제2호에 해당하여 주택관리사 등의 자격이 취소된 경우는 제외한다)

52 ④ 고의로 주택을 잘못 관리하여 입주자 및 사용자에게 재산상의 손해를 입힌 경우와 주택관리사 등이 업무와 관련하여 금품수수 등 부당이득을 취한 경우에 따른 사유로 1차 위반 시는 6개월, 2차 위반 시는 1년의 자격정지처분에 처한다.

주택관리사 등에 대한 행정처분[기본서 p97 참조]

위반행위	행정처분기준		
	1차 위반	2차 위반	3차 위반
고의로 ~ 재산상의 손해를 입힌 경우	6개월	1년	–
금품수수 등 부당이득을 취한 경우	6개월	1년	
중대한 과실로 ~ 손해를 입힌 경우	3개월	6개월	6개월
보고 또는 자료제출 등의 명령을 이행 하지 않은 경우	경고	1개월	2개월
조사 또는 검사를 거부·방해 또는 기피하거나 거짓으로 보고를 한 경우	경고	2개월	2개월
감사를 거부·방해 또는 기피한 경우	경고	2개월	2개월

53 ③ 시·도지사는 주택관리사 등이 중대한 과실로 공동주택을 잘못 관리하여 소유자 및 사용자에게 재산상의 손해를 입힌 경우에는 1차 위반 시 자격정지 3개월, 2차 위반 시 자격정지 6개월, 3차 위반 시 자격정지 6개월의 행정처분을 한다.

54 ③ 주택관리사 등이 고의로 공동주택을 잘못 관리하여 소유자 및 사용자에게 재산상의 손해를 입힌 경우에 1차 위반 시 자격정지 6개월, 2차 위반 시 자격정지 1년의 행정처분을 한다.

55 ② 의무관리대상 공동주택으로 전환되는 공동주택의 관리인이 신고하지 않는 경우에는 입주자 등의 10분의 1 이상이 연서하여 신고할 수 있다.

56 ④ 사업주체 또는 의무관리대상 전환 공동주택의 관리인은 공동주택의 관리업무를 해당 관리주체에 인계할 때에는 입주자대표회의의 회장 및 1명 이상의 감사의 참관하에 인계자와 인수자가 인계·인수서에 각각 서명·날인하여 다음의 서류를 인계해야 한다. 기존 관리주체가 새로운 관리주체에게 공동주택의 관리업무를 인계하는 경우에도 또한 같다.

1. 설계도서, 장비의 명세, 장기수선계획 및 안전관리계획
2. 관리비·사용료·이용료의 부과·징수현황 및 이에 관한 회계서류
3. 장기수선충당금의 적립현황
4. 관리비예치금의 명세
5. 세대 전유부분을 입주자에게 인도한 날의 현황
6. 관리규약과 그 밖에 공동주택의 관리업무에 필요한 사항

57 ⑤ 임대주택단지의 경우에는 임대사업자와 임차인대표회의의 서면동의를 필요로 한다.

58 ③ 혼합주택단지의 입주자대표회의와 임대사업자가 혼합주택단지의 관리에 관하여 공동으로 결정하여야 하는 사항은 다음과 같다.

1. 관리방법의 결정 및 변경
2. 주택관리업자의 선정
3. 장기수선계획의 조정
4. 장기수선충당금 및 특별수선충당금(「민간임대주택에 관한 특별법」 또는 「공공주택 특별법」에 따른 특별수선충당금을 말한다)을 사용하는 주요시설의 교체 및 보수에 관한 사항
5. 관리비 등을 사용하여 시행하는 각종 공사 및 용역에 관한 사항

59 ③ 공동으로 결정하기 위한 입주자대표회의와 임대사업자 간의 합의가 이뤄지지 않는 경우에는 다음의 구분에 따라 혼합주택단지의 관리에 관한 사항을 결정한다.

1. **관리방법의 결정 및 변경, 주택관리업자의 선정**: 해당 혼합주택단지 공급면적의 2분의 1을 초과하는 면적을 관리하는 입주자대표회의 또는 임대사업자가 결정
2. **장기수선계획의 조정, 장기수선충당금 및 특별수선충당금(「민간임대주택에 관한 특별법」 또는 「공공주택 특별법」에 따른 특별수선충당금을 말한다)을 사용하는 주요시설의 교체 및 보수에 관한 사항, 관리비 등을 사용하여 시행하는 각종 공사 및 용역에 관한 사항**: 해당 혼합주택단지 공급면적의 3분의 2 이상을 관리하는 입주자대표회의 또는 임대사업자가 결정. 다만, 다음의 요건에 모두 해당하는 경우에는 해당 혼합주택단지 공급면적의 2분의 1을 초과하는 면적을 관리하는 자가 결정한다.
   ① 해당 혼합주택단지 공급면적의 3분의 2 이상을 관리하는 입주자대표회의 또는 임대사업자가 없을 것
   ② 시설물의 안전관리계획 수립대상 등 안전관리에 관한 사항일 것
   ③ 입주자대표회의와 임대사업자 간 2회의 협의에도 불구하고 합의가 이뤄지지 않을 것

60 ⑤ 다음의 요건을 모두 갖춘 혼합주택단지에서는 장기수선충당금 및 특별수선충당금을 사용하는 주요시설의 교체 및 보수에 관한 사항과 관리비 등을 사용하여 시행하는 각종 공사 및 용역에 관한 사항을 입주자대표회의와 임대사업자가 각자 결정할 수 있다.

> 1. 분양을 목적으로 한 공동주택과 임대주택이 별개의 동(棟)으로 배치되는 등의 사유로 구분하여 관리가 가능할 것
> 2. 입주자대표회의와 임대사업자가 공동으로 결정하지 아니하고 각자 결정하기로 합의하였을 것

61 ① 임대사업자는 민간임대주택이 300세대 이상의 공동주택의 경우에는 「공동주택관리법」에 따른 주택관리업자에게 관리를 위탁하거나 자체관리할 수 있다.
② 주택임대관리업은 주택의 소유자로부터 주택을 임차하여 자기책임으로 전대하는 형태의 자기관리형 주택임대관리업과 주택의 소유자로부터 수수료를 받고 임대료 부과·징수 및 시설물 유지·관리 등을 대행하는 형태의 위탁관리형 주택임대관리업으로 구분한다.
③ 국가, 지방자치단체, 「공공기관의 운영에 관한 법률」에 따른 공공기관, 「지방공기업법」에 따라 설립된 지방공사는 주택임대관리업 등록규정에서 제외된다.
⑤ 주택임대관리업자는 주택임대관리업자의 현황 중 전문인력의 경우 분기마다 그 분기가 끝나는 달의 다음 달 말일까지 시장·군수·구청장에게 신고하여야 한다.

62 ② 주택임대관리업을 폐업하려면 폐업일 30일 이전에 시장·군수·구청장에게 말소신고를 하여야 한다.

63 ③ 주택임대관리업 등록을 한 자가 등록한 사항을 변경하거나 말소하고자 할 경우 시장·군수·구청장에게 신고하여야 한다. 다만, 자본금 또는 전문인력의 수가 증가한 경우에 따른 경미한 사항은 신고하지 아니하여도 된다.

64 ④ 보증보험 가입사항을 시장·군수·구청장에게 신고하는 규정은 자기관리형 주택임대관리업자만 해당된다.

> 주택임대관리업자가 분기마다 그 분기가 끝나는 달의 다음 달 말일까지 시장·군수·구청장에게 신고하여야 하는 정보는 다음과 같다. 다만, 임대사업자로부터 임대관리를 위탁받은 자기관리형 주택임대관리업자가 민간임대주택에 관한 특별법 제15조에 따라 이 법 제46조 제1항 또는 제2항에 따른 전대차계약 신고 또는 변경신고를 한 경우에는 아래 제7호의 사항을 신고한 것으로 본다.
> 1. 자본금
> 2. 전문인력
> 3. 사무실 소재지
> 4. 위탁받아 관리하는 주택의 호수·세대수 및 소재지

5. 보증보험 가입사항[자기관리형 주택임대관리업을 등록한 자(이하 "자기관리형 주택임대관리업자"라 한다)만 해당한다]
6. 계약기간, 관리수수료[위탁관리형 주택임대관리업을 등록한 자(이하 "위탁관리형 주택임대관리업자"라 한다)만 해당한다] 및 임대료(자기관리형 주택임대관리업자만 해당한다) 등 위・수탁 계약조건에 관한 정보
7. 자기관리형 주택임대관리업자가 체결한 전대차 계약기간, 전대료 및 전대보증금

65 ② 주택임대관리업의 등록기관은 등록 사항의 변경 신고를 받은 때에는 신고를 받은 날부터 5일 이내에 신고수리 여부를 신고인에게 통지하여야 한다.

66 ② 임차인대표회의는 필수적으로 회장 1명, 부회장 1명 및 감사 1명을 동별 대표자 중에서 선출하여야 한다.
③ 임대사업자가 임대주택을 자체관리하려면 대통령령으로 정하는 기술인력 및 장비를 갖추고 관할 시장・군수・구청장의 인가를 받아야 한다.
④ 임차인대표회의를 소집하려는 경우에는 소집일 5일 전까지 회의의 목적・일시 및 장소 등을 임차인에게 알리거나 공시하여야 한다.
⑤ 임대사업자는 임차인으로부터 임대주택을 관리하는 데에 필요한 경비를 받을 수 있다.

67 ⑤ 임대사업자는 특별수선충당금을 사용하려면 미리 해당 민간임대주택의 소재지를 관할하는 시장・군수・구청장과 협의하여야 한다.

68 ② 장기일반민간임대주택은 임대사업자가 공공지원민간임대주택이 아닌 주택을 10년 이상 임대할 목적으로 취득하여 임대하는 민간임대주택[아파트(「주택법」 제2조 제20호의 도시형 생활주택이 아닌 것을 말한다)를 임대하는 민간매입임대주택은 제외한다]을 말한다.

69 ⑤ 다음 각 호의 어느 하나에 해당하는 자는 주택임대관리업의 등록을 할 수 없다. 법인의 경우 그 임원 중 다음 각 호의 어느 하나에 해당하는 사람이 있을 때에도 또한 같다.

1. 파산선고를 받고 복권되지 아니한 자
2. 피성년후견인 또는 피한정후견인
3. 주택임대관리업의 등록이 말소된 후 2년이 지나지 아니한 자. 이 경우 등록이 말소된 자가 법인인 경우에는 말소 당시의 원인이 된 행위를 한 사람과 대표자를 포함한다.
4. 「민간임대주택에 관한 특별법」, 「주택법」, 「공공주택 특별법」 또는 「공동주택관리법」을 위반하여 금고 이상의 실형을 선고받고 집행이 종료(집행이 종료된 것으로 보는 경우를 포함한다)되거나 그 집행이 면제된 날부터 3년이 지나지 아니한 사람
5. 민간임대주택에 관한 특별법」, 「주택법」, 「공공주택 특별법」 또는 「공동주택관리법」을 위반하여 형의 집행유예를 선고받고 그 유예기간 중에 있는 사람

70 ② 과징금은 1천만원을 초과할 수 없다.

71 ② 등록한 자가 등록한 사항을 변경하거나 말소하고자 할 경우 시장·군수·구청장에게 신고하여야 한다. 다만, 자본금 또는 전문인력의 수가 증가한 경우 등의 경미한 사항은 신고하지 아니하여도 된다.

72 ③ 주택임대관리업자의 업무(부수적인 업무포함)범위는 아래와 같다.

1. 주택임대관리업자는 임대를 목적으로 하는 주택에 대하여 다음의 업무를 수행한다.
   ① 임대차계약의 체결·해제·해지·갱신 및 갱신거절 등
   ② 임대료의 부과·징수 등
   ③ 임차인의 입주 및 명도·퇴거 등(「공인중개사법」에 따른 중개업은 제외한다)
2. 주택임대관리업자는 임대를 목적으로 하는 주택에 대하여 부수적으로 다음의 업무를 수행할 수 있다.
   ① 시설물 유지·보수·개량 및 그 밖의 주택관리 업무
   ② 임차인이 거주하는 주거공간의 관리
   ③ 임차인의 안전 확보에 필요한 업무
   ④ 임차인의 입주에 필요한 지원 업무

73 ③ 위·수탁계약서에는 계약기간, 주택임대관리업자의 의무 등 다음 각 호의 사항이 포함되어야 한다.

1. 관리수수료(위탁관리형 주택임대관리업자만 해당한다)
2. 임대료(자기관리형 주택임대관리업자만 해당한다)
3. 전대료(轉貸料) 및 전대보증금(자기관리형 주택임대관리업자만 해당한다)
4. 계약기간
5. 주택임대관리업자 및 임대인의 권리·의무에 관한 사항
6. 그 밖에 주택임대관리업자의 업무 외에 임대인·임차인의 편의를 위하여 추가적으로 제공하는 업무의 내용

74 ⑤ 주택임대관리업자가 분기마다 그 분기가 끝나는 달의 다음 달 말일까지 시장·군수·구청장에게 신고하여야 하는 정보는 다음과 같다. 다만, 임대사업자로부터 임대관리를 위탁받은 자기관리형 주택임대관리업자가 민간임대주택에 관한 특별법 제15조에 따라 전대차계약 신고 또는 변경신고를 한 경우에는 아래 제7호의 사항을 신고한 것으로 본다.

1. 자본금
2. 전문인력
3. 사무실 소재지

4. 위탁받아 관리하는 주택의 호수·세대수 및 소재지
5. 보증보험 가입사항[자기관리형 주택임대관리업을 등록한 자(이하 "자기관리형 주택임대관리업자"라 한다)만 해당한다]
6. 계약기간, 관리수수료[위탁관리형 주택임대관리업을 등록한 자(이하 "위탁관리형 주택임대관리업자"라 한다)만 해당한다] 및 임대료(자기관리형 주택임대관리업자만 해당한다) 등 위·수탁 계약조건에 관한 정보
7. 자기관리형 주택임대관리업자가 체결한 전대차 계약기간, 전대료 및 전대보증금

75 ② 2천만원 이하의 과태료
① 1천만원 이하의 과태료
③, ④, ⑤ 500만원 이하의 과태료

하자보수보증금을 공동주택관리법에 따른 용도(아래 5가지) 외의 목적으로 사용한 자에게는 2천만원 이하의 과태료를 부과한다.
1. 송달된 하자 여부 판정서(재심의 결정서를 포함한다) 정본에 따라 하자로 판정된 시설공사 등에 대한 하자보수비용
2. 하자분쟁조정위원회가 송달한 조정서 정본에 따른 하자보수비용
3. 재판상 화해와 동일한 효력이 있는 재정에 따른 하자보수비용
4. 법원의 재판 결과에 따른 하자보수비용
5. 하자진단의 결과에 따른 하자보수비용

76 ① 1천만원 이하의 벌금
②, ③, ④, ⑤ 1년 이하의 징역 또는 1천만원 이하의 벌금

77 ① 협회는 공제사업을 하려면 공제규정을 제정하여 국토교통부장관의 승인을 받아야 한다. 공제규정을 변경하려는 경우에도 또한 같다.
② 협회는 공제사업을 다른 회계와 구분하여 별도의 회계로 관리하여야 한다.
③ 「금융위원회의 설치 등에 관한 법률」에 따른 금융감독원 원장은 국토교통부장관이 요청한 경우에는 협회의 공제사업에 관하여 검사를 할 수 있다.
④ 공제규정에는 공제사고 발생률 및 공제금 지급액 등을 종합적으로 고려하여 정한 공제료 수입액의 100분의 10에 해당하는 책임준비금의 적립비율을 포함하여야 한다.

78 ⑤ 공제규정에는 다음의 사항이 포함되어야 한다.

> 1. **공제계약의 내용으로서 다음의 사항**
>   ① 주택관리사단체의 공제책임
>   ② 공제금, 공제료(공제사고 발생률 및 보증보험료 등을 종합적으로 고려하여 정한다) 및 공제기간
>   ③ 공제금의 청구와 지급절차, 구상 및 대위권, 공제계약의 실효
>   ④ 그 밖에 공제계약에 필요한 사항
> 2. **회계기준**: 공제사업을 손해배상기금과 복지기금으로 구분하여 각 기금별 목적 및 회계원칙에 부합되는 기준
> 3. **책임준비금의 적립비율**: 공제료 수입액의 100분의 10 이상(공제사고 발생률 및 공제금 지급액 등을 종합적으로 고려하여 정한다)

79 ④ 단체가 협회를 설립하려면 공동주택의 관리사무소장으로 배치된 자의 5분의 1 이상의 인원수를 발기인으로 하여 정관을 마련한 후 창립총회의 의결을 거쳐 국토교통부장관의 인가를 받아야 한다.

80 ② 공동주택의 층간소음에 관한 사항은 공동주택관리 분쟁조정위원회의 심의사항에 해당된다.
③ 국토교통부에 중앙분쟁조정위원회를 두고, 시・군・구에 지방분쟁조정위원회를 둔다.
④ 500세대 이상인 공동주택단지에서 발생한 분쟁은 중앙분쟁조정위원회에서 관할한다.
⑤ 중앙분쟁조정위원회는 위원장 1명을 포함한 15명 이내의 위원으로 구성한다.

81 ③ 공동주택관리 분쟁조정위원회는 다음의 사항을 심의・조정한다.

> 1. 입주자대표회의의 구성・운영 및 동별 대표자의 자격・선임・해임・임기에 관한 사항
> 2. 공동주택관리기구의 구성・운영 등에 관한 사항
> 3. 관리비・사용료 및 장기수선충당금 등의 징수・사용 등에 관한 사항
> 4. 공동주택(공용부분만 해당한다)의 유지・보수・개량 등에 관한 사항
> 5. 공동주택의 리모델링에 관한 사항
> 6. 공동주택의 층간소음에 관한 사항
> 7. 혼합주택단지에서의 분쟁에 관한 사항
> 8. 다른 법령에서 공동주택관리 분쟁조정위원회가 분쟁을 심의・조정할 수 있도록 한 사항
> 9. 그 밖에 공동주택의 관리와 관련하여 분쟁의 심의・조정이 필요하다고 대통령령 또는 시・군・구의 조례(지방분쟁조정위원회에 한정한다)로 정하는 사항

82 ① 국토교통부에 중앙 공동주택관리 분쟁조정위원회를 둔다.

83 ④ 조정안을 제시받은 당사자는 그 제시를 받은 날부터 30일 이내에 그 수락 여부를 중앙 공동주택관리 분쟁조정위원회에 서면으로 통보하여야 하며, 30일 이내에 의사표시가 없는 때에는 수락한 것으로 본다.

84 ④ 둘 이상의 시·군·구의 관할 구역에 걸친 분쟁으로서 300세대의 공동주택단지에서 발생한 분쟁은 중앙분쟁조정위원회에서 관할한다.

85 ① 중앙분쟁조정위원회는 위원장 1명을 포함한 15명 이내의 위원으로 구성한다.

86 ③ 조정안을 제시받은 당사자는 그 제시를 받은 날부터 30일 이내에 그 수락 여부를 중앙분쟁조정위원회에 서면으로 통보하여야 한다.

87 ② 시장·군수·구청장은 공동주택 관리사무소장으로 5년 이상 근무한 경력이 있는 주택관리사를 위원으로 위촉하거나 임명한다.

88 ③ 공동주택의 입주자 등이 감사를 요청하려면 전체 입주자 등의 10분의 2 이상의 동의를 받아야 한다.

Answer 주관식

01 3, 주차장
02 욕실
03 10, 3
04 150
05 ㉠: 500, ㉡: 3, ㉢: 30
06 15, 주택관리사단체
07 안전관리계획, 관리사무소장
08 5
09 ㉠: 3, ㉡: 500
10 5, 국토교통부장관
11 3, 6
12 10
13 3, 3, 6
14 2
15 3, 선고유예
16 자격정지 2개월, 자격정지 6개월
17 ㉠: 임대사업자
18 ㉠: 주석
19 1, 입주자대표회의
20 1,500, 300
21 500
22 소독원, 5
23 윤리
24 입주자대표회의
25 15
26 의무관리대상
27 5천만원
28 입주자대표회의, 3
29 15, 3
30 30, 30
31 10, 5, 2
32 ㉠: 분기 ㉡: 특별자치시장·특별자치도지사·시장·군수·구청장 또는 시장·군수·구청장
33 ㉠: 100, ㉡: 300
34 ㉠: 복지기금, ㉡: 10
35 10
36 ㉠: 준주택, ㉡: 건설, ㉢: 10
37 영업정지 6개월, 영업정지 6개월
38 ㉠: 영업정지 ㉡: 과징금
39 ㉠: 2 ㉡: 1
40 ㉠: 3, ㉡: 1
41 15, 말소신고
42 ㉠: 3

02 입주자관리

Answer 객관식

01 ①	02 ①	03 ④	04 ②	05 ④	06 ②	07 ④	08 ④	09 ⑤	10 ②
11 ④	12 ⑤	13 ③	14 ④	15 ⑤	16 ③	17 ①	18 ②	19 ④	20 ⑤
21 ②	22 ⑤	23 ④	24 ⑤	25 ③	26 ④	27 ②	28 ③	29 ②	30 ②
31 ⑤	32 ③								

01 ① 시장 · 군수 · 구청장의 대외업무

시 · 도지사	시장 · 군수 또는 구청장
① 장기수선계획의 검토 전 조정교육	① 입주자대표회의 구성원 교육
② 주택관리업자와 관리사무소장의 교육	② 안전교육 및 방범교육
③ 주택관리사보 합격증의 교부	③ 주택관리업의 등록 · 영업정지 · 등록말소
④ 주택관리사 자격증 교부	④ 공동주택 관리방법 결정신고 및 변경신고
⑤ 주택관리사 등의 자격정지, 자격취소	⑤ 관리사무소장의 배치신고 및 변경신고
⑥ 공동주택관리규약의 준칙 제정	⑥ 행위허가 및 신고
⑦ 안전관리진단의 세부사항 결정	⑦ 주택조합의 설립인가 · 변경인가 · 해산인가
⑧ 공동주택 모범관리단지 선정	⑧ 내력구조부의 안전진단실시 의뢰
	⑨ 공동관리와 구분관리 결정 시 통보
	⑩ 임대주택의 자체관리인가

02 ① 입주자대표회의는 4명 이상으로 구성하되, 동별 세대수에 비례하여 관리규약으로 정한 선거구에 따라 선출된 대표자로 구성한다. 이 경우 선거구는 2개 동 이상으로 묶거나 통로나 층별로 구획하여 정할 수 있다.

03 ④ 입주자대표회의 구성원 교육 내용에는 다음의 사항을 포함하여야 한다.

1. 공동주택의 관리에 관한 관계 법령 및 관리규약의 준칙에 관한 사항
2. 입주자대표회의의 구성원의 직무 · 소양 및 윤리에 관한 사항
3. 공동주택단지 공동체의 활성화에 관한 사항
4. 관리비 · 사용료 및 장기수선충당금에 관한 사항

4의2. 공동주택 회계처리에 관한 사항

5. 층간소음 예방 및 입주민 간 분쟁의 조정에 관한 사항
6. 하자보수에 관한 사항
7. 그 밖에 입주자대표회의의 운영에 필요한 사항

04 ② 동별 대표자의 후보자가 1명인 경우에는 해당 선거구 전체 입주자 등의 과반수가 투표하고 투표자 과반수의 찬성으로 선출한다.

05 ④ 사용자인 동별 대표자는 회장이 될 수 없다. 다만, 입주자인 동별 대표자 중에서 회장 후보자가 없는 경우로서 선출 전에 전체 입주자 과반수의 서면동의를 얻은 경우에는 그러하지 아니하다.

06 ② 시장 · 군수 · 구청장은 입주자대표회의 구성원 또는 입주자 등에 대하여 입주자대표회의의 운영과 관련하여 필요한 교육 및 윤리교육을 하려면 교육 10일 전까지 공고하거나 교육대상자에게 알려야 한다.

07 ④ 입주자대표회의는 관리규약으로 정하는 바에 따라 회장이 그 명의로 소집한다. 다만, 다음의 어느 하나에 해당하는 때에는 회장은 해당일부터 14일 이내에 입주자대표회의를 소집하여야 하며, 회장이 회의를 소집하지 아니하는 경우에는 관리규약으로 정하는 이사가 그 회의를 소집하고 회장의 직무를 대행한다.

1. 입주자대표회의의 구성원 3분의 1 이상이 청구하는 때
2. 입주자 등의 10분의 1 이상이 요청하는 때
3. 전체 입주자의 10분의 1 이상이 요청하는 때(장기수선계획의 수립 또는 조정에 관한 사항만 해당한다)

08 ④ 서류 제출 마감일을 기준으로 금고 이상의 형의 집행유예선고를 받고 그 유예기간 중에 있는 사람은 동별 대표자가 될 수 없으며 그 자격을 상실한다.

09 ⑤ 최초의 입주자대표회의를 구성하기 위하여 동별 대표자를 선출하는 경우 해당 공동주택단지 안에서 주민등록을 마친 후 계속하여 3개월 이상 거주요건은 필요하지 않다.

10 ② 사용자는 입주자인 동별 대표자의 후보자가 없는 선거구에서 공동주택관리법에 해당하는 요건을 모두 갖춘 경우에는 동별 대표자가 될 수 있다. 이 경우 입주자인 후보자가 있으면 사용자는 후보자의 자격을 상실한다.

11 ① 동별 대표자 또는 선거관리위원회 위원을 사퇴하거나 그 지위에서 해임 또는 해촉된 사람으로서 그 남은 임기 중에 있는 사람은 선거관리위원회 위원이 될 수 없다.
② 500세대 이상인 공동주택은 「선거관리위원회법」에 따른 선거관리위원회 소속 직원 1명을 위원으로 위촉할 수 있다.
③ 선거관리위원회의 구성 · 운영 · 업무 · 경비, 위원의 선임 · 해임 및 임기 등에 관한 사항은 관리규약으로 정한다.
⑤ 동별 대표자 또는 그 후보자는 선거관리위원회 위원이 될 수 없고, 그 배우자나 직계존비속도 선거관리위원회 위원이 될 수 없다.

12 ⑤ 다음의 어느 하나에 해당하는 사람은 선거관리위원회 위원이 될 수 없으며 그 자격을 상실한다.

1. 동별 대표자 또는 그 후보자
2. 제1호에 해당하는 사람의 배우자 또는 직계존비속
3. 미성년자, 피성년후견인 또는 피한정후견인
4. 동별 대표자를 사퇴하거나 그 지위에서 해임된 사람 또는 동별 대표자가 임기 중에 자격요건을 충족하지 아니하게 된 경우나 결격사유에 해당하게 된 경우에 따라 퇴임한 사람으로서 그 남은 임기 중에 있는 사람
5. 선거관리위원회 위원을 사퇴하거나 그 지위에서 해임 또는 해촉된 사람으로서 그 남은 임기 중에 있는 사람

13 ③ 500세대 이상인 공동주택은 「선거관리위원회법」에 따른 선거관리위원회 소속 직원 1명을 관리규약으로 정하는 바에 따라 위원으로 위촉할 수 있다.

14 ④ 입주자대표회의는 입주자대표회의 구성원 과반수의 찬성으로 의결한다.

15 ① 입주자대표회의에는 회장 1명, 감사 2명 이상, 이사 1명 이상의 임원을 두어야 한다.
② 서류 제출 마감일을 기준으로 「공동주택관리법」을 위반한 범죄로 금고 이상의 실형 선고를 받고 그 집행이 끝나거나(집행이 끝난 것으로 보는 경우를 포함한다) 집행이 면제된 날부터 2년이 지나지 아니한 사람은 동별 대표자가 될 수 없으며 그 자격을 상실한다.
③ 입주자대표회의는 그 회의를 개최한 때에는 회의록을 작성하여 관리주체에게 보관하게 하여야 한다.
④ 입주자대표회의 회장은 입주자 등의 10분의 1 이상이 요청하는 때에는 해당일부터 14일 이내에 입주자대표회의를 소집해야 한다.

16 ③ 임대사업자는 입주예정자의 과반수가 입주한 때에는 과반수가 입주한 날부터 30일 이내에 입주현황과 임차인대표회의를 구성할 수 있다는 사실 또는 구성하여야 한다는 사실을 입주한 임차인에게 통지하여야 한다.

17 ① 조정위원회는 위원장 1명을 포함하여 10명 이내로 구성한다.

18 ② 조정위원회 위원장은 회의 개최일 2일 전까지 회의와 관련된 사항을 위원에게 알려야 한다.

19 ① 임대사업자 또는 임차인대표회의는 임대료의 증액에 대한 분쟁에 관하여 조정위원회에 조정을 신청할 수 있다.
② 임차인대표회의는 민간임대주택에 관한 특별법에 따른 민간임대주택의 관리에 대한 분쟁에 관하여 조정위원회에 조정을 신청할 수 있다.
③ 공무원이 아닌 위원의 임기는 2년으로 하며 두 차례만 연임할 수 있다.

⑤ 임차인은 「공공주택 특별법」 제50조의3에 따른 우선 분양전환 자격에 대한 분쟁에 관하여 조정위원회에 조정을 신청할 수 있다.

20 ⑤ 특별시장 · 광역시장 · 특별자치시장 · 도지사 또는 특별자치도지사는 공동주택의 입주자 등을 보호하고 주거생활의 질서를 유지하기 위하여 대통령령으로 정하는 바에 따라 공동주택의 관리 또는 사용에 관하여 준거가 되는 관리규약의 준칙을 정하여야 한다.

21 ② 사업주체는 해당 공동주택단지의 인터넷 홈페이지에 제안내용을 공고하고 입주예정자에게 개별 통지하여야 한다.

22 ⑤ 공동주택 공용부분의 담보책임 종료 확인에 관한 사항은 입주자대표회의의 의결사항에 속한다. 관리규약 준칙에는 다음 각 호의 사항이 포함되어야 한다. 이 경우 입주자 등이 아닌 자의 기본적인 권리를 침해하는 사항이 포함되어서는 아니 된다.

1. 입주자 등의 권리 및 의무
2. 입주자대표회의의 구성 · 운영(회의의 녹음 · 녹화 · 중계 및 방청에 관한 사항을 포함한다)과 그 구성원의 의무 및 책임
3. 동별 대표자의 선거구 · 선출절차와 해임 사유 · 절차 등에 관한 사항
4. 선거관리위원회의 구성 · 운영 · 업무 · 경비, 위원의 선임 · 해임 및 임기 등에 관한 사항
5. 입주자대표회의의 소집절차, 임원의 해임 사유 · 절차 등에 관한 사항
6. 입주자대표회의의 운영경비의 용도 및 사용금액(운영 · 윤리교육 수강비용을 포함한다)
7. 자치관리기구의 구성 · 운영 및 관리사무소장과 그 소속 직원의 자격요건 · 인사 · 보수 · 책임
8. 입주자대표회의 또는 관리주체가 작성 · 보관하는 자료의 종류 및 그 열람방법 등에 관한 사항
9. 위 · 수탁관리계약에 관한 사항
10. 관리주체의 동의기준
11. 관리비예치금의 관리 및 운용방법
12. 관리비 등의 세대별부담액 산정방법, 징수, 보관, 예치 및 사용절차
13. 관리비 등을 납부하지 아니한 자에 대한 조치 및 가산금의 부과
14. 장기수선충당금의 요율 및 사용절차
15. 회계관리 및 회계감사에 관한 사항
16. 회계관계 임직원의 책임 및 의무(재정보증에 관한 사항을 포함한다)
17. 각종 공사 및 용역의 발주와 물품구입의 절차
18. 관리 등으로 인하여 발생한 수입의 용도 및 사용절차
19. 공동주택의 관리책임 및 비용부담
20. 관리규약을 위반한 자 및 공동생활의 질서를 문란하게 한 자에 대한 조치

21. 공동주택의 어린이집 임대계약(지방자치단체에 무상임대하는 것을 포함한다)에 대한 다음 각 목의 임차인 선정기준. 이 경우 그 기준은 「영유아보육법」 제24조 제2항 각 호 외의 부분 후단에 따른 국공립어린이집 위탁체 선정관리 기준에 따라야 한다.
    가. 임차인의 신청자격
    나. 임차인 선정을 위한 심사기준
    다. 어린이집을 이용하는 입주자 등 중 어린이집 임대에 동의하여야 하는 비율
    라. 임대료 및 임대기간
    마. 그 밖에 어린이집의 적정한 임대를 위하여 필요한 사항
22. 공동주택의 층간소음에 관한 사항
23. 주민공동시설의 위탁에 따른 방법 또는 절차에 관한 사항
23의2. 주민공동시설을 인근 공동주택단지 입주자 등도 이용할 수 있도록 허용하는 경우에 대한 다음 각 목의 기준
    가. 입주자 등 중 허용에 동의하여야 하는 비율
    나. 이용자의 범위
    다. 그 밖에 인근 공동주택단지 입주자 등의 이용을 위하여 필요한 사항
24. 혼합주택단지의 관리에 관한 사항
25. 전자투표의 본인확인 방법에 관한 사항
26. 공동체 생활의 활성화에 관한 사항
27. 공동주택의 주차장 임대계약 등에 대한 다음 각 목의 기준
    가. 「도시교통정비 촉진법」에 따른 승용차 공동이용을 위한 주차장 임대계약의 경우
        1) 입주자 등 중 주차장의 임대에 동의하는 비율
        2) 임대할 수 있는 주차대수 및 위치
        3) 이용자의 범위
        4) 그 밖에 주차장의 적정한 임대를 위하여 필요한 사항
    나. 지방자치단체와 입주자대표회의 간 체결한 협약에 따라 지방자치단체가 직접 운영·관리하는 방식 또는 「지방공기업법」에 따라 설립된 지방공단이 운영·관리하는 방식으로 입주자 등 외의 자에게 공동주택의 주차장을 개방하는 경우
        1) 입주자 등 중 주차장의 개방에 동의하는 비율
        2) 개방할 수 있는 주차대수 및 위치
        3) 주차장의 개방시간
        4) 그 밖에 주차장의 적정한 개방을 위하여 필요한 사항
28. 경비원 등 근로자에 대한 괴롭힘의 금지 및 발생 시 조치에 관한 사항
29. 그 밖에 공동주택의 관리에 필요한 사항

23 ④ 공동주택 관리규약의 개정절차는 다음의 어느 하나에 해당하는 방법으로 한다.

1. 입주자대표회의의 의결로 제안하고 전체 입주자 등의 과반수가 찬성
2. 전체 입주자 등의 10분의 1 이상이 제안하고 전체 입주자 등의 과반수가 찬성

24 ⑤ 공동주택의 어린이집 임대계약(지방자치단체에 무상임대하는 것을 포함한다)에 대한 다음의 임차인 선정기준. 이 경우 그 기준은 「영유아보육법」에 따른 국공립어린이집 위탁체 선정관리 기준에 따라야 한다.

> 1. 임차인의 신청자격
> 2. 임차인 선정을 위한 심사기준
> 3. 어린이집을 이용하는 입주자 등 중 어린이집 임대에 동의하여야 하는 비율
> 4. 임대료 및 임대기간
> 5. 그 밖에 어린이집의 적정한 임대를 위하여 필요한 사항

25 ③ ㉢, ㉤, ㉦, ㉩이 해당되고, 나머지 규정은 입주자대표회의의 의결사항이다.

26 ④ 부동산자산관리에 관한 설명이다.

구분	내용
시설관리	공동주택시설을 운영하여 유지하는 것으로서 그 업무는 설비운전 및 보수, 외주관리, 에너지관리, 환경·안전관리 등을 말한다.
부동산자산관리	인력관리, 회계업무, 임대료 책정을 위한 적절한 기준과 계획, 보험 및 세금에 대한 업무 등을 말한다.
입주자관리	우편물관리, 민원대행, 자동차관리, 이사 서비스, 임대차계약 후 사후관리 서비스 등을 말한다.

27 ② 양질의 사회적 자산형성, 자원낭비로부터의 환경보호, 자연재해로부터의 안전성, 지속적인 커뮤니티로부터의 주거문화 계승 등의 4가지 공동주거관리의 필요성 중 자원낭비로부터의 환경보호에 관한 설명이다.

28 ③ 공동주거관리자는 민간 또는 동대표 간 분쟁이 발생하였을 때 무엇보다도 상호 간의 합의에 의해 해결하는 것을 최우선으로 하여야 한다.

29 ② 주택 스톡(stock) 대책은 공동주거관리의 필요성 중 자연재해로부터의 안전성 확보가 아닌 양질의 사회적 자산형성과 관련된 규정으로 주택은 양적으로나 질적으로 공동 사회적 자산가치를 가지므로 생활환경에 대응하면서 쾌적하게 오랫동안 살 수 있는 공동주택의 적절한 유지관리는 필수적이다.

30 ⊞ **층간소음 기준**

층간소음의 구분		층간소음의 기준[단위: dB(A)]	
		주간(06:00~22:00)	야간(22:00~06:00)
직접충격소음	1분간 등가소음도(Leq)	39	34
	최고소음도(Lmax)	57	52
공기전달소음	5분간 등가소음도(Leq)	45	40

> 1. 직접충격 소음은 1분간 등가소음도(Leq) 및 최고소음도(Lmax)로 평가하고, 공기전달 소음은 5분간 등가소음도(Leq)로 평가한다.
> 2. 위 표의 기준에도 불구하고 「공동주택관리법」 제2조 제1항 제1호 가목에 따른 공동주택으로서 「건축법」 제11조에 따라 건축허가를 받은 공동주택과 2005년 6월 30일 이전에 「주택법」 제15조에 따라 사업승인을 받은 공동주택의 직접충격 소음 기준에 대해서는 2024년 12월 31일까지는 위 표 제1호에 따른 기준에 5dB(A)을 더한 값을 적용하고, 2025년 1월 1일부터는 2dB(A)을 더한 값을 적용한다.
> 3. 층간소음의 측정방법은 「환경분야 시험ㆍ검사 등에 관한 법률」 제6조 제1항 제2호에 따른 소음ㆍ진동 분야의 공정시험기준에 따른다.
> 4. 1분간 등가소음도(Leq) 및 5분간 등가소음도(Leq)는 비고 제3호에 따라 측정한 값 중 가장 높은 값으로 한다.
> 5. 최고소음도(Lmax)는 1시간에 3회 이상 초과할 경우 그 기준을 초과한 것으로 본다.

31 ⑤ 층간소음 피해를 입은 입주자등은 관리주체 또는 층간소음관리위원회의 조치에도 불구하고 층간소음 발생이 계속될 경우 공동주택관리 분쟁조정위원회나 「환경분쟁 조정법」에 따른 환경분쟁조정위원회에 조정을 신청할 수 있다.

32 ① 직접충격소음의 1분간 등가소음도는 주간 39dB(A), 야간 34dB(A)이다.
② 직접충격소음의 최고소음도는 주간 57dB(A), 야간 52dB(A)이다.
④ 1분간 등가소음도 및 5분간 등가소음도는 측정한 값 중 가장 높은 값으로 한다.
⑤ 최고소음도는 1시간에 3회 이상 초과할 경우 그 기준을 초과한 것으로 본다.

Answer 주관식

01 2, 2	02 10
03 관리주체, 300	04 5, 9
05 ㉠: 5, ㉡: 9	06 10, 4, 운영경비
07 2, 2	08 ㉠: 14, ㉡: 관리규약
09 10	10 3, 9
11 ㉠: 관리주체 ㉡: 환경분쟁조정위원회	12 국토교통부, 환경부
13 20, 입주현황	14 5

03 사무관리

Answer 객관식

01 ①	02 ④	03 ⑤	04 ⑤	05 ②	06 ②	07 ③	08 ④	09 ④	10 ④
11 ①	12 ①	13 ④	14 ③	15 ④	16 ⑤	17 ⑤	18 ④	19 ①	20 ③
21 ④	22 ①	23 ④	24 ②	25 ①	26 ②	27 ①	28 ②	29 ⑤	30 ②
31 ③	32 ④	33 ④	34 ⑤	35 ①	36 ⑤	37 ①	38 ④	39 ⑤	40 ④
41 ②	42 ⑤	43 ①	44 ③	45 ①	46 ①	47 ①	48 ⑤	49 ④	50 ④
51 ④	52 ④	53 ⑤	54 ③	55 ④	56 ②	57 ②	58 ②	59 ①	60 ①
61 ③	62 ②	63 ④	64 ①	65 ⑤	66 ②	67 ⑤	68 ①	69 ③	70 ⑤
71 ②	72 ①	73 ③	74 ④	75 ③					

01 ① 「남녀고용평등과 일ㆍ가정 양립 지원에 관한 법률」에 의하면 직장 내 성희롱 예방 교육을 실시해야 하는 사업주는 직장 내 성희롱 예방 교육을 실시하였음을 확인할 수 있는 서류를 3년간 보존하여야 하고, 「공동주택관리법 시행규칙」에 의하면 공동주택단지에 설치된 영상정보처리기기의 촬영된 자료는 30일 이상 보관하여야 한다.

02 ④ 직장 내 성희롱 예방교육을 하였음을 확인할 수 있는 서류는 3년간 보관하여야 한다.

03 ① 공동주택관리법령상 의무관리대상 공동주택의 관리비 등의 징수ㆍ보관ㆍ예치ㆍ집행 등 모든 거래 행위에 관한 장부 및 그 증빙서류 – 해당 회계연도 종료일부터 5년
② 소방시설 설치 및 관리에 관한 법률상 소방시설 등 자체점검실시 결과 – 2년
③ 근로기준법령상 근로자 명부 – 해고되거나 퇴직 또는 사망한 날부터 3년
④ 수도법령상 저수조의 청소기록 – 2년

04 ⑤ 관리주체는 다음 회계연도에 관한 관리비 등의 사업계획 및 예산안을 매 회계연도 개시 1개월 전까지 입주자대표회의에 제출하여 승인을 받아야 하고, 매 회계연도마다 사업실적서 및 결산서를 작성하여 회계연도 종료 후 2개월 이내에 입주자대표회의에 제출하여야 한다.

05 ② 평균임금이란 이를 산정하여야 할 사유가 발생한 날 이전 3개월 동안에 그 근로자에게 지급된 임금의 총액을 그 기간의 총일수로 나눈 금액을 말한다. 근로자가 취업한 후 3개월 미만인 경우도 이에 준한다.

06 ① 사용자가 근로자에게 부당해고를 하면 근로자는 부당해고가 있었던 날부터 3개월 이내에 노동위원회에 구제를 신청할 수 있다.
③ 중앙노동위원회의 재심판정에 대하여 근로자는 재심판정서를 송달받은 날부터 15일 이내에 행정소송을 제기할 수 있다.

④ 중앙노동위원회의 재심판정은 행정소송 제기에 의하여 그 효력이 정지되지 아니한다.
⑤ 노동위원회는 최초의 구제명령을 한 날을 기준으로 매년 2회의 범위에서 구제명령이 이행될 때까지 반복하여 이행강제금을 부과·징수할 수 있다.

07 ③ 이행강제금은 2년을 초과하여 부과·징수하지 못한다.

08 ④ 노동위원회는 구제명령을 받은 자가 구제명령을 이행하면 구제명령을 이행하기 전에 이미 부과된 이행강제금을 징수하여야 한다.

09 ④ 사용자는 야간근로(오후 10시부터 다음 날 오전 6시 사이의 근로를 말한다)에 대하여는 통상임금의 100분의 50 이상을 가산하여 근로자에게 지급하여야 한다.

10 ④ 연차유급휴가는 1년간 행사하지 아니하면 소멸된다. 다만, 사용자의 귀책사유로 사용하지 못한 경우에는 그러하지 아니하다.

11 ① ㉠: 1년, ㉡: 2년, ㉢: 25일

12 ① 사용자는 취업규칙에서 정하는 바에 따라 2주 이내의 일정한 단위기간을 평균하여 1주간의 근로시간이 40시간의 근로시간을 초과하지 아니하는 범위에서 특정한 주에 40시간을, 특정한 날에 12시간을 초과하여 근로하게 할 수 있다. 다만, 특정한 주의 근로시간은 48시간을 초과할 수 없다.

사용자는 근로자대표와의 서면 합의에 따라 다음 각 호의 사항을 정하면 3개월을 초과하고 6개월 이내의 단위기간을 평균하여 1주간의 근로시간이 40시간을 초과하지 아니하는 범위에서 특정한 주에 40시간을, 특정한 날에 12시간의 근로시간을 초과하여 근로하게 할 수 있다. 다만, 특정한 주의 근로시간은 52시간을, 특정한 날의 근로시간은 12시간을 초과할 수 없다. 1. 대상 근로자의 범위 2. 단위기간(3개월을 초과하고 6개월 이내의 일정한 기간으로 정하여야 한다) 3. 단위기간의 주별 근로시간 4. 그 밖에 대통령령으로 정하는 사항

13 ④ 3, 10, 15

「노동조합 및 노동관계조정법」상 부당노동행위 구제절차 1. 구제신청: 부당노동행위가 있은 날부터 3월 이내 2. 재심신청: 명령서 또는 결정서의 송달을 받은 날부터 10일 이내 3. 행정소송: 재심판정서의 송달을 받은 날부터 15일 이내

14 ① 사용자가 근로자에게 부당해고 등을 하면 근로자가 노동위원회에 구제를 신청할 수 있다.
② 부당해고 등에 대한 구제신청은 부당해고 등이 있었던 날부터 3개월 이내에 하여야 한다.
④ 노동위원회는 이행강제금을 부과하기 30일 전까지 이행강제금을 부과·징수한다는 뜻을 사용자에게 미리 문서로써 알려주어야 한다.
⑤ 노동위원회는 구제명령을 받은 자가 구제명령을 이행하면 새로운 이행강제금을 부과하지 아니하되, 구제명령을 이행하기 전에 이미 부과된 이행강제금은 징수하여야 한다.

15 ④ 사용자는 근로자를 해고(경영상 이유에 의한 해고를 포함한다)하려면 적어도 30일 전에 예고를 하여야 하고, 30일 전에 예고를 하지 아니하였을 때에는 30일분 이상의 통상임금을 지급하여야 한다. 다만, 다음의 어느 하나에 해당하는 경우에는 그러하지 아니하다.

1. 근로자가 계속 근로한 기간이 3개월 미만인 경우
2. 천재·사변, 그 밖의 부득이한 사유로 사업을 계속하는 것이 불가능한 경우
3. 근로자가 고의로 사업에 막대한 지장을 초래하거나 재산상 손해를 끼친 경우로서 고용노동부령으로 정하는 사유에 해당하는 경우

16 ⑤ 사용자는 지급 능력이 있는 것을 증명하고 보상을 받는 자의 동의를 받으면 유족보상, 장해보상, 일시보상에 따른 보상금을 1년에 걸쳐 분할보상을 할 수 있다.

17 ① 사용자는 근로자를 해고 하려면 적어도 30일 전에 예고를 하여야 한다.
② 사용자는 근로자를 해고하려면 해고사유와 해고시기를 서면으로 통지하여야 효력이 있다.
③ 노동위원회는 부당해고 구제신청에 대한 심문을 할 때에 직권으로 증인을 출석하게 하여 필요한 사항을 질문할 수는 있다.
④ 지방노동위원회의 해고에 대한 구제명령은 행정소송 제기에 의하여 그 효력이 정지되지 아니한다.

18 ① 사용자는 전차금(前借金)이나 그 밖에 근로할 것을 조건으로 하는 전대(前貸)채권과 임금을 상계하지 못한다.

도움말 용어해설

1. 전차금: 근로계약을 체결할 때 또는 그 후에 근로를 제공할 것을 조건으로 사용자로부터 빌려 장차의 임금으로 변제할 것을 약정하는 금전
2. 전대채권: 전차금 이외에 근로할 것을 조건으로 사용자가 근로자 또는 친권자 등에게 지급하는 금전

②「근로기준법」에서 정하는 기준에 미치지 못하는 근로조건을 정한 근로계약은 그 부분에 한정하여 무효로 한다.
③ 사용자는 근로자 명부와 임금대장을 3년간 보존하여야 한다.
⑤ 노동위원회의 구제명령, 기각결정 또는 재심판정은 중앙노동위원회에 대한 재심신청이나 행정소송 제기에 의하여 그 효력이 정지되지 아니한다.

19 ① 「근로자퇴직급여 보장법」은 근로자를 사용하는 모든 사업 또는 사업장에 적용한다. 다만, 동거하는 친족만을 사용하는 사업 및 가구 내 고용활동에는 적용하지 아니한다.

20 ③ 사용자가 퇴직금을 미리 정산하여 지급한 경우 근로자의 퇴직금 청구권의 소멸시효가 완성되는 날(3년)까지 아닌 퇴직한 후 5년이 되는 날까지 관련 증명서류를 보존하여야 한다.

21 ① 사용자는 근로자가 퇴직한 경우에는 그 지급사유가 발생한 날부터 14일 이내에 퇴직금을 지급하여야 한다. 다만, 특별한 사정이 있는 경우에는 당사자 간의 합의에 따라 지급기일을 연장할 수 있다.
② 확정급여형퇴직연금제도의 설정 전에 해당 사업에서 제공한 근로기간에 대하여도 가입기간으로 할 수 있다. 이 경우 퇴직금을 미리 정산한 기간은 제외한다.
③ 확정기여형퇴직연금제도의 가입자는 적립금의 운용방법을 스스로 선정할 수 있고, 반기마다 1회 이상 적립금의 운용방법을 변경할 수 있다.
⑤ 퇴직급여제도의 일시금을 수령한 사람은 개인형 퇴직연금제도를 설정할 수 있다.

22 ① 확정급여형퇴직연금제도를 설정하려는 사용자는 근로자대표의 동의를 얻어 확정급여형퇴직연금규약을 작성하여 고용노동부장관에게 신고하여야 한다.

23 ④ 중도인출을 신청한 날부터 거꾸로 계산하여 5년 이내에 가입자가 「채무자 회생 및 파산에 관한 법률」에 따라 개인회생절차개시결정을 받은 경우가 중도인출사유에 해당한다.

24 ② 퇴직연금사업자는 반기마다 1회 이상 위험과 수익구조가 서로 다른 세 가지 이상의 적립금 운용방법을 제시하여야 한다.

25 ① 확정기여형퇴직연금제도의 가입자는 적립금의 운용방법을 스스로 선정할 수 있고, 반기마다 1회 이상 적립금의 운용방법을 변경할 수 있다.

26 ② 가족돌봄휴직 기간은 연간 최장 90일로 하며, 이를 나누어 사용할 수 있다. 이 경우 나누어 사용하는 1회의 기간은 30일 이상이 되어야 한다.

27 ① 국가는 출산전후휴가 또는 유산·사산휴가를 사용한 근로자 중 일정한 요건에 해당하는 자에게 그 휴가기간에 대하여 통상임금에 상당하는 금액을 지급할 수 있다.

28 ① 사업주는 육아휴직을 시작하려는 날의 전날까지 해당 사업에서 계속 근로한 기간이 6개월 미만인 근로자가 육아휴직을 신청한 경우에는 허용하지 않아도 된다.
③ 사업주가 근로자에게 육아기 근로시간 단축을 허용하는 경우 단축 후 근로시간은 주당 15시간 이상이어야 하고 35시간을 넘어서는 아니 된다.

④ 가족돌봄휴직 기간은 연간 최장 90일로 하며, 이를 나누어 사용할 경우 그 1회의 기간은 30일 이상이 되어야 한다.
⑤ 사업주는 육아기 근로시간 단축을 하고 있는 근로자가 단축된 근로시간 외에 연장근로를 명시적으로 청구하는 경우 주 12시간 이내에서 연장근로를 시킬 수 있다.

29 ⑤ 기간제근로자 또는 파견근로자의 육아휴직기간은 「기간제 및 단시간근로자 보호 등에 관한 법률」에 따른 사용기간 또는 「파견근로자보호 등에 관한 법률」에 따른 근로자파견기간에서 제외한다.

30 ② 근로자에게 육아기 근로시간 단축을 허용하는 경우 단축 후 근로시간은 주당 15시간 이상이어야 하고 35시간을 넘어서는 아니 된다.

31 ③ 고용노동부장관은 성희롱 예방 교육기관이 다음의 어느 하나에 해당하면 그 지정을 취소할 수 있다.

1. 거짓이나 그 밖의 부정한 방법으로 지정을 받은 경우
2. 정당한 사유 없이 강사를 3개월 이상 계속하여 두지 아니한 경우
3. 2년 동안 직장 내 성희롱 예방 교육 실적이 없는 경우

32 ④ 가족돌봄휴가 기간은 연간 최장 10일로 한다.

33 ④ 직장 내 성희롱 발생 사실을 조사한 사람은 해당 조사와 관련된 내용을 사업주에게 보고하여야 한다.

34 ⑤ 다음의 어느 하나에 해당하는 사유로 근로하지 아니한 시간 또는 일에 대하여 사용자가 임금을 지급할 것을 강제하는 것은 아니다.

1. 근로자가 자기의 사정으로 소정근로시간 또는 소정의 근로일의 근로를 하지 아니한 경우
2. 사용자가 정당한 이유로 근로자에게 소정근로시간 또는 소정의 근로일의 근로를 시키지 아니한 경우

35 ② 최저임금에 관한 심의와 그 밖의 최저임금에 관한 중요 사항을 심의하기 위하여 고용노동부에 최저임금위원회를 둔다.
③ 고시된 최저임금은 다음 연도 1월 1일부터 효력이 발생한다.
④ 도급으로 사업을 행하는 경우로서 도급인이 책임져야 할 사유로 수급인이 근로자에게 최저임금액에 미치지 못하는 임금을 지급한 경우 도급인은 해당 수급인과 연대하여 책임을 진다.
⑤ 최저임금의 적용을 받는 사용자는 대통령령으로 정하는 바에 따라 해당 최저임금을 그 사업의 근로자가 쉽게 볼 수 있는 장소에 게시하거나 그 외의 적당한 방법으로 근로자에게 널리 알려야 한다. 이 규정을 위반할 경우에는 100만원 이하의 과태료에 처한다.

36 ⑤ 최저임금액보다 적은 임금을 지급하거나 최저임금을 이유로 종전의 임금을 낮춘 자는 3년 이하의 징역 또는 2천만원 이하의 벌금에 처한다. 이 경우 징역과 벌금은 병과(倂科)할 수 있다.

37 ② 사용자는 「최저임금법」에 따른 최저임금을 이유로 종전의 임금 수준을 낮출 수 없다.
③ 최저임금의 사업의 종류별 구분은 최저임금위원회의 심의를 거쳐 고용노동부장관이 정한다.
④ 근로자를 대표하는 자나 사용자를 대표하는 자는 고시된 최저임금안에 대하여 이의가 있으면 고시된 날부터 10일 이내에 대통령령으로 정하는 바에 따라 고용노동부장관에게 이의를 제기할 수 있다.
⑤ 고시된 최저임금은 다음 연도 1월 1일부터 효력이 발생한다. 다만, 고용노동부장관은 사업의 종류별로 임금교섭시기 등을 고려하여 필요하다고 인정하면 효력발생시기를 따로 정할 수 있다.

38 ④ 부당노동행위를 위반한 자는 2년 이하의 징역 또는 2천만원 이하의 벌금에 처한다.

39 ⑤ 근로자는 단체협약으로 정하거나 사용자의 동의가 있는 경우에는 사용자 또는 노동조합으로부터 급여를 지급받으면서 근로계약 소정의 근로를 제공하지 아니하고 노동조합의 업무에 종사할 수 있다.

40 ④ 행정관청은 설립신고서 또는 규약이 기재사항의 누락 등으로 보완이 필요한 경우에는 대통령령이 정하는 바에 따라 20일 이내의 기간을 정하여 보완을 요구하여야 한다.

41 ② 단체협약의 당사자는 단체협약의 체결일부터 15일 이내에 이를 행정관청에게 신고하여야 한다.

42 ⑤ 근로복지공단은 사업의 실체가 없는 등의 사유로 계속하여 보험관계를 유지할 수 없다고 인정하는 경우에는 그 보험관계를 소멸시킬 수 있다.

43 ① 「고용보험법」을 적용하지 아니하는 사업의 경우에는 공단이 그 사업의 사업주로부터 보험가입승인신청서를 접수한 날의 다음 날에 성립한다.

44 ③ 치유란 부상 또는 질병이 완치되거나 치료의 효과를 더 이상 기대할 수 없고 그 증상이 고정된 상태에 이르게 된 것을 말하고, 장해란 부상 또는 질병이 치유되었으나 정신적 또는 육체적 훼손으로 인하여 노동능력이 상실되거나 감소된 상태를 말한다.

45 ① 요양급여는 근로자가 업무상의 사유로 부상을 당하거나 질병에 걸린 경우에 그 근로자에게 지급한다. 요양급여는 산재보험 의료기관에서 요양을 하게 한다. 다만, 부득이한 경우에는 요양을 갈음하여 요양비를 지급할 수 있다.

46 ① 근로복지공단의 보험급여 결정 등에 불복하는 자는 그 보험급여 결정 등을 한 근로복지공단의 소속 기관을 거쳐 근로복지공단에 심사청구를 할 수 있다.

심사청구

구 분	기 관
산업재해보상보험법	근로복지공단
국민연금법	국민연금공단
국민건강보험법[이의신청]	국민건강보험공단
고용보험법	고용보험심사관

47 ① 보험급여의 종류는 다음과 같다.

1. 요양급여
2. 휴업급여
3. 장해급여
4. 간병급여
5. 유족급여
6. 상병보상연금
7. 장례비
8. 직업재활급여

48 ⑤ 유족보상연금 수급자격자인 유족이 다음 각 호의 어느 하나에 해당하면 그 자격을 잃는다.

1. 사망한 경우
2. 재혼한 때(사망한 근로자의 배우자만 해당하며, 재혼에는 사실상 혼인 관계에 있는 경우를 포함한다)
3. 사망한 근로자와의 친족 관계가 끝난 경우
4. 자녀가 25세가 된 때
5. 손자녀가 25세가 된 때
6. 형제자매가 19세가 된 때
7. 장애인이었던 사람으로서 그 장애 상태가 해소된 경우
8. 근로자가 사망할 당시 대한민국 국민이었던 유족보상연금 수급자격자가 국적을 상실하고 외국에서 거주하고 있거나 외국에서 거주하기 위하여 출국하는 경우
9. 대한민국 국민이 아닌 유족보상연금 수급자격자가 외국에서 거주하기 위하여 출국하는 경우

49 ④ 피보험자격의 상실시기는 다음과 같다.

1. 근로자인 피보험자는 다음의 어느 하나에 해당하는 날에 각각 그 피보험자격을 상실한다.
   ① 근로자인 피보험자가 적용 제외 근로자에 해당하게 된 경우에는 그 적용 제외 대상자가 된 날
   ② 고용산재보험료징수법에 따라 보험관계가 소멸한 경우에는 그 보험관계가 소멸한 날
   ③ 근로자인 피보험자가 이직한 경우에는 이직한 날의 다음 날
   ④ 근로자인 피보험자가 사망한 경우에는 사망한 날의 다음 날
2. 자영업자인 피보험자는 고용산재보험료징수법에서 준용하는 보험관계가 소멸한 날에 피보험자격을 상실한다.

50 ④ 가입자는 국내에 거주하게 된 날에 직장가입자의 자격을 얻는다. 다만, 다음의 어느 하나에 해당하는 사람은 그 해당되는 날에 각각 자격을 얻는다.

1. 수급권자이었던 사람은 그 대상자에서 제외된 날
2. 직장가입자의 피부양자이었던 사람은 그 자격을 잃은 날
3. 유공자등 의료보호대상자이었던 사람은 그 대상자에서 제외된 날
4. 보험자에게 건강보험의 적용을 신청한 유공자등 의료보호대상자는 그 신청한 날

51 ④ 가입자는 다음의 어느 하나에 해당하게 된 날에 그 자격을 잃는다.

1. 사망한 날의 다음 날
2. 국적을 잃은 날의 다음 날
3. 국내에 거주하지 아니하게 된 날의 다음 날
4. 직장가입자의 피부양자가 된 날
5. 수급권자가 된 날
6. 건강보험을 적용받고 있던 사람이 유공자등 의료보호대상자가 되어 건강보험의 적용배제 신청을 한 날

52 ④ 사업장가입자는 다음의 어느 하나에 해당하게 된 날의 다음 날에 자격을 상실한다. 다만, 5.의 경우에는 그에 해당하게 된 날에 자격을 상실한다.

1. 사망한 때
2. 국적을 상실하거나 국외로 이주한 때
3. 사용관계가 끝난 때
4. 60세가 된 때
5. 국민연금 가입 대상 제외자(공무원, 군인, 사립학교교직원, 별정우체국 등)에 해당하게 된 때

53 ① 기준소득월액이란 연금보험료와 급여를 산정하기 위하여 국민연금가입자의 소득월액을 기준으로 하여 정하는 금액을 말한다.
② 평균소득월액이란 매년 사업장가입자 및 지역가입자 전원(全員)의 기준소득월액을 평균한 금액을 말한다.
③ 기여금이란 사업장가입자가 부담하는 금액을 말한다.
④ 부담금이란 사업장가입자의 사용자가 부담하는 금액을 말한다.

54 ③ 심사청구에 대한 결정에 불복하는 자는 그 결정통지를 받은 날부터 90일 이내에 대통령령으로 정하는 사항을 적은 재심사청구서에 따라 국민연금재심사위원회에 재심사를 청구할 수 있다.

55 ① 「국민연금법」상 급여의 종류는 노령연금, 장애연금, 유족연금, 반환일시금의 4가지로 구분된다.
② 다음의 어느 하나에 해당하는 사람에게는 사망에 따라 발생되는 유족연금, 미지급급여, 반환일시금 및 사망일시금(이하 "유족연금 등"이라 한다)을 지급하지 아니한다.

> 1. 가입자 또는 가입자였던 자를 고의로 사망하게 한 유족
> 2. 유족연금 등의 수급권자가 될 수 있는 자를 고의로 사망하게 한 유족
> 3. 다른 유족연금 등의 수급권자를 고의로 사망하게 한 유족연금 등의 수급권자

③ 급여는 수급권자의 청구에 따라 공단이 지급한다.
⑤ 장애연금의 수급권자가 정당한 사유 없이 「국민연금법」에 따른 공단의 진단요구에 응하지 아니한 때에는 급여의 전부 또는 일부의 지급을 정지한다.

56 ② 공단은 급여를 받은 사람이 거짓이나 그 밖의 부정한 방법으로 급여를 받은 경우와 수급권 소멸사유를 공단에 신고하지 아니하거나 늦게 신고하여 급여가 잘못 지급된 경우에는 그 지급금액에 이자를 가산하여 환수한다.

57 ② 연금보험료, 환수금, 그 밖의 이 법에 따른 징수금을 징수하거나 환수할 공단의 권리는 3년간, 급여(가입기간이 10년 미만인 자가 60세가 된 때에 따른 반환일시금은 제외한다)를 받거나 과오납금을 반환받을 수급권자 또는 가입자 등의 권리는 5년간 행사하지 아니하면 각각 소멸시효가 완성된다.

> **반환일시금 지급 청구사유**
> 1. 가입기간이 10년 미만인 자가 60세가 된 때
> 2. 가입자 또는 가입자였던 자가 사망한 때
> 3. 국적을 상실하거나 국외로 이주한 때

58 ② 「국민연금법」을 적용할 때 배우자, 남편 또는 아내에는 사실상의 혼인관계에 있는 자를 포함한다.

59 ① 보건복지부장관은 국민연금사업 중 연금보험료의 징수에 관하여 「국민연금법」에서 정하는 사항을 건강보험공단에 위탁한다.

60 ① 국민건강보험은 보건복지부장관이 관장한다.

61 ③ 피부양자는 다음의 어느 하나에 해당하는 사람 중 직장가입자에게 주로 생계를 의존하는 사람으로서 소득 및 재산이 보건복지부령으로 정하는 기준 이하에 해당하는 사람을 말한다.

1. 직장가입자의 배우자
2. 직장가입자의 직계존속(배우자의 직계존속을 포함한다)
3. 직장가입자의 직계비속(배우자의 직계비속을 포함한다)과 그 배우자
4. 직장가입자의 형제 · 자매

62 ② 보험료 · 연체금으로 과오납부한 금액을 환급받을 권리, 보험료 · 연체금을 징수할 권리는 3년 동안 행사하지 아니하면 소멸시효가 완성된다.

63 ① 고용기간이 1개월 미만인 일용근로자나 「병역법」에 따른 현역병(지원에 의하지 아니하고 임용된 하사를 포함한다), 전환복무된 사람 및 군간부후보생은 직장가입자에서 제외된다.
② 가입자는 국적을 잃은 날의 다음 날에, 직장가입자의 피부양자가 된 날에, 수급권자가 된 날에 건강보험자격을 상실한다.
③ 국내에 거주하는 피부양자가 없는 직장가입자가 국외에서 업무에 종사하고 있는 경우에는 보험료를 면제한다.

직장가입자 보험료 면제와 체류기간
1. 국민건강보험공단은 직장가입자가 국외에 체류하는 경우 보험료를 면제한다. 다만, 국내에 거주하는 피부양자가 없을 때에만 보험료를 면제한다.
2. 1.에 따라 직장가입자의 국외 체류기간은 3개월 [업무에 종사하기 위해 국외에 체류하는 경우라고 국민건강보험공단이 인정하는 경우에는 1개월] 로 한다.

⑤ 과다 납부된 본인일부부담금을 돌려받을 권리는 3년 동안 행사하지 아니하면 시효로 소멸한다.

64 ① 가입자는 다음 각 호의 어느 하나에 해당하게 된 날에 그 자격을 잃는다.

1. 사망한 날의 다음 날
2. 국적을 잃은 날의 다음 날
3. 국내에 거주하지 아니하게 된 날의 다음 날
4. 직장가입자의 피부양자가 된 날
5. 수급권자가 된 날
6. 건강보험을 적용받고 있던 사람이 유공자등 의료보호대상자가 되어 건강보험의 적용배제 신청을 한 날

65 ⑤ 근로자가 보험관계가 성립되어 있는 둘 이상의 사업에 동시에 고용되어 있는 경우에는 고용노동부령으로 정하는 바에 따라 그중 한 사업의 근로자로서의 피보험자격을 취득한다.

66 ② 구직급여의 산정 기초가 되는 임금일액은 수급자격의 인정과 관련된 마지막 이직 당시 「근로기준법」에 따라 산정된 평균임금으로 한다.

67 ⑤ 취업촉진 수당의 종류에는 조기재취업 수당, 직업능력개발 수당, 광역 구직활동비, 이주비가 있다.

68 ① 육아휴직급여를 지급받으려는 사람은 육아휴직을 시작한 날 이후 1개월부터 육아휴직이 끝난 날 이후 12개월 이내에 신청하여야 한다.

69 ③ 고용보험법 적용 제외 대상자

1. 다음의 어느 하나에 해당하는 사람에게는 고용보험법을 적용하지 아니한다.
   ① 해당 사업에서 1개월간 소정근로시간이 60시간 미만이거나 1주간의 소정근로시간이 15시간 미만인 근로자
   ② 국가공무원법과 지방공무원법에 의한 공무원. 다만, 별정직공무원 및 임기제공무원의 경우는 본인의 의사에 따라 고용보험(실업급여에 한정한다)에 가입할 수 있다.
   ③ 사립학교교직원 연금법의 적용을 받는 사람
   ④ 별정우체국법에 의한 별정우체국 직원
2. 1의 ①에도 불구하고 다음 각 호의 어느 하나에 해당하는 근로자는 고용보험법 적용 대상으로 한다.
   ① 해당 사업에서 3개월 이상 계속하여 근로를 제공하는 근로자
   ② 일용근로자

70 ⑤ 사업에 고용된 근로자의 피보험자격 취득 및 상실에 관한 사항은 고용노동부장관에게 신고한다.

사회보험 신고[취득 및 상실]

구분	기관	신고기한
국민연금법	국민연금공단	사유가 발생한 날이 속하는 달의 다음달 15일까지
국민건강보험법	국민건강보험공단	자격을 취득[상실]한 날부터 14일 이내
고용보험법	고용노동부장관	사유가 발생한 날이 속하는 달의 다음달 15일까지

71 ② 취업촉진수당의 종류에는 조기(早期)재취업수당, 직업능력개발수당, 광역 구직활동비, 이주비가 있다.

72 ① 일용근로자란 1개월 미만 동안 고용되는 사람을 말한다.

73 ③ 다음 각 호의 어느 하나에 해당하는 사람에게는 고용보험법을 적용하지 아니한다.

> 1. 다음의 어느 하나에 해당하는 사람에게는 고용보험법을 적용하지 아니한다.
>   ① 해당 사업에서 1개월간 소정근로시간이 60시간 미만이거나 1주간의 소정근로시간이 15시간 미만인 근로자
>   ② 국가공무원법과 지방공무원법에 의한 공무원. 다만, 별정직공무원 및 임기제공무원의 경우는 본인의 의사에 따라 고용보험(실업급여에 한정한다)에 가입할 수 있다.
>   ③ 사립학교교직원 연금법의 적용을 받는 사람
>   ④ 별정우체국법에 의한 별정우체국 직원
> 2. 1의 ①에도 불구하고 다음 각 호의 어느 하나에 해당하는 근로자는 고용보험법 적용 대상으로 한다.
>   ① 해당 사업에서 3개월 이상 계속하여 근로를 제공하는 근로자
>   ② 일용근로자

74 ④ 해당 기간에 아래에서 정하는 사유로 육아휴직 급여를 신청할 수 없었던 사람은 그 사유가 끝난 후 30일 이내에 신청하여야 한다.

> 1. 천재지변
> 2. 본인이나 배우자의 질병 · 부상
> 3. 본인이나 배우자의 직계존속 및 직계비속의 질병 · 부상
> 4. 「병역법」에 따른 의무복무
> 5. 범죄혐의로 인한 구속이나 형의 집행

75 ③ ㉢ 실업급여는 구직급여와 취업촉진 수당으로 구분하고, 취업촉진 수당의 종류에는 조기(早期) 재취업 수당, 직업능력개발 수당, 광역 구직활동비, 이주비가 있다.

㉣ 실업급여를 받을 권리는 양도 또는 압류하거나 담보로 제공할 수 없다.

Answer 주관식

01 5, 3
02 단체협약, 150
03 2, 2
04 3, 재해
05 통상임금, 3
06 1, 2, 25
07 100, 60
08 3, 15
09 1, 3, 10
10 노동생산성, 고용노동부장관
11 10, 고용노동부장관
12 ㉠: 근로기준법, ㉡: 최저임금위원회
13 ㉠: 3, ㉡: 무효
14 ㉠: 3, ㉡: 10
15 ㉠: 7, ㉡: 30
16 ㉠: 난임치료, ㉡: 6
17 ㉠: 20, ㉡: 유급, ㉢: 120
18 확정급여형, 확정기여형, 10
19 3
20 개인형
21 1, 15
22 고용노동부장관
23 3, 6
24 단체협약
25 현행범
26 3, 70
27 ㉠: 120, ㉡: 120
28 치유, 장해, 중증요양상태
29 ㉠: 상병보상연금
30 150, 210
31 90
32 ㉠: 평균임금
33 ㉠: 12 ㉡: 7
34 기여금, 부담금, 10
35 국민연금재심사위원회, 10
36 징수심사위원회
37 1
38 ㉠: 3, ㉡: 1
39 ㉠: 14 ㉡: 14
40 ㉠: 80, ㉡: 10, ㉢: 분기

30 구직급여의 소정급여일수

구 분		피보험기간				
		1년 미만	1년 이상 3년 미만	3년 이상 5년 미만	5년 이상 10년 미만	10년 이상
이직일 현재 연령	50세 미만	120일	150일	180일	210일	240일
	50세 이상	120일	180일	210일	240일	270일

비고: 「장애인고용촉진 및 직업재활법」에 따른 장애인은 50세 이상인 것으로 보아 위 표를 적용한다.

04 대외업무 및 리모델링

Answer 객관식

01 ③	02 ④	03 ④	04 ③	05 ⑤	06 ⑤	07 ④	08 ⑤	09 ③	10 ⑤
11 ②	12 ③	13 ②	14 ①	15 ⑤	16 ④	17 ⑤	18 ②	19 ⑤	20 ②
21 ⑤	22 ⑤	23 ⑤							

01 ③ 공동주택 전유부분의 시설물 또는 설비를 철거하는 경우에는 해당 동에 거주하는 입주자 등 2분의 1 이상의 동의가 필요하다.

02 ④ 공동주택의 대수선은 시장·군수·구청장의 허가를 받아야 한다.

> 공동주택을 파손하거나 해당 시설의 전부 또는 일부를 철거하는 행위 [국토교통부령으로 정하는 경미한 행위(아래 1부터 11))는 제외한다]는 시장·군수·구청장의 허가를 받거나 시장·군수·구청장에게 신고를 하여야 한다.
> 1. 창틀·문틀의 교체
> 2. 세대내 천장·벽·바닥의 마감재 교체
> 3. 급·배수관 등 배관설비의 교체
> 4. 세대 내 난방설비의 교체(시설물의 파손·철거는 제외한다)
> 5. 구내통신선로설비, 경비실과 통화가 가능한 구내전화, 지능형 홈네트워크 설비, 방송수신을 위한 공동수신설비 또는 영상정보처리기기의 교체(폐쇄회로 텔레비전과 네트워크 카메라 간의 교체를 포함한다)
> 6. 보안등, 자전거보관소, 안내표지판, 담장(축대는 제외한다) 또는 보도블록의 교체
> 7. 폐기물보관시설(재활용품 분류보관시설을 포함한다), 택배보관함 또는 우편함의 교체
> 8. 조경시설 중 수목(樹木)의 일부 제거 및 교체
> 9. 주민운동시설의 교체(다른 운동종목을 위한 시설로 변경하는 것을 말하며, 면적이 변경되는 경우는 제외한다)
> 10. 부대시설 중 각종 설비나 장비의 수선·유지·보수를 위한 부품의 일부 교체
> 11. 그 밖에 제1호부터 제10호까지의 규정에서 정한 사항과 유사한 행위로서 시장·군수·구청장이 인정하는 행위

03 ④ 공동주택의 용도폐지는 위해의 방지를 위하여 시장·군수·구청장이 부득이하다고 인정하는 경우로서 해당 동 입주자 3분의 2 이상의 동의 후 허가를 받아야 한다.

04 ③ 부대시설 및 입주자 공유인 복리시설의 용도폐지는 위해의 방지 등을 위하여 시장·군수·구청장이 부득이하다고 인정하는 경우로서 전체 입주자 3분의 2 이상의 동의 후 허가를 받아야 한다.

05 ⑤ 「주택건설기준 등에 관한 규정」에 따른 설치기준에 적합한 범위에서 부대시설이나 입주자 공유가 아닌 복리시설을 용도변경 하는 행위는 신고를 필요로 한다.

06 ⑤ 부대시설 및 입주자 공유인 복리시설에서 구조안전에 지장이 없다고 시장·군수·구청장이 인정하는 경우로서 건축물 내부를 증설 하는 경우로서 전체 입주자 등의 2분의 1 이상의 동의를 받은 행위는 시장·군수·구청장의 허가를 받아야 한다.

07 ④ 사용검사를 받은 면적 또는 규모의 10퍼센트의 범위에서 증축·증설 할 수 있는 시설은 다음과 같다.

> 1. 주차장, 조경시설, 어린이놀이터, 관리사무소, 경비원 등 근로자 휴게시설, 경비실, 경로당 또는 입주자집회소
> 2. 대문·담장 또는 공중화장실
> 3. 경비실과 통화가 가능한 구내전화 또는 영상정보 처리기기
> 4. 보안등, 자전거보관소 또는 안내표지판
> 5. 옹벽, 축대[문주(門柱)를 포함한다] 또는 주택단지 안의 도로
> 6. 폐기물보관시설(재활용품 분류보관시설을 포함한다), 택배보관함 또는 우편함
> 7. 주민운동시설(실외에 설치된 시설로 한정한다)

08 ⑤ 입주자 공유가 아닌 복리시설의 증축·증설의 규정 중 사용검사를 받은 면적의 10퍼센트의 범위에서 유치원을 증축(「주택건설기준 등에 관한 규정」에서 정한 부대시설·복리시설의 설치기준에 적합한 경우로 한정한다)하거나 「장애인·노인·임산부 등의 편의증진보장에 관한 법률」에 따른 편의시설을 설치하려는 경우에는 허가가 아닌 신고를 필요로 하는 행위변경이다.

09 ① 전체 입주자 3분의 2 이상의 동의를 받아야 한다.
② 공동주택에 대한 노약자 및 장애인의 편리를 위한 계단의 단층철거는 입주자대표회의의 동의 후 신고를 필요로 한다.
④ 입주자 공유가 아닌 복리시설의 용도변경은 「주택건설기준 등에 관한 규정」에 따른 부대시설이나 입주자 공유가 아닌 복리시설로 용도를 변경하는 경우로서 신고를 하여야 한다.
⑤ 전체 입주자 3분의 2 이상의 동의 후 허가를 얻어야 한다.

10 ⑤ 공동주택 용도폐지에 관한 설명이다.

11 ② 입주자 공유인 복리시설의 파손에 관한 설명이다.

12 ③ 입주자 공유가 아닌 복리시설의 용도폐지는 위해의 방지 등을 위하여 시장·군수·구청장이 부득이하다고 인정하는 경우로서 가능하고, 동의요건은 필요하지 않다.

13 ② 공동주택을 사업계획에 따른 용도 외의 용도에 사용하는 행위와 공동주택의 효율적 관리에 지장을 주는 공동주택의 용도폐지는 특별자치시장 · 특별자치도지사 · 시장 · 군수 · 구청장(자치구의 구청장을 말한다)의 허가를 받거나 신고를 하여야 한다.

14 ① 입주자 공유가 아닌 복리시설의 용도변경은 신고기준만을 정하고 있다.

15 ⑤ 노약자나 장애인의 편리를 위한 계단의 단층 철거는 입주자대표회의의 동의를 얻은 후 시장 · 군수 · 구청장의 신고를 필요로 한다.

16 ④ 각 세대의 증축 가능 면적을 합산한 면적의 범위에서 기존 세대수의 15퍼센트 이내에서 세대수를 증가하는 증축 행위가 가능하다.

17 ⑤ 주택과 주택 외의 시설이 동일 건축물로 건축된 경우는 주택의 증축 면적비율의 범위 안에서 증축할 수 있다.

18 ② 시장 · 군수 · 구청장은 안전진단전문기관, 국토안전관리원, 한국건설기술연구원에 안전진단을 의뢰한다.

19 ① 소유자 전원의 동의를 얻은 입주자대표회의는 시장 · 군수 · 구청장의 허가를 얻어 공동주택에 대한 리모델링을 시행할 수 있다.
② 설립인가를 받은 리모델링주택조합의 총회 또는 소유자 전원의 동의를 받은 입주자대표회의가 시공자 선정을 위하여 2회 이상 경쟁입찰을 하였으나 입찰자의 수가 해당 경쟁입찰의 방법에서 정하는 최저 입찰자 수에 미달하여 경쟁입찰의 방법으로 시공자를 선정할 수 없게 된 경우에는 국토교통부장관이 정하는 경쟁입찰의 방법으로 하지 않을 수 있다.
③ 수직증축형 리모델링의 설계자는 국토교통부장관이 정하여 고시하는 구조기준에 맞게 구조설계도서를 작성하여야 한다.
④ 공동주택의 소유자가 리모델링에 있어서 일부 공용부분의 면적을 전유부분의 면적으로 변경하는 경우에는 집합건물의 소유 및 관리에 관한 법률 규정에도 불구하고 그 소유자의 나머지 공용부분의 면적은 변하지 아니한 것으로 본다.

20 ② 주택단지 전체 구분소유자 및 의결권의 각 75퍼센트 이상의 동의와 각 동별 구분소유자 및 의결권의 각 50퍼센트이상의 동의를 받아야 한다.

21 ⑤ 시장 · 군수 · 구청장으로 하여금 안전성 검토결과의 적정성 여부에 대하여 「건축법」에 따른 중앙건축위원회의 심의를 받도록 요청할 수 있다.

22 ⑤ 특별시장 · 광역시장 및 대도시의 시장은 5년마다 리모델링 기본계획의 타당성 여부를 검토하여 그 결과를 리모델링 기본계획에 반영하여야 한다.

23 ⑤ 권리변동계획에 포함되는 사항은 다음과 같다.

> 1. 리모델링 전후의 대지 및 건축물의 권리변동 명세
> 2. 조합원의 비용분담
> 3. 사업비
> 4. 조합원 외의 자에 대한 분양계획
> 5. 그 밖에 리모델링과 관련된 권리 등에 대하여 해당 시 · 도 또는 시 · 군의 조례로 정하는 사항

Answer 주관식

01 3, 주민운동시설	02 주민공동시설
03 입주자대표회의	04 10
05 85, 15	06 3, 14
07 복리시설, 내력벽	08 ㉠ : 10, ㉡ : 10
09 75, 50, 75	10 과반수, 3
11 국토안전관리원	

05 공동주택 회계관리

Answer 객관식

01 ②	02 ②	03 ③	04 ①	05 ③	06 ①	07 ④	08 ①	09 ④	10 ②
11 ②	12 ③	13 ③	14 ④	15 ③	16 ②	17 ①	18 ⑤	19 ④	20 ⑤
21 ②									

01 ② 관리용품구입비는 일반관리비 중 그 밖의 부대비용의 구성명세로 분류된다.

02 ② 관리주체는 관리비예치금을 해당 공동주택의 소유자로부터 징수할 수 있다.

03 ③ 지능형 홈네트워크 설비 유지비는 관리비로 부과한다.

사용료	① 전기료(공동시설의 전기료를 포함) ② 수도료(공동시설의 수도료를 포함) ③ 가스료 ④ 지역난방방식인 공동주택의 난방비와 급탕비 ⑤ 정화조오물수수료 ⑥ 생활폐기물수수료 ⑦ 건물 전체를 대상으로 하는 보험료 ⑧ 입주자대표회의 운영경비 ⑨ 선거관리위원회 운영경비 ⑩ 텔레비전방송수신료

04 ① 재난 및 재해 등의 예방에 따른 비용은 관리비 중 수선유지비로 부과한다.

05 ③ 지역난방방식인 공동주택의 난방비와 급탕비는 사용료 항목으로 분류된다.

06 ① 냉난방시설의 청소비 · 소화기충약비 등 공동으로 이용하는 시설의 보수유지비 및 제반 검사비는 관리비 비목 중 수선유지비로 부과한다.

07 ④ 승강기 유지관리업무를 직영으로 운영할 때 승강기 전기료는 공동시설의 전기료로 부과한다.

08 ① 청소, 경비, 소독, 승강기유지, 지능형 홈네트워크, 수선 · 유지(냉방 · 난방시설의 청소를 포함한다)를 위한 용역 및 공사는 관리주체가 사업자를 선정하고 집행한다.

09 ④ 의무관리대상 관리주체는 다음의 내역(항목별 산출내역을 말하며, 세대별 부과내역은 제외한다)을 대통령령으로 정하는 바에 따라 해당 공동주택단지의 인터넷 홈페이지(인터넷 홈페이지가 없는 경우에는 인터넷 포털을 통하여 관리주체가 운영 · 통제하는 유사한 기능의 웹사이트 또는 관리사무소의 게시판을 말한다) 및 동별 게시판(통로별 게시판이 설치된 경우에는 이를 포함한다)과 국토교통부장관이 구축 · 운영하는 공동주택관리정보시스템에 공개하여야 한다. 다만, 공동주택관리정보시스템에 공개하기 곤란한 경우로서 대통령령으로 정하는 경우에는 해당 공동주택단지의 인터넷 홈페이지 및 동별 게시판에만 공개할 수 있다.

1. 관리비
2. 사용료 등
3. 장기수선충당금과 그 적립금액
4. 그 밖에 대통령령으로 정하는 사항

10 ② 관리주체는 해당 공동주택의 공용부분의 관리 및 운영 등에 필요한 경비(관리비 예치금)를 공동주택의 소유자로부터 징수한다.

11 ② 사용료 항목은 다음과 같다.

1. 전기료(공동시설의 전기료를 포함)
2. 수도료(공동시설의 수도료를 포함)
3. 가스료
4. 지역난방방식인 공동주택의 난방비와 급탕비
5. 건물 전체를 대상으로 하는 보험료
6. 생활폐기물수수료
7. 정화조오물수수료
8. 입주자대표회의 운영경비
9. 선거관리위원회 운영경비
10. 텔레비전방송수신료

12 ③ 관리주체는 다음의 비용에 대해서는 관리비와 구분하여 징수하여야 한다.

1. 장기수선충당금
2. 안전진단 실시비용(하자 원인이 사업주체 외의 자에게 있는 경우)

13 ③ 사용자 부담원칙에 부합, 물가변동에 적응 용이, 정산사무의 번잡은 월별정산제의 특징이고, 나머지 지문은 연간예산제의 특징에 관한 설명이다.

14 ④ 장기수선충당금은 관리비와 구분하여 징수하는 항목, 생활폐기물수수료 · 정화조오물수수료 · 선거관리위원회의 운영경비는 사용료 항목에 해당한다.

15 ③ 안전진단실시비용은 관리비와 구분하여 징수하는 항목이다.

16 ② 관리비 항목구분

관리비 비교표

구 분	공동주택관리법	민간임대주택에 관한 특별법
관리비	① 일반관리비 ② 청소비 ③ 경비비 ④ 소독비 ⑤ 승강기유지비 ⑥ 난방비 ⑦ 급탕비 ⑧ 수선유지비(냉 · 난방시설의 청소비를 포함한다) ⑨ 지능형 홈네트워크 설비 유지비 ⑩ 위탁관리수수료	① 일반관리비 ② 청소비 ③ 경비비 ④ 소독비 ⑤ 승강기유지비 ⑥ 난방비 ⑦ 급탕비 ⑧ 수선유지비(냉 · 난방시설의 청소비를 포함한다) ⑨ 지능형 홈네트워크 설비 유지비

17 ① 국가 또는 지방자치단체가 관리주체인 경우에는 장기수선충당금 및 관리비의 징수에 관하여 체납이 있을 때에는 국가 또는 지방자치단체가 국세체납처분 또는 지방세체납처분의 예에 의하여 이를 강제 징수할 수 있다. 다만, 입주자가 장기간의 질병 그 밖에 부득이한 사유가 있어서 체납한 경우에는 그러하지 아니할 수 있다.

18 ⑤ 관리사무소장의 직인 외에 입주자대표회의의 회장 인감을 복수로 등록할 수 있다.

19 ④ 관리비 등의 관리규정
옳은 지문: ㉡, ㉣, ㉤ **틀린 지문**: ㉠, ㉢

> ㉠ 관리비 등을 입주자 등에게 부과한 관리주체는 그 명세를 다음 달 말일까지 해당 공동주택단지의 인터넷 홈페이지 및 동별 게시판(통로별 게시판이 설치된 경우에는 이를 포함한다)과 공동주택관리정보시스템에 공개해야 한다. 잡수입의 경우에도 동일한 방법으로 공개하여야 한다.
> ㉢ 관리주체는 관리비 등을 입주자대표회의가 지정하는 금융기관에 예치하여 관리하되, 장기수선충당금은 별도의 계좌로 예치·관리하여야 한다.

20 ⑤ 인건비의 구성명세에는 급여, 제수당, 상여금, 퇴직금, 산재보험료, 고용보험료, 국민연금, 국민건강보험료 및 식대 등 복리후생비가 있다.

21 ② 관리주체는 회계감사를 받은 경우에는 감사보고서의 결과를 제출받은 날부터 1개월 이내에 입주자대표회의에 보고하고 해당 공동주택단지의 인터넷 홈페이지 및 동별 게시판에 공개하여야 한다.

Answer 주관식

01 1, 2
02 지역난방, 선거관리위원회
03 명세, 잡수입
04 입주자대표회의, 장기수선충당금, 인감
05 소화기충약비, 안전점검비용, 재난
06 50
07 관리인, 장기수선충당금
08 ㉠: 5
09 장기수선충당금
10 관리주체, 1
11 관리비예치금
12 지역난방방식, 생활폐기물수수료

PART

02 기술실무

01 하자보수제도 등과 시설관리

Answer 객관식

01 ⑤	02 ③	03 ②	04 ④	05 ⑤	06 ④	07 ③	08 ①	09 ①	10 ⑤
11 ⑤	12 ①	13 ④	14 ②	15 ①	16 ①	17 ⑤	18 ⑤	19 ③	20 ④
21 ②	22 ②	23 ④	24 ⑤	25 ④	26 ②	27 ④	28 ②	29 ③	30 ②
31 ③	32 ①	33 ④	34 ④	35 ③	36 ④	37 ④	38 ⑤	39 ④	40 ⑤
41 ⑤	42 ①	43 ③	44 ⑤	45 ④	46 ④	47 ④	48 ⑤	49 ③	50 ④
51 ③	52 ⑤	53 ③	54 ④	55 ⑤	56 ⑤	57 ⑤	58 ⑤	59 ⑤	60 ③
61 ⑤	62 ①	63 ④	64 ⑤	65 ③	66 ④	67 ④	68 ②	69 ④	70 ②
71 ④	72 ②								

01 ⑤ 주방기구공사는 담보책임기간이 2년이다.

02 ③ 5년, ①·②·④·⑤ 3년

03 ② 가전제품의 담보책임기간은 2년이다.

04 ④ 5년, ①·②·③·⑤ 3년

05 ⑤ 경량철골공사의 담보책임기간은 5년이다.

06 ④ 인양기설비공사의 담보책임기간은 3년이다.

07 ③ ㉠·㉢: 3년, ㉡: 5년, ㉣: 5년

08 ① ㉠·㉡: 2년, ㉢: 3년, ㉣: 5년

09 ① 사업주체(「건설산업기본법」에 따라 하자담보책임이 있는 자로서 사업주체로부터 건설공사를 일괄 도급받아 건설공사를 수행한 자가 따로 있는 경우에는 그 자를 말한다)는 담보책임기간에 하자가 발생한 경우에는 해당 공동주택의 제1호부터 제4호까지에 해당하는 자(이하 "입주자대표회의 등"이라 한다) 또는 제5호에 해당하는 자의 청구에 따라 그 하자를 보수하여야 한다.

> 1. 입주자
> 2. 입주자대표회의
> 3. 관리주체(하자보수청구 등에 관하여 입주자 또는 입주자대표회의를 대행하는 관리주체를 말한다)
> 4. 「집합건물의 소유 및 관리에 관한 법률」에 따른 관리단
> 5. 공공임대주택의 임차인 또는 임차인대표회의(이하 “임차인 등”이라 한다)

10 ⑤ 사업주체는 주택의 미분양(未分讓) 등으로 인하여 인계·인수서에 인도일의 현황이 누락된 세대가 있는 경우에는 주택의 인도일부터 15일 이내에 인도일의 현황을 관리주체에게 인계하여야 한다.

11 ⑤ 시장·군수·구청장은 담보책임기간에 공동주택의 구조안전에 중대한 하자가 있다고 인정하는 경우에는 안전진단기관에 의뢰하여 안전진단을 할 수 있다.

12 ① 사업주체는 하자보수를 보장하기 위하여 하자보수보증금을 담보책임기간(보증기간은 공용부분을 기준으로 기산한다) 동안 예치하여야 한다. 다만, 국가·지방자치단체·한국토지주택공사 및 지방공사인 사업주체의 경우에는 그러하지 아니하다.

13 ④ 사업주체가 하자보수보증금 지급을 보증하는 방법은 다음과 같다.

> 1. 「주택도시기금법」에 따른 주택도시보증공사
> 2. 「건설산업기본법」에 따른 건설 관련 공제조합
> 3. 「보험업법」에 따른 보증보험업을 영위하는 자
> 4. 다음의 금융기관
>   ① 「은행법」에 따른 은행
>   ② 「중소기업은행법」에 따른 중소기업은행
>   ③ 「상호저축은행법」에 따른 상호저축은행
>   ④ 「보험업법」에 따른 보험회사
>   ⑤ 그 밖의 법률에 따라 금융업무를 하는 기관으로서 국토교통부령으로 정하는 기관

14 ② 입주자대표회의는 사업주체가 예치한 하자보수보증금을 다음 각 호의 구분에 따라 순차적으로 사업주체에게 반환하여야 한다.

> 1. **다음의 구분에 따른 날**(이하 “사용검사일”이라 한다)**부터 2년이 경과된 때**: 하자보수보증금의 100분의 15
>   가. 「주택법」에 따른 사용검사(공동주택단지 안의 공동주택 전부에 대하여 임시 사용승인을 받은 경우에는 임시 사용승인을 말한다)를 받은 날

나. 「건축법」에 따른 사용승인(공동주택단지 안의 공동주택 전부에 대하여 임시 사용승인을 받은 경우에는 임시 사용승인을 말한다)을 받은 날
2. **사용검사일부터 3년이 경과된 때**: 하자보수보증금의 100분의 40
3. **사용검사일부터 5년이 경과된 때**: 하자보수보증금의 100분의 25
4. **사용검사일부터 10년이 경과된 때**: 하자보수보증금의 100분의 20

15 ① 하자보수보증금의 사용용도는 다음과 같다.

1. 송달된 하자 여부 판정서(재심의 결정서를 포함한다) 정본에 따라 하자로 판정된 시설공사 등에 대한 하자보수비용
2. 하자분쟁조정위원회가 송달한 조정서 정본에 따른 하자보수비용
3. 법원의 재판 결과에 따른 하자보수비용
4. 하자진단의 결과에 따른 하자보수비용
5. 재판상 화해와 동일한 효력이 있는 재정에 따른 하자보수비용

16 ① 사업주체는 담보책임기간이 만료되기 30일 전까지 그 만료 예정일을 서면으로 통보하여야 한다.

17 ⑤ 시장 · 군수 또는 구청장이 안전진단을 의뢰할 수 있는 기관은 다음과 같다.

1. 한국건설기술연구원
2. 국토안전관리원
3. 대한건축사협회
4. 대학 및 산업대학의 부설연구기관(상설기관으로 한정한다)
5. 건축 분야 안전진단전문기관

18 ⑤ 사업주체 등이 입주자대표회의 등 또는 임차인 등의 하자보수청구에 이의가 있는 경우, 입주자대표회의 등 또는 임차인 등과 협의하여 아래에 해당하는 안전진단기관에 보수책임이 있는 하자범위에 해당하는지 여부 등 하자진단을 의뢰할 수 있다.

1. 국토안전관리원
2. 한국건설기술연구원
3. 「엔지니어링산업 진흥법」에 따라 신고한 해당 분야의 엔지니어링사업자
4. 「기술사법」에 따라 등록한 해당 분야의 기술사
5. 「건축사법」에 따라 신고한 건축사
6. 건축 분야 안전진단전문기관

19 ③ 하자분쟁조정위원회는 아래에 해당하는 안전진단기관에 그에 따른 감정을 요청할 수 있다.

> 1. 국토안전관리원
> 2. 한국건설기술연구원
> 3. 국립 또는 공립의 주택 관련 시험·검사기관
> 4. 대학 및 산업대학의 주택 관련 부설 연구기관(상설기관으로 한정한다)
> 5. 「엔지니어링산업 진흥법」에 따라 신고한 해당 분야의 엔지니어링사업자, 「기술사법」에 따라 등록한 해당 분야의 기술사, 「건축사법」에 따라 신고한 건축사, 건축 분야 안전진단 전문기관. 이 경우 분과위원회(소위원회에서 의결하는 사건은 소위원회를 말한다)에서 해당 하자감정을 위한 시설 및 장비를 갖추었다고 인정하고 당사자 쌍방이 합의한 자로 한정한다.

20 ④ 국토교통부장관은 주택관리사로서 공동주택의 관리사무소장으로 10년 이상 근무한 사람을 위원으로 임명 또는 위촉한다.

21 ② 위원장과 공무원이 아닌 위원의 임기는 2년으로 하되 연임할 수 있다. 연임횟수에는 제한이 없다.

22 ② 하자분쟁조정위원회는 조정 등의 신청을 받은 때에는 지체 없이 조정 등의 절차를 개시하여야 한다. 이 경우 하자분쟁조정위원회는 그 신청을 받은 날부터 다음 각 호의 구분에 따른 기간(흠결보정기간 및 하자감정기간은 제외한다) 이내에 그 절차를 완료하여야 한다.

> 1. **하자심사 및 분쟁조정**: 60일(공용부분의 경우 90일)
> 2. **분쟁재정**: 150일(공용부분의 경우 180일)

23 ④ 국토교통부장관은 하자분쟁조정위원회의 운영 및 사무처리를 「국토안전관리원법」에 따른 국토안전관리원에 위탁할 수 있다.

24 ⑤ 하자분쟁조정위원회 위원장은 분과위원회, 소위원회 회의를 소집하려면 회의 개최 3일 전까지 회의의 일시·장소 및 안건을 각 위원에게 알려야 한다.

> **하자분쟁조정위원회의 구성**
> 1. 하자분쟁조정위원회: 위원장 1명을 포함한 60명 이내의 위원으로 구성
>   ➡ 판사·검사 또는 변호사의 직에 6년 이상 재직한 사람 9명 이상
> 2. 하자 여부 판정 또는 분쟁조정을 다루는 분과위원회: 9명 이상 15명 이하의 위원으로 구성
> 3. 분쟁재정을 다루는 분과위원회: 5명의 위원으로 구성
>   ➡ 판사·검사 또는 변호사의 직에 6년 이상 재직한 사람 1명 이상
> 4. 소위원회 : 3명 이상 5명 이하의 위원으로 구성

25 ④ 하자심사를 신청하려는 자는 하자심사신청서에 다음의 서류를 첨부하여 하자심사·분쟁조정위원회에 제출하여야 한다.

> 1. 당사자 간 교섭경위서[입주자대표회의 등 또는 공공임대주택의 임차인 또는 임차인대표회의(이하 "임차인 등"이라 한다)가 일정별로 청구한 하자보수 등에 대하여 사업주체 등(사업주체 및 하자보수보증서 발급기관을 말한다)이 답변한 내용 또는 서로 협의한 내용을 말한다] 1부
> 2. 하자발생사실 증명자료(컬러 사진 및 설명자료 등) 1부
> 3. 하자보수보증금의 보증서 사본(하자보수보증금의 보증서 발급기관이 사건의 당사자인 경우만 해당한다) 1부
> 4. 신청인의 신분증 사본(법인은 인감증명서를 말하되, 「전자서명법」에 따른 공인전자서명을 한 전자문서는 신분증 사본으로 갈음한다). 다만, 대리인이 신청하는 경우에는 다음 각 목의 서류를 말한다.
>   가. 신청인의 위임장 및 신분증 사본
>   나. 대리인의 신분증(변호사는 변호사 신분증을 말한다) 사본
>   다. 대리인이 법인의 직원인 경우에는 재직증명서
> 5. 입주자대표회의 또는 공공임대주택의 임차인대표회의가 신청하는 경우에는 그 구성 신고를 증명하는 서류 1부
> 6. 관리사무소장이 신청하는 경우에는 관리사무소장 배치 및 직인 신고증명서 사본 1부
> 7. 「집합건물의 소유 및 관리에 관한 법률」에 따른 관리단이 신청하는 경우에는 그 관리단의 관리인을 선임한 증명서류 1부

26 ② 장기수선계획은 사용검사를 신청할 때에 사용검사권자에게 제출하고, 사용검사권자는 이를 그 공동주택의 관리주체에게 인계하여야 한다. 이 경우 사용검사권자는 사업주체 또는 리모델링을 하는 자에게 장기수선계획의 보완을 요구할 수 있다.

27 ④ 입주자대표회의와 관리주체는 장기수선계획을 3년마다 검토하고 필요한 경우 이를 국토교통부령으로 정하는 바에 따라 조정하여야 하며, 주요시설을 신설하는 등 관리여건상 필요하여 전체 입주자 과반수의 서면동의를 받은 경우에는 3년이 지나기 전에 장기수선계획을 조정할 수 있다.

28 ② 입주자대표회의와 관리주체는 주요시설을 신설하는 등 관리여건상 필요하여 전체 입주자 과반수의 서면동의를 받은 경우에는 3년이 지나기 전에 장기수선계획을 조정할 수 있다.

29 ③ 조속기의 전면교체 주기는 15년이다.

30 ② ㉠ 가스설비 배관의 부분수선: 10년
㉡ 소화설비 소화수관(강관)의 전면교체: 25년
㉢ 난방설비 난방관(강관)의 전면교체: 15년
㉣ 옥외부대시설 및 옥외복리시설의 현관 입구·지하주차장 진입로 지붕 전면교체: 15년
㉤ 배수설비 오배수관(주철)의 부분수선: 10년

31 ③ 울타리(전면교체): 20년
① 보도블록(전면교체): 15년
② 어린이놀이시설(전면교체): 15년
④ 조경시설물(부분수선): 10년
⑤ 안내표지판(부분수선): 5년

32 보안등(전면교체): 30년
소화펌프(전면교체): 20년
피뢰설비(부분수선): 10년

33 ④ 장기수선충당금은 해당 공동주택에 대한 「주택법」에 따른 사용검사(공동주택단지 안의 공동주택 전부에 대하여 임시 사용승인을 받은 경우에는 임시 사용승인을 말한다)를 받은 날부터 1년이 경과한 날이 속하는 달부터 매달 적립한다.

34 ④ 관리주체는 공동주택의 사용자가 장기수선충당금의 납부 확인을 요구하는 경우에는 지체 없이 확인서를 발급해 주어야 한다.

35 ③ ㉡ 해당 공동주택의 입주자 과반수의 서면동의가 있으면 장기수선충당금을 하자진단 및 감정에 드는 비용으로 사용할 수 있다.
㉤ 장기수선충당금은 건설임대주택에서 분양전환된 공동주택의 경우에는 임대사업자가 관리주체에게 공동주택의 관리업무를 인계한 날이 속하는 달부터 적립한다.

36 ④ 장기수선충당금은 다음의 계산식에 따라 산정한다.
월간 세대별 장기수선충당금 = [장기수선계획기간 중의 수선비총액 ÷ (총공급면적 × 12 × 계획기간(년))] × 세대당 주택공급면적

$$\frac{\text{연간 수선비 총액}}{\text{총공급면적} \times 12} \times \text{세대당 주택공급면적} = \frac{72{,}000{,}000}{60{,}000 \times 12} \times 200$$

⊕ 장기수선계획기간 중의 총수선비가 아니라 연간 수선비를 주어졌기 때문에 계획기간은 계산식에 넣어 계산하지 않는다.

37 ① 임대사업자가 민간임대주택을 양도하는 경우에는 특별수선충당금을 최초로 구성되는 입주자대표회의에 넘겨주어야 한다.
② 장기수선계획을 수립하여야 하는 민간임대주택의 임대사업자는 특별수선충당금을 사용검사일 또는 임시 사용승인일부터 1년이 지난 날이 속하는 달부터 사업계획 승인 당시 표준 건축비의 1만분의 1의 요율로 매달 적립하여야 한다.
③ 특별수선충당금은 임대사업자와 해당 민간임대주택의 소재지를 관할하는 시장・군수・구청장의 공동 명의로 금융회사 등에 예치하여 따로 관리하여야 한다.
⑤ 임대사업자는 특별수선충당금을 사용하려면 미리 해당 민간임대주택의 소재지를 관할하는 시장・군수・구청장과 협의하여야 한다.

38 ⑤ 콘크리트의 침하 및 블리딩은 재료상 균열의 발생원인에 해당된다.

39 ④ 아스팔트방수는 부분적 보수를 할 수 없으며 전면보수를 하여야 한다.

40 ⑤ 흡수성이 높으면 열전도가 많아진다.

41 ⑤ 열교현상이 발생하는 부위에는 열저항 값을 증대시키는 설계 및 시공이 요구된다.

42 ① 아스팔트 프라이머 ⇨ 아스팔트 ⇨ 아스팔트 펠트(루핑) ⇨ 아스팔트 ⇨ 아스팔트 펠트(루핑) ⇨ 아스팔트의 순서대로 시공한다.

43 ③ 아스팔트방수는 시멘트액체방수에 비하여 보수범위가 넓다.

44 ⑤ 도막방수는 단열을 필요로 하는 옥상층에 불리하고 핀홀이 생길 우려가 있다.

45 ④ 시멘트액체방수는 모재에 균열 발생 시에 방수성능이 낮아진다.

46 ④ 실내의 공기온도가 낮을수록 심해진다.

47 ④ 표면결로를 방지하기 위해서는 벽체의 실내 측 표면온도를 실내공기의 노점온도보다 높게 유지한다.

48 ⑤ 계단실의 벽 및 반자의 마감(마감을 위한 바탕을 포함한다)은 불연재료로 한다.

49 ③ 중복도에는 채광 및 통풍이 원활하도록 40미터 이내마다 1개소 이상 외기에 면하는 개구부를 설치한다.

50 ④ 주택단지 안의 도로는 유선형 도로로 설계하거나 도로 노면의 요철포장 또는 과속방지턱의 설치 등을 통하여 도로의 설계속도가 시속 20킬로미터 이하가 되도록 한다.

51 ③ 공동주택 바닥충격음 차단구조의 성능등급 인정의 유효기간은 그 성능등급 인정을 받은 날부터 5년으로 한다.

52 ⑤ 공동주택을 건설하는 주택단지에 설치하는 도로는 해당 도로를 이용하는 공동주택의 세대수가 100세대 미만이고 막다른 도로인 경우로서 그 길이가 35m 미만인 경우에는 그 폭을 4m 이상으로 할 수 있다.

53 ③ ㉠: 6, ㉡: 10, ㉢: 100

54 ④ 난간의 간살의 간격은 안목치수 10센티미터 이하로 한다.

55 ⑤ 1,000세대 이상은 500제곱미터에 세대당 2제곱미터를 더한 면적 이상의 주민공동시설을 설치하여야 한다.

56 ⑤ 300세대 이상의 주택을 건설하는 주택단지와 그 주변에는 국토교통부령이 정하는 규격의 안내표지판을 설치하여야 한다.

57 ⑤ 의료시설・주민운동시설・어린이집・종교집회장 및 근린생활시설에 한하여 이를 함께 설치할 수 있다.

58 ⑤ 주민공동시설을 설치하는 경우 해당 주택단지에는 다음 각 호의 구분에 따른 시설이 포함되어야 한다. 다만, 해당 주택단지의 특성, 인근 지역의 시설설치 현황 등을 고려할 때 사업계획승인권자가 설치할 필요가 없다고 인정하는 시설이거나 입주예정자의 과반수가 서면으로 반대하는 다함께돌봄센터는 설치하지 않을 수 있다.

1. **150세대 이상**: 경로당, 어린이놀이터
2. **300세대 이상**: 경로당, 어린이놀이터, 어린이집
3. **500세대 이상**: 경로당, 어린이놀이터, 어린이집, 주민운동시설, 작은도서관, 다함께돌봄센터

59 ⑤ 관리사무소 등의 설치기준

50세대 이상의 공동주택을 건설하는 주택단지에는 다음 각 호의 시설을 모두 설치하되, 그 면적의 합계가 10제곱미터에 50세대를 넘는 매 세대마다 500제곱센티미터를 더한 면적 이상이 되도록 설치해야 한다. 다만, 그 면적의 합계가 100제곱미터를 초과하는 경우에는 설치면적을 100제곱미터로 할 수 있다.
1. 관리사무소
2. 경비원 등 공동주택 관리 업무에 종사하는 근로자를 위한 휴게시설

60 ③ 10층 이상인 공동주택에는 이삿짐 등을 운반할 수 있는 화물용승강기를 설치하여야 하고, 복도형인 공동주택의 경우에는 100세대까지 1대를 설치하되, 100세대를 넘는 경우에는 100세대마다 1대를 추가로 설치한다.

61 ⑤ 주택단지 안의 어린이놀이터 및 도로(폭 15미터 이상인 도로의 경우에는 도로의 양측)에는 보안등을 설치하여야 한다. 이 경우 당해 도로에 설치하는 보안등의 간격은 50미터 이내로 하여야 한다.

62 ① 공동주택의 난방설비를 중앙집중난방방식으로 하는 경우에는 난방열이 각 세대에 균등하게 공급될 수 있도록 10층을 넘는 건축물인 경우에는 10층을 넘는 5개 층마다 1개소를 더한 수 이상의 난방구획으로 구분하여 각 난방구획마다 따로 난방용배관을 하여야 한다.

63 ④ 500세대 이상의 경우 어린이 통학버스의 정차가 가능하도록 어린이 안전보호구역을 1개소 이상 설치하여야 한다.

64 ⑤ 비탈면 윗부분에 옹벽 등이 있는 경우에는 그 옹벽 등과 비탈면 사이에 너비 1.5미터 이상으로서 당해 옹벽 등의 높이의 2분의 1이상에 해당하는 너비이상의 단을 만들어야 한다.

65 ③ 비탈면의 높이가 3미터를 넘는 경우에는 높이 3미터 이내마다 그 비탈면의 면적의 5분의 1 이상에 해당하는 면적의 단을 만들 것. 다만, 사업계획승인권자가 그 비탈면의 토질·경사도 등으로 보아 건축물의 안전상 지장이 없다고 인정하는 경우에는 그러하지 아니하다.

66 **기간도로와 접하는 폭 및 진입도로의 폭**

주택단지의 총세대수	기간도로와 접하는 폭 또는 진입도로의 폭
300세대 미만	6m 이상
300세대 이상 500세대 미만	8m 이상
500세대 이상 1,000세대 미만	12m 이상
1,000세대 이상 2,000세대 미만	15m 이상
2,000세대 이상	20m 이상

주택단지가 2 이상이면서 당해 주택단지의 진입도로가 하나인 경우 그 진입도로의 폭은 당해 진입도로를 이용하는 모든 주택단지의 세대수를 합한 총 세대수를 기준으로 하여 산정한다.

67 ④ 카메라는 전체 또는 주요 부분이 조망되고 잘 식별될 수 있도록 설치하되, 카메라의 해상도는 130만 화소 이상이어야 한다.

68 ② 환경친화적 자동차 전용주차구역의 수는 해당 시설의 총주차대수의 100분의 5 이상의 범위에서 시·도의 조례로 정한다. 다만, 2022년 1월 28일 전에 건축허가를 받은 시설(이하 "기축시설"이라 한다) 중 다음 각 호의 자가 소유하고 관리하는 기축시설(이하 "공공기축시설"이라 한다)이 아닌 기축시설의 경우에는 해당 시설의 총주차대수의 100분의 2 이상의 범위에서 시·도의 조례로 정한다.

69 ④ 사업계획승인을 받은 공동주택을 건설하는 경우에는 다음의 어느 하나 이상의 기술을 이용하여 에너지절약형 친환경 주택으로 건설하여야 한다.

> 1. 에너지 건물 조성기술
> 2. 에너지 고효율 설비기술
> 3. 신·재생에너지 이용기술
> 4. 생태적 순환기능 확보를 위한 외부환경 조성기술
> 5. 에너지 이용효율을 극대화하는 기술

70 ② 리모델링 등에 대비한 가변성 및 수리 용이성 등 구조 관련 등급을 표시하여야 한다.

71 ④ 대통령령으로 정하는 기준 이상의 등급이란 일반 등급 이상의 등급을 말한다.

72 ② 세대간 배기통이 서로 연결되지 아니하고 직접 외기에 개방되도록 설치하여 연기나 냄새의 역류를 방지한다.

Answer 주관식

01 한국토지주택공사	02 입주자대표회의 등, 감리자
03 20	04 국토안전관리원
05 사용검사권자	06 40, 25
07 ㉠: 40, ㉡: 25, ㉢: 20	08 30
09 ㉠: 흠결보정기간, ㉡: 60, ㉢: 180	10 재정
11 300, 공용부분	12 5, 5
13 입주자대표회의, 3	14 온실가스
15 8, 15	16 7, 4
17 ㉠: 50, ㉡: 2	18 10, 500
19 ㉠: 15	20 15, 20
21 종교집회장, 2	22 자동역류방지댐퍼
23 ㉠: 210, ㉡: 150	24 ㉠: 49
25 ㉠: 수전실	26 500, 소음, 환경

02 공동주택의 건축설비관리

Answer 객관식

01 ③	02 ⑤	03 ②	04 ①	05 ③	06 ①	07 ②	08 ①	09 ③	10 ④
11 ①	12 ①	13 ④	14 ⑤	15 ②	16 ③	17 ③	18 ③	19 ④	20 ①
21 ③	22 ①	23 ⑤	24 ④	25 ④	26 ④	27 ①	28 ③	29 ③	30 ②
31 ②	32 ④	33 ①	34 ③	35 ③	36 ③	37 ⑤	38 ⑤	39 ④	40 ⑤
41 ④	42 ①	43 ①	44 ①	45 ④	46 ①	47 ④	48 ②	49 ③	50 ①
51 ③	52 ④, ⑤	53 ③	54 ①	55 ②	56 ④	57 ⑤	58 ③	59 ⑤	60 ③
61 ①	62 ⑤	63 ①	64 ②	65 ④	66 ③	67 ⑤	68 ②	69 ④	70 ⑤
71 ①	72 ②	73 ①	74 ⑤	75 ②	76 ②	77 ④	78 ②	79 ③	80 ①
81 ③	82 ④	83 ⑤	84 ④	85 ④	86 ①	87 ②	88 ③	89 ①	90 ③
91 ②	92 ②	93 ③	94 ②	95 ③	96 ②	97 ⑤	98 ②	99 ⑤	100 ⑤
101 ①	102 ②	103 ②	104 ④	105 ④	106 ③	107 ④	108 ⑤	109 ⑤	110 ④
111 ②	112 ④	113 ①	114 ①	115 ②	116 ③	117 ②	118 ①	119 ⑤	120 ①
121 ⑤	122 ③	123 ①	124 ①	125 ②	126 ②	127 ②	128 ③	129 ②	130 ①
131 ③	132 ④	133 ⑤	134 ②	135 ③	136 ③	137 ②	138 ③	139 ②	140 ③

01 ③ 건축물 또는 시설 외부의 땅 밑에 저수조를 설치하는 경우에는 분뇨·쓰레기 등의 유해물질로부터 5m 이상 띄워서 설치하여야 하며, 맨홀 주위에 다른 사람이 함부로 접근하지 못하도록 장치한다. 다만, 부득이하게 저수조를 유해물질로부터 5m 이상 띄워서 설치하지 못하는 경우에는 저수조의 주위에 차단벽을 설치하여야 한다.

02 ⑤ 저수조의 맨홀부분은 건축물(천정 및 보 등)으로부터 100센티미터 이상 떨어져야 하며, 그 밖의 부분은 60센티미터 이상의 간격을 띄워야 한다.

03 ② ㉠ 5세제곱미터를 초과하는 저수조에는 청소·위생점검 및 보수 등 유지관리를 위하여 1개의 저수조를 둘 이상의 부분으로 구획하거나 저수조를 2개 이상 설치하여야 한다.
㉤ 저수조 내부의 높이는 최소 1미터 80센티미터 이상으로 하여야 한다.

04 ① 매년 마지막 검사일부터 1년이 되는 날이 속하는 달의 말일까지의 기간 중에 1회 이상 수질검사를 하여야 한다.

05 ③ 수질검사의 시료채취는 저수조나 해당 저수조로부터 가장 가까운 수도꼭지에서 채수하는 방법으로 한다.

06 ① 탱크가 없는 부스터방식은 펌프의 동력을 이용하여 급수하는 방식으로 저수조가 필요하다.

07 ② 고층건물의 급수배관을 단일계통으로 하면 상층부보다 하층부의 급수압력이 높아진다.

08 ① 축동력 산정기준

펌프의 축동력 $= \dfrac{W \cdot Q \cdot H}{6120 \cdot E}$(kw)

W : 물의 밀도(1,000kg/m^3)　　Q : 양수량(m^3/min)　　H : 전양정(m)

E : 펌프의 효율(%)　　360 ℓ/min = 360/1,000 = 0.36m^3/min

$$\frac{1{,}000 \times \dfrac{360}{1{,}000} \times 50}{6120 \times 0.7} = 4.2\text{kW}$$

09 ③ 펌프의 전양정 = 실양정 + 마찰손실수두

62m = (50m + 10m + 7m) − 5m

10 ④ 건물 내에는 각종 설비배관이 혼재하고 있어 시공 시 착오로 서로 다른 계통의 배관을 접속하는 경우가 있다. 이 중에 상수로부터의 급수계통과 그 외의 계통이 직접 접속되는 것을 크로스커넥션이라고 하는데 이 경우 급수계통 내의 압력이 다른 계통 내의 압력보다 낮아지게 되면 다른 계통 내의 유체가 급수계통으로 유입되어 물의 오염원인이 될 수 있다.

11 ① 터빈펌프를 말한다.

12 ① 터빈펌프는 임펠러의 외주에 안내날개(guide vane)가 달려 있다.

13 ④ 흡입양정을 낮추고 흡입배관의 지름을 크게 하여 흡입배관의 마찰손실을 줄인다.

14 ⑤ 저수조의 넘침(over flow)관은 간접배수방식으로 배관해야 한다.

15 ② 상수도 본관 ⇨ 지하저수조 ⇨ 양수장치 ⇨ 고가수조 ⇨ 세대 계량기순으로 급수된다.

16 ③ 수조는 압력용기이므로 제작비가 비싸다.

17 ③ ㉠ 수격작용을 방지하기 위하여 공기실을 설치한다.

㉢ 스트레이너는 밸브류 앞에 설치하여 배관 내의 흙, 모래 등의 이물질을 제거하기 위한 장치이다.

㉤ 글로브밸브는 스톱 또는 구형밸브라고도 하며 유체에 대한 저항이 큰 것이 결점이다.

18 ③ 펌프직송방식은 옥상탱크(고가탱크)를 설치하지 않는다.

19 ④ 압력탱크방식은 최고 · 최저의 압력차가 커서 급수압이 일정하지 않다.

20 ① 수격작용은 밸브나 수전류를 급격히 열고 닫을 때 급수배관에 갑작스러운 압력 상승이 발생하면서 물이 관벽 등에 부딪혀 발생되는 소음 및 진동현상을 말한다.

21 ③ 고가수조 급수방식은 타 급수방식에 비해 급수오염이 가장 심하다.

22 ① 총경도는 연수가 90ppm 이하, 경수는 110ppm 이상이다.

23 ⑤ 수조의 급수 유입구와 유출구의 거리는 가능한 한 멀게 하여 역류에 의한 급수설비의 오염을 방지하여야 한다.

24 ④ 고가수조방식의 수압산정기준

- P = 0.01H[P = 수압(Mpa), H = 높이]
- [(16층 × 3m) + 7m − 1m] = 54m. 54m × 0.01 = 0.54Mpa

25 ④ 직렬운전 시에는 토출량은 동일하고 양정이 2배가 된다.

26 ① 펌프의 회전수를 1.2배로 하면 양정은 1.44배가 된다.
② 펌프의 회전수를 1.2배로 하면 양수량은 1.2배가 된다.
③ 물의 온도와 서징현상은 관계가 없다.
⑤ 펌프의 축동력을 산정하기 위해서는 물의 밀도, 양수량, 양정, 상수 6,120, 펌프의 효율이 필요하다.

27 ② 유체의 밀도가 커질수록 커진다.
③ 유체의 속도가 커질수록 커진다.
④ 배관의 길이가 길어질수록 커진다.
⑤ 배관의 마찰손실계수가 커질수록 커진다.

28 ③ 마찰손실수두 산정기준

$$H_f = f\frac{l \times v^2}{d \times 2g}$$

f : 관마찰손실계수　l : 관의 길이(m)　v : 유속(m/s)
d : 관경(m)　g : 중력가속도(m/s^2)

$$0.02 \times \frac{3 \times 1.5^2}{0.03 \times 2 \times 9.8} = 0.229\text{m}$$

29 ③ 7m + 30m + (30m × 0.4) = 49m. 49m × 0.01 = 0.49Mpa

30 ② 스트레이너(strainer)는 배관 내를 흐르는 냉온수 등에 혼입된 이물질이 펌프 등의 기기에 들어가지 않도록 그 앞부분에 설치하는 장치를 말한다.

31 ② 펌프의 흡상높이는 수온이 높을수록 낮아진다.

32 ④ 합성수지관은 열에 취약하기 때문에 열적 영향을 받기 쉬운 곳에 사용해서는 안 된다.

33 ① 금속관 공사를 말한다.

34 ③ 변전실의 위치는 부하의 중심에 있어야 한다.

35 ③ 산업통산자원부장관은 전기사고의 재발방지를 위하여 필요하다고 인정하는 경우에는 안전공사, 산업통산자원부령이 정하는 기술인력 및 장비 등을 갖춘 자 중 산업통산자원부장관이 지정한 자로 하여금 전기에 의한 화재사고로 추정되는 사고로서 다음 각 목의 어느 하나에 해당하는 사고에 대하여 전기사고의 원인·경위 등에 관한 조사를 하게 할 수 있다.

1. 사망자가 2명 이상이거나 부상자가 3명 이상인 화재사고
2. 재산피해가 3억원(해당 화재사고에 대하여 경찰관서나 소방관서에서 추정한 가액에 따른다) 이상인 화재사고
3. 1. 또는 2.와 유사한 규모의 사고로서 해당 사고의 재발방지를 위해 사고의 원인·경위 등에 관한 조사가 필요하다고 인정하여 산업통산부장관이 지정하는 화재사고

36 ③ 주택에 설치하는 전기시설의 용량은 각 세대별로 3킬로와트(세대당 전용면적이 60제곱미터 이상인 경우에는 3킬로와트에 60제곱미터를 초과하는 10제곱미터마다 0.5킬로와트를 더한 값)이상이어야 한다.

37 ⑤ ㉠: 1,500, ㉡: 1,000

38 ⑤ 전기설비의 접지계통과 건축물의 피뢰설비 및 통신설비 등의 접지극을 공용하는 통합접지공사를 하는 경우에는 낙뢰 등으로 인한 과전압으로부터 전기설비 등을 보호하기 위하여 한국산업표준에 적합한 서지보호장치[서지(surge: 전류·전압 등의 과도 파형을 말한다)로부터 각종 설비를 보호하기 위한 장치를 말한다]를 설치하여야 한다.

39 ④ ㉠: 25, ㉡: 50

40 ⑤ 조도, 보수율, 균제도

41 ④ ㉠: 수용률, ㉡: 부하율, ㉢: 부등률

42 ① 400

$$= \frac{\text{광속} \times \text{조명률} \times \text{광원의 개수}}{\text{면적} \times \text{보수율}}$$

$$= \frac{4{,}000 \times 0.5 \times 30}{120 \times \left(\frac{1}{0.8}\right)}$$

43 ① 트랩은 배수관 속의 악취나 가스가 실내로 침투하는 것을 방지하기 위하여 설치한다.

44 ① a: 디프, b: 웨어, c: 크라운

45 ④ 역압에 의한 봉수파괴현상은 하층부 기구에서 발생한다.

46 ① 트랩 봉수의 적정깊이는 50mm~100mm이다.

47 ④ 벨트랩은 엎어 놓은 종 모양의 트랩으로 욕실의 바닥 배수용으로 사용된다.

48 ② 감압에 의한 흡인작용에 의한 봉수파양(파괴) 원인에 대한 설명이다.

49 ③ 분출작용과 흡인작용에 관한 설명이다.

50 ① 공용통기관이란 맞물림 또는 병렬로 설치한 위생기구의 기구배수관 교차점에 접속하여, 그 양쪽 기구의 트랩봉수를 보호하는 1개의 통기관을 말한다.

51 ③ 루프통기관은 2개 이상의 기구트랩의 봉수를 모두 보호하기 위하여 설치하는 통기관으로 최상류의 기구배수관이 배수수평지관에 접속하는 위치의 바로 아래에서 입상하여 통기수직관 또는 신정통기관에 접속한다.

52 ④ 통기관은 위생기구의 넘치는 부분보다 15cm 이상의 높이로 올려 세운 다음 배수수직관에 접속한다.
⑤ 배수 및 통기수직주관은 되도록 수리 및 점검을 용이하게 하기 위하여 파이프 샤프트 안에 배관한다.

53 ③ 도피통기관은 루프통기관과 배수수평지관을 연결하여 설치한 것이다.

54 ① 각개통기방식을 말한다.

55 ② 신정통기관은 배수수직관 상부에서 관경을 축소하지 않고 연장하여 대기 중에 개구한 통기관을 말한다.

56 ④ 결합통기관의 관경은 통기수직관과 배수수직관 중 작은 쪽 관경 이상으로 한다.

57 ⑤ 크로스 커넥션은 상수로부터의 급수계통과 그 외의 계통이 직접 접속되는 것을 말한다. 이렇게 될 경우 급수계통 내의 압력이 다른 계통 내의 압력보다 낮아지게 되면 다른 계통 내의 유체가 급수계통으로 유입되어 물의 오염원인이 될 수 있다.

58 ③ 배수수평주관의 길이를 짧게 하여 발포존의 발생을 줄일 수 있다.

59 ⑤ 발포 존의 발생 방지를 위하여 저층부와 고층부의 배수계통을 별도로 하여야 한다.

60 ③ 오수처리시설과 정화조의 방류수 수질 측정기록은 3년 동안 보관하여야 한다.

61 ① 기후의 변동 또는 이상물질의 유입 등으로 인하여 개인하수처리시설을 정상 운영할 수 없는 경우는 특별자치시장, 특별자치도지사, 시장 · 군수 · 구청장에게 신고할 사항이다.

62 ⑤ 수질오염의 지표

구 분	내 용
AS(활성오니)	폭기조 내에 용해되어 있는 유기물과 반응하여 세포가 증식되는 솜 모양의 미생물 덩어리
SV(활성오니량)	정화조오니 1ℓ를 30분간 가라앉힌 상태의 침전오니량을 %로 표시한 것
DO(용존산소농도)	물속에 녹아 있는 산소량으로 DO가 클수록 정화능력이 크다.
SS(부유물질)	부유물질로서 오수 중에 현탁되어 있는 물질을 말한다.
스컴(오물찌꺼기)	정화조 내의 오수표면 위에 떠오르는 오물찌꺼기
BOD (생물학적 산소요구량)	오수 중의 유기물이 미생물에 의해 분해되는 과정에서 소비되는 산소량
BOD 제거율	오물정화조의 유입수 BOD와 유출수 BOD의 차이를 유입수 BOD로 나눈 값
COD (화학적 산소요구량)	오수 중의 산화되기 쉬운 오염물질이 화학적으로 안정된 물질로 변화하는 데 필요한 산소량

63 ① SS(부유물질)는 물에 녹지 않으면서 오수 중에 떠다니는 부유물질을 말한다.

64 ② 합류식 하수관로는 오수와 하수도로 유입되는 빗물 · 지하수가 함께 흐르도록 하기 위한 하수관로를 말한다.

65 ④ 개인하수처리시설이란 건물·시설 등에서 발생하는 오수를 침전·분해 등의 방법으로 처리하는 시설을 말한다.

66 ③ 1일 처리용량이 100세제곱미터 이상인 경우에는 10시간 이상 저류할 수 있는 유량조정조를 설치하여야 한다.

67 ⑤ 지하층을 포함하는 층수가 11층 이상인 특정소방대상물의 경우에는 11층 이상의 층에 비상콘센트설비를 설치한다.

68 ② 무창층은 해당 층의 바닥면으로부터 개구부 밑부분까지의 높이가 1.2미터 이내이어야 한다.

69 ① 옥내소화전설비의 각 노즐선단에서의 방수압력은 0.17MPa 이상으로 한다.
② 옥내소화전설비의 방수구는 바닥으로부터의 높이가 1.5m 이하가 되도록 한다.
③ 옥외소화전이 10개 이하 설치된 때에는 옥외소화전마다 5m 이내의 장소에 1개 이상의 소화전함을 설치하여야 한다.
⑤ 옥외소화전설비의 각 노즐선단에서의 방수량은 350L/min 이상으로 한다.

70 ⑤ ㉠: 31, ㉡: 11

71 ① 옥내소화전설비의 송수구는 지면으로부터 높이가 0.5m 이상 1m 이하의 위치에 설치하여야 한다.

72 ② 펌프는 전용으로 설치하여야 한다. 다만, 다른 소화설비와 겸용하는 경우 각각의 소화설비의 성능에 지장이 없을 때에는 그러하지 아니하다.

73 ① ㉠: 감지부, ㉡: 탐지부

74 ⑤ 소화기구(자동확산소화기를 제외한다)는 거주자 등이 손쉽게 사용할 수 있는 장소에 바닥으로부터 높이 1.5m 이하의 곳에 비치한다.

75 ① 고가수조: 구조물 또는 지형지물 등에 설치하여 자연낙차 압력으로 급수하는 수조를 말한다.
③ 일제개방밸브: 개방형스프링클러헤드를 사용하는 일제살수식 스프링클러설비에 설치하는 밸브로서 화재발생 시 자동 또는 수동식 기동장치에 따라 밸브가 열려지는 것을 말한다.
④ 연성계: 대기압 이상의 압력과 대기압 이하의 압력을 측정할 수 있는 계측기를 말한다.
⑤ 체절운전: 펌프의 성능시험을 목적으로 펌프토출측의 개폐밸브를 닫은 상태에서 펌프를 운전하는 것을 말한다.

76 ② 특정소방대상물의 각 부분으로부터 1개의 소화기까지의 보행거리가 소형소화기의 경우에는 20m 이내, 대형소화기의 경우에는 30m 이내가 되도록 배치하여야 한다.

77 ④ 준비작동식 스프링클러설비는 1차측까지 배관 내에 항상 물이 가압되어 있고 2차측에는 저압이나 대기압의 공기를 채워 놓는다.

78 ② 펌프의 토출측에는 압력계를 체크밸브 이전에 펌프토출측 플랜지에서 가까운 곳에 설치한다.

79 ③ 거주, 집무, 작업, 집회, 오락 그 밖에 이와 유사한 목적을 위하여 계속적으로 사용하는 거실, 주차장 등 개방된 통로에 설치하는 유도등으로 피난의 방향을 명시하는 것을 "거실통로유도등"이라 한다.

80 ② 통로유도등은 피난통로를 안내하기 위한 유도등으로 복도통로유도등, 거실통로유도등, 계단통로유도등을 말하고, 피난구유도등은 피난구 또는 피난경로로 사용되는 출입구를 표시하여 피난을 유도하는 등을 말한다.
③ 계단통로유도등은 각 층의 경사로 참 또는 계단참마다(1개 층에 경사로 참 또는 계단참이 2 이상 있는 경우에는 2개의 계단참마다) 설치하며, 바닥으로부터 높이 1m 이하의 위치에 설치하여야 한다.
④ 피난구유도등은 바닥면적이 1,000m^2 미만인 층으로서 옥내로부터 직접 지상으로 통하는 출입구(외부의 식별이 용이한 경우에 한한다)에는 설치하지 않는다.
⑤ 피난구유도표지는 출입구 상단에 설치하고, 통로유도표지는 바닥으로부터 높이 1m 이하의 위치에 설치하여야 한다.

81 ③ 소화활동설비는 화재를 진압하거나 인명구조활동을 위하여 사용하는 설비로서 다음 각 목의 것을 말한다.

1. 제연설비
2. 연결송수관설비
3. 연결살수설비
4. 비상콘센트설비
5. 무선통신보조설비
6. 연소방지설비

82 ④ 지상 11층 이상인 특정소방대상물의 연결송수관설비의 배관은 습식설비로 설치해야 한다.

83 ① LNG의 주성분은 메탄이다.
② LPG의 주성분은 프로판, 부탄이다.
③ 기화된 LPG는 대기압상태에서 공기보다 비중이 높다.
④ 기화된 LNG의 표준상태 용적량 발열량은 기화된 LPG보다 낮다.

84 ④ 가스계량기와 전기계량기 및 전기개폐기와의 거리는 60cm 이상의 거리를 유지하여야 한다.

85 ④ 입상관과 화기(그 시설 안에서 사용하는 자체화기는 제외한다) 사이에 유지해야 하는 거리는 우회거리 2m 이상으로 한다.

86 ① 배관을 지하에 매설하는 경우에는 지면으로부터 0.6m 이상의 거리를 유지한다.

87 ② 지상배관은 부식방지도장 후 표면색상을 황색으로 표시한다. 다만, 지상배관의 경우 건축물의 내 · 외벽에 노출된 것으로서 바닥(2층 이상의 건물의 경우에는 각 층의 바닥)에서 1m의 높이에 폭 3cm의 황색띠를 2중으로 표시한 경우 표면색상을 황색으로 표시하지 않을 수 있다. 지하매설 배관은 최고사용압력이 저압인 배관은 황색, 중압 이상인 배관은 붉은색으로 표시한다.

88 ③ 고압은 1MPa 이상, 중압은 0.1MPa 이상 1MPa 미만, 저압은 0.1MPa 미만이다.

89 ② 완충기: 승강기가 사고로 인하여 하강할 경우 승강로 바닥과의 충격을 완화하기 위하여 설치한다.
③ 리미트 스위치(또는 제한 스위치): 상하 최종단에 설치하여 스토핑 스위치가 작동하지 않을 경우 작동하여 카를 정지시키는 장치이다.
④ 전자브레이크: 전동기가 회전을 정지하였을 경우 스프링의 힘으로 브레이크 드럼을 눌러 엘리베이터를 정지시켜 주는 장치이다.
⑤ 스토핑 스위치(또는 슬로다운 스위치): 최상층 및 최하층에서 승강기를 자동으로 정지시킨다.

90 ③ 리미트 스위치(또는 제한스위치): 스토핑 스위치가 고장 났을 때 작동, 전원을 차단하여 전동기를 정지시킴과 동시에 전자브레이크를 작동시켜 엘리베이터 카(car)를 급정지시킨다. 즉, 카가 최상층이나 최하층에서 정상 운행 위치를 벗어나 그 이상으로 운행하는 것을 방지한다.

91 ② 설치검사를 받은 날부터 25년이 지난 승강기의 정기검사의 검사주기는 직전 정기검사를 받은 날부터 6개월로 한다.

92 ① 정기검사의 검사주기는 2년 이하로 하되, 행정안전부령으로 정하는 바에 따라 승강기별로 검사주기를 다르게 할 수 있다.
③ 승강기 설치검사를 받은 날부터 15년이 지난 경우 정밀안전검사를 받아야 한다.
④ 승강기의 결함으로 중대한 사고 또는 중대한 고장이 발생한 경우 정밀안전검사를 받아야 한다.
⑤ 승강기의 종류, 제어방식, 정격속도 정격용량 또는 왕복운행거리를 변경한 경우 수시검사를 받아야 한다.

93 ③ 승강기 실무경력이 3년 이상이고, 법규에 따른 직무교육을 이수한 사람이 자체점검을 담당할 수 있다.

94 ② 관리주체는 자체점검 결과를 자체점검 후 10일 이내에 승강기안전종합정보망에 입력해야 한다.

95 ③ 정밀안전검사를 받은 승강기는 정밀안전검사를 받은 날부터 3년마다 정기적으로 정밀안전검사를 받아야 한다.

96 ② 승강기 중대한 사고 및 고장기준

[중대한 사고]
1. 사망자가 발생한 사고
2. 사고 발생일부터 7일 이내에 실시된 의사의 최초 진단 결과 1주 이상의 입원 치료가 필요한 부상자가 발생한 사고
3. 사고 발생일부터 7일 이내에 실시된 의사의 최초 진단 결과 3주 이상의 치료가 필요한 부상자가 발생한 사고

[중대한 고장]
1. 출입문이 열린 상태로 움직인 경우
2. 출입문이 이탈되거나 파손되어 운행되지 않는 경우
3. 최상층 또는 최하층을 지나 계속 움직인 경우
4. 운행하려는 층으로 운행되지 않은 고장으로서 이용자가 운반구에 갇히게 된 경우(정전 또는 천재지변으로 인해 발생한 경우는 제외한다)
5. 운행 중 정지된 고장으로서 이용자가 운반구에 갇히게 된 경우(정전 또는 천재지변으로 인해 발생한 경우는 제외한다)
6. 운반구 또는 균형추(均衡錘)에 부착된 매다는 장치 또는 보상수단(각각 그 부속품을 포함한다) 등이 이탈되거나 추락된 경우

97 ① 각층으로부터 피난층까지 이르는 승강로는 화재대피의 효율성을 위해 단일구조로 설치하여야 한다.

② 승강장은 각층의 내부와 연결될 수 있도록 하되, 그 출입구(승강로의 출입구를 제외한다)에는 60분+ 방화문 또는 60분 방화문을 설치할 것. 다만, 피난층에는 60분+ 방화문 또는 60분 방화문을 설치하지 않을 수 있다.

도움말 용어해설

방화문은 다음 각 호와 같이 구분한다.
1. 60분+방화문: 연기 및 불꽃을 차단할 수 있는 시간이 60분 이상이고, 열을 차단할 수 있는 시간이 30분 이상인 방화문
2. 60분 방화문: 연기 및 불꽃을 차단할 수 있는 시간이 60분 이상인 방화문
3. 30분 방화문: 연기 및 불꽃을 차단할 수 있는 시간이 30분 이상 60분 미만인 방화문

③ 승강로는 당해 건축물의 다른 부분과 내화구조로 구획하여야 한다.

④ 승강장의 바닥면적은 비상용승강기 1대에 대하여 6제곱미터 이상으로 할 것. 다만, 옥외에 승강장을 설치하는 경우에는 그러하지 아니하다.

98 ② 복사난방은 열용량이 크므로 방열량 조절에 시간이 소요된다.

99 ⑤ 오피스텔의 경우에는 난방구획을 방화구획으로 구획하여야 한다.

100 ⑤ 기름보일러를 설치하는 경우에는 기름저장소를 보일러실 외의 다른 곳에 설치해야 한다.

101 ① 증기난방은 예열시간이 길다.

102 ② 배연기는 배연구의 열림에 따라 자동적으로 작동하고, 충분한 공기배출 또는 가압능력이 있어야 한다.

103 ② 증기난방은 온도조절이 어려우므로 방열량 조절이 어렵다.

104 ① 증기난방은 잠열을 이용하므로 온수난방에 비해 열운반능력이 크다.
② 온수난방은 증기난방에 비해 예열시간이 길다.
③ 복사난방은 대류난방에 비해 열용량이 커서 부하변동에 따른 방열량 조절이 용이하지 않다.
⑤ 역환수 배관방식은 배관계통에서 마찰손실을 같게 하여 균등한 유량이 공급되도록 하는 배관방식이다.

105 ④ 정격출력 산정기준
- 정격출력 = 난방부하 + 급탕부하 + 배관부하 + 예열부하
- 상용출력 = 난방부하 + 급탕부하 + 배관부하
- 정미출력 = 난방부하 + 급탕부하

106 ③ 복사난방은 열용량이 크기 때문에 외기온도의 급변에 대해 바로 방열량을 조절할 수 없다.

107 ④ 보일러의 정격출력은 난방부하 + 급탕부하 + 배관(손실)부하 + 예열부하이다.

108 ① 팽출 ② 캐리오버 ③ 프라이밍 ④ 포밍

109 ⑤ 역환수 배관은 배관 마찰손실을 같게 하여 온수의 유량분배를 균일하게 한다.

110 ④ 온수난방의 상당방열면적

열 매	표준상태의 온도(℃)		표준온도차(℃)	표준방열량(kW/m²)
	열매온도	실내온도		
증 기	102	18.5	83.5	0.756
온 수	80	18.5	61.5	0.523

111 ② 공동주택의 난방설비를 중앙집중난방방식(지역난방공급방식을 포함한다)으로 하는 경우에는 난방열이 각 세대에 균등하게 공급될 수 있도록 4층 이상 10층 이하의 건축물인 경우에는 2개소 이상 각 난방구획마다 따로 난방용 배관을 하여야 한다.

112 ④ 단열재의 윗부분에 방습처리를 하여야 한다.

113 ① 수관보일러는 가동시간이 짧고 효율이 좋으나 고가이며 수처리가 복잡하다.

114 ① 상향식 공급방식에서 급탕 수평주관은 선상향 구배로 하고 반탕(복귀)관은 선하향 구배로 한다.

115 ② 동관은 20m, 강관은 30m 간격으로 설치한다.

116 ③ 열효율면에서 경제적인 급탕법은 직접가열식이다.

117 ② ㉠ 팽창관에는 밸브를 설치하지 않는다.
㉣ 중앙식 급탕방식에서 간접가열식은 보일러에서 만들어진 증기나 고온수를 가열코일을 통해서 저탕탱크 내의 물과 열교환하는 방식이다.

118 ① 스위블 이음은 배관의 신축이음쇠 중 2개 이상의 엘보를 사용하여 나사부분의 회전에 의하여 신축을 흡수하게 되어 있다.

119 ⑤ 신축이음의 종류는 슬리브형 이음, 신축곡관(루프형), 스위블 이음, 벨로스형 이음, 볼형이 있다.

120 ① 급탕부하 산정기준
G : 급탕량(kg/h) C : 물의 비열(4.2kJ/kg · K) Δt : 온도차(K)

$$급탕부하\ Q = \frac{G \times C \times \Delta t}{3{,}600}(kW) = \frac{3{,}000 \times 4.2 \times (60 - 10)}{3{,}600} 175kW$$

121 ⑤ 전기급탕기의 용량산정기준

$$\frac{급탕량 \times 비열 \times 온도차 \times 비중}{3{,}600 \times 효율} = \frac{150 \times 4.2 \times 40 \times 1}{3{,}600 \times 0.8} = 8.75$$

122 ③ 배관 팽창량 = 전체 배관길이 × 온도차 × 선팽창계수
$= 500 \times 40 \times 0.00002[0.2 \times 0.0001(10 - 4)] = 0.04m$
$= 0.04m \times 1{,}000$
$= 40mm$

123 ② 중앙식 급탕법에서 간접가열식은 보일러 내에 스케일이 부착될 염려가 작기 때문에 대규모 건물의 급탕설비에 적합하다.
③ 보일러 내의 온수 체적 팽창과 이상 압력을 흡수하기 위해 설치하는 팽창관의 도중에는 밸브를 설치해서는 안 된다.

④ 급탕배관 계통에서 급탕관과 반탕관의 마찰손실을 같게 하여 균등한 유량이 공급되도록 하는 배관 방식은 역환수(리버스리턴)방식이다.
⑤ 급탕배관의 신축이음에서 스위블이음은 2개 이상의 엘보를 사용하여 나사 부분의 회전에 의하여 신축을 흡수한다.

124 • 체크밸브: 유체의 흐름을 한쪽 방향으로만 흐르게 하고, 역류를 방지하는 밸브
• 앵글밸브: 유체의 흐름을 직각으로 바꿔주는 밸브
• 플러시밸브: 한번 콕을 누르면 일정량의 물이 나온 후 자동으로 잠기는 밸브

125 ② 차압조절밸브는 냉온수 공급관과 환수관의 양측압력을 동시에 감지하여 압력 균형을 유지시킨다.

126 ② 스트레이너는 배관 중에 설치하여 모래 등의 유입을 막는 여과장치이다.

127 ② 플러시밸브는 한번 핸들을 누르면 급수압력으로 일정량의 물이 나온 후 자동으로 잠기게 되는 밸브를 말한다.

128 ③ 글로브밸브(globe valve)는 스톱밸브(stop valve)라고도 하며 유체에 대한 저항이 큰 것이 단점이다.

129 ② 볼밸브는 밸브 중간에 위치한 볼의 회전에 의해 유체의 흐름을 조절한다.

130 ① 공기여과기는 한국산업표준(KS B 6141)에 따른 입자 포집률이 계수법으로 측정하여 60퍼센트 이상이어야 한다.

131 ③ 적정 단계의 필요 환기량은 신축공동주택 등의 세대를 시간당 0.5회로 환기할 수 있는 풍량을 확보하여야 한다.

132 ④ 하나의 기계환기설비로 세대 내 2 이상의 실에 바깥공기를 공급할 경우의 필요 환기량은 각 실에 필요한 환기량의 합계 이상이 되도록 하여야 한다.

133 ⑤ 2개 이상의 자연환기설비를 상하로 설치하는 경우 1미터 이상의 수직간격을 확보하여야 한다.

134 ② 환기횟수 산정기준

$$Q(\text{환기량}) = \frac{H_s}{\rho \cdot C_p \cdot (t_r - t_0)}(\text{m}^3/\text{h}) = \frac{40 \times 3{,}600}{1.2 \times 1.0 \times (28 - 18)} = 12{,}000\text{m}^3$$

여기서 H_s: 실내 발열량(kJ/h), ρ: 공기의 비중(1.2kg/m^3),
C_p: 공기의 비열(1.0kJ/kg・K), t_r: 실내 설정온도, t_0: 외기온도
∴ 환기횟수 = 환기량 ÷ 실내체적 = 12,000 ÷ (10 × 20 × 5) = 12회

135 ③ 환기횟수 산정

1. $\text{환기량} = \dfrac{\text{실내 } CO_2 \text{ 발생량}(m^3/h)}{\text{실내 } CO_2 \text{ 허용농도} - \text{실외} CO_2 \text{ 농도}}$

2. $\text{환기횟수} = \dfrac{\text{환기량}}{\text{실체적}}$

$$\text{환기량} = \dfrac{8 \times \dfrac{15}{1,000}}{\dfrac{500}{1,000,000}} = 240$$

$$\text{환기횟수} = \dfrac{240}{240} = 1.0$$

136 ③ 1. $\text{환기횟수} = \dfrac{\text{환기량}}{\text{실체적}}$

$$2 = \dfrac{X}{250}$$

$$X = 500$$

2. $\text{환기량} = \dfrac{\text{실내 } CO_2 \text{ 발생량}(m^3/h)}{\text{실내 } CO_2 \text{ 허용농도} - \text{실외} CO_2 \text{ 농도}}$

$$500 = \dfrac{10 \times \left(\dfrac{20}{1,000}\right)}{(X - 450) \times \dfrac{1}{1,000,000}}$$

137 ② 운전에 소비된 에너지보다 대량의 열에너지가 얻어져 일반적으로 성적계수(COP)가 1 보다 큰 값을 유지한다.

138 ③ 열펌프의 성적계수는 냉동기의 성적계수보다 1 크다.

139 ② 건축물에너지관리시스템(BEMS)이란 건축물의 쾌적한 실내환경 유지와 효율적인 에너지 관리를 위하여 에너지 사용내역을 모니터링하여 최적화된 건축물에너지 관리방안을 제공하는 계측·제어·관리·운영 등이 통합된 시스템을 말한다.

140 ① 기계환기설비를 사용하여야 하는 지하주차장의 환기용 팬은 대수제어 방식을 도입하여야 하는 규정은 기계부문의 권장사항이다.

② 환기를 통한 에너지손실 저감을 위해 성능이 우수한 열회수형환기장치를 설치하여야 하는 규정은 기계부문의 권장사항이다.

④ 공동주택의 지하주차장에 자연채광용 개구부가 설치되는 경우에는 주위 밝기를 감지하여 전등군별로 자동 점멸되도록 하여야 하는 규정은 전기부문의 권장사항이다.
⑤ 여러 대의 승강기가 설치되는 경우에는 군관리 운행방식을 채택하여야 하는 규정은 전기부문의 권장사항이다.

Answer 주관식

01 5, 5
02 0.5, 0.25
03 ㉠: 0.25, ㉡: 0.5, ㉢: 50
04 잔류염소, 2
05 써어징 또는 써징 또는 서어징 또는 서징 또는 맥동
06 잔류염소, 0.5
07 방로
08 개인하수처리시설, 분류식 하수관로
09 2, 6
10 50, 1
11 난방열, 2, 5
12 10, 전기, 오피스텔
13 ㉠: 0.5, ㉡: 10
14 ㉠: 0.5, ㉡: 30
15 90
16 60, 70, 10
17 ㉠: 정미, ㉡: 정격
18 0.5
19 ㉠: 1.5, ㉡: 90
20 1.2, 1
21 수전설비
22 1,000, 7,000
23 부등률
24 부등률(율)
25 60, 120
26 1.6, 2
27 ㉠: 2, ㉡: 1.6
28 ㉠: 60, ㉡: 30, ㉢: 15
29 황색, 1, 황색띠
30 ㉠: 2
31 ㉠: 50, ㉡: 30
32 ㉠: 2.6, ㉡: 0.6, ㉢: 90
33 ㉠: 1, ㉡: 40
34 ㉠: 0.17, ㉡: 130, ㉢: 0.7
35 경보
36 ㉠: 소화활동설비, ㉡: 무선통신보조설비
37 ㉠: 30 ㉡: 120
38 100
39 주방
40 5
41 종합점검
42 통보
43 4
44 ㉠: 15, ㉡: 3
45 1
46 10, 100
47 25, 6
48 결합
49 신정
50 통기관
51 ㉠: 화석연료, ㉡: 연료전지
52 지열
53 수소에너지
54 비례제어운전, 최대수요전력
55 방습층
56 열회수
57 방습
58 회생제동장치

03 환경 및 안전관리

Answer 객관식

01 ②	02 ①	03 ②	04 ②	05 ④	06 ②	07 ①	08 ②	09 ④	10 ④
11 ④	12 ②	13 ③	14 ②	15 ②	16 ③	17 ⑤	18 ③	19 ③	20 ①
21 ③	22 ⑤	23 ④	24 ④	25 ③	26 ②	27 ④	28 ③	29 ①	30 ⑤
31 ⑤	32 ⑤	33 ②	34 ①						

01 ② 증기소독은 유통증기를 사용하여 소독기 안의 공기를 배제하고 1시간 이상 섭씨 100도 이상의 증기소독을 실시하여야 한다.

02 ① 4월부터 9월까지 – 3개월마다 1회 이상, 10월부터 3월까지 – 6개월마다 1회 이상

03 ② 1. 폼알데하이드 210μg/m^3 이하
2. 벤젠 30μg/m^3 이하
3. 톨루엔 1,000μg/m^3 이하
4. 에틸벤젠 360μg/m^3 이하
5. 자일렌 700μg/m^3 이하
6. 스티렌 300μg/m^3 이하
7. 라돈 148Bq/m^3 이하

04 ② 실내공기질 권고기준은 다음과 같다.

1. 폼알데하이드 210μg/m^3 이하
2. 벤젠 30μg/m^3 이하
3. 톨루엔 1,000μg/m^3 이하
4. 에틸벤젠 360μg/m^3 이하
5. 자일렌 700μg/m^3 이하
6. 스티렌 300μg/m^3 이하
7. 라돈 148Bq/m^3 이하

05 ④ 신축공동주택은 환경부령이 정하는 바에 의하여 환경부장관이 실시하는 실내공기질 관리에 관한 교육규정이 적용되지 않는다.

06 ② 실내공기질 측정결과는 주민 입주 7일 전까지 특별자치시장 · 특별자치도지사 · 시장 · 군수 · 구청장(자치구의 구청장을 말한다)에게 제출하고, 주민 입주 7일 전부터 60일간 주민들이 잘 볼 수 있도록 공고하여야 한다.

07 ① 주택 공기질 측정결과 보고(공고)는 주민입주 7일 전부터 60일간 주민들에게 공고하여야 한다.

08 ② 폼알데하이드 기준치는 0.02mg/m^2 · h 이하이다.

09 ④ 폐놀은 건강상 유해영향 유기물질에 관한 기준 항목이다.

10 ④ 안전교육에 관한 사항은 안전관리계획의 포함사항이 아니다.

11 ④ 안전관리계획은 입주자대표회의 구성원 과반수의 서면동의를 얻은 경우에는 3년이 경과하기 전에 조정할 수 있다.

12 ② 관리주체가 해당 공동주택의 시설물로 인한 안전사고를 예방하기 위하여 안전관리계획을 수립하여 이를 시행하여야 한다.

13 ③ 16층 이상 공동주택의 안전점검 자격자

1. 「시설물의 안전 및 유지관리에 관한 특별법 시행령」에 따른 책임기술자로서 해당 공동주택단지의 관리직원인 자
2. 주택관리사 등이 된 후 국토교통부령으로 정하는 교육기관에서 「시설물의 안전관리에 관한 특별법 시행령」에 따른 정기안전점검교육을 이수한 자 중 관리사무소장으로 배치된 자 또는 해당 공동주택단지의 관리직원인 자
3. 「시설물의 안전 및 유지관리에 관한 특별법」에 따라 등록한 안전진단전문기관
4. 「건설산업기본법」에 따라 국토교통부장관에게 등록한 유지관리업자

14 ② 시설물의 안전관리에 관한 기준 및 진단사항

구 분	대상시설	점검횟수
해빙기진단	석축, 옹벽, 법면, 교량, 우물, 비상저수시설	연 1회(2월 또는 3월)
우기진단	석축, 옹벽, 법면, 담장, 하수도 및 주차장	연 1회(6월)
월동기진단	연탄가스배출기, 중앙집중식 난방시설, 노출배관의 동파 방지, 수목보온	연 1회(9월 또는 10월)
안전진단	변전실, 고압가스시설, 도시가스시설, 액화석유가스시설, 소방시설, 맨홀(정화조의 뚜껑을 포함한다), 유류저장시설, 펌프실, 인양기, 전기실, 기계실, 어린이놀이터, 주민운동시설 및 주민휴게시설	매분기 1회 이상
	승강기	승강기안전관리법에서 정하는 바에 따른다.
	지능형 홈네트워크 설비	매월 1회 이상
위생진단	저수시설, 우물, 어린이놀이터	연 2회 이상

안전관리진단사항의 세부내용은 시·도지사가 정하여 고시한다.

15 ② 어린이놀이터의 안전진단은 매 분기 1회 이상 실시한다.

16 ③ ㉠ 어린이 놀이터의 안전진단 – 매분기 1회 이상 점검
㉣ 저수시설의 위생진단 – 연 2회 이상 점검

17 ⑤ 변전실, 맨홀(정화조의 뚜껑을 포함한다), 펌프실, 전기실, 기계실 및 어린이 놀이터의 안전진단에 대하여 매분기 1회 이상 실시하도록 안전관리계획을 수립하여야 한다.

18 ③ 매 분기 1회 이상 안전진단을 하는 대상시설에는 변전실, 고압가스시설, 도시가스시설, 액화석유가스시설, 소방시설, 맨홀(정화조의 뚜껑을 포함한다), 유류저장시설, 펌프실, 인양기, 전기실, 기계실, 어린이놀이터, 주민운동시설 및 주민휴게시설이 있다.

19 ③ 변전실과 고압가스시설의 안전진단 대상시설은 매 분기 1회 이상 점검한다.

20 ② 안전진단 대상시설물의 점검횟수는 매 분기 1회 이상이다. 단, 승강기는 월 1회 이상 실시하여야 한다.
③ 안전관리진단사항의 세부내용은 시・도지사가 정하여 고시한다.
④ 연탄가스배출기・중앙집중식 난방시설・노출배관의 동파방지・수목보온 등은 연 1회(9월 또는 10월) 점검하여야 한다.
⑤ 하수도는 우기진단에 속한다.

21 ③ 우물의 경우 해빙기진단과 동시에 위생진단을 실시해야 하는 시설이다.

22 ⑤ 시설물의 안전관리에 관한 기준 및 진단사항

안전진단 대상시설물과 점검횟수	변전실・고압가스시설・액화석유가스시설・도시가스시설・소방시설・맨홀(정화조 뚜껑 포함)・유류저장시설・펌프실・승강기・인양기・전기실・기계실・어린이놀이터	매 분기 1회 이상 (단, 승강기의 경우 월 1회 이상)

23 ④ 시장・군수・구청장은 관리주체로부터 안전도가 취약하여 위해의 우려가 있다고 보고를 받은 공동주택에 대하여는 매월 1회 이상 점검을 실시하여야 한다.

24 ④ 안전점검 보고사항

보고사항	① 점검대상 구조・설비 ② 취약의 정도 ③ 발생 가능한 위해의 내용 ④ 조치할 사항
조치사항	① 단지별 점검책임자 지정 ② 단지별 점검일지 작성 ③ 단지별 관리카드 비치 ④ 단지 내 관리기구와 관계 행정기관 간의 비상연락체계 구성

25 ③ 소방에 관한 안전교육의 대상은 시설물 안전관리책임자이다.

26 ② 관리주체는 어린이놀이시설을 인도받은 날부터 30일 이내에 보험에 가입하여야 한다.

27 ④ 안전교육의 주기는 2년에 1회 이상으로 하고, 1회 안전교육 시간은 4시간 이상으로 한다.

28 ③ 관리주체는 어린이놀이시설을 인도받은 날부터 3개월 이내에 어린이놀이시설의 안전관리에 관련된 업무를 담당하는 자로 하여금 안전교육을 받도록 하여야 한다.

29 ① 중대한 사고란 사고 발생일부터 7일 이내에 48시간 이상의 입원 치료가 필요한 부상을 입은 경우와 부상 면적이 신체 표면의 5퍼센트 이상인 경우 등을 말한다.

30 ⑤ 설치검사 또는 정기시설검사를 받지 아니하였거나 설치검사 또는 정기시설검사에 불합격한 어린이놀이시설을 이용하도록 한 자는 1년 이하의 징역 또는 1천만원 이하의 벌금에 처한다.

31 ⑤ 대통령령이 정하는 중대한 사고란 어린이놀이시설로 인하여 이용자가 다음의 피해를 입은 사고를 말한다.

1. 사망
2. 하나의 사고로 인한 3명 이상의 부상
3. 사고 발생일로부터 7일 이내에 48시간 이상의 입원 치료가 필요한 부상
4. 골절상
5. 수혈 또는 입원이 필요한 정도의 심한 출혈
6. 신경, 근육 또는 힘줄의 손상
7. 2도 이상의 화상
8. 부상 면적이 신체 표면의 5퍼센트 이상인 부상
9. 내장(內臟)의 손상

32 ⑤ 보험가입의무를 위반한 자는 500만원 이하의 과태료에 처한다.

33 ② 관리주체는 안전관리자의 안전교육 유효기간이 만료되는 경우에 유효기간 만료일 전 3개월 이내에 안전관리에 관련된 업무를 담당하는 자로 하여금 안전교육을 받도록 하여야 한다.

34 ① 정기시설검사는 안전검사기관으로부터 2년에 1회 이상 받아야 한다.

Answer 주관식

01 6, 45
02 자일렌
03 7, 60
04 210, 1000, 자일렌
05 증기소득
06 ㉠: 0.08, ㉡: 0.02
07 ㉠: 300, ㉡: 250
08 16, 15
09 주민휴게시설
10 입주자대표회의
11 1, 점검책임자, 점검일지
12 2
13 3
14 3, 7, 2, 5
15 안전점검, 안전진단

06 건축자재의 오염물질 방출 기준

구분 \ 오염물질 종류	폼알데하이드	톨루엔	총휘발성 유기화합물
1. 접착제	0.02 이하	0.08 이하	2.0 이하
2. 페인트	0.02 이하	0.08 이하	2.5 이하
3. 실란트	0.02 이하	0.08 이하	1.5 이하
4. 퍼티	0.02 이하	0.08 이하	20.0 이하
5. 벽지	0.02 이하	0.08 이하	4.0 이하
6. 바닥재	0.02 이하	0.08 이하	4.0 이하
7. 표면가공 목질판상 제품	0.05 이하	0.08 이하	0.4 이하

비고: 위 표에서 오염물질의 종류별 측정단위는 $mg/m^2 \cdot h$로 한다. 다만, 실란트의 측정단위는 $mg/m \cdot h$로 한다.

2025 제28회 시험대비 전면개정판

박문각 주택관리사 합격예상문제 2차 공동주택관리실무

초판인쇄 | 2025. 2. 20. **초판발행** | 2025. 2. 25. **편저** | 김혁 외 박문각 주택관리연구소
발행인 | 박 용 **발행처** | (주)박문각출판 **등록** | 2015년 4월 29일 제2019-000137호
주소 | 06654 서울시 서초구 효령로 283 서경 B/D 4층 **팩스** | (02)584-2927
전화 | 교재 주문 (02)6466-7202, 동영상문의 (02)6466-7201

정가 32,000원

ISBN 979-11-7262-633-4 | ISBN 979-11-7262-631-0(2차 세트)